O Ocidente

Naoíse Mac Sweeney

O Ocidente
Uma nova história em catorze vidas

Tradução:
Denise Bottmann

ZAHAR

Copyright © 2023 by Naoíse Mac Sweeney

Poema "My Body Can House Two Hearts" (p. 292): © 2019 by Hanan Issa

Grafia atualizada segundo o Acordo Ortográfico da Língua Portuguesa de 1990, que entrou em vigor no Brasil em 2009.

Título original
The West: A New History of an Old Idea

Capa
Alceu Chiesorin Nunes

Imagem de capa
Cover artwork by © 2019 Miauw/ Titus Leeuw, a pastiche of Vermeer. Visit www.webshop.miauw.nu

Preparação
Diogo Henriques

Índice remissivo
Gabriella Russano

Revisão
Angela das Neves
Nestor Turano Jr.

Dados Internacionais de Catalogação na Publicação (CIP)
(Câmara Brasileira do Livro, SP, Brasil)

Sweeney, Naoíse Mac
    O Ocidente : Uma nova história em catorze vidas / Naoíse Mac Sweeney ; tradução Denise Bottmann. — 1ª ed. — Rio de Janeiro : Zahar, 2024.

    Título original: The West : A New History of an Old Idea.
    Bibliografia.
    ISBN 978-65-5979-169-9

    1. Civilização Ocidental – História 2. Civilização Ocidental – Historiografia 3. Europa – Civilização 4. Europa – Civilização – Historiografia 5. História do mundo – Historiografia I. Título.

24-199644   CDD-909.09821

Índice para catálogo sistemático:
1. Civilização ocidental : História   909.09821

Cibele Maria Dias — Bibliotecária — CRB-8/9427

Todos os direitos desta edição reservados à
EDITORA SCHWARCZ S.A.
Praça Floriano, 19, sala 3001 — Cinelândia
20031-050 — Rio de Janeiro — RJ
Telefone: (21) 3993-7510
www.companhiadasletras.com.br
www.blogdacompanhia.com.br
facebook.com/editorazahar
instagram.com/editorazahar
twitter.com/editorazahar

Para Gianni e Valentino

Sumário

Nota da autora   9

Introdução: A importância das origens   11

1. A rejeição da pureza: Heródoto   23

2. Os eurasianos: Lívila   45

3. Os herdeiros globais da Antiguidade: Al-Kindi   61

4. Os eurasianos outra vez: Godofredo de Viterbo   82

5. A ilusão da cristandade: Teodoro Láscaris   102

6. A reimaginação da Antiguidade: Tullia d'Aragona   120

7. O caminho não trilhado: A sultana Safiye   143

8. O Ocidente e o conhecimento: Francis Bacon   166

9. O Ocidente e o império: Njinga de Angola   187

10. O Ocidente e a política: Joseph Warren   209

11. O Ocidente e a raça: Phillis Wheatley   231

12. O Ocidente e a modernidade: William Ewart Gladstone   250

13. O Ocidente e seus críticos: Edward Said   273

14. O Ocidente e seus rivais: Carrie Lam   293

Conclusão: O formato da história   319

Agradecimentos   327

Notas   329

Referências bibliográficas   365

Recomendações de leitura   391

Créditos das imagens   393

Índice remissivo   395

Nota da autora

Optei por utilizar letras maiúsculas na expressão "Civilização Ocidental" ao longo de todo o livro, para ressaltar que se trata de um constructo abstrato inventado e não de uma expressão descritiva neutra. Da mesma forma, também optei por usar letras maiúsculas em "Ocidente" e "Ocidental" quando essas palavras se referem a conceitos político-culturais, portando conotações culturais e civilizacionais, e não a descrições puramente geográficas. Seguindo a mesma lógica, para descrições puramente geográficas empreguei letras minúsculas. Por exemplo, para me referir à parte central do continente europeu, usei "Europa central" em vez de "Europa Central". Mas mantive as maiúsculas usuais para os nomes dos continentes.

Segui um princípio análogo para a terminologia racial. Termos como "Negro" ou "Amarelo" vêm em maiúscula, para frisar que essas categorizações são constructos abstratos inventados e não termos descritivos neutros. Já quando empregados de maneira puramente descritiva, os termos referentes a cores aparecem em minúscula.

Quanto à grafia de nomes e lugares, tendi a usar as versões latinizadas mais comuns por uma questão de coerência e com o objetivo de simplificar as coisas para o leitor. Muitos desses nomes, porém, podem ser vertidos de vários modos diferentes na escrita latina. Nesses casos, escolhi as grafias e acentuações que me pareceram mais comuns na literatura. As traduções são minhas, salvo indicação em contrário.

Este livro trata de temas que se estendem por um amplo leque de períodos da história humana, e por muitas culturas e sociedades diferentes. Assim, ao redigir partes dele, recorri maciçamente a fontes secundárias. Ao tratar de áreas que escapam a meu campo de especialidade, empenhei-me ao máximo em me guiar por especialistas nos temas, regiões e períodos abordados. É pouco provável, porém, que todas as seções do livro sejam tão acuradas, detalhadas ou nuançadas quanto seriam se tivessem sido escritas por especialistas de cada área, e aviso desde já que elas podem conter alguns erros factuais e de interpretação. Em todo caso, acredito que um trabalho como este, cujo objetivo é apresentar uma ampla visão sintética de um assunto, tem o seu valor. Numa panorâmica, é inevitável que se perca um pouco da resolução e dos detalhes em alguns pontos, mas há vezes em que ainda assim ela é importante.

Introdução:
A importância das origens

AS ORIGENS IMPORTAM. Quando perguntamos "De onde você vem?", o que muitas vezes estamos realmente indagando é "Quem é você?". Isso se aplica a indivíduos, famílias e países inteiros. Aplica-se também a uma entidade tão grande e complexa como o Ocidente.

Essa interseção entre origens e identidade está no centro das guerras culturais que agitam hoje o Ocidente. A última década testemunhou a polarização tóxica do discurso político, a derrubada de estátuas e o enfraquecimento do sistema eleitoral por chefes de Estado no poder. A crise de identidade no Ocidente é, em larga medida, uma reação a padrões globais mais amplos. O mundo está mudando, e as bases da predominância Ocidental estão sofrendo abalos. Neste momento histórico, temos a chance de repensar radicalmente o Ocidente e refazê-lo para um futuro melhor. Mas só conseguiremos isso se estivermos dispostos a enfrentar seu passado. Apenas respondendo à pergunta de onde vem o Ocidente poderemos responder à pergunta sobre o que o Ocidente pode e deve ser.

"O Ocidente" pode se referir a um alinhamento geopolítico ou a uma comunidade cultural, em geral designando um conjunto de Estados nacionais modernos que compartilham não só princípios políticos e econômicos, mas também traços culturais. Entre esses princípios estão os ideais da democracia representativa e do capitalismo de mercado, um Estado conceitualmente laico sobreposto a um substrato moral judaico-cristão e uma tendência psicológica voltada para o individualismo.[1] Nenhum desses atributos é exclusivo do Ocidente e tampouco tem exclusividade dentro do Ocidente, mas é comum que todos ou quase todos ocorram nele de maneira regular. Pode-se dizer o mesmo de muitos dos símbolos mais estereotipados da ocidentalização — champanhe e Coca-Cola, teatros de ópera e shopping centers. Mas um traço definidor específico do Ocidente é a noção de uma mesma origem, resultando numa história em comum, uma herança em comum e uma identidade em comum.

O mito de origem do Ocidente imagina a história Ocidental como um desenrolar ininterrupto no tempo, recuando pela modernidade atlântica e pelo Iluminismo europeu, passando então pelo esplendor do Renascimento e pelas trevas da Idade Média, até chegar à sua origem nos mundos clássicos de Roma e da Grécia. Essa se tornou a versão padrão da história Ocidental, tanto canônica quanto estereotipada. Mas é errada. Trata-se de uma versão factualmente incorreta e ideologicamente motivada — uma narrativa grandiosa que concebe a história Ocidental de maneira abstrata como um fio único e ininterrupto indo desde Platão à Otan,[2] e que geralmente é tratada de forma sintética e conveniente como "Civilização Ocidental".

Só para evitar qualquer confusão: este livro não trata do surgimento do Ocidente como entidade cultural ou política. Já existem inúmeras obras sobre o tema, com várias maneiras de explicar como o Ocidente alcançou a predominância global.[3] Este livro mapeia o surgimento de uma versão específica da história Ocidental, uma versão que agora está a tal ponto perpetuada e entranhada que muitas vezes é aceita de modo irrefletido, embora seja moralmente problemática e factualmente equivocada. Este livro desmonta a narrativa grandiosa conhecida como "Civilização Ocidental".

Estamos cercados por todos os lados por essa versão da história Ocidental — a narrativa grandiosa da Civilização Ocidental. Lembro-me do dia em que tomei consciência de seu profundo grau de enraizamento. Eu estava na sala de leitura da Biblioteca do Congresso em Washington, D.C. Olhando por acaso para o alto, tive a desagradável sensação de estar sendo observada — não pelos bibliotecários sempre vigilantes, mas por dezesseis estátuas de bronze em tamanho natural na galeria sob a cúpula dourada. Da Antiguidade havia Moisés, Homero, Sólon, Heródoto, Platão e são Paulo. Do Velho Mundo da Europa, Colombo, Michelangelo,

Introdução

Bacon, Shakespeare, Newton, Beethoven e o historiador Edward Gibbon. E, do Novo Mundo da América do Norte, o jurista James Kent, o engenheiro Robert Fulton e o cientista Joseph Henry. Naquele instante percebi que toda a disposição da sala (não só as estátuas, mas também os murais que decoravam as paredes e mesmo a organização das estantes de livros) era concebida para enfatizar um ponto — que nós, ali sentados às mesas, fazíamos parte de uma tradição intelectual e cultural que remontava a milênios. E nossos antepassados nessa tradição estavam literalmente nos observando, talvez como forma de incentivo, talvez com juízo crítico, enquanto trabalhávamos.[4]

Dois pensamentos incômodos me ocorreram. O primeiro, instintivo, foi o de que eu estava deslocada. Tive a sensação de que alguém como eu (mulher, mestiça) não pertencia a uma tradição usualmente concebida em termos de homens brancos das elites. Logo descartei a ideia como ridícula (afinal, naquele exato momento, eu estava sentada numa posição de privilégio a uma mesa de leitura), mas então veio-me uma preocupação muito maior. Aquelas dezesseis figuras representavam mesmo o passado do Ocidente? A narrativa estabelecendo a ligação entre elas era um retrato preciso da história Ocidental?

A narrativa padrão da Civilização Ocidental é tão onipresente que raras vezes algum de nós se detém para pensar sobre ela, e muito menos para questioná-la. Com efeito, embora essa narrativa esteja sendo cada vez mais contestada (e com êxito), todos nós ainda estamos cercados por ela. Aprendemos sobre ela nos livros escolares e de divulgação que, ao apresentarem a história do Ocidente, geralmente começam "com os gregos e os romanos, prosseguem pela Idade Média europeia, concentram seu foco na era das explorações e conquistas europeias e analisam-na detidamente no mundo moderno".[5] A linguagem usada nessas obras sobre a Civilização Ocidental costuma vir recheada de metáforas genealógicas, que a descrevem em termos de "legado", "evolução" e "ancestralidade".[6] Volta e meia ouvimos que "a civilização ocidental é algo que herdamos dos antigos gregos, dos romanos e da Igreja cristã por meio do Renascimento, da revolução científica e do Iluminismo".[7] Essa ideia da Civilização Ocidental como uma herança cultural linear nos é inculcada desde cedo. Uma conhecida série de livros infantis traz como prefácio a suas aventuras mágicas a descrição da Civilização Ocidental como "uma força viva [...] um fogo" que se iniciou na Grécia, de lá passou para Roma, avivou-se na Alemanha, na França e na Espanha, então assentou-se por vários séculos na Inglaterra e por fim chegou aos Estados Unidos da América.[8] As origens importam, e o local de onde dizemos que vem o Ocidente é uma maneira de caracterizar o que, fundamentalmente, o Ocidente *é*.

A genealogia cultural imaginada do Ocidente é invocada de maneira explícita nos discursos de políticos populistas, na retórica de jornalistas e nas análises de especialistas. Ela está subjacente aos símbolos e termos empregados por pessoas de todo o espectro político. Entre elas, é usual a ênfase sobre a Antiguidade greco-romana como local de nascimento do Ocidente, e as alusões à Grécia e à Roma antigas são frequentes na retórica política contemporânea. Quando uma turba invadiu o Capitólio americano em 6 de janeiro de 2021, dizendo defender valores Ocidentais, os arruaceiros portavam bandeiras com expressões gregas antigas e cartazes representando o ex-presidente Donald Trump como Júlio César, enquanto outros usavam réplicas de elmos gregos antigos e outros ainda vestiam o traje militar romano completo.[9] A União Europeia, ao lançar uma iniciativa para lidar com o fluxo de refugiados e imigrantes irregulares em 2014, escolheu o nome "Operação Mos Maiorum", em referência às tradições da Roma antiga.[10] E Osama bin Laden, ao anunciar uma guerra santa contra o Ocidente, em 2004, convocou os muçulmanos a "resistir à nova Roma".[11] Essa narrativa da Civilização Ocidental, porém, não se limita a ser recontada em obras históricas e invocada em contextos políticos. Ela também nos cerca por completo como parte da estrutura de nossa vida cotidiana. Podemos vê-la no cinema e na televisão, codificada nas escolhas dos diretores de elenco, dos figurinistas e dos compositores das trilhas sonoras. Deparamo-nos com ela entesourada em pedra não só na Biblioteca do Congresso, mas também na arquitetura neoclássica tanto das capitais imperiais quanto dos edifícios coloniais mundo afora.[12] Essa narrativa é tão difundida que a maioria de nós a toma como líquida e certa. Mas ela é verdadeira?

Introdução

Eram esses pensamentos que me passavam pela cabeça naquela tarde chuvosa em Washington, D.C. Àquela altura, eu já vinha estudando havia quase duas décadas precisamente essas origens imaginadas do Ocidente, às quais se remete uma parte tão grande da identidade Ocidental. O foco específico de minha pesquisa era examinar como as pessoas no mundo grego antigo entendiam suas origens, investigando suas genealogias míticas, seus cultos aos antepassados e seus relatos de migrações e fundações. Embora eu me sentisse (e na verdade ainda me sinta) privilegiada por estar nessa profissão, naquele momento senti-me extremamente incomodada. Percebi que estava contribuindo para sustentar um artifício intelectual bastante duvidoso do ponto de vista factual e ideológico — a narrativa grandiosa da Civilização Ocidental. A partir daí, comecei a repropor os métodos de análise que utilizara para explorar as origens e identidades na Antiguidade e a aplicá-los ao mundo moderno à minha volta. Assim surgiu este livro.

Ele sustenta dois argumentos. O primeiro é que a narrativa grandiosa da Civilização Ocidental está repleta de erros factuais. O Ocidente moderno não tem uma origem clara e simples na Antiguidade clássica e não se desenvolveu a partir dela numa linha única e ininterrupta passando pela cristandade medieval, pelo Renascimento e pelo Iluminismo até chegar à modernidade. A identidade e a cultura Ocidentais não foram transmitidas ao longo dessa linha como uma "pepita de ouro", como diz o acadêmico e filósofo Kwame Anthony Appiah.[13] Vários problemas relativos a essa narrativa grandiosa foram identificados inicialmente mais de cem anos atrás, e as provas contra ela agora são acachapantes. Hoje, todos os historiadores e arqueólogos sérios reconhecem que a hibridação entre a cultura "Ocidental" e as culturas "não Ocidentais" se deu ao longo de toda a história humana, e que o Ocidente moderno deve grande parte de seu DNA cultural a um amplo leque de antepassados não europeus e não brancos.[14] Todavia, a natureza e as nuances dessas interações culturais continuam totalmente emaranhadas, e ainda está por surgir o formato de uma nova narrativa grandiosa que substitua a da Civilização Ocidental. Parte de minha motivação para escrever o presente livro foi contribuir para essa tarefa. Também fui motivada a escrevê-lo depois de refletir sobre o fato preocupante de que todas as provas históricas reunidas e todo o consenso dos estudiosos contra a narrativa grandiosa da Civilização Ocidental têm tido um impacto relativamente pequeno sobre a consciência pública mais ampla. Essa narrativa continua onipresente na cultura ocidental contemporânea. Por que nós (isto é, as sociedades Ocidentais, falando de modo geral) ainda nos aferramos tão encarniçadamente a uma visão da história que foi tão cabalmente desacreditada?

O segundo argumento principal deste livro é que a invenção, a popularização e a longevidade da narrativa grandiosa da Civilização Ocidental decorrem de sua utilidade ideológica. A narrativa existe — e continua a existir ainda hoje, depois de ter sua base factual inteiramente refutada — porque atende a uma finalidade. Como arcabouço conceitual, ela forneceu uma justificativa para a expansão e o imperialismo Ocidentais, bem como para sistemas vigentes da predominância racial Branca. Isso não quer dizer que a narrativa grandiosa da Civilização Ocidental seja a invenção de alguma mente malévola, maquinando cinicamente para forjar uma visão falsa da história a fim de promover suas próprias causas. Muito pelo contrário. A tessitura foi gradual e fortuita, devendo tanto ao acaso quanto ao cálculo. Trata-se de uma narrativa grandiosa composta por muitas micronarrativas interligadas e entremeadas, todas utilizadas a serviço de fins políticos específicos. Entre elas encontram-se a ideia da Atenas clássica como farol da democracia, usada como carta de fundação para a democracia Ocidental moderna;[15] a noção da europeidade fundamental dos romanos antigos como base para uma herança europeia comum;[16] e o mito das Cruzadas como um simples choque de civilizações entre a cristandade e o islã, justificando de um lado a jihad contra o Ocidente e, de outro, a "Guerra contra o Terror".[17] A utilidade ideológica dessas micronarrativas individuais e de outras similares está amplamente documentada; cada uma delas é narrada porque se adequa às expectativas e ideias de seu narrador. Essas histórias, tomadas individualmente, são múltiplas e fascinantes, e espero que os leitores gostem de explorar um pouco de sua deslumbrante diversidade

Introdução

nas páginas deste livro. Tomadas coletivamente, no entanto, elas formam a narrativa grandiosa da Civilização Ocidental e servem como mito de origem do Ocidente.[18]

O Ocidente, claro, não é a única entidade sociopolítica que construiu retrospectivamente uma narrativa de seu passado que atende às suas necessidades e à sua autoimagem no presente. Na verdade, a reimaginação politizada da história é em larga medida uma prática padrão, que se dá desde que a própria história passou a ser escrita (e, provavelmente, até mesmo muito antes, com as histórias orais e os contos narrados em comunidade). Consta que em Atenas, no século VI a.C., acrescentaram-se versos à *Ilíada* homérica de modo a sugerir que, na idade heroica, a ilha de Egina estivera sob o controle de Atenas. Tais versos, como seria de se esperar, foram inseridos precisamente na época em que Atenas tentava controlar Egina.[19] Em época mais recente, após a proclamação do Estado nacional moderno da Turquia, em 1923, um complexo programa histórico e arqueológico, conhecido como a "Tese da História Turca", foi criado para reforçar a identificação entre a turquicidade e a massa continental da Anatólia.[20] Em data ainda mais recente, sob a liderança de Xi Jinping, tem-se promovido de maneira intensa uma nova narrativa oficial sobre o papel da China na Segunda Guerra Mundial — de um modo que, a depender do ponto de vista, pode ser preocupante ou estimulante.[21] E em julho de 2021, quando o Exército russo se reuniu na fronteira ucraniana para dar início a uma invasão militar, o presidente da Rússia, Vladimir Putin, publicou um texto afirmando a unidade histórica entre o povo russo e o povo ucraniano.

Não é preciso necessariamente ser mau ou mentiroso para querer reescrever a história de acordo com um determinado programa político, nem é obrigatoriamente necessário falsificar a história para isso. A reescrita do passado também pode se dar com a inclusão de fatos antes excluídos da narrativa convencional. Em 2020, o National Trust britânico publicou um relatório sobre as relações entre os edifícios históricos aos seus cuidados e o colonialismo e a escravidão, inflamando ainda mais as tensões num debate nacional já acalorado sobre o passado imperial britânico.[22] Por um lado, há quem argumente que as histórias incômodas do colonialismo, da escravidão e da exploração deveriam ter mais destaque no currículo escolar e nas informações públicas disponíveis nos museus e em outros sítios históricos. Embora sejam movidos pela factualidade histórica, esses argumentos são também fundamentalmente políticos, baseados em princípios políticos e impulsionados por um programa político que defende maior justiça social e o reconhecimento dos erros históricos. O argumento contrário — o de que esses temas incômodos não devem receber maior destaque e que, em lugar disso, deve-se enfatizar os temas positivos — também é movido por um programa político, o da defesa da manutenção do status quo.

Esse debate mostra duas coisas importantes. A primeira é que toda história é política. A decisão de reescrever, reconsiderar ou revisar a história oficial é um ato político. Mas, da mesma forma, a decisão de *não* a reescrever também é um ato político. A segunda coisa importante é que os próprios fatos históricos nem sempre estão sob contestação. O debate pode se concentrar na questão de *quais* fatos, e onde e quando, deveriam ser enfatizados. Ao refletir sobre esses dois pontos, somos levados a concluir que não há nada de intrinsecamente errado em escrever a história de um ponto de vista político. Na verdade, essa é a *única* maneira como se pode escrevê-la! Mas, se a história que é escrita contradiz os fatos disponíveis, aí, sim, *há* um problema.

Essa é uma das principais questões com a narrativa grandiosa da Civilização Ocidental. Sua base comprobatória desmoronou faz muito tempo, e, embora possam restar elementos individuais, a narrativa geral já não é mais coerente com os fatos tal como os conhecemos. Apesar disso, alguns no Ocidente ainda se prendem a essa narrativa grandiosa devido a seu valor ideológico. Isso nos leva ao segundo grande problema com a narrativa grandiosa da Civilização Ocidental: sua ideologia de sustentação não reflete mais os princípios do Ocidente moderno. As ideologias que guiam a sociedade Ocidental na primeira metade do século XXI são diferentes daquelas de meados do século XIX, quando a narrativa grandiosa estava no auge, e de meados do século XVIII, quando ela começava a surgir. Para

Introdução

muitas pessoas que hoje estão no Ocidente, as noções de imperialismo e superioridade racial Branca não ocupam mais o centro da identidade Ocidental, tendo sido substituídas por uma ideologia baseada no liberalismo, na tolerância social e na democracia. (Há também um número significativo de pessoas no Ocidente que discordam e prefeririam retornar ao modelo oitocentista de identidade Ocidental, e abordarei isso em mais detalhes na conclusão.)

Precisamos nos livrar da narrativa grandiosa da Civilização Ocidental, deixando-a definitivamente de lado por ser incorreta nos fatos e ultrapassada na ideologia. Trata-se de um mito de origem que não atende mais à finalidade — não fornece uma apresentação acurada da história Ocidental, nem uma base ideologicamente aceitável para a identidade Ocidental. Meu objetivo neste livro, portanto, é enfrentar essa narrativa grandiosa, primeiro desmontando as micronarrativas que a compõem e então desfazendo a bagagem ideológica que se apoia sobre ela.

Como o tema é uma abstração (ainda que de extremo poder e importância), um livro como este poderia facilmente ficar preso no campo da teoria. A fim de evitar isso, baseei minha narrativa na vida de catorze figuras históricas. Alguns nomes podem ser familiares, outros nem tanto. Mas, da poeta escravizada ao imperador exilado, do monge diplomata ao burocrata sitiado, suas histórias oferecem um novo formato à história Ocidental. Em cada capítulo, ofereço não só a história de uma vida humana admirável, mas também uma apresentação dos tempos e dos lugares em que cada indivíduo viveu, dentro do contexto relacionado com outras figuras importantes de sua época.

A primeira metade do livro aborda as imprecisões históricas da Civilização Ocidental como narrativa grandiosa e, ao examinar suas pretensas origens, desmascara a fantasia de uma linha cultural pura e contínua. Meus dois primeiros personagens provêm do mundo clássico que é tido como o local de nascimento do Ocidente, e demonstram que nem os gregos antigos nem os romanos se viam como partícipes de uma identidade exclusivamente Ocidental ou europeia (capítulos 1 e 2). Os três perfis seguintes provêm da pretensa "Idade das Trevas" medieval, exemplificando de que forma os legados grego e romano foram adotados, rejeitados e reimaginados no contexto islâmico, no contexto centro-europeu e no contexto bizantino (capítulos 3, 4 e 5). Os dois últimos perfilados dessa primeira metade do livro nos levam ao Renascimento e ao começo do período moderno, quando as linhas civilizacionais foram traçadas de maneiras variadas e conflitantes — dividindo o continente europeu e a entidade mais ampla da cristandade de um modo que nega a noção de um Ocidente coeso (capítulos 6 e 7).

A segunda metade do livro examina de que modo a Civilização Ocidental operou como um instrumento ideológico, e rastreia seu surgimento e seu desenvolvimento como a narrativa grandiosa hoje tão familiar. Os três primeiros capítulos dessa seção analisam de que forma as ideias sobre a religião e a ciência, a expansão global e o imperialismo, em mudança nos séculos XVI e XVII, e o contrato político contribuíram para o surgimento gradual da ideia de Civilização Ocidental (capítulos 8, 9 e 10). O par seguinte mostra como essa ideia se desenvolveu em sua forma madura, vindo a ancorar o imperialismo Ocidental e os sistemas Ocidentais gerais de dominação racial (capítulos 11 e 12). Por fim, os dois últimos capítulos exemplificam os dois principais desafios — o dos críticos internos e o dos rivais externos — atualmente colocados ao Ocidente e à Civilização Ocidental, demonstrando as realidades mutáveis do mundo em que vivemos e a necessidade urgente de repensar integralmente tanto a identidade fundamental do Ocidente quanto seu mito de origem da Civilização Ocidental (capítulos 13 e 14).

Essas catorze vidas que abordo aqui são meu equivalente das estátuas de bronze que tanto me desconcertaram na Biblioteca do Congresso. Mas, ao contrário daquele grupo específico de ancestrais imaginados, os indivíduos que apresento biograficamente neste livro não foram escolhidos como as pessoas mais importantes ou influentes de sua época. Não pretendo apresentar aqui uma "galeria de grandes". Meus catorze perfilados são pessoas cuja vida e obra nos permitem enxergar algo do *Zeitgeist*; cujas experiências, ações e escritos nos permitem discernir as ideias cambiantes sobre herança civilizacional e genealogias culturais imaginadas. É claro

Introdução 21

que há outros personagens que eu poderia ter escolhido enfocar neste livro, e tenho certeza de que cada um de vocês, se embarcasse num projeto semelhante, faria outras escolhas. Ainda assim, eles se prestam a meu argumento: demonstram que a narrativa grandiosa da Civilização Ocidental é manifestamente inverídica e ideologicamente falida; ilustram, na escala do ser humano individual, por que devemos abandonar essa narrativa grandiosa de uma vez por todas; e sugerem um conjunto mais rico e diversificado de linhagens históricas em que deveríamos buscar uma nova versão da história Ocidental que a substitua.

1. A rejeição da pureza: Heródoto

É certo que Europa veio da Ásia e nunca pôs os pés
nas terras que os gregos hoje chamam de "Europa".
HERÓDOTO, final do século V a.C.[1]

UM MIGRANTE ESTÁ DE PÉ NA PRAIA. Fita o mar, e seus olhos e espírito se estendem mais além, para sua terra natal, a todo um continente e toda uma vida de distância. Seus primeiros passos para o exílio se iniciaram anos antes, quando deixou a costa acidentada da Turquia num barco superlotado. Ele fugia das perseguições de um tirano e da fúria de uma turba fundamentalista, na esperança de encontrar um novo e luminoso futuro na cidade mais dinâmica e cosmopolita da Europa. Mas, quando finalmente chegou à grande metrópole, seus sonhos rapidamente se desfizeram. Onde esperara sucesso, encontrou desconfiança; onde imaginara oportunidades, encontrou restrições. Mais tarde, quando o governo começou a criar um ambiente hostil aos imigrantes e instituiu novas e draconianas leis de cidadania, ele partiu. E agora aqui está ele — em outra praia estrangeira, em busca de outro novo começo. Quem sabe dessa vez ele encontra o que procura?

Essa história podia ser a de um número incontável de migrantes do século XXI, mas, nesse caso, é a história da primeira das catorze vida enfocadas neste livro — a do historiador grego antigo Heródoto. Claro que só podemos especular (como faço aqui) sobre o estado de espírito de Heródoto ao chegar ao litoral do sul da Itália. Na verdade, sabemos relativamente pouco sobre a vida daquele que é hoje amplamente considerado o "Pai da História". Nascido no começo do século V a.C. em Halicarnasso (atual Bodrum, na Turquia), Heródoto trabalhou durante alguns anos em Atenas e passou seus últimos anos na cidadezinha de Túrio, no golfo de Tarento. E foi lá, duas vezes expatriado e duas vezes reassentado, que ele escreveu sua obra-prima, *Histórias*.

O livro é amplamente considerado a primeira obra de historiografia na tradição Ocidental. Em seu núcleo, Heródoto nos conta como uma aliança de Estados gregos combateu e repeliu, entre 499 e 470 a.C. (embora ele se concentre basicamente no período entre 499 e 479 a.C.), os exércitos invasores do Império Persa Aquemênida. Os persas eram superiores em número, recursos e organização, e controlavam um vasto império que se estendia da atual Bulgária ao Afeganistão e do Egito ao mar Negro. Em contraste, havia centenas de pequenas comunidades independentes que se consideravam (em maior ou menor grau) gregas e viviam sempre às turras, cavando um magro sustento de seus territórios. Mas, contra todas as expectativas, os gregos venceram e conseguiram repelir os invasores. Trata-se de uma história que cativou a imaginação humana ao longo de três milênios e ainda continua a gozar de enorme popularidade.[2]

Uma das razões para a longa popularidade das *Histórias* é sua importância para a história imaginada do Ocidente. A obra forneceu a muitos uma carta de fundação da Civilização Ocidental, apresentando um precedente antigo para a noção moderna de "choque de civilizações". As linhas iniciais do prólogo parecem, sem dúvida, se adequar a esse roteiro. Heródoto começa afirmando explicitamente que seu objetivo é registrar os grandes feitos dos helenos e dos bárbaros (termo com o qual designa os não gregos). Isso supõe de imediato uma oposição binária entre os dois lados — gregos e bárbaros, Europa e Ásia, Ocidente e Oriente (ou, talvez mais precisamente, o Ocidente e o Resto). A seguir, Heródoto passa a apresentar um pano de fundo, recuando à história ainda mais antiga para montar a cena do conflito. Tudo começou, conta-nos ele, quando mercadores fenícios raptaram uma princesa da cidade grega de Argos. Os gregos reagiram raptando uma princesa fenícia, o que levou a um ciclo de estupros intercontinentais e culminou no rapto de Helena de Esparta, que levou à Guerra de Troia. A destruição subsequente de Troia, segundo Heródoto, foi uma escalada desproporcional, e foi isso que, diz ele, realmente colocou os asiáticos contra os gregos (*Histórias* 1,5).

O prólogo de Heródoto parece uma versão precoce da narrativa da Civilização Ocidental. Ali estão os dois ingredientes centrais. Primeiro, temos dois lados em ferrenha oposição: a Grécia (leia-se "o Ocidente") e a Ásia (leia-se "o Resto"). A seguir, temos o presente histórico projetado sobre o passado — os persas fundidos com os troianos míticos, e os gregos equiparados aos aqueus que saquearam Troia. Heródoto parece nos oferecer não só um relato antigo do "choque de civilizações", mas também uma formulação inicial da genealogia cultural do Ocidente. É o que ele *parece* nos oferecer, pelo menos.

Muitos leitores de Heródoto tomaram essa ideia ao pé da letra. Samuel Huntington, quando escreveu seu controvertido best-seller, *O choque de civilizações e a recomposição da ordem mundial*, definiu as características centrais de uma civilização tomando Heródoto como referência.[3] Segundo o cientista político Anthony Pagden, o tema de Heródoto nas *Histórias* era "a perpétua inimizade entre a Europa e a Ásia".[4] E Zack Snyder, quando lançou seu filme *300*, em 2007, desencadeou uma controvérsia ao retratar os espartanos de Heródoto como europeus de pele branca e amantes da liberdade e os persas como asiáticos e africanos caracterizados por deformidades físicas e degeneração moral.

Que Heródoto tenha sido mal interpretado é compreensível. De fato, há inúmeros trechos do texto sugerindo uma narrativa de tipo "choque de civilizações". Mas há também inúmeros trechos que sugerem o contrário.

Se o lemos atentamente, vemos que ele apresenta a noção de um choque de civilizações apenas para enfraquecê-la. Descobrimos que Heródoto não dividia o mundo entre o Ocidente e o Resto, e tampouco entendia a história como uma interminável repetição do mesmo eterno conflito. Em suma, Heródoto não inventou uma versão precoce da narrativa da Civilização Ocidental, e tampouco via a si e aos gregos como parte de um grupo geocultural com paralelismos com o Ocidente moderno. Pelo contrário, todo o seu trabalho de vida aponta na direção oposta. É uma das ironias da história que, dois milênios e meio após sua morte, Heródoto tenha sido e continue a ser usado com grande frequência para promover a própria ideologia do "nós × eles" que tentou desacreditar.

Pai da História, Pai das Mentiras

Embora o conheçamos hoje como o "Pai da História", Heródoto não foi o primeiro historiador.[5] A historiografia mesopotâmica o precede em mais de mil anos, e os primeiros trabalhos históricos em língua grega antiga surgiram quase duzentos anos antes de seu nascimento.[6] Mas, embora não tenha inventado a história, Heródoto fez um bom trabalho reinventando-a, ao se concentrar menos no relato de eventos em sequência e mais nos padrões de causalidade histórica, transferindo a ênfase do "quê" para o "porquê".[7]

Bom, é claro que as *Histórias* apresentam um relato do *que* aconteceu nas Guerras Greco-Persas, detalhando os vários acontecimentos e episódios do conflito. A história é mais ou menos assim: a luta se iniciou com a Revolta Jônica em 499 a.C., uma rebelião contra o Império Persa conduzida pelas cidades gregas jônicas da Ásia Menor e apoiada pelos atenienses (e por outras cidades-Estado gregas no Egeu). A rebelião acabou sendo esmagada, e os persas começaram a olhar para o oeste. O rei persa Dario empreendeu uma invasão da Grécia peninsular em 492 a.C., e foi derrotado na Batalha de Maratona por uma força liderada por atenienses. Com revoltas em outros lugares do império, passou-se uma década inteira até que ocorresse

A rejeição da pureza: Heródoto 27

a segunda invasão persa da Grécia, em 480 a.C., dessa vez conduzida por Xerxes, filho de Dario. Enquanto avançava pela península grega, o exército de Xerxes foi brevemente detido nas Termópilas, onde trezentos espartanos ocuparam a última posição de defesa. Mas os persas por fim chegaram a Atenas e saquearam a cidade, matando muitos de seus habitantes e levando seus maiores tesouros. Então, numa guinada surpreendente, os persas sofreram uma dupla e catastrófica derrota — primeiro no mar, na Batalha de Salamina, e depois em terra, na Batalha de Plateia. Com suas forças em debandada e as ruínas fumegantes atrás de si, eles optaram por reduzir suas baixas e voltar para casa.

O que levou a tal reviravolta nas coisas? Para tratar dessa pergunta escorregadia, Heródoto foi ampliando cada vez mais sua perspectiva — abrindo um panorama mais extenso e situando os acontecimentos num contexto mais abrangente. Não há como realmente entender por que a Pérsia saqueou Atenas, ponderou ele, a menos que se avalie o pano de fundo das relações diplomáticas entre persas e atenienses. E não há como avaliar plenamente as relações diplomáticas entre persas e atenienses a menos que se conheça um pouco da estrutura política interna dos dois Estados. E não há como realmente captar a estrutura política interna de qualquer Estado sem ter alguma noção da história, do desenvolvimento e, em última instância, das origens de tal Estado. Os tentáculos da explicação herodotiana iam avançando sempre mais além.

Em decorrência disso, as *Histórias* nos oferecem não só um relato das Guerras Greco-Persas, mas também as ideias de Heródoto sobre a história persa (embora uma parte delas seja evidentemente baseada em conjecturas, tanto quanto em provas sólidas), inclusive sobre a fundação do império e seu sistema administrativo. A narrativa também se desdobra em vívidas descrições etnográficas da cultura e da sociedade persas, bem como em biografias individuais e estudos de caráter de algumas de suas figuras centrais. Heródoto oferece esse alto grau de detalhamento não só dos persas, mas também de cada um dos múltiplos povos que viviam dentro do Império Persa, dos egípcios no sul aos citas no norte, dos indianos no leste aos gregos no oeste. Seu tratamento dos gregos, como não podia deixar de ser, é um tanto diferente daquele que ele dá aos demais grupos. Escrevendo em grego para um público basicamente grego, Heródoto não precisava explicar os elementos básicos da cultura e dos costumes gregos. Ainda assim, ele nos contou as histórias individuais de diversos Estados gregos, tratando de suas trajetórias próprias de desenvolvimento e destacando suas características particulares.

Com esse foco sobre o "porquê", suas *Histórias* eram de grande escopo (cobrindo várias centenas de anos e milhares de quilômetros) e profuso detalhamento (com episódios que iam desde a vida sexual de reis aos percalços marítimos de pescadores). Assim, enquanto narra ostensivamente a história das Guerras Greco-Persas, Heródoto nos regala com um grandioso bufê de acepipes historiográficos, incluindo exposições etnográficas (vocês sabiam que os citas só sepultavam seus reis depois de recobri-los com cera?),[8] discussões filosóficas (como a ocasião em que os persas debateram qual seria a melhor forma de governo — e, curiosamente, acabaram decidindo *por voto* que era a monarquia!),[9] teorizações geográficas (Heródoto atravessou, literal e metaforicamente, o debate sobre a nascente do rio Nilo)[10] e jornalismo investigativo (graças a uma fonte anônima, ficamos sabendo de mensagens secretas transmitidas por meio de tatuagens ocultas).[11]

A riqueza e a variedade das *Histórias* levaram — talvez inevitavelmente — à segunda alcunha de Heródoto. Se Cícero, escrevendo cerca de quatrocentos anos após a morte do historiador, pode tê-lo chamado de "Pai da História", Plutarco, cerca de duzentos anos depois de Cícero, o chamou de "Pai das Mentiras".[12] Plutarco achava que as histórias de Heródoto eram pura e simplesmente fantásticas demais, excêntricas demais e cômicas demais para serem factualmente verdadeiras. Nesse ponto, ele tem uma certa dose de razão. Algumas são sem dúvida exageradas — como o conto das formigas na Índia que cavavam ouro ou o boato segundo o qual alguns habitantes do Saara tinham cabeça de cachorro.[13] Outros contos bizarros podem ter surgido de mal-entendidos culturais. Um exemplo disso é a história segundo a qual os citas ordenhavam suas éguas soprando ar na vagina delas com flautas de osso; outro é a ideia de que todas as mulheres babilônicas serviam como prostitutas dos templos pelo menos uma vez na vida.[14] Mas o próprio Heródoto sabia que nem todos os seus contos eram factualmente corretos, e muitas vezes prefaciava suas histórias mais fantásticas com elaboradas ressalvas, apresentando-as não em sua voz autoral própria, mas como notícias de segunda mão. Tais passagens vêm pontilhadas de expressões como "dizem alguns" ou "afirmam os moradores locais". Heródoto não acreditava em tudo o que ouvia e tampouco esperava que seu público acreditasse.

Mas mesmo uma boa dose de leitura atenta e crítica não contribuiria muito para acalmar a raiva de Plutarco. Ele tinha uma razão mais profunda para desconfiar de Heródoto. A questão fundamental era que ele achava as *Histórias* demasiado imparciais em relação aos persas, e demasiado positivas ao retratar os não gregos. Heródoto, segundo Plutarco, era muito claramente um *philobarbaros* (amante de bárbaros), e sendo assim jamais se poderia confiar em nada do que ele tivesse escrito. Igualmente problemática era a disposição de Heródoto para criticar os gregos. Pois, embora tenha descrito a loucura sanguinária do persa Cambises e a crueldade arrogante de Xerxes,[15] ele também escreveu sobre as ambições egoístas do nobre milésio Aristágoras e a ganância do general ateniense Temístocles.[16] Para o patriótico Plutarco, vivendo numa Grécia então reduzida a uma província do Império Romano, isso era uma afronta a seu nostálgico ideal do helenismo.

Então quem foi realmente Heródoto? O Pai da História ou o Pai das Mentiras? Um fantasista, apologeta bárbaro e astucioso inventor de falsidades? Ou um inovador científico que ampliou as fronteiras do conhecimento humano ao reconceitualizar a relação humana com o passado? Ou, e talvez mais importante para os propósitos deste livro, terá ele formulado uma visão inicial do proto-Ocidente, que forma a base da nossa noção moderna do Ocidente? Terá ele nos dado nosso esquema geral para a narrativa grandiosa da Civilização Ocidental? As respostas a essas perguntas se encontram em algum lugar entre a biografia do homem Heródoto e os textos literários do historiador Heródoto. Mas, apesar de toda a riqueza das biografias que ele nos oferece nas *Histórias*, é decepcionantemente escasso nosso conhecimento sobre a vida do autor.

Sabemos que Heródoto nasceu no começo do século v a.C. em Halicarnasso, na costa egeia da atual Turquia. Embora fosse oficialmente uma *polis* (cidade-Estado) grega, Halicarnasso tinha uma população mista e também se orgulhava de uma herança anatoliana autóctone.[17] A própria família de Heródoto ilustra a mistura cultural da cidade. O nome "Heródoto" é grego, bem como o nome de sua mãe, Drio. Mas vários outros integrantes da família tinham nomes derivados do cário, idioma anatoliano, inclusive o pai de Heródoto, Lícsis, e seu primo, o poeta Paníassis.[18]

Quando jovem, Heródoto talvez se interessasse mais pela política do que pela história. É sabido que teve alguma desavença com Lígdamis, o dirigente hereditário da cidade,[19] e foi obrigado a fugir para a ilha próxima de Samos. A certa altura ele voltou, envolveu-se no golpe que derrubou Lígdamis e apoiou a instauração de um novo regime na cidade. Mas não demorou muito e foi novamente obrigado a fugir — dessa vez, por causa da fúria de uma turba pró-ligdamiana. Nos anos seguintes, ao que parece, aproveitou bem o exílio, viajando extensamente pelo mundo antigo.[20] Nas *Histórias*, encontramos aqui e ali episódios pessoais e relatos de primeira mão. Heródoto nos conta que explorou as paisagens do Egito, descendo o Nilo até Elefantina; maravilhou-se com o grande movimento nos portos e mercados cosmopolitas da Tiro fenícia; viu com os próprios olhos as fabulosas decorações dos templos da Babilônia. A crer em seus escritos, ele devia ser um companheiro de viagem cansativo — fazendo aos guias milhares de perguntas, pechinchando com os mascates, amolando todo mundo, de dignitários locais a humildes vendedores de água, para que contassem suas histórias. Seu texto também mostra, o que talvez não surpreenda, uma íntima familiaridade com a Anatólia — não só com as costas egeias no oeste, mas também com as regiões ao norte, bordejando o mar Negro e a área do Helesponto. Quanto à região continental grega, ele parece ter um conhecimento de primeira mão de várias áreas, entre as quais Esparta, Delfos e Beócia, sem contar, claro, Atenas.

O mundo grego podia ser politicamente fragmentado em meados do século v a.C., mas Atenas era sua capital cultural incontestada.[21] Era a época do estadista Péricles e do filósofo Sócrates, do escultor Fídias e do dramaturgo Eurípides. A cidade abrigava intelectuais cosmopolitas e radicais políticos, cortesãs célebres e playboys milionários. Os mercados fervilhavam com comerciantes de três continentes, os templos viviam lotados de peregrinos, artesãos vinham de longe para trabalhar nas novas construções luxuosas na acrópole. Como a Viena *fin-de-siècle*, a Nova York dos Anos Loucos na década de 1920 ou a *swinging London* dos anos 1960, Atenas no século v a.C. era um ímã que atraía gente criativa e ambiciosa. Para Heródoto, deve ter sido irresistível.

Ao chegar à grande metrópole, Heródoto parece ter logo se enturmado com o pessoal dos círculos literários, criando uma amizade especialmente próxima com o dramaturgo Sófocles.[22] Sabemos que Heródoto apresentou no palco uma série de leituras públicas de seu próprio trabalho, tendo, ao que parece, recebido a espantosa soma de dez talentos por uma apresentação de particular sucesso (só para se ter uma ideia, um talento na época era o suficiente para cobrir o pagamento mensal da tripulação inteira de uma trirreme na marinha ateniense).[23] Mas, apesar do sucesso, ele deixou Atenas poucos anos depois, abandonando os amigos e uma carreira florescente. E isso o levou ao lugar onde o vimos no começo deste capítulo: uma praia do golfo tarentino, no sul da Itália, preparando-se para ter seu derradeiro lar em Túrio.

O que levou Heródoto a deixar Atenas, abandonando seus sonhos de fama e fortuna na cidade grande? Por que, no momento em que "tinha tudo na mão", ele renunciou a tudo e emigrou uma vez mais? Claro que vários fatores pessoais podem ter influído na decisão. Mas é muito provável que a política ateniense também tenha feito parte da equação — uma nova política radical baseada no império, na xenofobia e na invenção de uma narrativa um tanto parecida com a da Civilização Ocidental.

O formato do mundo

O Estado nacional moderno grego conta hoje com mais de duzentos anos e pode ostentar uma história rica e variada.[24] Mas a Grécia moderna não é igual à Grécia antiga.[25] Na época em que Heródoto viveu e escreveu, no século V a.C., os gregos não estavam unidos num mesmo Estado ou nação. Pelo contrário, o mundo grego consistia em milhares de *poleis* (cidades- -Estado) e microterritórios, cada qual com seu governo próprio.[26] Esses Estados eram, via de regra, ferozmente independentes e tinham uma forte identidade individual, e muitos gregos se viam sobretudo como atenienses, coríntios, espartanos e assim por diante. Em algumas ocasiões, um grupo de Estados gregos se juntava numa aliança regional ou numa união federal, mas geralmente mantendo suas identidades individuais.[27] Foi somente com as conquistas de Alexandre da Macedônia, cerca de cem anos após a morte de Heródoto, que grandes contingentes de gregos em amplas áreas do território foram unificados sob um mesmo governo (embora muita gente na época questionasse até que ponto seus dirigentes macedônios eram de fato "gregos").[28] Mas nem mesmo esse enorme Estado incorporou os gregos do mar Negro e os do Mediterrâneo central e ocidental.

Além da fragmentação política, os gregos do tempo de Heródoto também eram geograficamente dispersos. No final do século V a.C., havia *poleis* gregas em torno do mar Negro e do mar Mediterrâneo, da Espanha ao Chipre e da Líbia à Crimeia. Hoje, é possível encontrar remanescentes de suas comunidades em Marselha, na França, e em Náucratis, no Egito, enfileirados ao longo da costa mediterrânea da Turquia, de Adana a Istambul, e cercando o mar Negro, de Poti, na Geórgia, a Sozopol, na Bulgária.[29]

Em vista da independência política e da dispersão geográfica dessas comunidades, é de se perguntar que elo as unia. Mesmo os comentaristas antigos divergiam sobre o que e quem era grego. Segundo Demóstenes, os macedônios não eram realmente gregos, e, segundo Heródoto, os atenienses tampouco o eram, uma vez que descendiam de "bárbaros" não gregos.[30] Para complicar ainda mais as coisas, os gregos antigos jamais se intitularam "gregos". O termo foi cunhado pelos romanos, que utilizavam a palavra latina *graeci* para designá-los como um coletivo. Os gregos referiam-se a si mesmos como *helenos*, enquanto descendentes da figura mítica de Heleno. (Não confundir Heleno com Helena; Heleno era o ancestral lendário dos gregos antigos, enquanto Helena foi a mulher no cerne da Guerra de Troia.)

A autodefinição dos helenos é, portanto, genealógica — ligada à ideia de uma história em comum e de um ancestral em comum. Mas precisamos ter o cuidado de não pensar a grecidade como uma forma de etnicidade em nossa acepção moderna do termo. Os helenos antigos não eram um grupo étnico coeso, separado de outros grupos étnicos por alguma fronteira clara. Para os gregos antigos, a genealogia era um meio de unir as pessoas, com origens plurais fundidas em sua estrutura fundamental.[31] Assim, os mitos sobre uma linhagem de sangue helênica em comum vinham associados à referência a outras genealogias, não helênicas. O povo de Tebas, por exemplo, citava o herói fenício Cadmo como seu fundador cívico. Os argivos diziam descender das filhas do rei egípcio Dânao. Tanto os árcades quanto os atenienses afirmavam estranhamente ser autóctones — nascidos na própria terra onde viviam. Alguns gregos diziam ter antepassados em comum com os persas, os judeus e os romanos. Não devemos levar essas genealogias ao pé da letra (e tampouco supor que os gregos antigos necessariamente assim pensavam). Como muitos mitos de fundação, essas eram declarações intencionais de filiação e identidade, moldadas tanto por um ideal do que eles queriam ser quanto pelo que de fato eram. Ainda assim, essas genealogias nos revelam algo sobre a mentalidade grega antiga. Embora a ideia de uma mesma linhagem helênica sem dúvida fosse importante, poucos gregos antigos pensavam que essa linhagem fosse pura.[32]

Outra coisa que unia as *poleis* gregas, talvez ainda mais do que a imaginada linhagem helênica, era a consciência de uma cultura comum. Havia a língua e a escrita gregas, bem como as tradições literárias concomitantes e um amplo conjunto de mitos e histórias em comum. Havia a estrutura do politeísmo olimpiano, incluindo formas semelhantes de cultos e rituais religiosos nas várias cidades, sem falar nas ideias semelhantes quanto aos elementos que davam a um templo uma aparência adequada. E havia padrões e costumes em comum na vida cotidiana, com ideias notavelmente parecidas sobre a caracterização de coisas tão variadas quanto a família nuclear, as regras sociais, as normas educacionais, as tradições arquitetônicas e as práticas artesanais. Ser grego consistia, em grande medida, em fazer coisas gregas de uma maneira grega. Como observou o orador Isócrates no século IV a.C., "o nome heleno se aplica mais aos que partilham nossa cultura do que aos que partilham o mesmo sangue" (*Panegírico* 4,50). Para o próprio Heródoto, a identidade grega (*to Hellenikōn*) se definia em parte pelo sangue, mas na mesma medida pela "mesma linguagem, templos e sacrifícios aos deuses em comum e modos de vida compartilhados" (8,144).[33]

Dentro dessa cultura grega mais ampla havia, claro, tradições locais.[34] Num mundo grego tão diverso e disperso, como não haveria? Enquanto a mulher ideal em Atenas era dócil e ficava basicamente em casa, sua correspondente espartana era uma atleta ao ar livre. Enquanto as pessoas em Clazômenas colocavam seus mortos em sarcófagos individuais de barro cozido belamente pintados, em Corinto eles eram sepultados em tumbas coletivas entalhadas na rocha.[35] E enquanto na Sicília a deusa Ártemis era cultuada como uma jovem núbil pronta para o casamento, em Éfeso ela aparecia como a poderosa senhora dos animais, trazendo ao peito um colar de testículos de touro.[36] Muitas dessas variações locais decorriam da relação com culturas não gregas. Já vimos que os anatólios autóctones faziam parte da *polis* grega em Halicarnasso, mas há níveis semelhantes de interculturalismo por todo o mundo grego. Em Pitheloussai, na baía de Nápoles, encontravam-se traços culturais gregos ao lado de traços fenícios, etruscos e outros elementos itálicos.[37] E, em Náucratis, gregos de um amplo leque de cidades andavam ao lado de egípcios, líbios e árabes.[38] Formas estilísticas, práticas e identidades híbridas surgiam e retroalimentavam a percepção consciente de uma afinidade cultural que estava no cerne da grecidade.

Mas nem por isso podemos cair na armadilha de pensar que o mundo grego antigo era uma utopia de pluralismo étnico e cultural, o helenismo como uma ampla tenda com espaço para todos. O racismo e a xenofobia eram correntes, e pensadores eminentes como Aristóteles sustentavam que, devido à superioridade inata dos gregos, era-lhes natural escravizar não gregos. O interessante é que esse complexo de superioridade não se estruturava num sentido de Ocidente × Resto. Em vez disso, Aristóteles acreditava que o mundo grego se distinguia tanto do Ocidente quanto do Oriente, sendo superior tanto à Europa quanto à Ásia: "Os povos dos lugares frios e em volta da Europa são cheios de disposição, porém mais carentes de inteligência e habilidade, e assim resulta que são livres, mas politicamente desorganizados e incapazes de governar seus vizinhos. Os da Ásia são inteligentes e de mente habilidosa, mas sem disposição, e assim resulta que são dominados e escravizados. Mas a raça dos helenos, por estar situada no meio, tem o melhor de ambos — eles são corajosos e engenhosos".[39]

As ideias gregas antigas sobre os continentes eram, evidentemente, distintas das nossas. E também variavam. Nem todos concordavam com Aristóteles que as terras às margens do Mediterrâneo e do mar Negro (ou seja, as terras habitadas por gregos) ficavam no espaço do meio entre os continentes. Heródoto, como veremos mais adiante, considerava ridícula a simples ideia de existirem divisões continentais.

Todavia, para grande parte da história grega antiga, as divisões mais prementes não eram as que separavam gregos e não gregos, e sim as que estabeleciam distinções entre diferentes grupos gregos. É uma delas que, desconfio eu, teve um profundo impacto na vida de Heródoto, levando-o a trocar Atenas pela relativa paz e tranquilidade de Túrio. Devido à versão da história que compõe a narrativa grandiosa da Civilização Ocidental, quando pensamos em Atenas tendemos a imaginá-la como o berço da democracia, o local onde o governo do povo (*demokratía*) e a igualdade perante a lei (*isonomia*) foram pioneiramente instaurados. Isso é em parte verdadeiro, mas a realidade da democracia ateniense estava muito aquém dos princípios modernos da democracia liberal que hoje associamos ao Ocidente. Para começar, as mulheres estavam excluídas, bem como os milhares de escravizados cujo trabalho sustentava a economia ateniense.[40] Além disso, Atenas podia professar a isonomia para seus cidadãos homens, mas certamente para mais ninguém. Todo e qualquer não ateniense, fosse grego de outra cidade ou totalmente não grego, era tratado como forasteiro. A democracia ateniense clássica não era a instituição inclusiva e igualitária que às vezes imaginamos. Era um Clube do Bolinha exclusivo, reservado apenas aos nascidos nas famílias do tipo "certo".

O dinamismo cultural de Atenas no século v a.C. se fundava não numa igualdade política esclarecida, mas no imperialismo.[41] O Império Ateniense nasceu da aliança de Estados gregos que haviam combatido os persas durante as Guerras Greco-Persas. Atenas rapidamente reivindicou a liderança exclusiva dessa aliança, aproveitando tanto o apoio de outros gregos depois da pilhagem persa de suas respectivas cidades quanto a gratidão granjeada com a bravura ateniense nas batalhas de Maratona e Salamina. Mas a liderança da aliança logo se converteu em controle. Exigiam-se tributos anuais, e os "aliados" desertores eram tratados de forma implacável. Alguns deles, os mais afortunados, tiveram suas cidades saqueadas, suas muralhas arrasadas, seus políticos exilados ou executados, guarnições atenienses impostas e governos-fantoche pró-atenienses instalados no poder. Os desafortunados, como o Estado insular de Melos, sofreram o castigo supremo — todos os homens adultos foram mortos, e as mulheres e crianças foram vendidas como escravas.[42]

Em Atenas, o clima era de triunfalismo. Em 453 a.C., o estadista Péricles ergueu na acrópole duas pedras gigantescas com inscrições, cada qual com quase quatro metros de altura, apresentando os valores dos tributos pagos por cada cidade a Atenas. Era a supremacia ateniense anunciada num outdoor. Dois anos depois, ele endureceu a lei sobre a cidadania ateniense, restringindo-a aos que podiam apresentar dois antepassados cidadãos (em vez de apenas um, como tinha sido até então), retirando de um só golpe os direitos de cidadania de muitos que tinham sido cidadãos a vida toda.[43]

No decorrer do século v a.C., o fosso entre atenienses e outros gregos se ampliou. Os atenienses começaram a se considerar diferentes, especiais, essencialmente melhores. Podemos ver isso na reorganização da principal festa religiosa da cidade, o festival das Panateneias. Os cidadãos atenienses gozavam livremente do festival, ao passo que os estrangeiros residentes tinham de participar em papéis subordinados, servindo os atenienses — carregando bandejas, trazendo água, portando guarda-sóis, segurando as banquetas.[44] Perto do final do século, o dramaturgo Eurípides encenou uma peça reimaginando as origens atenienses. Segundo a mitologia tradicional, os atenienses descendiam de autóctones por um lado e do herói

Heleno por outro, e assim faziam parte da família helênica mais ampla. Mas Eurípides, em *Íon*, alterou a genealogia mítica, substituindo Heleno pelo deus Apolo, trocando a ancestralidade helênica dos atenienses por uma divina. Na peça de Eurípides, o excepcionalismo ateniense não significava apenas que eles eram melhores do que os outros gregos — significava que não eram de forma alguma gregos.

Como Atenas conseguiu esse feito? Além de ter praticamente o monopólio da força naval, a cidade lançou numa agressiva campanha de propaganda a fim de persuadir os outros gregos de que sua "aliança" com Atenas era necessária. Nenhum grego podia se permitir baixar a guarda, argumentaram os atenienses, ou de outra forma os ignóbeis persas voltariam. O predomínio naval ateniense era necessário, afirmavam eles, para proteger os gregos contra a constante ameaça persa. Os propagandistas atenienses atiçaram o ódio aos persas promovendo um estereótipo do bárbaro oriental como indivíduo efeminado, amante do luxo, covarde, mas também falso, astuto e traiçoeiro.[45] Já os gregos, em contraste, eram viris, rijos e corajosos, íntegros no trato com terceiros e sinceros na busca da liberdade pessoal. Podemos encontrar esses estereótipos lendo os discursos jurídicos de Isócrates, assistindo a uma apresentação de *Os persas*, de Ésquilo, uma tragédia de arrancar lágrimas, ou observando as centenas de vasos atenienses de figuras vermelhas com guerreiros gregos derrotando os pusilânimes adversários persas. Segundo esse estereótipo, os persas eram inimigos dos gregos não só naquele momento, mas ao longo de toda a história. Eles eram sistematicamente apresentados como troianos ou apoiadores dos troianos, fundindo o passado lendário e o presente contemporâneo da Ásia numa coisa só.[46] Foi a Atenas do século v a.C. que inaugurou a retórica do "choque de civilizações", usando-a como instrumento do imperialismo de gregos sobre gregos.

Se tudo isso soa familiar, é porque já ouvimos isso antes. No Ocidente moderno, é difícil evitar os estereótipos do povo asiático efeminado mas astucioso, que se repetem esporadicamente na cultura popular. Vemos esses estereótipos na arte e na literatura do imperialismo europeu, como famosamente apontou Edward Said (sobre ele, ver capítulo 13), mas também em filmes de Hollywood, em romances de grande circulação e em charges de jornal. Em nossos tempos modernos, essa imagem do "outro" não Ocidental é montada como imagem especular do Ocidental idealizado por meio de uma série de oposições conceituais — Ocidente × Oriente, masculino × feminino, forte × fraco, corajoso × covarde, de pele clara × de pele escura. No Ocidente de hoje, trata-se de uma retórica desconfortavelmente instalada sob a superfície do discurso político aceitável, de vez em quando aflorando à tona. Na Atenas do século v a.C., esse racismo era corrente e dominante.

O século v a.C. ateniense, em seus meados, é visto corretamente como uma idade áurea da cultura, da literatura, das artes e da democracia. Mas essas realizações foram frutos do império — um império construído sobre as costas de outros gregos e justificado pela propaganda racista, que apresentava os forasteiros e não gregos como um perigoso "outro" e criava uma "marca própria" para Atenas como o epítome da grecidade idealizada.[47] Morando em Atenas, Heródoto certamente devia ter uma aguda consciência disso.[48] O ambiente se tornava cada mais hostil. A política ateniense era agora dominada por temas tóxicos como pureza racial, superioridade nacional e exclusão de migrantes. Havemos mesmo de nos surpreender que alguém como Heródoto, um migrante bicultural da Ásia, não se sentisse mais em casa? Havemos mesmo de nos surpreender que se lançasse mais uma vez ao mar, chegando à praia italiana onde o encontramos no começo deste capítulo? E havemos mesmo de nos surpreender que, ao se sentar para escrever sua obra-prima, ele a concebesse como uma réplica espetacular das ideologias que o haviam levado até lá?

As investigações

Heródoto deve ter levado anos para terminar as *Histórias*. Na verdade, a estrutura da obra sugere que ela foi composta em vários episódios avulsos, depois alinhavados dentro de um arcabouço maior e mais abrangente. Assim, embora Heródoto possa ter escrito algumas seções das *Histórias* em Atenas, foi provavelmente em Túrio que ele concebeu sua visão da obra como um

A rejeição da pureza: Heródoto

todo. Essa visão é exposta no famoso prólogo, já mencionado, no qual o autor apresenta, como ele mesmo diz, suas "investigações" (em grego, *historiē*):

> Esta é a apresentação das investigações de Heródoto de Halicarnasso, para que as coisas realizadas por pessoas não desapareçam com o tempo e os grandes e maravilhosos feitos empreendidos por helenos e bárbaros não percam sua glória — incluindo, entre outros, a causa de guerrearem entre si.[49]

A interpretação dessas linhas pode parecer bastante clara. Estamos diante da oposição entre gregos e bárbaros (isto é, todos os não gregos), um visível choque de civilizações. Conforme já comentei, em seguida Heródoto nos apresenta o pano de fundo da inimizade intercontinental como uma série de raptos, culminando no rapto de Helena e no saque de Troia. Até aí, tudo bem. Mas o que devemos examinar mais de perto é o que Heródoto diz logo depois.

Todas essas histórias, diz-nos Heródoto, são mitos inconfiáveis. Ele os descarta explicitamente, da mesma forma como irá descartar mais adiante contos que vão desde as formigas cavadoras de ouro até os homens com cabeça de cachorro. Um aspecto crucial é que ele não narra os estupros míticos em sua voz autoral, mas coloca-os na voz de terceiros, dizendo: "Os autores persas dizem que foram os fenícios que iniciaram a disputa". Em seguida, lança ainda mais dúvidas sobre as histórias ao citar um conto alternativo narrado pelos fenícios, dizendo ao público que "os fenícios não concordam com os persas". Para Heródoto, a ideia de um antigo ódio enraizado no mítico passado distante era não só absurda, mas incoerente — um conjunto de fábulas contraditórias lançadas por narradores inconfiáveis, cada qual com vistas a seus próprios fins.

Se quisermos realmente entender a inimizade entre gregos e persas, sugere Heródoto, devemos examinar eventos historicamente verificáveis no passado muito mais recente, a começar pelo "primeiro bárbaro que submeteu os helenos, impondo-lhes tributo" — que foi, segundo Heródoto, o rei lídio Creso, hoje mais conhecido por sua fabulosa riqueza.[50] Em contraste com os mitos ridículos contados por outros, Heródoto tem o cuidado de especificar que suas investigações — suas *historiē* — começam com esse ato de dominação imperial. Em certo nível, é claro que ele está escrevendo sobre a eliminação dos jônios da Ásia Menor por obra dos vizinhos lídios. Mas, para o público original de Heródoto, a escolha de seus termos teria uma ressonância muito mais contemporânea. No século v a.C., não eram os bárbaros que haviam "submetido os helenos, impondo-lhes tributo", mas sim os atenienses. A palavra que Heródoto utiliza para tributo é *phoros* — termo técnico cunhado pelos atenienses especificamente para designar o tributo que os "aliados" lhes pagavam.[51] A palavra não existia na época de Creso, um século antes, e se sobressairia como um anacronismo surpreendente. Era uma escolha vocabular que seria dinamite política.

Ao lermos atentamente o prólogo de Heródoto, portanto, não é o conflito entre gregos e não gregos que aparece como principal tema de interesse. As "causas de guerrearem entre si" estão de fato incluídas como um item, mas apenas "entre outras coisas". O que ocupa o primeiro plano em sua mente e, na verdade, nas *Histórias* como um todo são as "coisas realizadas pelas pessoas" — especificamente "os grandes e maravilhosos feitos empreendidos por helenos e bárbaros". A imparcialidade dessa afirmativa é admirável. Não são apenas os gregos que apresentam grandes feitos: os não gregos também. E as realizações que Heródoto procura documentar para a posteridade são, fundamentalmente, as de "pessoas" (ou, como diz ele, *anthropoi*). Ele não só o afirma no prólogo, mas assim prossegue pelas *Histórias* como um todo. Em suas páginas, Heródoto discorre sobre a generosidade de faraós egípcios e o heroísmo de rainhas citas, a inventividade de engenheiros babilônios e a bela aparência de homens etíopes.[52] O foco central de suas *Histórias* era celebrar as coisas grandiosas que as pessoas faziam — *todas* as pessoas, não só os gregos.

Assim, quando Heródoto apresenta no prólogo a ideia de uma oposição entre gregos e asiáticos, não é porque concorde com ela. Ele apresenta a ideia para criticá-la, subvertê-la e demonstrar com exemplos e mais exemplos que ela é falsa. Ele argumenta que os próprios gregos eram os depositários de influências culturais de povos mais antigos da Ásia ocidental. A civilização mais antiga de todas, sugere, era a dos frígios da Anatólia,

A rejeição da pureza: Heródoto 41

os inventores da primeira linguagem humana (*Histórias* 2,2). Ele nos conta que outro povo anatólio, os lídios, apresentou aos gregos a ideia de moeda e comércio, além de muitos de seus jogos e passatempos (*Histórias* 1,94), ao passo que os fenícios trouxeram à Grécia o alfabeto e a tecnologia da escrita (*Histórias* 5,58). E que era aos egípcios que os gregos mais deviam. O conhecimento dos deuses veio do Egito para a Grécia (*Histórias* 2,50) junto com todo um leque de costumes religiosos (*Histórias* 2,51), além do cálculo de calendários, da ciência da astrologia e da prática divinatória (*Histórias* 2,81). A cultura grega, diz-nos Heródoto, nada tinha de puramente grega.

Para Heródoto, não apenas a linhagem cultural dos gregos era mista — suas linhagens biológicas também o eram. Ele dizia que os dois Estados gregos mais poderosos da época, Esparta e Atenas, pertenciam a grupos étnicos diferentes e tinham genealogias distintas (*Histórias* 1,56). Os espartanos vinham da verdadeira cepa helênica, mas eram um povo migratório (a palavra usada por Heródoto é *polyplanētos*, "errantes por muitos lugares"). Os atenienses, por sua vez, não eram de forma alguma realmente gregos, descendendo dos pelasgos não gregos (*Histórias* 1,58). Outras cidades-Estado gregas, afirma Heródoto, tinham linhagens igualmente híbridas. As cidades jônias de sua região natal eram pelo menos tão anatólias nativas quanto gregas (*Histórias* 1,147-8), os argivos eram filhos de mulheres egípcias (*Histórias* 2,91; 4,53; 4,182) e os tebanos da Grécia central descendiam dos fenícios (*Histórias* 5,182). Da mesma forma, alguns não gregos podiam reivindicar uma ancestralidade grega parcial, inclusive os citas (*Histórias* 4,8-10) e mesmo os persas por vezes tidos como descendentes do herói grego Perseu (*Histórias* 7,150).

Para Heródoto, os gregos não eram um povo à parte nem por cultura nem por sangue. Tampouco se distinguiam por sua ética e seus princípios. Nas páginas das *Histórias*, alguns gregos de fato professam seu amor pela liberdade — ideal que agora tendemos a associar ao Ocidente moderno. A palavra para liberdade (*eleutheria*) aparece várias vezes num contexto em que gregos procuram a liberdade frente à opressão persa (p. ex., 1,170, 5,2, 7,135, 8,143, 9,98). No entanto, ela aparece também em contextos totalmente não gregos, sugerindo que persas, egípcios e outros não gregos também podiam ser movidos pelo amor à liberdade (p. ex., 1,95, 2,102, 3,82, 7,2). O mais surpreendente, talvez, é que a palavra também é utilizada no contexto de guerras de gregos contra gregos, sugerindo que era possível perder a liberdade não só para os bárbaros, mas também para rivais gregos (p. ex., 1,61, 3,142, 6,5). A palavra devia soar especialmente apropriada na época em que Heródoto escrevia, no auge das Guerras do Peloponeso entre Atenas e Esparta, quando muitas vezes cidades gregas menores sofriam danos colaterais em razão do conflito.

As objeções mais enérgicas de Heródoto ao modelo do "choque de civilizações" estão talvez no tratamento que ele dá à geografia continental. "Rio-me daqueles que desenham mapas do mundo sem usar o cérebro", ele afirma sarcasticamente, assinalando o ridículo da divisão do mundo entre Europa e Ásia (*Histórias* 4,36). Era desnecessária a ideia de dividir em continentes o que ele via como "um único mundo", e a ideia de designar esses continentes por nomes femininos aleatórios parecia-lhe francamente absurda (*Histórias* 4,45). A posição de Heródoto faz sentido, pois ele próprio era um migrante transcontinental e um refugiado político. Em sua experiência pessoal, a Europa e a Ásia não eram muito diferentes. Os dois continentes eram povoados por gente cruel e gente amistosa, por gente fanática e gente acolhedora. Em ambos os continentes não só se encontravam gregos e não gregos, mas também pessoas que, como o próprio Heródoto, tinham um pouco de ambos.

Heródoto não descrevia o mundo em termos rígidos de "nós e eles"; pelo contrário, enfraquecia essa distinção pela perspectiva da cultura, da genealogia, da etnicidade e da geografia. Alguns gregos antigos, porém, viam as coisas de outra maneira. Plutarco sem dúvida era um deles, bem como os ideólogos imperiais atenienses do século v a.C. Mas Heródoto não pode ser incluído nesse grupo. Ele pintava o mundo mais em tecnicolor do que em preto e branco. Com sua visão de uma humanidade plural e rica, marcada pela mistura e a complexidade cultural, Heródoto evocava o mundo de sua juventude em Halicarnasso, mas também rejeitava explicitamente o mundo xenófobo da Atenas do século v a.C. Suas *Histórias*, com toda a sua vertiginosa diversidade, oferecem uma visão de um mundo

A rejeição da pureza: Heródoto

antigo muito mais plural e complexo, e um agudo contraste com o retrato da Antiguidade grega que encontramos na narrativa grandiosa da Civilização Ocidental, que vê os gregos antigos como os originadores de uma linha civilizacional puramente europeia e racialmente Branca. Heródoto estremeceria só de pensar nisso.

A SUPOSIÇÃO DE QUE O MUNDO GREGO clássico foi uma versão inicial do Ocidente é um equívoco total. Para começar, o Ocidente moderno tem sido historicamente focado na Europa, nos Estados de ascendência europeia na América do Norte e na anglosfera mais geral. Os gregos antigos, em contraste, não se viam como europeus. Na verdade, como se evidencia a partir dos escritos de Aristóteles e Heródoto, a Europa era frequentemente associada à barbárie. Outra conotação do Ocidente moderno, raras vezes citada na sociedade bem-educada, é a Branquitude racial, em contraste com os não ocidentais, frequentemente racializados como Negros, Pardos ou Amarelos. Em contraste com isso, a identidade helênica antiga, embora parcialmente definida pela ascendência e etnicidade em comum, não vinha expressa em termos de diferenças fisionômicas e certamente nunca pela cor da pele. A cor da pele no mundo grego antigo simplesmente não tinha a importância que tem em nosso mundo hoje, e, embora por vezes fosse um marcador de identidade para alguns grupos (os gauleses eram muitas vezes notados pela tez de leite, e os etíopes pela tez escura), não desempenhava um papel de destaque no discurso antigo da grecidade.[53]

Um modelo ideológico que realmente se encontra tanto no mundo grego antigo quanto no Ocidente moderno é o de uma oposição cultural binária entre "nós" e "eles". No mundo grego antigo, essa era a oposição entre helenos e bárbaros, concebida como um conflito que remontava a gerações, contrapondo um "nós" corajoso, viril, amante da liberdade, a um "eles" covarde, efeminado e subserviente. Embora possa ser uma caracterização extrema, o mesmo modelo conceitual básico está por trás da ideologia moderna de uma oposição entre o Ocidente e o Resto. E isso não porque o Ocidente moderno tenha herdado passivamente seu modelo conceitual da

Grécia antiga, mas porque o modelo cumpre a mesma tarefa conceitual e preenche a mesma função política em ambos os casos — servindo a uma ideologia expansionista, racista e patriarcal. Como veremos mais adiante, o surgimento do Ocidente como conceito e a invenção de sua história como Civilização Ocidental também foram, desde o começo, um instrumento ideológico utilizado a serviço do império. A partir de então, ele se metamorfoseou em diversas formas e abrigou sentidos sociais e culturais variados, mas de fato surgiu originalmente num contexto imperial. O mesmo se aplica ao helenismo politicamente instrumentalizado do Império Ateniense.[54]

Heródoto rejeitava essa visão da identidade grega e da diferença cultural, e escreveu suas *Histórias* como uma vigorosa refutação da oposição gregos-bárbaros. Ele concebia um mundo muito mais fluido e mutável, onde as distinções que dividiam as pessoas em linhas culturais, étnicas, morais e geográficas eram borradas. Em vista de sua experiência pessoal, devia ser assim o mundo que ele via. E ele não era o único. Homero descreveu a Guerra de Troia não como um choque de civilizações, mas como um conflito entre grupos intimamente relacionados, unidos não só pela mesma cultura e mesmos costumes, mas também por casamentos endogâmicos e laços de parentesco.[55] As tragédias de Eurípides também viraram o jogo, indagando quem tinha realmente uma conduta bárbara: os gregos ou os não gregos?[56] E o historiador Tucídides descreveu a identidade helênica comum como uma invenção relativamente recente, um guarda-chuva incômodo abrangendo grupos que tinham uma variedade de origens distintas.[57]

A narrativa grandiosa da Civilização Ocidental tem como postulado que as origens do Ocidente se encontram no mundo grego antigo, mas não é o mundo grego antigo como verdadeiramente era — o mundo vibrante e dinâmico de Heródoto, Homero e Tucídides. Pelo contrário, ela adere à visão da Grécia antiga promovida por políticos atenienses como Péricles, para justificar sua própria expansão imperial, um mundo fendido por uma grande divisão entre "nós" e "eles". Tal visão não era partilhada por aqueles que são o tema de nosso próximo capítulo, os povos que costumam ser apresentados como os sucessores dos gregos e que vêm imediatamente a seguir na linha genealógica da Civilização Ocidental.

2. Os eurasianos: Lívila

Em honra a Lívila da linhagem de Anquises, que é como a deusa Afrodite e realizou as maiores e mais numerosas contribuições para essa diviníssima linhagem.

INSCRIÇÃO EM ÍLIO, c. 18-9[1]

LÍVILA ERA DE RENOMADA BELEZA. Era também implacável e ambiciosa, a neta favorita de Augusto, o primeiro imperador de Roma. Sua vida foi traçada desde pequena. Cresceria, faria um bom casamento e governaria o Império Romano com o marido a seu lado. O problema era que os maridos de Lívila tendiam a morrer jovens e em circunstâncias suspeitas.[2] Não que isso explique a inscrição na epígrafe deste capítulo.[3] As inscrições honoríficas em si não são raras. Cidades de todo o império dedicavam inscrições parecidas a vários membros da família imperial, na esperança de atrair suas boas graças. Mas a forma específica dessa inscrição, enfatizando a linhagem e a genealogia, é curiosa. Por que os moradores de um grotão de província no noroeste da Turquia ergueriam uma inscrição honorífica descrevendo Lívila de tal forma?

A resposta está na história desse grotão em particular. No começo do século I, Ílio era uma cidadezinha de pouca importância prática ou estratégica, cuja economia se baseava numa produção agrícola que nada tinha de notável. No final do século, a cidade passara a ser um centro cultural dinâmico e um poderoso núcleo político. Essa mudança em seu destino se deu graças ao patronato recebido do Império Romano em ascensão, um patronato que decorria da ilustre herança mitológica da cidade. Essa herança era invocada para o público romano na palavra *Ilium*, mas no mundo moderno costumamos conhecer o local por seu outro nome — Troia.

Tal como hoje, na Antiguidade o local era um ímã turístico. Consta que o rei persa Xerxes teria parado lá, a caminho da Grécia, para visitá-lo. Alexandre, o Grande, ficou na cidade por vários dias, fazendo sacrifícios e realizando competições atléticas em homenagem aos heróis tombados da *Ilíada*. E, na metade do século I, Júlio César foi a Troia para fazer um pronunciamento político. Esse pronunciamento tinha menos a ver com os famosos mitos da Guerra de Troia e mais com o mito dos acontecimentos subsequentes. Dizem as lendas que os sobreviventes da cidade saqueada fugiram, que os refugiados troianos, comandados pelo piedoso príncipe troiano Enéas, acabaram por chegar à Itália central (depois de uma trágica estadia com a rainha Dido em Cartago) e que os descendentes de Enéas, os gêmeos Remo e Rômulo, por fim fundaram a cidade de Roma.[4]

De início, esse mito pode soar estranho aos ouvidos modernos. Talvez pareça bizarro que os romanos — hoje tão invocados na retórica da genealogia moderna, em geral, e na da União Europeia, em particular — alegassem ter uma origem não europeia e sim asiática.[5] Pode parecer igualmente bizarro que os romanos, com toda a sua força militar e seu poderio imperial, se vissem como descendentes de refugiados, o lado dos vencidos na guerra mais famosa da Antiguidade. A ideia tem soado especialmente incômoda nesta última década, em que a Itália se debate para lidar com o fluxo de refugiados que, em desespero, tentam chegar a suas costas em busca de segurança, prosperidade e uma vida nova. São óbvios os paralelos entre esses refugiados contemporâneos e o mito de Enéas e seus troianos, o que levou a algumas explosões de raiva entre grupos italianos anti-imigração, que protestam sonoramente que *"Enea non era un rifugiato!"*.[6] Por fim, essa ideia da ascendência troiana de Roma é bizarra quando olhamos a história pelas lentes da Civilização Ocidental. Pela narrativa grandiosa, afinal, os romanos seriam os herdeiros culturais dos gregos, não os herdeiros biológicos de seus adversários.

Mas os romanos não tinham nenhum conceito que se compare à noção moderna de Civilização Ocidental. Não viam nenhuma razão para que devessem pertencer ao Ocidente e não ao Oriente, à Europa e não à Ásia. De modo geral, eles se viam como os herdeiros e não como os conquistadores dos gregos. Por fim, eles imaginavam sua linhagem fundamentalmente mista, com influências de sangue e de cultura vindas de todos os lados. Trata-se de uma linhagem imaginada que podemos ver enaltecida por Lívila em sua persona pública cuidadosamente cultivada.

Nação mestiça

Poucos impérios se preocupam menos do que os romanos com a pureza cultural e racial. Mesmo deixando de lado o mito de Enéas, Roma era considerada um cadinho desde seus primórdios. O historiador Lívio dizia que a população original da cidade consistia em imigrantes vindos de todas as partes, atraídos pela política deliberada de não discriminação de Rômulo. Lívio afirma que foi essa abertura inicial que lançou as bases para a força e o sucesso posteriores da cidade (Lívio 1,5-6). Os romanos descreviam Roma, nas gerações posteriores à sua fundação, como uma cidade multicultural. A tradição sustentava que apenas uma minoria dos reis lendários da cidade era de nascimento romano, sendo que todos os demais, antes de serem escolhidos para o trono por seus méritos e virtudes, haviam chegado como imigrantes.[7] Com a expansão do império por três continentes, Roma incorporou avidamente novas influências culturais e absorveu grupos adventícios — talvez um pouco avidamente demais para alguns, que, como o poeta Juvenal, reclamavam da rapidez da mudança cultural (Juvenal, *Sátira* 3).

Entre a miríade de influências que se tornaram parte da cultura romana dominante, a cultura grega sem dúvida teve grande destaque, com significativos empréstimos e sobreposições entre a mitologia, a religião, a arte e a vida intelectual de gregos e romanos. Isso nunca foi tão evidente quanto no reinado do imperador Adriano, um filo-heleno declarado cujo fetichismo pela Atenas do século v a.C. o levou a alçá-la na arte e na literatura romanas acima de outros períodos e regiões do passado grego antigo, e, por fim, a qualificá-la como *classicus* (que está na raiz de nossa ideia de "clássico" — voltaremos a isso no capítulo 11).[8] No entanto, algumas características que talvez consideremos exclusivamente greco-romanas eram, na verdade, partilhadas por um conjunto muito mais amplo de povos em todo o antigo Mediterrâneo e na Ásia ocidental. Equivalências entre deuses, por exemplo, eram comuns muito além de gregos e romanos. A deusa grega do amor, Afrodite, pode ter sido chamada de Vênus em latim, mas também era conhecida como Astart entre os fenícios e como Ishtar na Mesopotâmia. E o mesmo herói que os gregos veneravam como Héracles e os romanos como Hércules era Melcarte para os fenícios.

Roma, de fato, era aberta a influências culturais de todo o seu império e além. Os romanos adotaram o culto da deusa egípcia Ísis, do deus persa Mitra e da deusa frígia Cibele. O comércio por todo o império também trazia diretamente a Roma influências díspares. Quando as famílias romanas, mesmo dos mais modestos recursos, se sentavam para jantar, não era incomum vê-las comendo pão feito com cereal egípcio, temperado com molho de peixe de Portugal e recoberto com fios de azeite de oliva da Líbia, em pratos feitos na Gália.[9] Os romanos mais abastados gostavam de se vestir com sedas importadas da China e de tingir o cabelo à maneira dos germanos.[10] E, no escalão mais alto da sociedade, a lista de convidados dos imperadores incluía não só italianos, mas também ibéricos, líbios, árabes, sírios e homens de várias partes dos Bálcãs.[11]

Nem todo esse cosmopolitismo era fruto de uma coexistência feliz. O exercício do imperialismo romano podia ser brutal, e a Pax Romana era muitas vezes imposta na ponta da espada.[12] Nem todos queriam ser absorvidos ou assimilados. Em 60, quando resistiu à entrada dos romanos em suas terras, a chefe icena Boadiceia foi açoitada e teve as filhas estupradas a fim de demonstrar a subordinação da Britânia a Roma.[13] Quando os judeus se revoltaram poucos anos depois, em 66, Roma reagiu saqueando o Templo de Jerusalém e travando uma guerra implacável na Judeia.[14] Do extremo leste ao extremo oeste do império, os massacres, a escravização, a exploração econômica e a repressão cultural eram traços constantes do domínio romano.[15] Mas, apesar de toda a sua brutalidade, a ideologia central do imperialismo romano não era de exclusividade cultural, étnica ou racial. Muito pelo contrário — a mistura de culturas e povos era um postulado fundador do Estado romano. Com efeito, Roma se orgulhava de se ver como uma nação mestiça. No centro disso estava o mito das origens romanas, uma história de refugiados da Ásia perambulando primeiro pela Grécia e depois pela Tunísia até por fim assentarem na Itália e instaurarem um Estado híbrido, com a mescla entre suas linhagens e as linhagens do povo autóctone.

De uma perspectiva Ocidental moderna, que tanto se preocupa com a pureza e a autenticidade, isso de início parece divergir da história que o Ocidente conta sobre si mesmo. Mas, para Roma, seu mito de origens híbridas era uma carta de licença imperial, que lhe dava justificação histórica e munição ideológica, transformando o imperialismo romano numa volta ao lar e reformulando a conquista do Mediterrâneo oriental como o justo direito a uma herança por muito tempo perdida.[16] Os romanos adotaram a ideia de uma identidade asiática refugiada. Seu império era intercontinental e multicultural, governado por uma classe dirigente que também se considerava igualmente intercontinental e multicultural.[17] Tratava-se de uma ideologia que chegava até o topo. A família júlio-claudiana, a primeira dinastia imperial de Roma, remontava sua linhagem ao próprio Enéas, e utilizava o mito das origens troianas a serviço não só do império, mas também de si mesma.

O fundador da dinastia, Júlio César, era um estrategista no que dizia respeito tanto a seus exércitos quanto a sua imagem pública. Ele visitou Troia em 48 a.C. e lhe concedeu um estatuto tributário e administrativo especial. Ao voltar a Roma, patrocinou a construção de um fórum cujo centro era ocupado por um novo e espetacular templo dedicado a Venus Genetrix — sendo Vênus, segundo a mitologia, a genitora de Enéas e, por extensão, de todo o povo romano. As corridas equestres que César instituiu para celebrar a inauguração do templo eram realizadas anualmente com o nome de "Jogos de Troia", e logo se tornaram parte do calendário esportivo da cidade. Além disso, as moedas cunhadas por César ao longo da década seguinte traziam numa das faces a cabeça de Vênus — e numa dessas moedas, havia a imagem de Enéas fugindo de Troia, que se tornaria icônica.[18]

César lançara uma moda. Em pouco tempo, mesmo famílias da pequena nobreza procuravam "descobrir" seus laços genealógicos com a Ásia. Para ajudar a atender a essa necessidade, os poetas Varrão e Higino escreveram manuais chamados "Sobre famílias troianas" (*De familiis Troianis*), apresentando árvores genealógicas e linhagens que ligavam a nobreza romana a heróis míticos da Guerra de Troia.[19] O rabugento satirista Juvenal, quando não estava se queixando da quantidade de estrangeiros que haviam tomado sua cidade, reclamava das classes médias que tinham subido na escala social e agora se davam ares e graças, algumas chegando ao ponto de se dizerem "nascidas de Troia" (*troiugenas*; *Sátira* 1, verso 110). Não era estigma algum, para nenhum desses romanos em ascensão, descender de refugiados asiáticos.

Augusto, o filho adotivo e sucessor de César, caprichou ainda mais na propaganda mitológica.[20] Em sua ascensão ao poder, ele já tinha copiado os desenhos de algumas moedas do pai, reproduzindo a imagem então famosa de Enéas fugindo de Troia. Essa cena de Enéas fugindo das chamas de sua terra natal, carregando o pai nas costas e segurando o filho pequeno na mão, se tornara imediatamente identificável em todo o império. Versões desse desenho eram gravadas nas moedas que tilintavam no bolso dos mercadores, replicadas em pequenas estatuetas votivas de terracota, produzidas em massa para o mercado urbano e parodiadas em grafites domésticos.[21] Naquele que talvez seja o exemplo mais famoso, porém, a icônica imagem foi reproduzida em escala monumental no novo fórum de Augusto. A estátua de Enéas, que lá ocupou lugar de honra,

Os eurasianos: Lívila

tinha quase quatro metros de altura, equiparando-se em destaque apenas à estátua de Rômulo.

O envolvimento mais famoso de Augusto com Troia talvez seja o poema épico de Virgílio, a *Eneida*, escrito sob o patronato do imperador e concebido como celebração não só do Império Romano em geral, mas também da dinastia júlio-claudiana em particular.[22] Ao longo de todo o poema, Virgílio apaga deliberadamente a distinção entre Anatólia e Itália, Troia e Roma, asiáticos e europeus, não só equiparando-os, mas também descrevendo-os em termos ambíguos e intercambiáveis.[23] Por exemplo, quando uma profecia revela a Enéas o futuro glorioso de seus descendentes romanos, é-lhe dito que "a glória virá para a progênie de Troia, cujos netos serão de cepa italiana" (*Eneida* 6,756-7). A passagem não deixa claro onde termina uma linhagem e começa outra — os descendentes dos troianos também serão os descendentes de italianos. Mas talvez seja esse o ponto central — um fator crucial para Virgílio é a mistura de linhagens (*commixtus sanguine*; *Eneida* 6,762), da qual Roma extrairá sua força suprema. Nessa mesma passagem, Roma aparece como se fosse uma pessoa com genealogia própria. Roma, diz-nos o poema, não apenas "nascerá" de Rômulo (*Eneida* 6,781), mas também será "afortunada em sua progênie" (*Eneida* 6,784). Virgílio nos oferece um símile que compara a cidade de Roma à deusa anatólia Cibele, "regozijando-se em sua prole divina, abarcando uma centena de descendentes" (*Eneida* 6,783). A linguagem da ancestralidade e da genealogia está presente por toda parte, e é empregada habilmente para criar ambiguidade tanto entre as cidades de Troia e de Roma quanto entre os povos da Ásia e da Europa.

Como César antes dele, Augusto também visitou Troia, patrocinando uma grande renovação da cidade, inclusive a construção de novos edifícios públicos e uma restauração dos templos.[24] Nem é preciso dizer que os cidadãos de Troia expressaram enfaticamente sua gratidão. Foram erguidas nada menos do que três estátuas em honra a Augusto, além de um pequeno templo. Com os anos, também seriam erguidas estátuas de Tibério, o filho adotivo e herdeiro de Augusto, de seu genro Agripa, de seu malfadado neto Gaio (primeiro marido de Lívila) e dos imperadores posteriores Cláudio e

Nero, bem como de toda uma legião de integrantes menores da dinastia júlio-claudiana, incluindo duas Antônias, duas Agripinas, uma Otávia e um Britânico. É entre essas estátuas que encontramos nossa curiosa inscrição para a enigmática Lívila.

A menina feiosa

"De beleza excepcional": assim Lívila é descrita por Tácito, o mais destacado historiador da época. Mas ele acrescenta, não muito gentilmente, que quando criança ela era bastante feiosa.[25] Apesar disso, parece ter tido uma infância feliz. Lívila e seus dois irmãos, sendo netos do imperador Augusto, cresceram no palácio imperial em Roma junto com os primos, incluindo a bela e carismática Agripina (que vai brotar de novo em nossa história adiante). Entre a criançada, era Lívila quem gozava das atenções especiais da avó, a imperatriz Lívia, de quem herdara o nome. Seu nome completo era Cláudia Lívia Júlia, mas ela era afetuosamente chamada de "pequena Lívia", ou Lívila, indicando a proximidade entre as duas.[26]

Ao chegar à puberdade, Lívila foi formalmente prometida em casamento ao primo Gaio, mas as fontes divergem quanto à consumação das núpcias do casal de adolescentes.[27] Seja como for, quando o jovem e galante Gaio deixou Roma logo depois, seguindo para as províncias orientais, Lívila, com treze anos, deve ter sentido uma mescla de emoções. No plano pessoal, é possível que tenha sentido desde alívio até pesar pela separação (é triste nosso grau de desinformação sobre as emoções das mulheres imperiais romanas, sobretudo em relação a seus casamentos arranjados). Em todo caso, o mais provável é que tenha sentido algum entusiasmo. Aos olhos dos comentaristas políticos de Roma, foi a confiança de Augusto em Gaio que o levou a escolhê-lo como herdeiro.[28] Tudo começou muito bem. Gaio marcou alguns grandes tentos diplomáticos na Arábia e na Mesopotâmia, e então sofreu um leve ferimento enquanto esmagava uma rebelião na Armênia.[29] Mas então a ferida supurou, suas condições físicas e mentais começaram a decair e ele morreu na viagem de volta a Roma.

Os eurasianos: Lívila 53

As fontes históricas de que dispomos não nos dizem como Lívila se sentiu com a súbita morte do marido, nem ao realizar seu segundo casamento arranjado, um ano depois da morte de Gaio. Ela tinha apenas dezessete anos.

O novo marido de Lívila era outro primo, Druso, um sujeito notoriamente irascível. Após a morte prematura de Gaio, o seguinte na linha de sucessão ao trono imperial era Tibério, pai de Druso, o que significava que Lívila passou de esposa a nora do herdeiro imediato. Nesse ponto, ela desaparece dos registros históricos por vários anos. Sabemos que gerou uma filha, Júlia, e o mais provável é que tenha sido profundamente infeliz. Mesmo as fontes mais generosas admitem que Druso tinha mau gênio; outras afirmam que era libertino e cruel, e dado a explosões públicas de violência.[30] Imaginemos como devia tratar a esposa e a filha a portas fechadas. Mas, apesar de todos os seus problemas em lidar com a raiva, ele ainda parecia destinado a herdar o império. Tibério de fato sucedeu Augusto como imperador, mas mostrou-se impopular e incapaz de ganhar a simpatia do povo e o apoio político do Senado. Ciente de sua posição frágil, Tibério treinou Druso com afinco para a sucessão, incentivando-o a trabalhar junto ao Senado como cônsul e a ganhar o afeto do povo patrocinando jogos de gladiadores. Por algum tempo essa estratégia parece ter dado certo. No ano 17, no entanto, tudo mudou.

Lívila estava com trinta anos quando seu irmão Germânico, depois de anos de campanha nas províncias setentrionais da Germânia e de Ilírico, voltou a Roma. Com ele veio a esposa, Agripina, prima de ambos. O contraste entre os dois casais imperiais — Lívila e Druso de um lado, Germânico e Agripina de outro — era marcante. Druso permanecera em Roma, enquanto Germânico se dedicara a pacificar as revoltas das tropas e a estender as fronteiras do império para o norte. Lívila dera à luz apenas uma filha enfermiça, enquanto Agripina gerara nada menos que nove crianças saudáveis.[31] Germânico e Agripina foram um sucesso instantâneo, e a plebe arrebatada lhes dedicava a adulação que por tanto tempo negara a Tibério e a seu filho.[32] Embora a campanha de Germânico tivesse na verdade alcançado um sucesso apenas limitado, ainda assim ele encenou uma espetacular marcha triunfal em celebração, apresentando seus feitos como vitórias retumbantes.[33]

Para Tibério, Germânico e Agripina representavam uma ameaça a seu poder. Assim, tão logo pôde, ele arranjou um pretexto para despachar o jovem casal de Roma, afirmando que as revoltas nas províncias orientais só se acalmariam com a influência apaziguadora de Germânico.[34] Para Druso, a popularidade de Germânico representava um desafio. Sentindo-se espicaçado pelo sucesso do primo, Druso partiu pessoalmente em campanha, assumindo o governo da irrequieta província de Ilírico e maquinando a queda de um rei germânico hostil a fim de assegurar as fronteiras setentrionais de Roma.[35] Para Lívila, as possibilidades de granjear o favor público eram mais limitadas e arriscadas. Mas ela era uma júlio-claudiana criada nos salões do palácio, e acabaria por se revelar uma hábil jogadora no tabuleiro da política imperial romana.

A primeira coisa que Lívila fez foi arranjar um amante.[36] O homem que escolheu, um tanto ao acaso, foi Sejano, um soldado condecorado e chefe da Guarda Pretoriana, o corpo de guarda-costas pessoais do imperador. Sejano vinha de uma família italiana modesta, mas servira no exército com distinção antes de assumir o comando dos pretorianos. Contando primeiramente com a confiança de Augusto, a essa altura Sejano também se tornara um dos confidentes mais próximos de Tibério, dele recebendo grandes honras e luxuosos presentes.[37] A segunda coisa que Lívila fez foi engravidar. Não podemos ter certeza se o pai era Druso ou Sejano, pois a sequência exata dos acontecimentos não está clara.[38] O que sabemos ao certo é que Druso foi para Ilírico na segunda metade de 17, que Lívila deu à luz dois meninos gêmeos no final de 19, e que iniciou seu romance com Sejano também por volta dessa época.

A comemoração em todo o império pelo nascimento dos filhos de Lívila ultrapassou até mesmo a luxuosa marcha triunfal de Germânico. Tibério cansava a paciência dos senadores gabando-se interminavelmente dos netos.[39] A título de comemoração, ele ordenou que se fizessem imagens dos dois meninos e da mãe, para serem distribuídas pelas províncias. Moedas comemorativas foram cunhadas em Roma, Corinto e Cirenaica.[40] No Chipre foi criado um sacerdócio em nome deles, e em Éfeso foi-lhes dedicado um santuário particular.[41] Também por volta dessa época, produziram-se gemas e camafeus com o gracioso retrato de Lívila. Um exemplo especialmente refinado mostra Lívila como Ceres, a pródiga deusa das colheitas, e traz abaixo dois pequeninos retratos dos gêmeos, que seguram uma cornucópia simbolizando a abundância. Lívila e os gêmeos estavam sendo ativamente apresentados como o futuro do império — a próxima geração governante da dinastia imperial.

O dia em que Lívila deu à luz — 10 de outubro — revelou-se fatídico sob mais de um aspecto. Consta que, no mesmo dia em que seus dois filhos vieram ao mundo, dele partiu o irmão de Lívila, Germânico, vítima de uma doença estranha e inexplicada contraída na Síria. Em Roma, as ruas pipocavam de rumores. Diziam os boatos que Tibério havia conspirado contra Germânico, ordenando que seus agentes usassem feitiçaria para lhe trazer a doença e por fim a morte.[42] Muitos plebeus desconfiados transferiram sua lealdade de Germânico para seus filhos e a viúva Agripina. Deve ter sido um período de provações para Lívila, que não só perdera o irmão em circunstâncias muito parecidas com as da morte de seu primeiro marido como também, em seu momento de triunfo — o momento em que finalmente cumprira seu dever como matrona romana e gerara não só um, mas dois herdeiros masculinos saudáveis —, fora novamente ofuscada por Agripina. O opróbrio da morte de Germânico, cercada de boatos de conspiração imperial e feitiçaria, manchava Lívila mesmo enquanto ela amamentava seus recém-nascidos.

As linhas de batalha estavam traçadas. O povo romano se dividia em dois campos — os que apoiavam Agripina e os filhos de Germânico para a sucessão e os que apoiavam Lívila e seus gêmeos. As duas mulheres estavam agora lançadas diretamente uma contra a outra, numa disputa pelo poder que se revelaria fatal.

A *genetrix* intercontinental

A disputa entre Agripina e Lívila não se deu nem no campo de batalha nem no Senado, mas na implacável arena da opinião pública. A vencedora seria aquela que conquistasse o apoio do povo romano, tendo como prêmio a glória, o poder e o controle do império. E, no arriscado jogo da política imperial romana, a derrotada teria como castigo a ignomínia e a morte.

Druso foi a primeira grande baixa. Em 23, quando os gêmeos tinham apenas três anos de idade, ele morreu de causas aparentemente naturais. Logo recaíram suspeitas sobre Lívila e seu amante Sejano, ainda que os boateiros de Roma discordassem quanto à forma de administração do veneno. Alguns acreditavam que este fora dado gradualmente a Druso ao longo dos anos, e outros que lhe fora de uma vez só, num truque astucioso. Certa noite, num jantar da família, Sejano teria sussurrado a Tibério que Druso havia sorrateiramente colocado veneno em seu cálice de vinho. Tibério, sempre desconfiado, teria trocado seu cálice pelo do filho, ficando horrorizado ao ver Druso emborcá-lo e cair morto na mesma hora. Apesar de implausível, esse boato parece ter cativado a imaginação popular com sua cena caricata do círculo imperial — o beberrão e impulsivo Druso enganado pelo astuto Sejano e pela maquinadora Lívila, manipulando os temores do velho e trêmulo imperador.[43] Os boatos se atiçaram ainda mais quando Lívila e Sejano logo depois pediram permissão para se casar — permissão que foi recusada pelo esnobe Tibério.[44] Como quer que julguemos Lívila e Sejano, a relação entre ambos parecia realmente se basear numa afeição genuína — ela se prolongou por mais sete anos, até que, a despeito das objeções de Tibério e da desaprovação da plebe, eles finalmente se casaram.[45]

Enquanto isso, Lívila se empenhava ao máximo para melhorar sua imagem pública e a dos filhos. Primeiro, ela arranjou o casamento da filha com o primogênito de Agripina, numa tentativa de sanar a desavença dinástica. Mais ou menos na mesma época, as imagens dos gêmeos começaram a aparecer em tésseras — pequenas tábuas de metal distribuídas aos pobres que podiam ser trocadas por cereais e outros alimentos, como uma espécie de vale-alimentação moderno.[46] Foi um passo calculado para que os gêmeos caíssem nas graças da plebe.

Agripina se dedicava a um jogo parecido. Fazia-se de heroína trágica, papel que desempenhava para despertar piedade por sua posição de viúva desolada do popular Germânico. Ela aparece nos retratos da época com um rosto suave e melancólico, emoldurado nos dois lados por densos cachos num vistoso penteado que desce em cascata atrás da nuca.[47] Lívila, em contraste, aparece nos retratos da mesma época de maneira muito diferente. Os traços são mais marcados e o cabelo, repartido no meio e puxado para trás, está preso num coque austero na base da nuca.[48] Se Agripina pretendia ser a viúva romântica e sexualmente atraente, Lívila estava decidida a aparecer como modesta e virtuosa mãe romana. Se Agripina se vestia com elaborado esplendor, Lívila mostrava uma estudada simplicidade. E, enquanto os retratos de Agripina apelam a uma reação emocional, os de Lívila são muito mais diretos em exigir respeito. As duas não só encabeçavam facções políticas opostas como pretendiam encarnar ideais femininos contrários (que nenhuma delas vivesse de acordo com esses ideais é uma questão completamente diferente, claro).[49]

Esse cuidadoso cultivo da imagem pública nos leva de volta à inscrição em Troia. Num texto explicitamente voltado para a linhagem e as relações familiares, Lívila é comparada à deusa Afrodite, cultuada aqui não como a deusa do amor, mas como a ancestral materna do povo romano. Ela é também descrita como "da linhagem de Anquises" (*Ancheisiados*) — sendo Anquises o amante mortal de Afrodite e o pai troiano de Enéas. Lívila, portanto, é retratada como a *genetrix* suprema — a mãe da linhagem genealógica. Essa inscrição, erguida na principal praça pública do lar ancestral dos romanos na Ásia, aponta Lívila como o eixo simbólico das conexões genealógicas troiano-romanas. Era uma posição ideológica muito poderosa.

É digno de nota que essa inscrição tenha sido dedicada a Lívila e não a Agripina, ainda mais porque, poucos anos antes, a própria Agripina visitara a cidade com Germânico.[50] Normalmente, esperaríamos encontrar uma enxurrada de inscrições honoríficas para os visitantes imperiais, mas, em Troia, o que se destaca é a ausência de homenagens a Agripina.[51] E mais: essa inscrição, ainda que reserve seu mais alto louvor a Lívila, também homenageia sua mãe Antônia e menciona seus irmãos Cláudio e Germânico. A celebração do finado Germânico junto com Lívila, sem qualquer referência à viúva Agripina, era um claro pronunciamento político. Os cidadãos de Troia estavam anunciando seu apoio à facção de Lívila contra a de Agripina.

Mas o apoio das elites locais nessa única cidade de província teria algum impacto em Roma? Quando as autoridades em Troia inscreveram em pedra seu apoio a Lívila, ela deu alguma importância a isso? Se tivesse sido outra cidade provincial do império, a resposta poderia muito bem ser negativa. Mas Troia era um caso diferente, e o apoio troiano seria um valioso prêmio político. Assim como Troia era a cidade ancestral mãe de Roma, Lívila se apresentava como a suprema mãe romana de duas maneiras: primeiro, como a mãe biológica do próximo imperador; segundo, como a mãe simbólica, a *genetrix*, do povo romano como um todo.

A HISTÓRIA DE LÍVILA NÃO TEM um final feliz. No ano 31, Sejano foi executado por conspirar contra o imperador Tibério e Lívila foi aprisionada. No cárcere, ela ou morreu de fome ou se suicidou.[52] A rival Agripina não se saiu muito melhor, tendo sido alguns anos antes aprisionada na ilha rochosa de Pandateria, onde morreu de inanição.[53] Embora tarde demais para que Agripina fruísse sua vitória, foi um de seus filhos, e não de Lívila, que acabou sucedendo Tibério: o tirânico e instável Calígula. Mas, quando Calígula morreu sem deixar descendência, a sucessão retornou para o lado da família de Lívila, e o império coube a Cláudio, seu irmão mais novo, discreto e muitas vezes negligenciado.

Dinastia, genealogia e herança. O Império Romano inicial era tomado pela ideia de linhagem de sangue. Para uma sociedade tão preocupada com a ancestralidade, a celebração de diversas origens não era fortuita. A herança conscientemente intercontinental de Roma e suas raízes na Troia asiática mostram que o mundo romano, aos olhos de seus governantes, não era nem Ocidental nem europeu.

Mas, apesar das provas acachapantes de diversidade — tanto ideal quanto concreta — do Império Romano, muitos habitantes modernos do Ocidente ainda se prendem a uma visão incorreta da Roma antiga. Em especial, os que procuram apresentar os romanos como os ancestrais do Ocidente moderno muitas vezes os caracterizam como racialmente Brancos, empregando termos étnicos e fisionômicos a pessoas que classificariam a si mesmas de modo totalmente distinto. No verão de 2019, por exemplo, houve na Grã-Bretanha uma controvérsia sobre um cartum da BBC que mostrava uma família romana mestiça morando perto da Muralha de Adriano.[54] O que gerou indignação foi a ideia de que pessoas de pele escura tivessem feito parte das classes dirigentes romanas, fato esse bem documentado.[55]

Da mesma forma, ainda existe uma tendência a pensar o Império Romano basicamente como um fenômeno europeu. Essa ideia esteve encarnada na pompa, no simbolismo e na teatralidade política que acompanharam a assinatura do Tratado de Roma, que criou a União Europeia em 1957: no monte Capitolino, no Salão dos Horácios e Curiácios do Palácio dos Conservadores, um aposento recoberto de afrescos com cenas da fundação e da história inicial de Roma, desde Lívio. Em 2017, diante da iminente saída da Grã-Bretanha da União Europeia, os demais membros assinaram a Declaração de Roma no mesmíssimo salão, num aceno ideológico à noção de que a unidade europeia pode se abeberar numa herança romana em comum. Na introdução deste livro, já comentamos que o programa da União Europeia para combater a migração irregular e uma crise de refugiados recebeu o nome de "Operação Mos Maiorum", numa tentativa de dar ênfase à herança cultural comum da Europa, em contraste com as regiões de origem dos migrantes — a África e a Ásia.[56] Que a África e a Ásia ocidental tenham sido partes integrantes (e, na verdade, fundantes) do Império Romano, e que a Ásia ocidental tenha tido um papel central para o próprio cerne da identidade romana, são fatos que não alteraram a significação ideológica de Roma para o projeto europeu.

Por fim, muitos insistem em ver Roma como o modelo dos valores culturais que estariam no cerne do Ocidente, em especial certos princípios políticos. Por exemplo, antes que o Capitólio dos Estados Unidos fosse invadido em janeiro de 2021, os apoiadores do então presidente Donald Trump utilizaram as redes sociais para conclamá-lo a "salvar nossa República", usando a hashtag #CrossTheRubicon para propagar sua mensagem

— referência a Júlio César usando suas forças militares para atravessar o Rubicão e tomar o poder em Roma.[57] O fato de que César tenha empregado a força para derrubar um governo mais representativo e se estabelecer como ditador parece ter escapado aos apoiadores de Trump, que diziam estar defendendo a democracia ao protestar contra uma eleição fraudada.

Em suma, a Roma antiga não era o que muitas vezes pensamos ter sido — racialmente Branca, geograficamente europeia e culturalmente Ocidental. Não era, apesar das tentativas de alguns em retratá-la como tal, um análogo antigo direto de nossa noção moderna do Ocidente. As manobras políticas de Lívila, captadas claramente na inscrição em Troia, o demonstram à perfeição. Suas perspectivas geopolíticas, como as da própria Roma, eram mais amplas.

3. Os herdeiros globais da Antiguidade: Al-Kindi

Não nos envergonhemos de admirar ou adquirir
a verdade, de onde quer que ela venha. Mesmo que
seja de nações distantes e de povos estrangeiros.

AL-KINDI, c. 870[1]

APÓS A MORTE DE LÍVILA, o Império Romano se expandiu e depois minguou. No final do século III, ele estava irreversivelmente dividido em dois: a metade ocidental se fragmentando pouco a pouco numa miríade de reinos independentes e a metade oriental se desenvolvendo e se tornando o Império Bizantino. Alguns elementos da cultura e erudição romana se perderam, alguns foram preservados e alguns foram transformados de forma radicalmente nova para um mundo radicalmente novo — o mundo da Alta Idade Média.

As narrativas tradicionais da Civilização Ocidental pintam esse período como uma idade trevosa de atraso e barbárie. Mas o período medieval só parecerá uma idade das trevas se fixarmos nosso olhar na Europa setentrional e ocidental. No Mediterrâneo oriental, o Império Bizantino brilhava de esplendor e sofisticação.[2] O mundo islâmico, como veremos neste capítulo, se estendia de Sevilha a Samarcanda e de Mossul ao Mali, gozando de um período de prosperidade sem igual e de grande progresso nas artes e nas ciências. Na Ásia oriental, a dinastia Tang transformou a China, e o império budista de Serivijaia resultou numa idade áurea para o arquipélago do sudeste asiático. Na Europa, porém, a Civilização Ocidental estava "por um fio", como disse um conhecido historiador.[3] A narrativa tradicional sustenta que o precioso legado clássico foi preservado graças ao empenho de monges e monjas (mas basicamente monges) trabalhando em bibliotecas e *scriptoria* obscuras espalhadas pela Europa, amealhando o legado cultural da Antiguidade para as futuras gerações. Mas essa imagem do período medieval é, para dizer sem rodeios, errada.

Em primeiro lugar, as pesquisas nas últimas décadas têm contribuído muito para desfazer o mito de uma idade medieval europeia das trevas, expondo as realizações científicas e artísticas desse período. Muitas inovações culturais surgiram no ambiente supostamente estéril dos mosteiros, dos tratados filosóficos do frade Roger Bacon aos textos médicos da monja erudita Hildegarda de Bingen. A Idade Média simplesmente não era das Trevas, como outrora se pensava.[4] E a Idade Média não é necessariamente entremeio de nada. Falamos em "Idade Média" como se a característica definidora e central daqueles séculos fosse a de estarem entre dois períodos históricos mais importantes. O termo "medieval" não é muito melhor, embora eu o tenha mantido neste livro como uma forma sucinta, por razões de praticidade.[5] Deixemos de pensar as pessoas do período medieval como se vivessem numa espécie de limbo temporal, presas entre duas eras importantes. O mundo delas era dinâmico e empolgante, e sem dúvida cheio de acontecimentos que merecem consideração por mérito próprio.

Em segundo lugar, os monges e as monjas da Europa ocidental não foram os únicos responsáveis por preservar as culturas da Grécia e Roma antigas. Embora muitos textos latinos tenham sido de fato conservados e copiados nos mosteiros, e embora alguns dos membros mais livrescos do clero tenham de fato se abeberado no pensamento científico e sobretudo teológico da Antiguidade, está claro que eles não foram os únicos. A linhagem que pensamos ser a Civilização Ocidental não fluiu num canal único da Grécia para Roma e de Roma para a Europa ocidental. Pelo contrário, ela se espraiou de modo bastante caótico por todas as direções, levando a herança cultural da Antiguidade grega e romana para os quatro pontos cardeais.

Os herdeiros da Antiguidade

A teoria da Civilização Ocidental postula que os povos na Europa central e ocidental foram os principais herdeiros da Antiguidade clássica. Em seu livro de triste fama, *O choque de civilizações*, Samuel Huntington afirmava que "o Ocidente herdou muito de civilizações anteriores, inclusive e mais notadamente da civilização clássica [...]. As civilizações islâmica e orto-doxa também foram herdeiras da civilização clássica, mas nem de longe no mesmo grau que o Ocidente".[6] Nem tudo o que diz Huntington está errado — a Europa ocidental foi de fato uma das áreas que herdaram al-gum tipo de legado do mundo greco-romano (como veremos no capítulo 4). Mas o ponto principal da afirmação — quando ele diz que a Europa ocidental foi a principal herdeira da Antiguidade grega e romana, e que os mundos bizantino e islâmico receberam apenas uma herança menor — é absolutamente incorreto.

Vejamos primeiro os trechos da narrativa padrão que contêm alguma verdade. Apesar do saque de Roma empreendido pelo rei godo Alarico em 410 e da "queda" do Império Romano do Ocidente (na verdade, foi mais uma fragmentação do que uma queda), houve de fato uma certa continuidade cultural no período da Alta Idade Média, com a adoção sig-nificativa do direito romano,[7] da infraestrutura romana, como pontes e estradas,[8] e da língua latina, que se manteve como a língua dominante na literatura, nos estudos e na Igreja. Mas embora continuasse a usar o latim de bom grado, a Igreja desconfiava dos elementos mais explicitamente pagãos do passado antigo. Por vezes essa desconfiança se manifestou na destruição deliberada da arte e literatura antigas. No hagiográfico *A vida de são Martinho*, por exemplo, lemos que entre as boas ações do santo estava a destruição ou tentativa de destruição de templos pagãos em várias aldeias na França.[9] Mas, no quadro mais abrangente, a perda da cultura grega e romana na Europa ocidental não resultou, na verdade, das maquinações deliberadas de desprezíveis cristãos fundamentalistas.[10] Com a difusão do cristianismo, simplesmente muitos elementos da cultura antiga, incluindo obras de literatura e formas artísticas, foram aos poucos se tornando irrelevantes. Ou seja, não foi tanto uma questão de queimar agressivamente os livros, e sim, muito mais prosaicamente, de deixar de copiá-los.

Um problema maior para a continuidade cultural foi a pura e simples quantidade de reinos sucessores que surgiram na área que antes correspondia à metade ocidental do Império Romano — entre eles o Reino Ostrogodo na Itália, o Reino Visigodo no sul da França e na Ibéria, os reinos anglo-saxões na Grã-Bretanha e o Reino Vândalo na África do Norte, além dos reinos dos francos, dos suevos e dos burgúndios na região da atual França. Em decorrência disso, o que havia na Europa ocidental não era uma e sim muitas tradições romanas.[11] E um aspecto fundamental é que diversos elementos do passado romano se misturaram aos costumes locais conforme os contextos locais. Na ilha sagrada de Lindisfarne, na Nortúmbria, o monge Aldred pode ter copiado os evangelhos em latim, mas ilustrou suas páginas com complexos entrançamentos celtas e acrescentou uma glosa interlinear ao texto em anglo-saxão.[12] Da mesma forma, se o anfiteatro romano em Arles recebeu cuidadosos reparos e foi ciosamente conservado durante todo o período medieval, isso só aconteceu porque tinha sido reconfigurado como fortaleza, inclusive com quatro imponentes torres quadradas.[13] Além disso, a língua latina desenvolveu diferenças regionais, a tal ponto que Carlos Magno, no século IX, reclamou que mesmo as cartas formais de clérigos cultos traziam excessivas variações dialetais.[14] O legado da Antiguidade não estava morto e ossificado, pronto para ser preservado inalterável em condições próprias de um museu. Ele era vibrante e flexível, adaptando-se para atender às necessidades e aos contextos locais ao longo dos séculos. E assim a herança cultural de Roma na Europa ocidental inevitavelmente se tornou aos poucos tão fragmentada quanto sua herança política.

No que dizia respeito à política, somente um Estado poderia reivindicar uma linha contínua com a Antiguidade: o Império Bizantino.[15] Em seu apogeu no século VI, o Império Bizantino controlava todo o Mediterrâneo oriental, além de partes da Itália e da Tunísia no Mediterrâneo ocidental. Seu núcleo, porém, eram a Anatólia e o Egeu, com a grandiosa Constantinopla às margens do Bósforo. Do ponto de vista político, era uma continuação direta do Império Romano do Oriente, ocupando os mesmos territórios e utilizando as mesmas estruturas de governança, legislação e administração. Um ponto importante é que os habitantes nunca se diziam "bizantinos", referindo-se a si mesmos como *romaioi*, ou romanos (trataremos disso em mais detalhes no capítulo 5). Ao fim e ao cabo, quando Al-Kindi, tema deste capítulo, nasceu, no século IX, fazia mais de mil anos que a Grécia peninsular e a cidade de Constantinopla eram romanas.

Culturalmente, os bizantinos bebiam tanto das tradições gregas quanto das romanas. Falavam grego, e os textos gregos antigos faziam parte da educação da elite. Na verdade, era comum que os estudiosos bizantinos demonstrassem sua erudição imitando o dialeto ático antigo de autores como Heródoto, Sófocles e Platão em exuberantes exibições de anacronismo literário. No século XII, por exemplo, a princesa bizantina Ana Comnena compôs um poema épico em estilo tardo-ático, *A alexíada*, exaltando as grandes façanhas de guerra do pai.[16] Na época, o estilo ático usado por ela tinha cerca de 1400 anos de idade. Para entendermos melhor o que isso significa, o equivalente moderno seria um autor britânico do século XXI tentando escrever em inglês antigo, a língua usada por autores anglo-saxões para compor poemas como *Beowulf* no século VII. Os estudiosos bizantinos também escavavam os textos antigos em busca das informações técnicas que continham. Examinavam minuciosamente resmas e resmas de manuscritos antigos, reunindo informações úteis sobre tudo, desde táticas da cavalaria à apicultura, em obras enciclopédicas de referência como *Excertos de Constantino*, do século X.[17] Os bizantinos podem ter sido os herdeiros políticos da Roma antiga, mas foram também os herdeiros culturais da Grécia antiga.

Ainda assim, o envolvimento bizantino com a Antiguidade grega e romana era seletivo. Como seus vizinhos a oeste, os cristãos ortodoxos de Bizâncio também eram cautelosos em relação ao paganismo antigo. Alguns textos antigos foram ativamente censurados e alguns objetos de arte destruídos, mas, como na Europa ocidental, muitos foram simplesmente ignorados, esquecidos ou redirecionados para outros fins. Obras antigas de mitologia, poesia e teatro foram especialmente submetidas a esse processo, e sabemos os nomes de centenas de obras literárias antigas que assim se perderam. Os bizantinos podiam ver a utilidade de reproduzir o manual de Enéas, o Tático, sobre a guerra de sítio, os discursos jurídicos de Demóstenes e a história política de Tucídides. Mas nem tanto a de copiar as comédias de Hegêmon de Tasos, as genealogias de Hecateu ou a poesia erótica de Safo.[18]

Mais a leste havia ainda outros herdeiros da cultura grega e romana. Devido à versão dominante da história da Civilização Ocidental ensinada no Ocidente, muitos pensam que o subcontinente indiano não fazia parte do mundo grego, mas fazia, sim. As conquistas de Alexandre, o Grande, o levaram em 327 a.C. até o vale do Punjab, na região que é hoje o norte da Índia. Ao partir, alguns de seus soldados macedônios ficaram, estabelecendo-se em caráter permanente na Báctria (atual Afeganistão). Nas gerações subsequentes, surgiram vários reinos indo-gregos culturalmente híbridos na área que hoje corresponde ao Afeganistão, Paquistão e partes do norte da Índia. Esse extremo oriente helenístico era inequivocamente parte do mundo grego antigo, mantendo contatos regulares com o Mediterrâneo e tendo especial influência no desenvolvimento da filosofia grega posterior.[19]

Quanto ao sul do subcontinente indiano, escavações renderam milhares de moedas e ânforas romanas, tanto no sudoeste da Índia quanto no Sri Lanka, remanescentes de uma vibrante rota mercantil entre o Mediterrâneo e o oceano Índico.[20] Essa rota é vividamente descrita num texto romano chamado *O périplo do mar da Eritreia*, que mostra grande conhecimento local e por vezes detalhes surpreendentes. Ao que parece, segundo seu autor, os habitantes mais ricos de Barigaza (Bharuch, no moderno Gujarate) tinham especial apreço por vinhos italianos, e Muziris (na costa de Malabar) era o melhor lugar para comprar pérolas.[21]

O subcontinente indiano, em especial a Báctria, conservou após a Antiguidade alguns elementos dessa herança grega antiga. A arte de Gandara do século I ao V se inspira nas tradições escultóricas não só centro-asiáticas mas também gregas, e muitas vezes retrata episódios da mitologia grega. Um entalhe em relevo especialmente famoso do distrito de Peshawar, hoje exposto no Museu Britânico, mostra o cavalo de madeira sendo conduzido para os portões de Troia e a profetisa troiana Cassandra gemendo de dor pelo destino de sua cidade.[22] A herança grega antiga se fazia sentir não só nas artes visuais, mas também na língua e na administração. O grego até continuou a ser usado como língua oficial do Império Cuchano, cujos reis também emitiram moedas em estilo grego e adaptaram o alfabeto grego para escrever o cuchano até o século V.[23] A língua báctria, que utilizava o alfabeto grego, continuou a ser falada até o século VIII.[24] A sobrevivência medieval do herói mítico Héracles é o fato que melhor ilustra a herança grega antiga no sul e no leste da Ásia. No sul da Ásia, Héracles foi assimilado a Vajrapani, uma das oito emanações do Buda.[25] Mas ele estendeu sua viagem até o Extremo Oriente: na China da dinastia Tang (séculos VII-X), foram encontradas várias estatuetas e pinturas tumulares com uma figura suspeitamente parecida com Héracles, usando uma juba de leão e segurando uma clava.[26]

A África subsaariana é outra região que raramente se considera dotada de uma herança clássica, mas a cultura clássica também deixou suas marcas por lá. Nessa região, tal como no sul da Ásia, os elementos culturais mais imediatamente visíveis eram gregos e não romanos, mas, ao contrário do que se via na Ásia, esses elementos culturais gregos estavam muitas vezes associados ao cristianismo. Assim, por exemplo, enquanto traduziam os evangelhos do grego para a língua local, o gueês, entre os séculos IV e VII, os monges eruditos do mosteiro Abba Garima, na Etiópia, ornavam seus manuscritos com iluminuras ao típico estilo bizantino, com as figuras dos evangelistas usando togas.[27] O grego continuou a ser usado no Sudão até o século xiv, empregado não só em contextos formais e religiosos, como cerimônias litúrgicas e inscrições sepulcrais, mas também em ocasiões mais corriqueiras, como grafites e registros das remessas de cargas de cereais.[28] Sobretudo no reino medieval de Makuria, no norte do Sudão, o grego era a língua corrente na administração e no comércio.

A teoria da Civilização Ocidental postula que a cultura e a civilização avançaram de modo direto e contínuo para o oeste, da Grécia para Roma, e de lá para a Europa ocidental medieval. No entanto, embora a Europa ocidental tenha sido de fato *uma* das herdeiras da Antiguidade, está claro que não foi a única. Os legados culturais do mundo grego e do mundo romano foram levados não só ao oeste e ao norte, mas também ao leste e ao sul, além de permanecer e se desenvolver nas margens do Mediterrâneo, tanto em costas europeias quanto em costas africanas e asiáticas. E, se já vimos as sobrevivências culturais gregas e romanas nos reinos da Europa ocidental, no Império Bizantino e também no sul da Ásia e na África subsaariana, ainda resta tratarmos de uma parte do mundo que também pode se dizer legitimamente herdeira da Antiguidade. Se seguirmos os fios do saber e da ciência clássicos ao longo dos séculos desde a Antiguidade, inevitavelmente nos veremos vagando pelas ruas da Bagdá medieval.

A Casa da Sabedoria

As avenidas são largas e sombreadas, ladeadas pelas mansões e jardins irrigados dos ricos. As construções são de mármore fresco, a arquitetura se ergue em cúpulas altas e arcadas elegantes, as paredes são prodigamente decoradas com desenhos folheados a ouro, e delas pendem sedas e brocados de todas as cores. Nos dois lados do rio, degraus de mármore descem até os cais amplos, onde se aglomeram humildes gôndolas e juncos de cabotagem, balsas de passageiros e barcaças mercantis. Os artigos dessas barcaças abastecem as lojas e bazares da cidade, onde o ar recende a perfumes e especiarias, entremeados pelo cheiro fétido de comida jogada na rua, com animais de carga e centenas de milhares de pessoas comendo, bebendo, fazendo compras, conversando e cuidando de seus afazeres cotidianos. Fundada em 762 como a "Cidade da Paz" (Madinat al-Salam), Bagdá era em meados do século IX a maior cidade do mundo, com uma população estimada de mais de 1 milhão de habitantes.[29] Originalmente projetada com uma planta circular, seu núcleo urbano foi construído em anéis concêntricos dispostos em volta do coração da cidade — o palácio do califa, com sua cúpula verde de grande altura simbolizando a autoridade não só temporal, mas também celestial. Subúrbios luxuosos, bairros manufatureiros e cortiços urbanos rapidamente se espalharam fora dos muros da cidade, e assim já no século IX Bagdá era uma metrópole espraiada que se estendia pelos dois lados do rio Tigre.

Bagdá estava, afinal, no centro do mundo islâmico medieval, que se estendia desde a Andaluzia, a oeste, ocupando grande parte da área que hoje corresponde a Espanha e Portugal, até Kashgar, no leste, na atual província chinesa de Xinjiang, e chegando ao sul até Tumbuctu e o Império do Mali na África ocidental, famoso pela riqueza e a sofisticação de seu rei, Mansa Musa.[30] Porém o mais poderoso entre todos esses Estados islâmicos medievais era o Califado Abássida.[31] No auge do poder, os abássidas controlavam um império que ia da Sicília a Samarcanda e dominava as rotas mercantis que cruzavam o Mediterrâneo, o mar Vermelho e o oceano Índico.[32] A capital era Bagdá, centro político e cultural que, como um ímã, atraía produtos e povos de três continentes. Al-Kindi, ao chegar pela primeira vez à cidade, ainda rapazinho, ansioso por iniciar a fase final de sua instrução, no começo do século IX, deve ter se espantado.[33]

E, no entanto, Abu Yusuf Yaqub ibn Ishaq al-Kindi provavelmente não era muito de se impressionar, mesmo quando menino. Todas as biografias disponíveis mencionam sua alta linhagem, sendo ele não só oriundo de Kinda — uma tribo importante da Arábia central —, mas também pertencente a uma família nobre da tribo. Dizia-se até que Al-Kindi descendia diretamente do lendário Al-Ashath ibn Qays, antigo rei de Kinda e companheiro pessoal do Profeta.[34] Está claro, portanto, que nasceu nos escalões mais privilegiados da sociedade árabe. Gozou de prestígio e riqueza durante toda a infância, vivendo inicialmente na base militar de Basra e depois na cidade provincial de Kufa, onde o pai ocupava o cargo de emir da região. Assim, a chegada a Bagdá deve ter sido um choque cruel. Em Kufa, Al-Kindi era o filho do estimado dirigente da cidade, um jovem mimado, peixe grande num lago relativamente pequeno. Mas, na capital imperial, seria apenas mais um entre um bando de jovens estudantes ambiciosos, todos batalhando para conseguir posições na instituição mais importante e mais consagrada de Bagdá — Bayt al-Hikma, a Casa da Sabedoria.

A Casa da Sabedoria era uma grande biblioteca criada pelo califa Al-Mamun, no começo do século IX, com a finalidade expressa de reunir o conhecimento do mundo sob um mesmo teto, para que fosse estudado por um grupo internacional dos maiores eruditos, tradutores e cientistas do império.[35] Entre os eruditos vinculados a ela estavam homens como Al-Kindi, com raízes na Península Arábica, mas também árabes iraquianos como os irmãos Banu Musa, três ambiciosos matemáticos e engenheiros cuja rivalidade profissional com Al-Kindi se demonstrou quase fatal. Eles conviviam com persas como Abu Mashar, que começara como teólogo devoto e depois ganhara fama como astrólogo; com sábios do centro e do sul da Ásia como o físico afegão Abu Zayd al-Balkhi, que criou uma maneira completamente nova de abordar a cartografia terrestre; com africanos orientais como o talentoso polímata Al-Jahiz. Ao lado desses variados estudiosos muçulmanos trabalhavam cristãos como Hunayn ibn Ishaq, um nestoriano que foi pessoalmente responsável pela preservação de muitos textos antigos que chegaram até nós, e judeus como o astrônomo pioneiro Sind ibn Ali, nascido numa família judaica na área que corresponde hoje ao Paquistão.

A Casa da Sabedoria, além de ser frequentada por um grupo cosmopolita e diversificado de estudiosos, também abrigava textos e tradições eruditas do mundo antigo e de todo o mundo então conhecido. Liam-se ali as obras matemáticas gregas de Euclides, os tratados médicos sânscritos de Sushrata e os textos astronômicos persas de Brahmagupta, além de estudos arqueológicos sobre as pirâmides de Gizé — todos eles escritos em papel, a mais recente revolução na tecnologia da informação, importada da China. A concepção de Al-Mamun quanto à aquisição do conhecimento

Os herdeiros globais da Antiguidade: Al-Kindi

era nada menos que global — diz-se que ele, quando vencia em batalha reis estrangeiros, muitas vezes exigia tributo não em ouro, tesouros ou escravos, mas em livros de suas bibliotecas reais.

Havia um ambiente intelectual vibrante que incentivava a pesquisa e a criatividade, levando a muitos avanços e descobertas importantes.[36] As geometrias pitagórica e euclidiana se combinaram aos conceitos indianos do zero, da numeração decimal e do sistema de valor posicional, levando a grandes avanços na matemática, dentre eles a invenção da álgebra. Os desenvolvimentos na física iam desde um melhor entendimento da óptica, incluindo o comportamento da luz e o funcionamento das lentes, até a mecânica do movimento, incluindo o cálculo da velocidade e da aceleração. Tudo isso contribuiu para grandes progressos astronômicos; ainda hoje usamos nomes árabes para designar corpos celestes, como as estrelas da constelação da Ursa Maior: Dubhe, Megrez, Alioth, Mizar e Alkaid. Em medicina, elementos das tradições médicas hipocráticas e védicas se combinavam com um novo interesse pela química e pelas experimentações farmacêuticas. Criaram-se novos manuais enciclopédicos de medicina, indo da psiquiatria à gastroenterologia, da ginecologia à cirurgia oftálmica, classificando sintomas e recomendando tratamentos. Para as ciências naturais e teóricas, foi, de fato, uma idade de ouro.

A Casa da Sabedoria está especialmente associada ao "movimento de tradução" — por meio do qual textos científicos e filosóficos escritos em grego antigo (e, em menor grau, em sírio) eram reunidos em Bagdá e traduzidos para o árabe.[37] Com efeito, é a esses copistas e tradutores árabes que devemos a sobrevivência de muitos textos gregos antigos, em especial obras científicas como as de Aristóteles, escritos filosóficos como os de Platão e textos médicos como os atribuídos a Galeno. Numa época em que o grego antigo estava quase desaparecido na Europa ocidental, e em que as obras científicas e filosóficas eram vistas com suspeita pelos bizantinos devotamente cristãos, foi na dinâmica cidade de Bagdá, capital do Califado Abássida islâmico, que se manteve vivo esse fio da erudição grega antiga. Com uma série de versões padronizadas da história apresentando a Civilização Ocidental como uma tocha passada da Antiguidade grega e romana para o mundo medieval, muitas vezes perde-se de vista que um importante portador dessa tocha foi o mundo islâmico.

Foi um trabalho ao qual Al-Kindi se lançou com grande vigor. Depois de chegar a Bagdá, ele estudou e trabalhou com afinco, por mais de uma década, para se estabelecer como erudito respeitável. Deve ter se sobressaído nos estudos, pois, no final dos seus vinte ou começo dos trinta anos, galgara degraus suficientes para ingressar no círculo erudito imediato do califa. De fato, ele dedicou a Al-Mamun seu primeiro tratado filosófico, *Uma carta sobre a causa e o efeito*, antes da morte do califa bibliófilo em 833. Al-Kindi continuou a prosperar sob o califa seguinte, o belicoso Al-Mutaim, e foi nessa década dourada entre 833 e 842 que sua posição na corte atingiu o ápice. Até ouvimos falar dele como tutor de Ahmad, filho do califa, posição de confiança e grande honra. Foi nessa década que Al-Kindi escreveu algumas de suas obras mais conhecidas e importantes, muitas das quais dedicadas pessoalmente ao califa.

O volume de sua produção desse período em diante foi prodigioso.[38] Ao contrário de outros integrantes de seu círculo imediato, Al-Kindi não estava diretamente envolvido no processo de tradução de textos gregos antigos para o árabe, tarefa que deixava para linguistas dotados, como seu contemporâneo Hunayn. Em lugar disso, ele dedicava sua energia à análise e ao comentário, trabalhando sobre os fundamentos filosóficos lançados por pensadores gregos. Seu papel, segundo ele, era "suprir totalmente o que os antigos diziam sobre isso, segundo os métodos mais diretos e os procedimentos mais fáceis para os envolvidos na atividade, e completar o que não discutiram de modo abrangente".[39] A obsessão de Al-Kindi pelos textos gregos parece até tê-lo tornado objeto de gozação. Segundo um biógrafo, uns engraçadinhos às vezes troçavam dele inventando aforismos pseudofilosóficos sem sentido que fingiam ser de origem grega.[40]

Nem tudo o que Al-Kindi escreveu fazia parte dessa tradição elitista. Entre suas quase trezentas obras conhecidas, há opúsculos sobre perfumes e ensaios sobre marés, folhetos sobre lentes e guias de geologia. Uma de suas obras até tratava da questão crucial quanto à melhor maneira de remover manchas de roupas sujas. Fora dos círculos eruditos, ele também era

Os herdeiros globais da Antiguidade: Al-Kindi

bastante conhecido como médico, e diz-se que ajudou o filho doente de um rico mercador de Bagdá embora este o tivesse difamado publicamente.[41] Mas, ainda que possa ter atuado como médico, cientista natural e físico experimental, Al-Kindi sempre será mais conhecido por suas obras teológicas e filosóficas. Nelas, ele refletiu sobre o funcionamento do universo, a natureza da divindade e o lugar da humanidade dentro da ordem cósmica.

Não sabemos quase nada sobre sua vida pessoal ou seus relacionamentos. Não temos notícia de nenhum amigo próximo e de nenhum caso amoroso. Uma história apócrifa sugere que ele teria tido um filho (e supostamente, portanto, uma esposa), pois afirma que ele alertou o filho contra a música, dizendo: "Ouvir música é uma doença terrível: pois um homem a ouve e se sente deleitado, gasta seu dinheiro e torna-se extravagante, e assim fica pobre, aflito, doente e então morre".[42] Mas, como este é o único texto que menciona uma suposta família de Al-Kindi, talvez seja melhor tomá-lo com reservas. Na verdade, se examinarmos a literatura remanescente, parece que as únicas pessoas significativas na vida de Al-Kindi foram seus alunos e parceiros científicos, entre os quais estavam algumas das mais brilhantes mentes da época, como o astrólogo Abu Mashar, o engenheiro Sind ibn Ali e o cartógrafo Al-Balkhi.[43]

Ainda que obviamente o respeitassem, nenhum dos colegas de Al-Kindi parecia gostar muito dele. Segundo um desses colegas, o lexicógrafo Al-Latif, Al-Kindi era "um xeque brilhante, inteligente e rico que gozava dos favores do califa, sendo ao mesmo tempo presunçoso e ofensivo com seus acompanhantes".[44] Seu colega Al-Jahiz chegou a lhe dedicar uma extensa seção em seu *Livro dos avarentos*.[45] Ao que parece, quando um de seus inquilinos comentou que receberia hóspedes, Al-Kindi aumentou imediatamente o preço do aluguel, defendendo seu gesto numa longa carta pseudofilosófica na qual explicava (num tedioso detalhamento que incluía pormenores exatos sobre o maior consumo de água, a maior quantidade de lixo a ser descartado e assim por diante) as razões para o aumento. Lendo a versão da carta apresentada por Al-Jahiz, fico em dúvida quanto ao que teria sido mais penoso para o inquilino: o aumento do aluguel em si ou a leitura do arrazoado.[46] Ao que tudo indica, Al-Kindi ficaria muito feliz se todo mundo simplesmente o deixasse em paz com seus estudos, sua filosofia e seus livros.

Infelizmente, a Bagdá medieval não oferecia um santuário para a reclusão livresca. A erudição abássida era implacavelmente competitiva. Havia uma ferrenha competição entre os pesquisadores rivais para aparecer com a mais inovadora e inédita teoria, para desenvolver as mais sofisticadas interpretações e para descobrir ou traduzir os mais empolgantes textos até então desconhecidos.[47] Afinal, o que estava em jogo era muito mais do que a realização intelectual — o status social, a posição junto ao califa e mesmo a estabilidade financeira dependiam da produção intelectual, nessa sociedade tão concentrada na busca do conhecimento. Al-Kindi, com seu evidente sucesso, estava fadado a atrair sua parcela de rivais ressentidos.

As crônicas narram um episódio especialmente dramático durante o reinado do califa Al-Muwakkil.[48] Al-Kindi e seu círculo brilhante haviam se tornado alvo de uma facção intelectual liderada pelos irmãos Banu Musa, obcecados por uma promoção na corte, por qualquer meio que fosse. Os Banu Musa, ao que parece, conspiraram contra vários membros do grupo de Al-Kindi, e com isso conseguiram que não fossem mais recebidos na corte. Agora que Al-Kindi e sua facção estavam isolados, sem o patronato do califa e encomendas de trabalho, os Banu Musa empreenderam uma campanha de boatos a fim de persuadir o devoto Al-Mutawakkil a mandar açoitar Al-Kindi por seus desvios teológicos. Os irmãos também confiscaram o maior tesouro de Al-Kindi — sua biblioteca pessoal —, levando todos os seus livros para um depósito especial batizado zombeteiramente de "Kindiyyah". Para Al-Kindi, deve ter sido uma perda devastadora.

Mas, para sua sorte, o triunfo dos Banu Musa teve vida curta. Os irmãos haviam obtido as graças de Al-Mutawakkil ao lhe prometer construírem um grandioso canal em seu nome — mas seus cálculos revelaram-se incorretos. No momento em que perceberam o erro, a foz do canal era mais profunda do que devia, e a água deixara de correr. Al-Mutawakkil ficou furioso. Sob a ameaça de uma morte (muito) dolorosa, os Banu Musa pediram mui respeitosamente a ajuda de Sind ibn Ali, um associado de Al-Kindi que eles também haviam expulsado. Além de ser um talentoso

Os herdeiros globais da Antiguidade: Al-Kindi   75

engenheiro, Sind devia ter uma sólida bússola moral, pois se negou a ajudar os Banu Musa a menos que devolvessem a biblioteca de Al-Kindi.

No entanto, a rivalidade intelectual foi apenas o começo dos problemas de Al-Kindi. Uma ameaça muito mais perigosa vinha de uma direção totalmente distinta. Os pensadores religiosos conservadores desaprovavam suas concepções pouco convencionais, objetando em particular contra sua fusão radical entre teologia e filosofia. Os demagogos o censuravam por não ser um muçulmano propriamente dito, e os fofoqueiros de rua cochichavam sobre as coisas pervertidas que ele fazia a portas fechadas. Mesmo a inimizade dos Banu Musa, embora baseada na rivalidade profissional, se revestira com a retórica da ofensa religiosa. Mas a verdade sobre as ideias de Al-Kindi era ainda mais estranha do que imaginavam os boateiros.

Aristóteles e Alá

O problema não era que Al-Kindi estudasse textos e autores gregos antigos. Afinal, não faltavam estudiosos na Bagdá do século IX que se dedicavam precisamente a isso. O conhecido cientista e satirista Al-Jahiz chegava a ficar lírico com os textos gregos: "Nosso quinhão de sabedoria teria se reduzido muito e nossos meios de adquirir conhecimento muito teriam se enfraquecido se os antigos [os gregos] não tivessem preservado para nós sua maravilhosa sabedoria".[49] Consta que até o califa Al-Mamun tivera um sonho com Aristóteles.[50] Em comparação, os comentários de Al-Kindi em seu tratado mais famoso e importante, *A filosofia primeira*, parecem um tanto brandos: "Não nos envergonhemos de admirar ou adquirir a verdade, de onde quer que ela venha. Mesmo que seja de nações distantes e de povos estrangeiros, para o estudioso da verdade não existe nada mais importante do que a verdade".[51]

Essa declaração pode nos parecer anódina, mas para muitos na Bagdá do século IX soaria de uma radicalidade chocante. Al-Kindi, porém, iria ainda mais longe, afirmando não só que os intelectuais islâmicos podiam proveitosamente tomar de empréstimo ideias dos pensadores gregos antigos, como também que as tradições intelectuais gregas e islâmicas faziam essencialmente parte da mesma tradição. Não lhe bastava estudar a filosofia e a ciência gregas antigas a fim de selecionar e colher conhecimentos úteis para a erudição islâmica. Al-Kindi também queria provar que não havia nenhuma distinção real entre as tradições grega e islâmica de pensamento, e que a filosofia grega era, na verdade, igual à teologia islâmica. Isso vai em sentido totalmente contrário ao da narrativa da Civilização Ocidental, que postula que é a Europa cristã, e não o Oriente Médio islâmico, a herdeira primária da Antiguidade grega.

Embora a continuidade das tradições intelectuais gregas antigas e a absorção das influências intelectuais gregas antigas fossem amplamente aceitas na Bagdá do século IX, declarar que as culturas grega e islâmica eram fundamentalmente a mesma despertava, sem dúvida, muita desconfiança, e Al-Kindi dedicou uma seção inteira de *A filosofia primeira* a defender sua asserção. Segundo ele, o conhecimento verdadeiro não estava preso a limites culturais, linguísticos, étnicos ou religiosos, e a única maneira de compreender a verdade cósmica única e subjacente do universo era tomando como base o conhecimento cumulativo de séculos de aprendizado. Ele refletia que "só foi possível reunir esse conhecimento no decorrer de eras anteriores, século após século, até nossos dias".[52] Esse conhecimento, portanto, não podia pertencer apenas aos gregos ou apenas aos muçulmanos. Era uma herança que pertencia a toda a humanidade.

O restante de *A filosofia primeira* põe essa teoria em prática. Al-Kindi recorre aos argumentos de pensadores neoplatônicos contra a eternidade do mundo e utiliza as classificações de Aristóteles para examinar a natureza do ser entre a multiplicidade e a unidade, antes de chegar à conclusão (em conformidade com a doutrina islâmica dominante da época) de que a essência de Deus é a unidade ou o uno. A visão filosófica de Al-Kindi, portanto, mesclava ciência aristotélica, filosofia neoplatônica e teologia islâmica de uma forma ao mesmo tempo radical e tradicional.[53] Al-Kindi era radical em sua conclusão de que não havia nenhuma linha divisória cultural entre o pensamento grego e o pensamento islâmico, mas inteiramente tradicional no método usado para prová-lo. Sua abordagem da leitura, do comentário e do desenvolvimento das ideias contidas nos textos gregos seguia as tradições do comentário de texto estabelecidas desde longa data. Nesse aspecto, seu método filosófico era semelhante aos usados por gerações de filósofos gregos antes dele. Assim como Plotino comentara Aristóteles e Porfírio comentara Plotino, agora Al-Kindi comentava Porfírio. Al-Kindi não se limitava a argumentar sobre a continuidade da cultura entre o mundo grego e o mundo islâmico; ele lhe dava andamento por meio de sua própria prática filosófica.

Claro que nem todo mundo se deixava convencer por esse filosofar tão cerebral, e Al-Kindi tinha outra estratégia para reivindicar a herança cultural da Grécia antiga para o Islã. Talvez pretendendo convencer um público mais popular, ele inventou uma genealogia mítica em que deu ao ancestral epônimo dos gregos o nome de um certo Yunan (equivalente ao termo grego "jônio"). Al-Kindi apresentou Yunan como irmão de Qahtan, o ancestral lendário dos árabes,[54] de quem ele teria se separado depois de uma briga, levando consigo, ao deixar seu lar natal no Iêmen, os filhos, os apoiadores e quem mais se dispusesse a ir. Primeiro ele foi para o Magreb, onde criou um assentamento no qual seus descendentes se multiplicaram e se espalharam. A essa altura, diz-nos Al-Kindi em tom pesaroso, eles inevitavelmente perderam a pureza da língua. Quando Alexandre da Macedônia, algumas gerações depois, combateu nas orlas da Arábia, o episódio foi descrito como uma espécie de volta ao lar — o retorno à terra natal de um ramo errante da família. Em decorrência disso, a cultura e a filosofia gregas antigas não eram de forma alguma estranhas aos árabes. Muito pelo contrário: eram deles por direito de nascença.

O texto original da espantosa genealogia de Al-Kindi não sobreviveu, mas o historiador Al-Masudi, cerca de um século depois, resumiu-o em sua história universal, *Os prados de ouro*. Al-Masudi apresenta a genealogia de Al-Kindi para Yunan após uma série de histórias conflitantes, dando a entender que se trata da versão mais plausível ao atribuí-la a um "estudioso erudito, bem versado na Antiguidade". Ele a contrapõe a uma história da linhagem grega antiga que afirma ser flagrantemente falsa — a de que os árabes estavam genealogicamente ligados aos bizantinos.

Embora Al-Masudi aceite com relutância que os bizantinos ocuparam as mesmas terras e tiveram algumas das mesmas estruturas políticas dos gregos antigos, ele se esforça muito para apontar as diferenças nos princípios, na filosofia e na língua. Afirma que "os povos de Bizâncio não passam de imitadores dos gregos — nunca se igualarão a eles nem na eloquência nem na qualidade do discurso". Essa ideia dos bizantinos como usurpadores ilegítimos do legado grego antigo parece ter sido corrente também entre os contemporâneos de Al-Kindi. Al-Jahiz, por exemplo, apresenta alegremente uma lista de autores gregos antigos, frisando que eles não eram bizantinos nem cristãos, e que "a cultura deles [gregos antigos] era diferente da dos bizantinos".[55] A seguir, diz que os bizantinos "se apropriaram dos livros dos gregos por causa da proximidade geográfica". Por volta do final do século IX, começou a circular um novo texto narrando a transmissão do conhecimento médico por meio de uma genealogia não de descendentes biológicos, e sim de mestres e discípulos. Nessa genealogia intelectual, descreve-se o trânsito da ciência médica de Alexandria para Bagdá, repudiada pelos cristãos bizantinos, que desconfiavam de toda a ciência e filosofia.[56]

Há claras conotações políticas em textos como esses, que negam a herança grega de Bizâncio e reivindicam a cultura grega antiga para o mundo islâmico. Em meados do século IX, época em que Al-Kindi viveu e trabalhou, o Califado Abássida estava em conflito direto com o Império Bizantino, disputando territórios tanto na Anatólia quanto na Sicília. Nas duas regiões, a herança grega antiga continuava (e na verdade continua) sendo parte visível e tangível da história local. Nesse contexto, era poderosa a ideia de que a cultura grega antiga subsistia na erudição árabe; nesse contexto, o filo-helenismo abássida era também uma forma de antibizantinismo.[57]

Mas, para além de suas implicações políticas imediatas, as proposições de Al-Kindi e seus contemporâneos têm implicações mais amplas no que se refere às linhas de genealogia cultural. Para eles, ao contrário do que ocorre com a narrativa grandiosa moderna da Civilização Ocidental, que postula uma unidade cultural greco-romana, os mundos grego e romano antigos eram dois mundos distintos. E para eles, ao contrário da narrativa grandiosa moderna da Civilização Ocidental, que reivindica o legado cultural dessa conglomeração cultural greco-romana para a Europa cristã, o verdadeiro herdeiro da Grécia antiga era a Ásia ocidental islâmica. Isto é ilustrado, por exemplo, nas vibrantes tradições literárias que cercam Alexandre da Macedônia em árabe, sírio, persa e até malaio,[58] mas também fica evidente nas reivindicações explícitas de linhagem cultural feitas por Al-Kindi e seus colegas. Se a cultura e erudição grega antiga é uma tocha, para Al-Kindi era uma tocha que fora passada não para o oeste, e sim para o leste.

Hoje vemos com naturalidade a ideia de que o conhecimento pode transpor fronteiras étnicas e políticas, com universidades modernas em que grupos internacionais de pesquisadores trabalham em íntima colaboração sobre as questões candentes do momento — muitas vezes a milhares de quilômetros de distância uns dos outros e ultrapassando as fronteiras dos Estados, graças à revolução das comunicações. (Num aparte: infelizmente essa ideia também passou a ser ameaçada nos últimos tempos com a ascensão do nacionalismo politizado.) Essa ideia, porém, era inédita e até radical na época de Al-Kindi. Ele dedicou uma seção inteira de *A filosofia primeira* a uma viva refutação de seus críticos. Seu tom nessa seção está repleto de ódio e indignação, sugerindo que, embora costumasse evitar confrontos públicos e se esforçasse para não morder a isca quando era publicamente criticado, ele se sentira gravemente ferido.

> [Devemos] nos manter em guarda contra as interpretações perniciosas de muitos em nossa época que ganharam renome com especulações, pessoas que estão muito distantes da verdade, embora se coroem com seus louros [...] Uma sórdida inveja habita suas almas bestiais, toldando seu pensamento com véus escuros, impedindo que enxerguem a luz da verdade. Menosprezam os que têm as virtudes humanas, que eles mesmos estão longe de alcançar [...] Defendem as posições fraudulentas a que foram imerecidamente alçados,

a fim de obter trânsito e supremacia na religião, embora eles mesmos não tenham religião.[59]

Não há muitas dúvidas sobre as pessoas a que Al-Kindi se refere nessa seção — são os teólogos conservadores que lhe haviam arruinado a vida e lhe causado problemas não só na corte imperial, mas também nas ruas. No entanto, embora vertesse sua bílis contra eles no papel, nos contatos pessoais Al-Kindi se empenhava ao máximo em se contrapor de maneira civilizada às acusações que lhe eram feitas. Quando um conhecido teólogo começou a criticá-lo, atiçando a plebe contra ele, Al-Kindi pareceu objetar publicamente.[60] Então, a portas fechadas, procurou despertar o interesse do teólogo e de seus amigos pela matemática. Conforme o teólogo foi gradualmente ampliando seus horizontes intelectuais, passou a tomar livros emprestados de Al-Kindi e até a manter debates eruditos com ele. O teólogo acabou desistindo de seus ataques públicos e se tornou um conhecido astrólogo, que veio a ser açoitado por uma previsão correta (mas sombria). Chamava-se Abu Mashar e se tornou membro do círculo intelectual íntimo de Al-Kindi.

Foi Abu Mashar quem esteve com Al-Kindi no final de vida, e registrou os detalhes da morte de Al-Kindi em decorrência do alastramento de uma inflamação no joelho. Ao que parece, Al-Kindi tentou se tratar primeiro com vinho envelhecido (um bom remédio para muitas coisas, mas provavelmente não para problemas no joelho), e mais tarde com "sumo de mel" (que também parece muito agradável, mas não tão eficiente quanto Al-Kindi devia esperar). Nada funcionou, e Abu Mashar escreve que a infecção e a dor se espalharam e alcançaram o cérebro de Al-Kindi, que assim expirou.[61]

A morte de Al-Kindi não foi apenas um fim; foi também o começo de um legado que se estendeu pelos séculos. Nos anos seguintes à sua morte, seus discípulos Al-Balkhi e Al-Sarakhsi fundaram uma escola em Bagdá que permaneceria importante por mais dois séculos. Ainda mais tarde, os escritos de Al-Kindi também formaram uma base sobre a qual futuros eruditos islâmicos iriam trabalhar. Ainda que os nomes de alguns desses

Os herdeiros globais da Antiguidade: Al-Kindi 81

pensadores posteriores — entre eles Al-Farabi, Avicena e Averróis — possam ser mais conhecidos, seu trabalho só foi possível graças aos esforços pioneiros de Al-Kindi e seu círculo. Foi esse círculo que reuniu e traduziu centenas de textos gregos antigos, preservando-os para a posteridade. Foi Al-Kindi em particular quem definiu a linguagem da filosofia árabe e montou o arcabouço para toda a ciência medieval subsequente. E foi Al-Kindi quem defendeu a ideia da filosofia como um trabalho intercultural — uma herança que não era transmitida por linhagens de sangue nem em blocos civilizacionais, sendo igualmente partilhada por todos.

A vida e a obra de Al-Kindi demonstram que a narrativa grandiosa da Civilização Ocidental é falsa. O período medieval não foi uma Idade das Trevas, em que a tocha de uma Antiguidade greco-romana única e coesa até pode ter ardido com uma débil chama, mas foi ciosamente preservada na Europa para ser reavivada em gerações posteriores. Pelo contrário, foi uma época em que os passados da Grécia antiga e de Roma eram considerados distintos e separados, com pessoas diversas reivindicando legados diversos. Na Europa central e ocidental — áreas que hoje associamos intimamente ao Ocidente e que, segundo a narrativa da Civilização Ocidental, seriam as herdeiras primárias da cultura clássica —, a ideia de continuidade com a Roma antiga persistiu (examinaremos mais detidamente essa questão no capítulo 4), mas o interesse ou o envolvimento com o passado grego antigo foi pequeno. Em contraste, nas terras do Império Bizantino havia reivindicações explícitas de uma herança política, cultural e genealógica romana, mas o envolvimento intelectual com a Antiguidade grega se manteve. No mundo islâmico, porém, muitas vezes ausente das narrativas tradicionais da Civilização Ocidental, as pessoas também reivindicavam o legado da Grécia antiga, não só com base nas tradições intelectuais e nas continuidades culturais, mas também por meio de genealogias mitológicas. Se traçássemos uma árvore genealógica começando com a Grécia e a Roma antigas, no período medieval o mundo islâmico seria um de seus ramos mais densos e florescentes.

4. Os eurasianos outra vez: Godofredo de Viterbo

Na verdade, a nobreza dos reis e imperadores dos romanos
e dos teutos provém da mesma raiz — o rei dos troianos.

GODOFREDO DE VITERBO, 1183[1]

GODOFREDO ESTÁ FURIOSO. Faz dias que está trancado nesse quarto, e o urinol começa a feder. Ergue-o com cautela e, segurando-o à frente com o braço estendido, vai cuidadosamente até a janela, atento para que o líquido malcheiroso não derrame. Ao esvaziá-lo pela janela, permite-se olhar a paisagem. A encosta suave que desce até o rio está coberta de vinhedos, as parreiras pendendo com pesados cachos de uva. Mais além ele vê campos, pastagens e os telhados do vilarejo de Casale Monferrato. O Piemonte é lindo, pensa num suspiro. Godofredo deixa o urinol sob a janela, enxuga distraidamente os dedos no manto de lã escura e volta para sua escrivaninha. Sente-se um pouco melhor. Diante dele há uma nova folha de pergaminho em branco. O bom de ser prisioneiro, pensa ele, é que finalmente tem tempo para escrever.

Os eurasianos outra vez: Godofredo de Viterbo 83

Tirei essa cena da minha imaginação, mas sabemos que Godofredo realmente se dedicou a escrever na época de seu encarceramento, redigindo uma crônica da história mundial que deixava de lado a Antiguidade grega e glorificava um eixo de poder e hereditariedade com origens na Anatólia, desenvolvendo-se no mundo romano e amadurecendo nas dinastias germânicas da Europa central. Ao longo dos anos, Godofredo usara sua pena enquanto cavalgava, sob o abrigo de árvores na beira da estrada e até espremido nos cantos mais sossegados de castelos sitiados. Ele passou boa parte da vida na estrada — entregando cartas, afixando decretos e transmitindo mensagens secretas para seu senhor, o sacro imperador romano Frederico I, da (mal-)afamada dinastia Hohenstaufen, que, por causa da cor de sua barba, tinha o apelido de Barba Ruiva.[2] Mesmo quando não estava em viagem, Godofredo vivia ocupado com suas obrigações cotidianas. Como integrante da burocracia imperial, sem dúvida passava os dias redigindo e copiando documentos na chancelaria e, como clérigo medieval, esperava-se que participasse diariamente de vários ofícios na igreja. A crermos em suas queixas, era um trabalho exigente, mantendo-o "na constante agitação e mistura de eventos, em guerra e em condições de guerra, no barulho de uma corte tão grande".[3]

Talvez seja sorte nossa que Godofredo — padre, diplomata e cronista medieval — vivesse sempre tão ocupado. Todas as suas variadas e empolgantes experiências de vida deram forma à sua escrita. Se, por um lado, seu amplo relato da história mundial começava ambiciosamente pelas origens da humanidade e seguia até aquela data, o final do século XII, suas crônicas eram sucintas e vigorosas, moldadas pelo torvelinho político em que ele se encontrava. Isso torna a história de Godofredo especialmente interessante. Ele escreveu nada menos que três versões no decorrer de quatro anos, revisando e reelaborando o texto para se adequar à situação política em veloz transformação. A primeira versão foi concluída em 1183 e dedicada a Henrique, filho de Barba Ruiva, com o título de *Speculum regum*. Dois anos depois, Godofredo mudou o texto e o título do livro, que passou a ser *Memoria seculorum*, mas manteve a dedicatória aos Hohenstaufen. Depois disso, revisou sua história uma última vez, em 1187, agora como *Pantheon*, dedicando-a não a seus ex-patronos, mas ao arqui-inimigo deles, o papa. Desnecessário dizer que Godofredo alterava o conteúdo da crônica para adequá-lo ao público pretendido, literalmente reescrevendo a história entre uma versão e outra.

Um elemento constante em todas as versões da crônica de Godofredo é sua concepção do formato da história, que se diferencia drasticamente da genealogia hoje apresentada como Civilização Ocidental. O relato de Godofredo apresenta, após a escuridão mitológica na aurora da humanidade, três fases sequenciais de um reinado humano divinamente sancionado, cada império herdando do predecessor o manto do governo temporal, diretamente e sem atritos. Essa ideia do poder terreno transmitido de um poder imperial ao seguinte — conhecida como *translatio imperii* — estava em grande voga entre os cronistas medievais europeus. Para Godofredo, o primeiro da sequência era o *imperium* dos troianos. O segundo era o *imperium* dos descendentes e legítimos herdeiros de Troia, os romanos. O terceiro era o *imperium* dos descendentes e legítimos herdeiros de Roma, os teutos. Para Godofredo, a história propriamente dita se iniciou em Troia, nas margens do Helesponto, e culminou na dinastia germânica Hohenstaufen — a família de Barba Ruiva —, nas ribanceiras do Reno.

A narrativa moderna da Civilização Ocidental traça uma linhagem cultural diferente. Nela, vemos o período medieval (época em que Godofredo viveu e escreveu) como um elo avançando no tempo, que faz a ligação com o Ocidente global moderno por meio do Renascimento e do Iluminismo. Mas também o vemos como um elo recuando no tempo, que faz a ligação com o mundo clássico, contendo em si uma fusão cultural entre a Grécia e Roma. No entanto, ao contrário de nós, Godofredo e seus contemporâneos medievais não consideravam os gregos e os romanos pertencentes a uma mesma civilização. E tampouco se consideravam os guardiões de uma herança clássica compósita, incumbidos de preservar a cultura e o conhecimento greco-romanos para as gerações futuras. Pelo contrário, consideravam o mundo grego e o mundo romano fundamentalmente diferentes, separados e até opostos. Pois, embora considerassem o passado romano uma parte central de sua herança, eles eram totalmente diferentes dos eruditos dos séculos ix e x de Bagdá, na Casa da Sabedoria, na medida em que não queriam ter muito a ver com os gregos antigos.

Imperator Romanorum

Era famoso o gracejo de Voltaire segundo o qual o Sacro Império Romano não era sacro, nem romano, nem mesmo um império. Há uma certa verdade nessa tirada. Ele era sem dúvida imperial em escala e visão.[4] Tendo durado mais de um milênio desde sua instauração inicial por Carlos Magno no ano 800 até sua dissolução por Francisco ii em 1806, o império em sua extensão máxima incorporou partes ou a totalidade dos Estados modernos da Áustria, Bélgica, República Tcheca, Dinamarca, França, Alemanha, Itália, Luxemburgo, Holanda, Polônia, Eslováquia e Suíça. Mas o governo imperial não era direto, com o imperador determinando a política em seus territórios, e talvez fosse a esse caráter tênue do poder que Voltaire se referisse em seu famoso comentário. Em vez disso, o Sacro Império Romano era um coletivo flutuante de centenas de Estados e microterritórios independentes, cujos governantes deviam lealdade a um imperador eleito por um grupo fixo de sete (depois nove) dos maiores príncipes e prelados do império. Mas raramente havia alguma surpresa na *Königswahl* (eleição do rei). Os três eleitores espirituais (os arcebispos de Mainz, Trier e Colônia) e os quatro eleitores laicos (o rei da Boêmia e os governantes do Palatinato, da Saxônia e de Brandemburgo) geralmente escolhiam membros adequados da dinastia que estivesse em ascendência na época. Entre as dinastias governantes famosas do império estão os carolíngios francos, dinastia fundada pelo próprio Carlos Magno, e os sálios, de quem descenderam os Plantageneta da Inglaterra e os Habsburgo da Áustria. Mas, na época de Godofredo, a dinastia dirigente era a dos Hohenstaufen, ou "Staufer", poderosíssima família principesca da Suábia, no atual sul da Alemanha.

O patrão de Godofredo durante a maior parte de sua carreira, Barba Ruiva, era o mais formidável de todos.[5] Soldado de talento, mas por vezes também esquentado e impetuoso, Barba Ruiva era movido por uma enorme energia pessoal e ambições aparentemente ilimitadas. Quase que apenas pela mera força de vontade e por um carisma considerável, ele conseguiu não só unir os poderosos dirigentes da Alemanha aos príncipes de espírito independente da Áustria e do norte da Itália, mas também expandir seu poder para o sul, instituindo o governo Staufer em lugares tão distantes quanto a Sicília.

Por mais problemas que o império pudesse ter para manter seu poder temporal, era ainda mais problemático pretender autoridade espiritual. Os principais contestadores de Barba Ruiva não eram os príncipes petulantes da Saxônia nem os reis normandos de Palermo, mas os papas em Roma.[6] Ele disputou o primado com o papa Adriano IV, teve uma série de atritos com o papa Lúcio III e entrou em choque com o papa Urbano III quanto à questão de contrair casamentos dinásticos apropriados. Mas o conflito mais agudo foi com o papa Alexandre III (que governou a Igreja entre 1159 e 1181). Barba Ruiva se negou a reconhecê-lo como papa, dando apoio a Vítor, seu candidato próprio. Foram dezoito anos, muitas batalhas sangrentas e excomunhão até que Barba Ruiva por fim cedesse e aceitasse o papado de Alexandre.

Embora o Sacro Império não fosse totalmente imperial nem totalmente sacro, seus imperadores sem dúvida o consideravam romano. Carlos Magno, ao fundar o império no ano 800, foi coroado pelo papa como *Imperator Romanorum* (imperador dos romanos) e emitiu novas moedas imperiais que reproduziam deliberadamente as da Roma antiga.[7] Embora seus sucessores tenham alterado o título para *Rex Romanorum* (rei dos romanos),[8] o território sobre o qual governavam também abarcava vastas extensões daquele que fora outrora o Império Romano do Ocidente, novamente unificadas após a fragmentação política dos séculos anteriores. O século XII em particular, época em que Godofredo viveu, mostrava um interesse crescente pelo passado romano antigo. Era cada vez maior o número de textos latinos antigos que eram copiados e entravam em circulação, e o próprio Barba Ruiva incentivou um ressurgimento de símbolos culturais romanos e de códigos legais romanos nos territórios imperiais.[9] Inevitavelmente, as ideias sobre o *translatio imperii* também ganharam maior popularidade nessa época, e várias crônicas europeias medievais afirmavam a continuidade política entre o velho e o novo Império Romano.[10] Apenas uma geração antes de Godofredo, por exemplo, Frutolf de Michelsberg elaborara uma lista de imperadores romanos desde Augusto, como se essa linha nunca tivesse sido rompida.[11] Godofredo faria ainda melhor em sua crônica, criando uma lista de governantes romanos que recuava a partir de Barba Ruiva, passava pelos Césares e chegava a Enéas, o fundador lendário da *gens*, ou povo, romana. A *Romanitas* exercia uma forte atração sobre a nova administração imperial. Conferia legitimidade ao império relativamente novo, bem como o verniz de uma veneranda Antiguidade.

No entanto, a ideia de que o Sacro Império Romano era uma continuação do *imperium* romano antigo não agradou a todos. Era um claro tapa na cara dos bizantinos, que, como vimos no capítulo 3, chamavam a si mesmos de *romaioi* (em vez de *hellenoi*) e se viam como os únicos herdeiros verdadeiros da Roma antiga.[12] Os bizantinos tinham uma certa razão. Ao contrário dos sacros imperadores romanos, seus governantes podiam traçar uma linha genuína e ininterrupta de continuidade política que os ligava à Antiguidade. Ao contrário do Sacro Império Romano, eles podiam apontar uma capital — Constantinopla — que era não só uma sede antiga do Império Romano, mas também e ainda uma metrópole vibrante e vicejante. O Sacro Império Romano, por sua vez, não tinha capital fixa, e a própria Roma era o bastião dos papas, frequentemente envolvidos numa áspera rivalidade com os imperadores. Aos ouvidos bizantinos, as alegações desse império "romano" arrivista realmente deviam soar vazias.

Para aumentar ainda mais a tensão política entre os dois impérios, havia uma série de disputas religiosas entre o patriarca de Constantinopla e o papa em Roma. A data correta de celebração da Páscoa, a aceitação do uso de pão ázimo para a Eucaristia, a pertinência de entoar ou não o "Aleluia" durante a Quaresma — eram múltiplos os pontos de discordância. Por trás de todas essas questões teológicas, porém, havia mais uma disputa pelo poder. Tanto o papa quanto o patriarca reivindicavam para si o primado, o primeiro como herdeiro de são Pedro e o segundo com base na transferência do poder temporal de Roma para Constantinopla, que marcaria também a transferência do poder espiritual. A relação entre as duas entidades sempre fora tensa, mas as coisas chegaram a um ponto crítico no século XI. Quando o papa ameaçou excomungar todos os membros das igrejas na Itália que seguissem os ritos estabelecidos por Constantinopla, o patriarca revidou determinando o fechamento de todas as igrejas em Constantinopla que seguissem os ritos determinados em Roma. No ano seguinte, o legado papal chegou a Constantinopla exigindo que se reconhecesse oficialmente a precedência de Roma — e quando o patriarca (previsivelmente) recusou, foi na mesma hora excomungado. Naquele momento, nasceram as duas grandes igrejas da Europa medieval — a Igreja ortodoxa de Constantinopla e a Igreja católica de Roma. Essa separação final entre a igreja de língua latina e a igreja de língua grega é conhecida como o Grande Cisma.[13] Durante a vida de Godofredo, no final do século XII, o Grande Cisma já era notícia do passado. Com efeito, àquela altura, as terras de Bizâncio e a Igreja ortodoxa já tinham se tornado "o Oriente" e as terras do Sacro Império Romano e da Igreja católica haviam se tornado cada vez mais sinônimos de "Europa".[14]

Vale notar que as ideias medievais sobre o local "Europa" são diferentes de nossa noção moderna de "Europa". Ao leste, os conceitos de Europa medieval geralmente não se estendiam até os montes Urais e o mar Cáspio, como é o caso do continente moderno europeu. Ao norte e ao oeste, a retórica da Europa não dava muita atenção a suas orlas bálticas e atlânticas, que eram em grande parte periféricas em termos não só geográficos, mas também culturais. A noção de Europa na época de Godofredo estava mais próxima do conceito germânico contemporâneo de "Mitteleuropa", com seu foco na área hoje correspondente a Alemanha, Áustria, Suíça, norte da Itália, leste da França, Hungria, Eslováquia e República Tcheca.

Era uma visão continental surgida na corte carolíngia do século IX na qual a Europa era equiparada ao Sacro Império Romano.[15] No famoso *O épico de Paderborn*, poema encomiástico composto no começo do século IX para celebrar o encontro entre Carlos Magno e o papa Leão, Carlos Magno recebe o epíteto de *"rex, pater Europae"* (rei, pai da Europa).[16] Em meados do século, o gramático escocês Sedúlio o trata como *"Europae princeps"*

Os eurasianos outra vez: Godofredo de Viterbo 89

(dirigente da Europa), enquanto Notker, o Gago, como era evocativamente chamado, atribui-lhe a união de *"tota Europa"* (toda a Europa).[17]

Na época de Godofredo, quase dois séculos mais tarde, entendia-se amplamente a Europa não como nome de um continente, nem como rótulo cultural de uma civilização, mas como um termo de geografia político-religiosa. Designava a área da Europa central ocupada majoritariamente por cristãos latinos e (pelo menos em teoria) sob a autoridade espiritual do papa em Roma. E era empregado com frequência cada vez maior para separar a esfera de influência do Sacro Império Romano na Europa central da esfera de sua rival bizantina na Europa oriental e no noroeste da Ásia. Tanto o sacro imperador romano quanto seu equivalente bizantino afirmavam ser o verdadeiro herdeiro dos Césares de Roma, e ambos rivalizavam ser reconhecidos como o único império cristão real e universal.[18] Não que tal rivalidade fosse muito intensa nessa época. Da perspectiva dos Staufer, o Império Bizantino não constituía grande ameaça. Acossados internamente por lutas dinásticas e externamente pelos seljúcidas, uma dinastia turca originária da Ásia central que os atacava pelo leste, os bizantinos mal pareciam capazes de manter seus territórios centrais. Já o Sacro Império Romano, em ascensão sob Barba Ruiva, estava numa trajetória de expansão externa e consolidação interna. Não admira que os cronistas latinos da época, cada vez mais interessados na herança romana de seu império, começassem a depreciar o imperador bizantino, a quem se referiam como *Rex Graecorum* (rei dos gregos).[19]

Seria tentador situar nesse período o nascimento do Ocidente moderno, alinhando-o ao florescente Sacro Império Romano. Afinal, alguns elementos-chave que consideramos de importância central para a identidade Ocidental já estavam presentes — o cristianismo, um foco geográfico na Europa, um senso de herança greco-romana. Todavia, nenhum desses três elementos condiz com o quadro. O Sacro Império Romano desse período estava atolado em conflitos e cismas religiosos, e não fazendo a defesa de uma cristandade unida. O Sacro Império Romano certamente era uma potência europeia, mas suas terras se concentravam na Europa central, considerando periféricas três áreas que hoje julgamos cruciais para a Civilização Ocidental, e que agora temos como inequivocamente Ocidentais: a Europa helênica do sudeste, onde a Civilização Ocidental teria supostamente surgido na Antiguidade; a Europa atlântica ocidental, onde ela teria supostamente chegado à modernidade; e a Europa escandinava setentrional. Por fim, o Sacro Império Romano dizia ser o herdeiro de Roma, mas negava com veemência o legado grego antigo. Cidadãos do Sacro Império Romano como Godofredo não imaginavam o mundo dividido entre o Ocidente e o Resto, e — o que é crucial para os propósitos deste livro — viam-se como parte de uma genealogia cultural marcadamente diferente daquela da Civilização Ocidental. Uma genealogia que Godofredo ajudou a refinar e promover com suas ambiciosas crônicas, que diziam recontar a história universal da humanidade.

O padre diplomata

Godofredo de Viterbo nasceu na década de 1120, cerca de dois séculos depois da idade de ouro de Al-Kindi e seu círculo em Bagdá. Era oriundo da cidade de Viterbo, na Itália central, um refúgio seguro apreciado por papas depostos e exilados políticos de Roma. Sabemos pouquíssimo sobre suas origens familiares, mas ao que parece ele nasceu numa respeitável família local mista de alemães e italianos.[20] Era certamente de posição social elevada o suficiente para, ainda menino, chegar à atenção do sacro imperador romano Lotário III. Este viu em Godofredo as potencialidades de um intelectual estudioso e providenciou para que o garoto frequentasse a escola religiosa de elite em Bamberg, na atual Baviera. Godofredo era visivelmente um menino livresco e um tanto precoce, e deve ter adorado a chance de estudar num dos principais centros intelectuais da Europa do século XII. Mas o rapazinho também devia sentir muitas saudades de casa. Sabemos, por sua obra posterior, que manteve um grande apego pela cidade natal, vindo a se retirar em Viterbo ao final de uma longa e ilustre carreira no serviço imperial.

Embora a educação de Godofredo se devesse ao patronato imperial, seu primeiro trabalho não foi na corte, mas na Itália, para o papa. Análises detalhadas dos manuscritos remanescentes de Godofredo mostram que ele utilizava certos elementos da chamada "cursiva papal" — uma forma de escrita taquigráfica desenvolvida e usada exclusivamente na cúria papal.[21] Só pode tê-la aprendido quando trabalhava na administração papal, na adolescência ou começo da idade adulta. Pode ter sido nessa época também que Godofredo decidiu se ordenar padre. Para jovens de sua posição social, tomar a batina era uma decisão não só espiritual, mas também profissional, na medida em que o ingresso no clero oferecia chances de emprego e de promoção social que de outra forma não estariam ao alcance do filho de uma família provincial respeitável mas modesta.

Não demorou muito, porém, e Godofredo foi atraído de volta para o aprisco imperial, dessa vez sob uma dinastia nova e mais vigorosa, os Staufer. Então, ingressou nas fileiras crescentes de burocratas utilizados pelo dinasta para administrar o império desregrado. Tal como em muitas burocracias grandes, tanto históricas quanto modernas, os cargos mais altos na chancelaria imperial eram nomeações políticas — distribuídas a nobres e príncipes menores que tinham o status de conselheiros de confiança. A maior parte do trabalho efetivo era feita por notários, que se descabelavam para redigir os tratados, as leis, as proclamações e os demais documentos necessários para governar o império.[22] Alguns desses notários, mas não todos, eram padres, e havia uma considerável sobreposição de pessoal entre a chancelaria e a capela imperial, como podemos ver pela carreira do próprio Godofredo.

É entre esses humildes clérigos-notários que encontramos Godofredo pela primeira vez na chancelaria imperial, copiando documentos durante o reinado de Conrado III. Nessa fase da vida, Godofredo ainda não ascendera ao nível de assinar seus trabalhos nem de servir de testemunha de documentos importantes (isso viria mais tarde), e os estudiosos só conseguiram identificá-lo por meio de minuciosas análises de sua caligrafia. Sabe-se lá o que o atraiu para a corte imperial itinerante, afastando-o de Roma, mas nos anos seguintes Godofredo veio a mostrar profunda lealdade à dinastia Staufer, e só se desencantou com ela no finalzinho da vida. Foi Barba Ruiva, o segundo e mais famoso imperador Staufer, quem constituiu o centro tanto de suas maiores esperanças quanto de suas maiores decepções.

Já falamos sobre Barba Ruiva, que, com sua bravura, carisma natural e energia aparentemente interminável, era um homem que tinha de ser levado em conta. E isso era favorável, porque havia muitas coisas que precisavam ser levadas em conta. Manter o alinhamento dos príncipes da Alemanha, da França e da Áustria exigia um trabalho delicado, mas Barba Ruiva estava mais do que à altura da tarefa. Lidar com os italianos mostrou-se um pouco mais complicado, principalmente porque alguns tendiam a se alinhar com o papado contra a causa imperial. Barba Ruiva lançou nada menos do que cinco campanhas militares na Itália, com um trânsito quase contínuo de embaixadores e delegados indo e vindo entre a corte imperial e o norte do país, procurando soluções diplomáticas para evitar o próximo conflito.

Godofredo, com sua criação italiana e educação germânica, logo se demonstrou muito útil. Nos primeiros anos do reinado de Barba Ruiva, ele começou a assumir papéis de importância crescente, e parece ter subido na hierarquia da chancelaria imperial. Análises caligráficas nos permitem mais uma vez identificar documentos cruciais que foram redigidos por Godofredo e rastrear a trajetória de sua carreira. Entre esses documentos estão a constituição feudal de 1154 (reformulada em 1158), a primeira carta de licença europeia para estudiosos e universidades, assinada em 1155 (conhecida como *Authentica habita*), e, talvez o mais importante de todos, o Tratado de Constança.[23] Firmado entre Barba Ruiva e o papa Eugênio III em 1153, o tratado estabeleceu os termos da ascensão de Barba Ruiva; teve de ser reconfirmado em 1155, com a chegada ao poder de um novo papa, Adriano IV. A mudança de status de Godofredo entre a primeira e a segunda versões desse tratado é interessante. Ele atua como testemunha e signatário nos dois documentos, mas em 1153 consta como *Gotefredus Viberbiensis capellanus regis* (Godofredo de Viterbo, capelão do rei), ao passo que, apenas dois anos depois, consta de modo mais informal e afetuoso como *Gotifredi capellini nostri* (Godofredo, nosso capelão). Ao que parece, Godofredo conseguiu ingressar no círculo íntimo imperial bem rapidamente após a ascensão de Barba Ruiva ao trono.

Mas Godofredo não estava destinado a ficar muito tempo redigindo e servindo de testemunha a cartas de licença; logo passou a viajar como en-

Os eurasianos outra vez: Godofredo de Viterbo 93

viado diplomático. Parece também ter acompanhado Barba Ruiva em pelo menos três de suas campanhas militares italianas: rejubilou-se ao lado dele quando Nápoles capitulou em 1162; presenciou o horror quando o exército de Barba Ruiva foi atingido pela peste em Roma em 1167;[24] empenhou-se em proteger a casa de um de seus informantes quando as tropas de Barba Ruiva receberam passe livre para saquear a cidade de Susa, no Piemonte, em 1174.[25] Esses anos devem ter sido bem movimentados, deixando pouco tempo para descanso ou repouso. Vendo-os em retrospecto, Godofredo descreveu sua vida na época como uma roda-viva interminável de trabalho e viagem:

> Como capelão, eu vivia ocupado todos os dias, o dia inteiro, na missa e todas as horas, à mesa, em negociações, escrevendo cartas, nas providências diárias de novos alojamentos, cuidando da subsistência minha e de meu pessoal, cumprindo missões muito importantes: [indo] duas vezes à Sicília, três vezes à Provença, uma vez à Espanha, várias vezes à França e quarenta vezes da Alemanha a Roma, e de lá de volta. Exigia-se mais de mim em cada esforço e movimentação do que de qualquer outra pessoa na corte de minha idade.[26]

Godofredo pode ter exagerado sua posição e importância,[27] mas está claro que era um diplomata experiente e de confiança, que vira e conhecera muita agitação em sua época. Uma de suas aventuras chegou até a ser um pouco emocionante demais. Em 1179, Godofredo estava numa missão de legação para Barba Ruiva nas férteis colinas das Marcas, na Itália central. Então, sem qualquer aviso, foi capturado por Conrado de Monferrato, primo de primeiro grau e inimigo jurado de Barba Ruiva, que manteve Godofredo prisioneiro até Barba Ruiva providenciar sua libertação.[28] Não sabemos quanto tempo Godofredo ficou no cativeiro ou quais foram as condições de seu confinamento — minha descrição imaginária no começo deste capítulo é pura invenção. O que de fato sabemos é que ficou lá por mais tempo do que gostaria, tendo se queixado disso incisivamente mais tarde. Talvez tenha sido uma experiência semelhante à do arcebispo de Mainz, outro funcionário de Barba Ruiva capturado por Conrado em 1179, que amargou mais de um ano de cativeiro.[29]

A prisão acabou sendo um ponto de inflexão para Godofredo. Depois disso, não há mais indícios de missões diplomáticas ou atividades na chancelaria imperial. Ele devia estar com sessenta e poucos anos e em algum momento iria inevitavelmente se afastar da vida frenética que levara nas últimas quatro décadas. Mas o episódio do cativeiro parece tê-lo abalado profundamente e intensificado sua sensação de abandono e decepção em relação a Barba Ruiva, que falhara em ajudá-lo. Esgotado e descontente, Godofredo resolveu se aposentar.

Felizmente, ele já tinha tudo planejado. Na década anterior à captura, obtivera várias concessões e privilégios de Barba Ruiva que lhe garantiriam um sustento confortável depois que parasse de trabalhar. Entre essas concessões estava uma mansão em Viterbo, que Barba Ruiva concedera a Godofredo (e ao irmão e ao sobrinho deste, Werner e Reiner) como feudo imperial hereditário. Além disso, Godofredo recebia uma renda regular das catedrais de Lucca e Pisa, na Itália, e da catedral de Speyer, na Renânia, que lhe pagavam uma parcela das rendas anuais que recebiam.[30] Com o futuro financeiro assegurado, Godofredo se retirou para Viterbo e se dedicou a compor sua crônica. Uma boa parte dela já estava concluída em 1183, quando Godofredo lhe deu o título provisório de *Speculum regum* (Espelho dos príncipes). O livro era ostensivamente dedicado ao jovem príncipe Henrique, o primeiro na linha de sucessão de Barba Ruiva, e dizia lhe oferecer um espelho sobre o passado, a fim de que ele pudesse ver modelos históricos para seu futuro reino. Ao contrário do que poderíamos esperar, o modelo de reinado ideal que Godofredo expôs não foi o derivado da Antiguidade grega ou romana. Para ele, os modelos de reinado deviam ser procurados na Ásia ocidental.

A progênie de Príamo

Assim se inicia o *Speculum regum*, composto por mestre Godofredo de Viterbo, capelão da corte imperial, dedicado ao sr. Henrique VI, rei dos romanos e dos germanos, filho do sr. Frederico, o imperador, nascido da linhagem de todos os reis e imperadores dos troianos, romanos e germanos desde o Dilúvio até os dias de hoje.[31]

Era uma maneira audaciosa de começar sua obra. A primeira frase da crônica mundial de Godofredo mostrava sua posição em termos inequívocos. Era uma história descaradamente política do mundo, estruturada como uma genealogia de impérios sucessivos — o mais antigo sendo o dos troianos, o seguinte o dos romanos e o contemporâneo o dos germanos. Já vimos no capítulo 2 como os romanos se orgulhavam de remontar suas origens a Troia. Assim, não surpreende que o Sacro Império Romano, quando dizia descender da Roma antiga, também adotasse a ideia das origens troianas.

Já debatemos como a ideia do *translatio imperii* era o esteio da legitimidade do governo imperial, ao mesmo tempo explicando e justificando o Sacro Império Romano ao associá-lo ao *imperium* romano antigo. Mas a questão das origens troianas é um pouco mais delicada. No final do século XII, o Sacro Império Romano era cada vez mais caracterizado como "ocidental" e "europeu" em comparação com seu rival bizantino. Como vimos, a identificação com a Europa se iniciara já no século IX, com um poeta anônimo referindo-se a Carlos Magno, após a instauração do Sacro Império Romano, como o "Pai da Europa". Mas essa corrente acabou por se intensificar no decorrer dos séculos XI e XII, devido às disputas confessionais entre Roma e Constantinopla. Com esse pano de fundo, a ideia de origens asiáticas (Troia, afinal, se situava na área que é hoje a Turquia) pode parecer uma escolha estranha para um império tão firmemente radicado na Europa central, e particularmente bizarra para os observadores modernos, em geral condicionados a pensar a história em termos de Civilização Ocidental e a ver a Europa separada da Ásia por demarcações não só geográficas, mas também culturais, civilizacionais e raciais. A perspectiva de Godofredo, como a de muitos de seus contemporâneos, era totalmente diversa.

Para ele, as origens do reinado e as raízes da árvore genealógica dos Staufer se encontravam inequivocamente no *"genus imperii Troianaque"*.[32] Godofredo reconhece que, antes dessa raça imperial de troianos, na pré-

-história, tinha havido alguns povos de relevo — por exemplo, os povos bíblicos da Babilônia, os israelitas e uma versão de tipo mítico dos gregos antigos (entre os quais o rei dos deuses, Zeus, faz uma estranha aparição como o governante humano de Atenas). Mas, para ele, o começo da história "de verdade" estava em Troia.

O foco de Godofredo sobre Troia era, como poderíamos esperar de um diplomata experiente, calculado para fins políticos. No *Speculum regum*, a herança troiana consistia não em continuidades culturais gerais ou numa ampla herança civilizacional, mas sim numa alegação muito específica sobre as linhagens de sangue dos Staufer. Henrique, Barba Ruiva e a dinastia Staufer inteira eram — segundo Godofredo — descendentes diretos da casa de Príamo. Godofredo não era o único a traçar uma linha genealógica entre uma família nobre da Europa medieval e o palácio real troiano. No século XII, houve uma verdadeira febre em procurar esses elos, como ocorrera quase um milênio antes na Roma de César, e encontramos alegações parecidas nas obras de historiadores de todo o continente.[33] Dizia-se que os normandos, os saxões, os francos, os teutos, os vênetos, os genoveses, os paduanos e até mesmo, segundo o autor islandês dos *Edda em prosa*, os deuses nórdicos eram descendentes, todos eles, dos troianos.[34] No final do século, o cronista inglês Henrique de Huntingdon comentou ironicamente que agora a maioria dos europeus remontava suas origens a Troia.[35]

Essas crônicas históricas e genealogias nobres constituíam apenas uma parte do quadro. A história de Troia também era tema da cultura popular, com romances de cavalaria ambientados no cenário dramático da Guerra de Troia, escritos nos vários vernáculos da Europa. O *Roman de Troie*, de Benoît de Sainte-Maure, foi publicado mais ou menos na mesma época em que Godofredo começou a compor o *Speculum regum* e logo se tornou um best-seller internacional. Foi rapidamente traduzido do original francês para o latim, o alemão, o holandês, o italiano, o espanhol e o grego moderno. Com isso, todo um novo gênero literário explodiu na cena cultural, concentrado em novelas românticas sobre ou em torno do "Tema de Troia". Como disse a estudiosa Elena Boeck, nessa época havia "uma moda pan-europeia pelos best-sellers de enorme popularidade e grande poder ideológico com um tema troiano".[36]

Entre todos esses contos troianos, os de Godofredo se destacam pela clareza de sua visão genealógica e pelas engenhosas implicações políticas dessa visão. Com alegres rimas nos versos em latim, Godofredo descreve como os troianos se dispersaram após a queda de Troia, alguns indo por mar até a Itália,[37] outros partindo por terra até as margens do Reno.[38] Essa divisão dos troianos era fundamental para sua história, e ele se empenhou em frisar:

> *A progênie de Príamo se bifurcou;*
> *Um com a Itália continuou,*
> *O outro o domínio germânico fundou.*[39]

Os italianos e os germanos, segundo Godofredo, eram como irmãos — cada qual brotou de um ramo próprio da mesma árvore troiana. Era uma prestidigitação genealógica que atendia à situação política da época. Godofredo tinha passado a maior parte dos últimos trinta anos tentando amenizar as tensões entre os orgulhosos príncipes da Itália e seu imperador germânico, às vezes (como vimos) pagando por isso na própria carne. Quando se alcançou uma frágil paz entre Barba Ruiva e o papa, em 1177, a Liga Lombarda de cidades do norte da Itália prosseguiu por vários anos com suas campanhas contra o imperador. Foi apenas em 1183, mesmo ano em que foi concluída a primeira versão do *Speculum regum*, que se assinou a Paz de Constança, finalmente reconciliando os dois lados. Assim, a linhagem troiana no *Speculum regum* de Godofredo era uma forma de diplomacia familiar, incentivando germanos e italianos a adotarem uma solidariedade fraternal.

Havia também um lado pessoal na genealogia. Ela se referia não só à experiência de Godofredo como diplomata se empenhando em aproximar os dois lados durante um longo conflito, mas também a suas origens familiares. Godofredo nascera na Itália e sentia uma grande identificação com sua terra natal de Viterbo, mas ao mesmo tempo tinha ancestrais germânicos e passara seus anos de formação estudando na Alemanha, além de dever sua educação e seu status a imperadores germânicos. Via-se preso entre os dois mundos, pessoal e profissionalmente. A genealogia troiana de Godofredo podia ser uma declaração sobre as guerras italianas de Barba Ruiva, mas podemos imaginar que ela também lhe despertava uma ressonância pessoal.

E, como um bônus adicional, a genealogia troiana era também uma chance de colocar os francos em seu devido lugar. Como muitas casas nobres europeias da época, os líderes dos francos alegavam descender da realeza troiana. Diziam que seu ancestral lendário, o epônimo Franco, era filho de Heitor, o maior herói de Troia. Godofredo revisou a história de modo que agora os francos — que ele chamava de "Francigenae" ou "francígenos" — se tornavam uma derivação secundária do ramo germânico principal. Esse grupo menor, afirma Godofredo, cruzou o Reno para morar numa região nos arredores de Paris que, em tom condescendente, ele apelida de "Pequena Frânquia".[40] Ficamos imaginando como os leitores de Godofredo terão reagido a esse escárnio, achando graça ou ficando decepcionados, a depender do ponto de vista.

Além da ofensa simbólica, a ideia dos francos como ramificação dos germanos era importante porque permitia a Godofredo invocar para Carlos Magno — o fundador do Sacro Império Romano — ascendência teutônica. Assim era possível definir a origem de Pepino, o pai de Carlos Magno, a partir da linhagem teutônica dos francígenos e, portanto, Godofredo poderia incluí-lo no ramo germânico de sua genealogia troiana. Godofredo também detalhou a ancestralidade de Berta, mãe de Carlos Magno, que, segundo ele, descendia do ramo italiano da linhagem troiana. Portanto, para Godofredo, Carlos Magno reunia as duas linhagens troianas, voltando a unificá-las numa linhagem só.

A família troiana (dividida em dois)
Com Pepino e Berta se fundiu depois —
Em seu filho reunificou-se Troia.
A quem se interessa pela linha troiana,

Seu supremo herdeiro foi Carlos,
Cria de pai teuto e mãe italiana.[41]

Portanto, o Sacro Império Romano era, por intermédio do sangue de seu fundador Carlos Magno, duplamente herdeiro do *imperium* troiano. Mas — e isso era crucial para a reivindicação imperial dos Staufer — a linhagem germânica é apresentada em posição de superioridade e domínio frente à italiana, assim como o pensamento patriarcal da época teria considerado o pai de Carlos Magno, o germânico Pepino, em posição de superioridade e domínio frente à sua mãe, a italiana Berta. Isso também permitiu que Godofredo montasse em sua narrativa o tratamento das origens germânicas. Tais tradições de origens germânicas e setentrionais constituíam igualmente um fio paralelo importante que permeava a historiografia medieval da época.[42] Claro, afirmava Godofredo, que o sangue de Carlos Magno também corria nas veias dos Staufer, e assim eles eram a personificação viva da antiga herança de Troia. Toda a história humana (pelo menos na versão de Godofredo) levara até esse ponto: a dinastia Staufer no comando do Sacro Império Romano. Era uma verdadeira bomba política.

No entanto, o *Speculum regum* não foi a versão final da crônica de Godofredo. Nos quatro anos seguintes, ele ampliou sua história, acrescentando extensas seções sobre o passado mais recente. Mas também mudou e até eliminou grandes trechos do que havia escrito. Na época da versão final de Godofredo, a invocação genealógica declinara e era a vez da história bíblica; sendo um hábil pensador político, Godofredo saberia alterar sua obra para adequá-la aos tempos. Junto com isso, veio uma mudança na dedicatória do livro. Não se dirigindo mais a Barba Ruiva e a seu filho Henrique (que antes descrevera como o ponto culminante da linhagem "de todos os reis e imperadores dos troianos, romanos e germanos"), a nova versão da crônica, conhecida como *Liber universalis* ou *Pantheon*, era dedicada ao papa. Em alguns manuscritos consta o nome do papa Urbano III, enquanto em outros encontramos o nome de seu sucessor, Gregório VIII, mas de todo modo é clara a transferência das lealdades de Godofredo. Após décadas de serviço, ele deixara de ser exclusivamente o homem do imperador.

Os estudiosos sugerem várias razões para essa mudança. Teria Godofredo encontrado uma acolhida apenas morna ao desvelar o *Speculum regum* na corte imperial, tendo por isso resolvido oferecer seus talentos em outra parte?[43] Teria sucumbido ao ressentimento pela pouca atenção que Barba Ruiva lhe dispensara durante o cativeiro? Ou, como homem de idade a caminho da aposentadoria, teria passado a se dedicar à vida espiritual, arrependendo-se dos anos passados numa administração que contestava a igreja? Talvez nunca venhamos a saber. Mas uma coisa de que podemos ter certeza é do realinhamento político da crônica em sua forma final.

O *Speculum regum* tinha uma visão mais interna, tratando de promover a unidade entre germanos e italianos, enquanto o *Pantheon* era mais voltado para o exterior. Fazia questão de dividir claramente a cristandade em duas metades — de um lado, a igreja latina do papa e o Sacro Império Romano; de outro lado, a igreja grega do patriarca e os bizantinos. Godofredo pouca atenção concede a seus contemporâneos bizantinos e aos gregos antigos. No *Speculum regum*, os gregos antigos tinham feito pelo menos uma aparição respeitável, como raça semimítica pré-histórica, ao passo que, no *Pantheon*, seu papel fora reduzido a uma ou outra menção avulsa. Os bizantinos aparecem apenas algumas vezes mais e são apresentados quase com desdém.

> *Devemos voltar a mencionar os reis dos gregos,*
> *Que certa vez pensaram que reinariam sobre a Itália,*
> *Quando pertence agora à Itália o que antes era da Grécia.*[44]

Carlos Magno também faz uma aparição, dessa vez como o responsável pelo fim do poder grego com a instauração de seu *imperium*. É interessante que Godofredo nunca empregue essa palavra em relação aos bizantinos ou aos gregos. O título "império", *imperium*, pertencia apenas aos povos e territórios incluídos por ele em sua genealogia civilizacional — os troianos, os romanos e os germanos. Em sua concepção de mundo, os gregos pertenciam a uma outra civilização.

Os eurasianos outra vez: Godofredo de Viterbo 101

As versões padrão da história ocidental hoje colocam as origens supremas do Ocidente no mundo grego antigo, que teria fornecido uma base sobre a qual se construiu o edifício complexo da Civilização Ocidental. Hoje, a Grécia moderna é parte da Europa, em termos políticos e culturais, e sempre definimos o povo grego moderno como parte do Ocidente. Mas para Godofredo não era assim. No mundo medieval do século XII, os gregos não faziam parte da Europa nem de nenhum conceito embrionário de Ocidente. Para os povos da Europa de Godofredo, o interesse pelo legado cultural da Grécia antiga era relativamente pequeno.

Esse legado foi preservado e até desenvolvido por estudiosos como Al-Kindi no mundo muçulmano (capítulo 3) e por intelectuais no Império Bizantino como Teodoro Láscaris (capítulo 5). Mas esses dois homens vinham de sociedades cuja trajetória civilizacional era considerada totalmente diferente daquela da Europa central. Para Godofredo, sentado em sua mansão italiana tentando entender a história, as Antiguidades asiáticas de Troia e da Bíblia pareciam muito mais próximas e familiares do que o mundo hostil e estranho dos helenos. Para ele, nossa noção moderna de genealogia cultural, tal como se apresenta na teoria da Civilização Ocidental, pareceria bizarra. Por que o foco na cristandade, quando era óbvio que existiam muitos cristianismos opostos e plurais? Por que a alegação de uma Antiguidade greco-romana conjunta, quando era claro que os romanos, desde suas primeiras origens troianas, sempre haviam estado em conflito com os gregos? E por que a insistência na primazia continental, quando era evidente que as fronteiras dentro da Europa eram tão importantes quanto suas orlas?

5. A ilusão da cristandade: Teodoro Láscaris

Quando você virá da Europa para a Hélade?
TEODORO LÁSCARIS, início do século XIII[1]

AS GUERRAS RELIGIOSAS SÃO COM FREQUÊNCIA extremamente sangrentas, e as Cruzadas não foram exceção.[2] Elas se estenderam por quase duzentos anos, de 1095 a 1291, e custaram a vida de inúmeros homens, mulheres e crianças em três continentes. Eram guerras movidas por ardor religioso, em que cristãos da Europa ocidental e central lutavam pelas terras circundantes de infiéis e pagãos. Na Península Ibérica, a Reconquista foi travada contra os reinos mouriscos da Andaluzia. Na Europa do norte e do leste, as campanhas se deram contra os eslavos pagãos. E, na que foi talvez a de maior fama, na Terra Santa exércitos cristãos e muçulmanos lutaram pelo controle de territórios consagrados às duas fés.

Ao ouvir a palavra "Cruzada", a maioria das pessoas pensa automaticamente nessas últimas guerras, travadas entre cristãos latinos e muçul-

A ilusão da cristandade: Teodoro Láscaris 103

manos no Levante e no Mediterrâneo oriental durante os séculos XII e XIII. Agora tornaram-se icônicas, adquirindo retroativamente um status cultural simbólico que até ultrapassa a importância política e econômica que tinham na época (importância que é reconhecidamente significativa). A ideia da cruzada — um conflito feroz e acirrado em que um dos lados está incontestavelmente certo e o outro errado — se tornou uma metáfora corriqueira. Já em 1784 Thomas Jefferson escreveu sobre uma "cruzada contra a ignorância",[3] e as memórias da Segunda Guerra Mundial de Dwight D. Eisenhower, de 1948, eram intituladas *Cruzada na Europa*. Em data mais recente, há cruzadas contra as drogas, contra o câncer, contra o vírus da aids e contra a violência doméstica. A despeito de seu amplo uso corrente, porém, o termo ainda conserva um sentido de islamofobia depreciativa — sentido que veio a ocupar o primeiro plano na chamada "Guerra contra o Terror" no começo do século XXI. Assim, as Cruzadas permanecem na imaginação pública como um capítulo definidor na história da Civilização Ocidental — um capítulo em que a cristandade se forjou no calor da batalha contra os muçulmanos e se temperou no frescor da colaboração pan-europeia. As Cruzadas aparecem com grande vulto na genealogia cultural imaginada da Civilização Ocidental. Não admira que também tenham destaque na retórica de grupos de direita e dos autoproclamados defensores do Ocidente, que utilizam as imagens e o simbolismo das Cruzadas para conferir legitimidade histórica a suas campanhas.

Mas não cometamos o erro de ver as Cruzadas no sentido histórico (guerras religiosas travadas por cristãos nos séculos XII e XIII) como cruzadas no sentido metafórico (simples conflitos morais entre lados claramente diferenciados). Elas eram muito mais complicadas do que isso. As Cruzadas históricas no Levante não foram um conflito direto entre a cristandade e o califado, tampouco um confronto entre o cristianismo e o islamismo, mas sim uma série de jogos de poder complexos e sangrentos, nos quais a importância da religião variava, podendo ser maior ou menor. E um aspecto fundamental era que elas podiam ser travadas não só entre cristãos e não cristãos, mas também entre diferentes grupos cristãos.

O homem no centro deste capítulo sabia muito bem disso. Perto do final de 1221, a Quinta Cruzada terminara numa derrota ignominiosa para os exércitos cristãos comandados por Leopoldo da Áustria e André da Hungria. O sultão aiúbida do Egito, Al-Kamil, infligira uma derrota pesada aos cruzados que avançavam para o Cairo, retomando o porto de Damieta, que fora ocupado previamente na campanha, e impondo uma trégua de oito anos. Exatamente na mesma época, no palácio imperial em Niceia, na área hoje correspondente ao noroeste da Turquia, nascia um imperador no exílio. Seu nome era Teodoro Láscaris.

A cristandade despedaçada

Uma das concepções mais equivocadas que as pessoas podem ter sobre a cristandade medieval é a de que ela existia como uma entidade coesa. Certamente houve muitos povos e reinos que se identificaram como cristãos nos cerca de mil anos que costumamos chamar de "período medieval", mas era ínfima a unidade entre eles. O criterioso aspirante à conversão podia escolher entre muitos tipos de cristianismo. Gnósticos, nestorianos, valdenses, paulicianos, bogomilos, caldeus e lolardos ofereciam diferentes abordagens da teologia e do culto cristãos — e todos foram vistos num ou noutro momento, por uma ou outra autoridade, como heresias.[4] Com o tempo, surgiram igrejas maiores e mais estabelecidas, cujos líderes verteram muita tinta em debates filosóficos e muito sangue em conversões forçadas a fim de preservar o domínio de sua ideologia. Apesar disso, uma verdadeira unidade cristã continuava inalcançável, e as Cruzadas combatiam não só os infiéis mas também os hereges. A destruição genocida infligida aos cátaros do sul da França entre 1208 e 1229, por exemplo, teve como justificativa o desvio religioso desse grupo. Eles adotavam uma abordagem dualista do divino, com o bem e o mal como forças cósmicas separadas, e assim iam contra o rigoroso monoteísmo da igreja latina dominante.[5] Tiveram como recompensa os massacres da Cruzada Albigense. Mas nem mesmo a mais zelosa poda das heresias praticada pela mais dominante igreja foi capaz de erradicar totalmente a dissidência, e práticas e crenças cristãs divergentes continuaram a se desenvolver.

A diversidade do cristianismo medieval não era apenas confessional. Era também geográfica, racial e cultural. A narrativa grandiosa da Civilização Ocidental tende a representar o cristianismo medieval como um fenômeno fundamentalmente europeu, esquecendo de modo conveniente que a fé cristã também vicejava na África e na Ásia. As comunidades cristãs medievais rezavam suas preces e redigiam suas escrituras não só em latim, a língua da Igreja de Roma, mas também em grego bizantino, copta, gueês, aramaico, armênio, persa clássico, vários dialetos turcos e mongóis e chinês.

Uma das igrejas mais fortes e duradouras fora da Europa foi a etíope.[6] O cristianismo se tornara a religião de Estado do reino de Aksum, na atual Etiópia, no século IV, mais ou menos na mesma época em que se tornara a religião oficial do Império Romano. No período medieval, portanto, ele era não só a religião de Estado em Aksum, mas também a fé predominante da população em geral. Os Evangelhos de Garima, com suas belas iluminuras, laboriosamente produzidos por hábeis monges etíopes no período alto-medieval, recontam a vida de Cristo no elegante idioma gueês, e as maravilhosas igrejas de Lalibela entalhadas na rocha, construídas para ser a "Nova Jerusalém" após as conquistas muçulmanas da Terra Santa, hoje estão na lista do Patrimônio Mundial feita pela Unesco.

Mas tão antigas quanto a Igreja etíope eram a igreja copta do Egito, as igrejas sírias do Levante e da Mesopotâmia e as igrejas assírias do Irã e do Turcomenistão, todas já solidamente estabelecidas no século IV.[7] A estela de Xi'an chega a atestar a existência de uma comunidade cristã nestoriana no noroeste da China no século VIII (embora o cristianismo pareça ter se extinguido na China no século X, vindo a ser revivido no século XIII).[8] Guilherme de Rubruck, monge flamengo que percorreu o Império Mongol em meados do século XIII, deplorava em seus relatos que os cristãos que encontrou por lá bebiam demais, passavam tempo demais confraternizando com budistas e outros infiéis e até se entregavam à poligamia, mas, mesmo relutante, reconhecia que ainda assim eram cristãos.[9] Embora essas igrejas orientais não gozassem de proteção como parte de uma religião oficial de Estado, sua longevidade e a força de suas tradições são significativas. Os cristãos da África e da Ásia merecem seu lugar na história do cristianismo medieval, que às vezes tem um foco demasiado eurocêntrico.[10]

No entanto, o eurocentrismo cristão também foi um fenômeno do período medieval. Esse eurocentrismo medieval se afigurava muito diferente de seu análogo moderno, em larga medida porque as ideias medievais sobre a "Europa" eram muito diferentes da definição moderna de "Europa" (como vimos no capítulo 4). Não se usava muito o termo "Europa" para designar a oposição entre os cristãos da Europa continental, de um lado, e os muçulmanos e pagãos da Ásia e da África, de outro. O termo era mais usado para nomear as terras dominadas pela Igreja católica e o Sacro Império Romano, em contraste com aquelas sob a jurisdição da Igreja ortodoxa e domínio do Império Bizantino (ver capítulo 4). A relação entre a igreja latina e a igreja grega espelhava a relação entre os dois impérios, ambos alegando descender de Roma — o Sacro Império Romano na Europa central e o Império Bizantino no sudeste da Europa e na Anatólia. Durante séculos, essa relação fora tensa mas basicamente pacífica. A rivalidade voltaria a aflorar no final do século XIII, em meio às Cruzadas, com consequências catastróficas.

O problema começou com os mercadores venezianos.[11] Excelentes marinheiros e extremamente hábeis no comércio, os venezianos dominavam as redes mercantis marítimas do Mediterrâneo oriental e mantinham uma presença considerável em Constantinopla. A população bizantina se enervava não só com o poder e a riqueza dos venezianos, mas com o comportamento deles dentro da cidade. Havia também grupos relevantes de mercadores de Pisa e Gênova que moravam lá, tentando disputar com os venezianos rotas mercantis e participação no mercado do Império Bizantino. Empregava-se o termo genérico "latino" para todas essas comunidades, devido à sua adesão à igreja de Roma, que usava o latim. Nos anos 1170, quando as rivalidades interlatinas se tornaram violentas, com ataques e batalhas de rua entre venezianos e genoveses, as autoridades bizantinas viram aí uma boa ocasião para adotar medidas enérgicas. Se-

A ilusão da cristandade: Teodoro Láscaris

guiram-se expulsões, prisões e confiscos de bens que criaram uma situação de violência entre Veneza e o Império Bizantino. Com as tensões, a relação entre os ramos oriental e ocidental do cristianismo europeu entrou num torvelinho cada vez mais caótico.

Com os conflitos prestes a estourar, o ressentimento popular em Constantinopla contra os mercadores latinos transbordou. Em 1182, os tumultos culminaram num massacre desenfreado dos habitantes latinos da cidade, com milhares de mortos e os sobreviventes vendidos como escravos. A retaliação foi brutal. Em 1185, os latinos saquearam a cidade de Tessalônica, quase destruindo a segunda cidade do Império Bizantino. A guerra fria entre as duas principais igrejas da Europa ficara quentíssima, e continuaram a ocorrer conflitos esporádicos entre os dois lados por mais duas décadas. Mas o golpe final veio em 1204, com a Quarta Cruzada.[12]

Os exércitos latinos da Quarta Cruzada deveriam se dirigir ao Egito, com o objetivo de submeter a maior potência marítima muçulmana no Mediterrâneo. Mas, quando a frota se reuniu em Veneza e se viu numa inesperada escassez financeira, os planos mudaram. Os cruzados seguiram para o leste e não para o sul, e sitiaram Constantinopla. O sítio em si durou dez meses, de julho de 1203 a abril de 1204, e culminou no saque da cidade, no assassinato, estupro e expulsão de muitos de seus habitantes e na destruição de igrejas, mosteiros e palácios. A corte bizantina foi obrigada a evacuar, abandonando as ruas ensanguentadas de Constantinopla e fugindo para a segurança do oeste da Anatólia e da capital provincial de Niceia.

Saqueada Constantinopla, os cruzados passaram a dividir os despojos. Tinham em mãos não só a cidade mas também grande parte da península grega. Veneza, que comandara a campanha, reivindicou três quartos do butim tomado a Constantinopla e três quartos do território bizantino, agora nas mãos dos cruzados. O restante das terras e do butim foi dividido entre os vários príncipes francos que também haviam participado da Cruzada, e um novo imperador latino e um novo patriarca se instauraram em Constantinopla.[13] Isso resultou num período de mais de trezentos anos durante os quais grande parte da península grega esteve sob o controle de uma classe dirigente latina colonial — período ainda hoje chamado de "francocracia".[14] O ducado de Atenas, por exemplo, foi criado por um cavaleiro menor da Borgonha e se manteve sob governo latino até ser conquistado pelos otomanos em 1458. Geralmente não pensamos na Grécia sob o governo colonial de europeus ocidentais, mas foi assim que ela esteve por mais de trezentos anos.

Depois que os cruzados saquearam tudo o que conseguiram, pouquíssimo restou de um Império Bizantino independente.[15] O centro do Estado remanescente ficava no oeste da Anatólia — os francos governavam a península grega e as ilhas do mar Egeu; os seljúcidas, dinastia turca com origens na Ásia central, haviam assumido a Anatólia central e oriental; e o sul da Anatólia era controlado por um reino armênio independente. O Império Bizantino se viu drasticamente reduzido quase da noite para o dia. A Quarta Cruzada foi, nas palavras do historiador Michael Angold, um "cataclismo cósmico".[16] E se deu pelas mãos não dos supostos inimigos muçulmanos, mas de outros cristãos.

Esse era o mundo duocentista de Teodoro Láscaris, um imperador destinado a nascer, viver e morrer no exílio. Seus pais tinham fugido ao fogo e ao sangue do massacre dos cruzados em Constantinopla, e Láscaris nasceu na Niceia, no noroeste da Anatólia. Passou a vida consolidando o pouco que restara dos territórios bizantinos e tentando retomar a "Rainha das Cidades" de seus ocupantes latinos.[17] Embora não tenha vivido para ver o dia em que os bizantinos finalmente retomaram Constantinopla, em 1261 (sem conseguir, no entanto, apesar de seus esforços, expulsar os latinos da península grega), Láscaris deixou um legado importante. Ele desenvolveu a ideia da nação helênica como uma entidade política étnica e culturalmente grega — ideia que não existira na Antiguidade, quando a noção de que os gregos teriam se juntado numa só unidade política se afiguraria totalmente absurda (ver capítulo 1). Essa concepção de Láscaris, de que os helenos formavam uma só unidade etnopolítica, podia ser inédita no século XIII, mas se demonstrou notavelmente duradoura.[18] As comemorações pelo bicentenário da independência da Grécia moderna, em 2021, radicaram-se na ideia do helenismo como força política e identidade nacional, em ideias em grande medida popularizadas por Láscaris.

No entanto, Láscaris ficaria perplexo com a natureza vigorosamente europeia da identidade grega moderna. Ele nascera num mundo sem grandes amores entre a Europa oriental e a Ásia ocidental, de um lado, e a Europa central e ocidental, de outro — um mundo moldado pela fratura entre o cristianismo grego e o cristianismo latino. O ódio entre esses dois lados ardia feroz, desafiando qualquer noção de uma cristandade unida. Hoje, olhando retrospectivamente para o período medieval e as Cruzadas, talvez sentíssemos a tentação de passar por cima dessa fratura, vendo o cisma como uma briga temporária entre dois grupos de correligionários que, ao fim e ao cabo, tinham mais coisas em comum entre si do que com seus adversários muçulmanos. Mas seria um erro de nossa parte. Não se tratou de um probleminha entre irmãos. No começo do século XIII, o abismo que se abria entre o mundo grego e o mundo latino parecia às vezes tão grande e tão intransponível quanto o que havia entre cristãos e muçulmanos.

Cartas do exílio

Teodoro II Láscaris recebeu o nome do avô, Teodoro I Láscaris — o malfadado imperador bizantino que em 1204 fora obrigado a fugir dos exércitos invasores dos cruzados que saqueavam a cidade.[19] Assim, quando nosso Láscaris respirou pela primeira vez, não foram as brisas marinhas de Constantinopla que encheram seus pulmões, mas sim os suaves zéfiros da Anatólia interior.

Em decorrência disso, ele parecia não sentir grande apego emocional pela velha capital. Escritor prolífico, muitas vezes discorria liricamente sobre o "solo amado" de sua "mãe Anatólia" nas centenas de cartas, orações e ensaios teológicos que compôs.[20] Mas, fossem quais fossem seus sentimentos pessoais sobre a terra natal, a vida de Láscaris foi essencialmente moldada pela conquista latina de Constantinopla e pela expulsão dos bizantinos. Ele devia ter uma dolorosa consciência de que sua dinastia era uma dinastia no exílio, que estava na Anatólia ocidental apenas aguardando a hora de poder retomar sua sede ancestral no Bósforo.

Os pais de Láscaris, por sua vez, se lembravam perfeitamente de Constantinopla. O pai, João Vatatzes, tinha sido um jovem nobre de um ilustre clã militar com vários casamentos dentro da família imperial. Ele foi o terceiro marido de Irene Lascarina, a filha mais velha de Teodoro I Láscaris.[21] Quando Constantinopla caiu, em 1204, Irene e João eram crianças — ela tendo provavelmente entre cinco e dez anos de idade, e ele entre dez e quinze —, mas ambos se lembravam vividamente dos acontecimentos, bem como do doloroso processo de montar a nova corte no exílio em Niceia.

Na geração após a queda de Constantinopla, Niceia rapidamente se tornou uma cidade próspera e movimentada.[22] Era povoada pela nata da nobreza bizantina e por membros do alto clero ortodoxo que haviam acompanhado o imperador e a família ao exílio. Para muitos, era uma cidade que despertava uma sonhadora nostalgia, em que a geração mais velha fitava melancolicamente o ocidente e se prendia à memória das glórias passadas. Mas Niceia também era uma cidade de novos começos, e Láscaris cresceu à frente de uma nova geração cheia de energia que não relembrava a capital antiga. Essa geração sonhava não com uma volta a um passado glorioso, mas com a construção de um novo futuro.[23]

Láscaris teve uma infância feliz. Era filho único, visto que, após seu nascimento, Irene sofreu um acidente de caça que a impediu de ter mais filhos. Com isso, ele deve ter se tornado ainda mais precioso aos olhos dos pais, que o cercavam de afeto. Os preceptores constatavam decepcionados que, sempre que o jovem Láscaris se comportava mal, os pais tendiam mais a mimá-lo do que a discipliná-lo. Irene teve especial influência em seus anos de formação. Era por meio dela que a sucessão passaria de seu pai para o marido, e, em decorrência disso, Irene detinha um grau significativo de poder. Também controlava várias propriedades em seu nome, de modo que, além de influência política, possuía poder econômico.

Desde novo, Láscaris fora preparado para o trono. O currículo central, baseado nas escrituras sagradas e na literatura grega antiga, era suplementado com retórica, lógica, matemática e música. Láscaris tinha desempenho excelente em todos os campos. As obras que escreveu quando

A ilusão da cristandade: Teodoro Láscaris

adulto atestam os hábitos que aprendera quando criança, e os elementos especialmente característicos de seu estilo eram alusões eruditas e jogos de palavras sofisticados.[24] Ele veio a se apresentar como um "rei-filósofo" nos moldes prescritos por Platão para o governante ideal, e escreveu extensos tratados sobre ética, teologia e cosmologia.[25] Mas de igual importância para o jovem príncipe foi o treino físico e militar. Ele aprimorou suas habilidades equestres com a caça e o polo — que se tornara popular em Constantinopla antes da queda. Ao que parece, Láscaris tinha um apreço especial pelo esporte, e mais tarde escreveu detalhadamente sobre as alegrias do polo, descrevendo suas proezas em seu "amado campo de treino".[26]

Mas uma excelente educação física e intelectual não bastava. O herdeiro do Império Bizantino também precisava se casar, como guardião contra pretendentes rivais apostando no trono. Assim, aos treze anos, Láscaris se casou com Elena, uma princesa da Bulgária com doze anos de idade, num matrimônio arranjado com vistas a selar a aliança entre os dois reinos.[27] Apesar da pouca idade do casal e da impossibilidade de escolha no assunto, parece ter sido uma união feliz, tendo Láscaris descrito mais tarde a esposa como "a primavera de minha alma" e o casamento como um "vínculo de amor sem igual". O casal teve cinco filhos. Elena morreu inesperadamente de uma doença desconhecida em 1252, e Láscaris reagiu irritado aos conselheiros que lhe recomendaram um novo casamento, compondo em réplica um elaborado ensaio erudito, com o título "Resposta a alguns amigos que o pressionam a encontrar uma noiva". Com o falecimento da esposa, ele declarou, as únicas mulheres em sua vida seriam *Sophia* (sabedoria) e *Philosophia* (filosofia).[28]

Educação, esportes e casamento: todos se destinavam a preparar Láscaris para o poder. Ele foi proclamado coimperador junto com o pai ainda menino, e aos vinte e poucos anos estava desempenhando seus deveres com independência e em pé de igualdade.[29] Láscaris trabalhava incansavelmente para incentivar a economia bizantina, concentrando-se sobretudo na produção têxtil e no comércio por via terrestre. E, embora a cidade de Niceia sempre tenha sido seu lar, passava grande parte do tempo viajando pelo resto da Anatólia ocidental, garantindo o funcionamento eficiente do sistema tributário e do sistema jurídico, reprimindo a corrupção e cultivando uma relação próxima com os súditos.[30]

Além de fortalecer internamente o governo, Láscaris também gozava de sucesso militar e diplomático no exterior. Apoiou o pai na formação de uma aliança defensiva com os seljúcidas contra os mongóis e cultivou uma relação pessoal com o sultão seljúcida Izz al-Din Kaykawus II, vindo a lhe oferecer abrigo na corte bizantina quando foi temporariamente deposto pelo irmão.[31] Na verdade, Láscaris foi célere em aproveitar o turbilhão dentro do sultanato seljúcida, obtendo de Izz al-Din mais territórios anatólios em paga pelo apoio bizantino. Mas não se limitou apenas a uma aliança. Para proteger suas apostas diplomáticas, Láscaris entrou em relações diplomáticas diretas com os mongóis. Houve um vaivém de embaixadores entre as corte mongol e bizantina, e por fim chegou-se a uma aliança matrimonial entre os dois impérios. O historiador bizantino Paquímeres conta que Láscaris deu uma magnífica acolhida aos enviados mongóis, mas encenando um pequeno truque teatral. Enquanto os mongóis eram conduzidos por uma área montanhosa até o local designado para o encontro, soldados bizantinos inteiramente paramentados tomavam atalhos para se pôr à vista em vários pontos do caminho, dando a impressão de que o exército bizantino era muito maior do que realmente era.[32]

As relações a oeste eram mais problemáticas do que a leste. Láscaris teve êxito em várias campanhas militares de ataque-relâmpago na Trácia e na Macedônia.[33] Junto com o pai, conseguiu retomar dos latinos consideráveis extensões de terra na área hoje correspondente ao norte da Grécia, além de levar os exércitos bizantinos até os muros de Constantinopla e sitiar a cidade — mas, depois de ficar claro que não conseguiriam retomar a cidade em si, concordaram em firmar a paz com seus dirigentes latinos. Após a morte do pai, Láscaris também foi responsável por importantes conquistas territoriais nos Bálcãs, derrotando fragorosamente o rei da Bulgária — apesar do vínculo familiar por meio de sua esposa Elena — e assumindo o controle de grande parte da atual República da Macedônia. Assim, Láscaris pode acrescentar à sua lista de realizações a expansão dos territórios controlados por bizantinos tanto a leste quanto a oeste.

A ilusão da cristandade: Teodoro Láscaris

Os longos anos de reinado em conjunto asseguraram que Láscaris, à morte do pai em 1254, já fosse experiente tanto em campanhas militares quanto no governo civil, e a transição de poder foi tranquila. Essa tranquilidade foi favorável, pois, apesar do máximo empenho de Láscaris e do pai em consolidar e expandir o Império Bizantino, este continuava em dificuldades. Para se salvar, o império precisaria de líderes com competência, visão e uma boa dose de audácia. Felizmente, não faltava competência ao pai de Láscaris, o primeiro dos imperadores bizantinos no exílio em Niceia; quanto à audácia, o futuro sucessor de Láscaris, o indômito Miguel Paleólogo, tinha de sobra. Cabia a Láscaris entrar com a visão.

A herança da Hélade

A visão de Láscaris teve um papel fundamental em mudar o modo como os bizantinos enxergavam a si mesmos e seu lugar no mundo. Em suma, ele ajudou seu povo a se transformar de romano em grego. Até então, os bizantinos costumavam se referir a si mesmos como *romaioi*, romanos. Afinal, Constantinopla tinha sido uma capital do Império Romano em pé de igualdade com Roma e, após a queda, o governo e o sistema administrativo romanos haviam se mantido constantes. Não se podia dizer o mesmo da Itália e da velha cidade de Roma, que haviam sido conquistadas pelos godos no século v, passando por uma significativa mudança cultural no decorrer dos séculos. Ainda mais significativamente, as vestes imperiais do imperador ocidental tinham sido remetidas para Constantinopla em 476, quando Odoacro, o general que depôs o último ocupante do trono do Império Romano Ocidental, resolveu assumir o poder como "Rei da Itália" em vez de "imperador dos romanos ocidentais".[34] Assim, aos olhos dos bizantinos, somente *eles* continuavam a ser verdadeiros romanos, tendo seus compatriotas ocidentais renunciado a todas as pretensões de identidade romana. Aos olhos deles, a língua dos verdadeiros romanos era o grego bizantino e não o latim medieval, e as tradições contínuas da cultura e dos costumes que se mantinham na corte bizantina eram mais romanas do que a fragmentação da Itália e da Europa central. E, como os bizantinos se consideravam *romaioi*, não costumavam se pensar como *hellenoi*, isto é, helenos ou gregos.

Uma parte do problema era que, para muitos bizantinos, a palavra "heleno" tinha conotações pejorativas e associações com o paganismo. A Igreja ortodoxa em que celebravam seus cultos não era, para eles, uma Igreja ortodoxa "grega" como hoje diriam alguns comentaristas Ocidentais. Eles consideravam sua igreja universal e isenta da mácula do helenismo pagão. Alguns autores bizantinos chegaram a despir o termo "heleno" de qualquer associação étnica, utilizando a palavra para se referir a todos os não cristãos, fossem árabes, persas ou chineses.[35] Numa sociedade que era ao mesmo tempo profunda e dinamicamente cristã, essa associação com o paganismo era uma mácula a ser evitada. Os autores bizantinos anteriores a Láscaris usavam, na maioria das vezes, a palavra "heleno" em sentido histórico, nunca ou raramente aplicando-a à população bizantina. Ainda que eruditos e especialistas continuassem a ler textos gregos antigos e estudassem a literatura grega antiga, isso não se incorporou ao pensamento convencional dominante, e a identidade étnica ou nacional bizantina não tinha como base uma autopercepção consciente de grecidade.

Láscaris teve um papel importante para mudar essa situação. A velha identidade de *romaioi* não cabia mais na realidade em que ele se encontrava. Ele era um bizantino nascido fora de Bizâncio, um imperador romano que não governava nem a "velha" Roma junto ao Tibre nem a "nova" Roma junto ao Bósforo. Ao contemplar as férteis colinas onduladas que rodeavam Niceia, Láscaris decerto se indagava o que estaria no núcleo ideológico de seu império, se não era a *Romanitas* de Constantinopla. Em sua tentativa de criar uma nova identidade nacional, Láscaris retornou ao que aprendera como menino precoce com seus pacientes preceptores: o legado cultural da Grécia antiga.[36]

Pode-se ver claramente esse legado em seus escritos. Abundam as referências a Platão e Aristóteles, junto com citações de filósofos antigos menos conhecidos, como Tales de Mileto e Heráclito de Éfeso, de matemáticos como Pitágoras e Euclides, do geógrafo Ptolomeu e do médico Galeno.

A ilusão da cristandade: Teodoro Láscaris

Mas o que parece ter fornecido especial inspiração a Láscaris foi a poesia de Homero. Ele menciona em várias cartas o nome de Homero,[37] e faz uma série de alusões mais complexas a passagens essenciais dos épicos homéricos. Escrevendo ao diplomata e cronista Jorge Acropólito, Láscaris teceu longos comentários sobre o famoso episódio no Livro I da *Ilíada*, em que Agamêmnon recusa os presentes que lhe são oferecidos em troca da prisioneira Criseida. Como essa recusa trouxe a peste e o sofrimento para seu povo, observou gravemente Láscaris, Agamêmnon deveria ter aceitado a oferta.[38] Após a morte da esposa Elena, Láscaris chegou a procurar consolo num devaneio iliadiano. Escrevendo uma vez mais a Acropólito, ele comenta seu entusiasmo com a visita que planeja fazer ao famoso sítio de Troia e espera que a viagem o distraia de sua dor.[39]

Láscaris, claro, não era o primeiro dirigente bizantino a se entusiasmar com Homero. Já mencionamos no capítulo 3 que a princesa Ana Comnena compunha versos épicos em estilo homérico, um século antes que Láscaris começasse a escrever. Mas ele foi o primeiro imperador bizantino a politizar o helenismo. Para Láscaris, o helenismo podia se aplicar a mais coisas do que aos devaneios eruditos dos gramáticos: pertencia a todos os seus súditos, como base de sua identidade étnica e nacional. Numa carta escrita ao amigo Jorge Muzalon em 1255, por exemplo, ele discorreu orgulhosamente sobre a "bravura helênica" de seus "exércitos helênicos" quando estavam em campanha nos Bálcãs.[40] Em outra carta a Muzalon, comentou a posição de poder em que se viu ao conceder asilo a Izz al-Din, o sultão seljúcida deposto. Todos os seus súditos bizantinos — a "tribo helênica" inteira, disse Láscaris — se regozijaram com essa vitória diplomática.[41] Para Láscaris, o povo de seu império certamente ainda era romano,[42] mas era também — talvez pela primeira vez — grego.[43]

Além de utilizar a escrita para transformar seus súditos em gregos, Láscaris também se referia a seu reino como "Hélade", Grécia.[44] Mas a visão lascariana da Hélade era diferente de nossa ideia da Grécia moderna. Hoje, supomos automaticamente que a Grécia faz parte da Europa e que o mundo grego antigo faz parte da genealogia da Civilização Ocidental. Mas, para Láscaris, a Hélade ficava não na Europa e sim na Ásia. Numa carta ao diplomata Andrônico, ele pergunta: "Quando você virá da Europa para a Hélade? Quando poderá olhar a Ásia por dentro, depois de passar pela Trácia e atravessar o Helesponto?".[45] E, numa das cartas ao bispo Focas, ele comenta o retorno do bispo de Sardes "da Europa para o reino helênico (*to Hellenikon*)".[46]

Na verdade, as ideias de Láscaris sobre a geografia da grecidade eram ainda mais complexas. Embora o reino helênico — devido às questões práticas políticas do momento — ficasse situado na Ásia Menor, o espaço conceitual da Hélade, nos escritos mais filosóficos de Láscaris, era maior e abrangia todos os locais onde outrora se encontravam a cultura e o povo gregos antigos. Num tratado especialmente vigoroso e de grande força ideológica, *Segunda oração contra os latinos*, Láscaris expõe uma visão da Hélade que incluía não só o Egeu mas também a Sicília, o Adriático, o golfo Pérsico e o mar Negro.[47] Aqui ele segue o esquema geográfico de Aristóteles, no qual a Grécia não fazia parte de nenhum continente, mas, pelo contrário, situava-se entre eles no meio do mundo (sobre isso, ver capítulo 1). Os manuscritos sobreviventes da *Oração* trazem diagramas cuidadosamente traçados que ilustram com clareza essa concepção. O *oikoumene*, o mundo habitado, é representado como um círculo, dividido em quatro. No centro do círculo está a Hélade, equidistante dos quatro polos, representados pela Grã-Bretanha no noroeste, pela Índia no nordeste, pela Espanha no sudoeste e pelo Egito no sudeste. Segundo Láscaris, a posição geográfica central da Hélade significava que ela produzia os indivíduos mais saudáveis e vigorosos. "Somente a terra dos helenos, por ter a zona climática mais central e a boa qualidade do ar que vem do mar, tem a melhor mistura de ares. É principalmente disso que decorre o grande vigor de nossos corpos", escreveu ele.[48]

Os helenos, segundo Láscaris, não eram do leste nem do oeste, nem do norte nem do sul, mas ocupavam uma posição privilegiada no centro do mundo. Nessa concepção, Láscaris seguia a noção tipicamente aristotélica de que os gregos existiam fora do esquema continental padrão. Mas desconfio que, entre os quatro pontos cardeais, Láscaris abominaria especialmente que o helenismo estivesse ligado ao oeste. Afinal, tinham sido homens do oeste, sob o estandarte do cristianismo católico de língua latina, que haviam conquistado e ainda ocupavam Constantinopla. E eram os ocidentais, ainda mais do que os seljúcidas ou os mongóis da Ásia central e ocidental, os inimigos mais odiados dos bizantinos. Nas décadas que precederam os acontecimentos catastróficos de 1204, alguns escritores e estadistas bizantinos, num espírito reconciliador e diplomático, se referiram aos latinos como *romaioi* e reconheceram algum tipo de herança cultural em comum entre eles próprios e seus vizinhos europeus. Mas, depois da Quarta Cruzada, essa boa vontade evaporou, e os ocidentais são mencionados de maneira depreciativa apenas como *latinoi* ou *italioi*.[49]

Esses *latinoi* ou *italioi*, argumentava Láscaris de maneira categórica, não tinham qualquer direito a reivindicar a herança cultural do helenismo. Ele frisa esse aspecto de modo especialmente vigoroso na *Segunda oração contra os latinos*. O discurso foi escrito no outono de 1256 e proferido numa série de debates, realizados em Tessalônica, entre o patriarcado bizantino e uma embaixada papal enviada por Roma. No discurso, Láscaris recomenda aos ouvintes que rejeitem qualquer ideia de conciliação ou de simpatia com o inimigo latino, incentivando-os, pelo contrário, a se orgulharem de sua herança helênica própria. Ele apresenta ao interlocutor uma longa lista das realizações culturais da Antiguidade grega, da poesia de Homero à matemática de Pitágoras — um legado intelectual e cultural ao qual os latinos não tinham qualquer direito.

> Voltem logo para a escola e aprendam que a filosofia pertence aos helenos, que desde os tempos antigos habitam o meio das zonas climáticas; e que os cientistas pertencem a nós, e na verdade todas as ciências deles são nossas. Aprendam também que o ar que eles possuíam naquela época agora pertence a nós, que falamos a língua helênica e nascemos do sangue deles.[50]

Segundo Láscaris, os helenos haviam fornecido ao mundo não só a filosofia e a geometria, mas também a astronomia, a aritmética, a música, as ciências naturais e médicas, a teologia, a política e a retórica.[51] Todas essas realizações intelectuais e culturais eram herança dos bizantinos, graças à sua identidade helênica, não sendo partilhadas pelos latinos do oeste.

A *Segunda oração contra os latinos* de Láscaris é uma peça de retórica política espantosa, não só pela força da linguagem ou pela natureza dramática das asserções. Para um público Ocidental moderno, ela é notável também porque contradiz por completo o saber convencional referente à história da Civilização Ocidental. Ela nos diz que a herança da Grécia antiga pertence mais à Anatólia do que à Europa, e que os latinos bárbaros da Europa central e ocidental não têm qualquer direito ao legado cultural do helenismo.

Hoje pensamos as Cruzadas como uma época caracterizada pelo choque de civilizações, Oriente contra Ocidente, Ásia contra Europa, mundo muçulmano contra cristandade. Sem dúvida havia muito dessa retórica no período medieval, com a ampla circulação de uma literatura islamofóbica na Europa e a proliferação de representações caricatas dos infiéis covardes como propaganda contra os muçulmanos. Mas isso era apenas uma parte do quadro.[52] Os combates das Cruzadas medievais foram travados em múltiplas frentes por múltiplos protagonistas, às vezes — como no caso da Quarta Cruzada contra os bizantinos — lançando um grupo cristão contra outro. A unidade cristã era ilusória, e o conceito tão alardeado de uma cristandade medieval, muitas vezes associado a incipientes ideias de um Ocidente, não tinha qualquer realidade concreta.

Os conflitos entre diferentes grupos cristãos eram especialmente evidentes na época de Láscaris, quando a animosidade entre a ortodoxia bizantina e o catolicismo latino moldava a geopolítica. Para Láscaris, assim como para outros bizantinos medievais, a ideia da Civilização Ocidental como um constructo cultural que absorvia as tradições tanto gregas quanto latinas não seria apenas risível; seria ofensiva. Para eles, o mundo helênico era essencialmente diverso e superior ao mundo dos europeus latinos. De forma inversa, os latinos da Europa central e ocidental não procuravam rastrear sua linhagem cultural na Grécia antiga, que viam como

A ilusão da cristandade: Teodoro Láscaris

a ancestral de um inimigo e rival. Como vimos no capítulo 4, o que lhes interessava era uma herança não grega e sim romana antiga, e eles preferiam rastrear suas origens, via Roma, até Troia e a Ásia ocidental antiga.

Láscaris morreu de forma prematura em 1258, aos 46 anos de idade, de uma doença misteriosa que ainda hoje é objeto de especulação entre os estudiosos.[53] Na época, em enorme parte graças ao empenho do próprio Láscaris, o Estado bizantino se recuperara após a perda catastrófica de Constantinopla e vinha se fortalecendo aos poucos, ainda alimentando um ódio profundo pelos ocidentais da Europa latina. Mostramos no capítulo 4 que esse sentimento era em grande medida recíproco. Mas logo as coisas mudariam. Um século após Láscaris escrever sua *Segunda oração contra os latinos*, um jovem poeta italiano chamado Petrarca se pôs a investigar entusiasticamente os antigos. Um de seus principais triunfos foi redescobrir várias orações perdidas de Cícero num códex em Liège, para grande contrariedade de gerações de estudantes do mundo todo que, desde então, são obrigados a ler Cícero. Mas os interesses de Petrarca não se limitavam aos autores romanos habitualmente estudados na Europa central e ocidental daquela época — incluíam também a Grécia antiga. Embora pessoalmente nunca tenha aprendido a ler o grego antigo, Petrarca conseguiu importar um códex do texto grego de Homero para sua casa em Florença e em 1360 incumbiu o erudito calabrês Leôncio Pilato de traduzir os poemas homéricos para o latim.[54] Láscaris teria ficado furioso com o que consideraria ser a apropriação latina da cultura helênica. Mas não teria tido como reverter a maré cultural. Petrarca e seus contemporâneos tinham desencadeado o Renascimento.

6. A reimaginação da Antiguidade: Tullia d'Aragona

Segue a oeste, e descobrirás teus ancestrais.
TULLIA D'ARAGONA, 1560[1]

TULLIA D'ARAGONA ERA, sob muitos aspectos, um "homem do Renascimento". Polímata brilhante, poeta publicada e filósofa celebrada cujo deslumbrante *salon* atraía os principais intelectuais da época, em meados do século XVI ela era um rosto conhecido nos palácios de Florença, Veneza e Roma, convivendo com duques e diplomatas, além de sábios e eruditos. Mas, claro, D'Aragona não era um homem do Renascimento, pela simples razão de que era uma mulher.

Se hoje procurarmos informações sobre D'Aragona, provavelmente toparemos com uma ampla variedade de pontos de vista. Em minhas pesquisas, encontrei fofocas picantes sobre suas atividades de cortesã, análises sérias de sua poesia lírico-amorosa e avaliações detalhadas de sua filosofia por uma perspectiva feminista. A leitura de qualquer desses textos nos revelará uma série de coisas sobre ela como pessoa e sobre o mundo da Itália renascentista em termos mais gerais, mas a poesia de D'Aragona também nos revela muitas coisas sobre o nascimento da Civilização Ocidental como narrativa grandiosa. Se quisermos saber como os mundos grego e romano antigos se fundiram no incômodo híbrido que hoje chamamos de "Antiguidade greco-romana" — e que os indivíduos tratados nos três capítulos anteriores teriam considerado não só bizarro mas francamente contestável —, ou se quisermos entender como os pensadores renascentistas começaram a construir abstratamente um conglomerado (uma linhagem que, como já vimos, não foi única nem ininterrupta), em suma, se quisermos descobrir os primeiros traços da incipiente narrativa da Civilização Ocidental, a obra extraordinária de D'Aragona será um excelente ponto de partida.

Nascimento ou renascimento?

É frequente usarmos o termo "Renascimento" para designar o extraordinário florescimento de atividades artísticas, literárias e científicas que ocorreu primeiramente na Itália e depois em outras partes da Europa entre os séculos XIV e XVI.[2] Foi um florescimento que se baseou em dois princípios essenciais. O primeiro era o humanismo, uma corrente que, de uma perspectiva filosófica, enaltecia a racionalidade e a capacidade de ação humanas e, de uma perspectiva intelectual, atribuía alto valor à experiência emocional e à expressão cultural, para além das formas mais tradicionais de saber técnico como o direito, a gramática e a retórica. Já o segundo consistia num tipo consciente de pensamento intencionalmente arcaizante dentro de um amplo leque de produções culturais, retornando deliberadamente à Antiguidade grega e romana. É esse princípio, fundamental para o tema deste livro, que constitui a base para o próprio termo "Renascimento".

Claro que nem todos naquela época achavam que estavam vivendo um "Renascimento". O termo em si é muito carregado. Seu pressuposto fundamental é a ideia de uma idade posterior recebendo um legado cultural de uma idade anterior, as ideias e tradições culturais do passado antigo que "tornam a nascer" no presente do Renascimento. Um dos problemas do termo é que ele põe em primeiro plano a redescoberta ou o reavivamento de ideias velhas em detrimento de novas, deixando implícito que se trata de uma época de repetição e conservadorismo, e não de novidade, radicalismo e invenção. Outro problema é o tipo de relação implícita com a Antiguidade. O implícito é que as sociedades europeias do século xiv ao século xvi não se limitavam a se inspirar no mundo antigo ou a adotar suas tradições, mas que esses dois mundos eram fundamentalmente a *mesma* coisa, unidos por uma continuidade cultural que hoje entendemos como Civilização Ocidental. Se o "primeiro" nascimento desse complexo cultural se situava na Antiguidade clássica, o implícito era que ficara adormecido durante as trevas do período medieval, pronto para ser redespertado, ou "renascido", quando surgissem as condições corretas.

Como já comentamos, essa ideia simplesmente não se sustenta. Nos capítulos 1 e 2, vimos que as concepções de mundo grega e romana diferiam da nossa, e em nenhuma delas prevalecia uma noção de proto-Ocidente. Nos capítulos 3, 4 e 5, vimos que o legado cultural da Antiguidade grega e romana não esteve de forma alguma dormente durante o período medieval. Pelo contrário, ele foi adotado de modos diferentes no mundo islâmico e no mundo bizantino, enquanto a Europa central e ocidental reivindicava uma herança composta mais pela Antiguidade troiana e romana do que pela Antiguidade grega e romana. Neste capítulo, veremos que os quinhentistas não pensavam que estavam vivendo um renascimento da Antiguidade greco-romana, mas de fato debatiam ativamente sua relação com os antigos. Desde *O cortesão*, celebrado livro de Castiglione, às obras de Tullia d'Aragona, os escritores do século xvi imaginavam a Antiguidade e seus vínculos com ela de maneiras muito diversas e variadas.[3]

A periodização da história e a nomeação desses períodos tendem a se dar retrospectivamente, e o Renascimento não é exceção. O termo só se popularizou em meados do século xix, com o historiador suíço Jacob Burckhardt e seu *A cultura do Renascimento na Itália*, de 1860. Nesse livro, Burckhardt sustentava que era possível ver o espírito da época por meio de sua cultura — em sua arte, música e literatura, bem como nos costumes, na moral, na política e na religião. As revoluções culturais do Renascimento, afirmava ele, representavam revoluções psicológicas e sociais muito mais amplas na condição humana. No "novo espírito monumental característico do Renascimento" era possível, segundo ele, identificar o desenvolvimento do individualismo, o surgimento de elaboradas estruturas impessoais para o governo do Estado e o impulso rumo à investigação científica. Foi o Renascimento, portanto, que dissipou as trevas da mentalidade medieval, removeu os grilhões da superstição e da religião e por fim desembocou no mundo moderno. Ele concluía triunfalmente seu último capítulo afirmando que o "Renascimento italiano deve ser considerado o guia dos tempos modernos", servindo de divisor de águas entre o mundo medieval e a modernidade.[4]

Se no esquema de Burckhardt o Renascimento marcou o nascimento da modernidade, a relação com a Antiguidade greco-romana foi a parteira da modernidade. Burckhardt, num aparte, reconhece que algumas transformações do período seriam concebíveis sem a influência da Antiguidade, "cujo 'renascimento', de maneira unilateral, conferiu o nome à época".[5] Apesar disso, ele continuou a sustentar que a inspiração e a influência do mundo clássico foram de importância vital. Afirmou que a cultura,

> tão logo pretendesse libertar-se das fantasias do mundo medieval, não poderia subitamente abrir caminho até o conhecimento do mundo físico e espiritual por meio do mero empirismo; ela necessitava de um guia, e foi enquanto tal que a Antiguidade clássica, com toda sua enorme bagagem de verdades objetivas e luminosas em todas as áreas do conhecimento, se apresentou. Tanto a forma como a substância dessa civilização foram adotadas com admiração e gratidão, tornando-se o conteúdo central de toda educação.[6]

O ponto crucial, porém, é que se tratava não da introdução de influências exteriores na Itália renascentista, e sim da "aliança entre duas épocas distantes na civilização do mesmo povo". Tratava-se de um redespertar de algo preexistente, e não da inserção de algo estrangeiro, do renascimento de velhas formas culturais e não da incorporação de novas.

Embora tenha contribuído muito para popularizar o termo "Renascimento", não foi Burckhardt que o inventou. Sua forma francesa popular foi usada primeiramente pelo historiador Jules Michelet alguns anos antes que Burckhardt publicasse sua obra fundamental, e a forma italiana da palavra estivera em circulação por mais tempo ainda. Já por volta de 1550, no auge do próprio Renascimento, o artista e estudioso Giorgio Vasari se referiu ao *"progresso della rinascità"* das artes, seguindo-se aos séculos da *"media aetas"*, em sua famosa obra biográfica *Vidas dos artistas*. No entanto, a noção vasariana de uma *rinascità* era diferente de nossa ideia (ou da ideia de Burckhardt) do Renascimento como um período histórico. Para Vasari, tratava-se de um desenvolvimento de ideias mais antigas e genéricas sobre o declínio e o renascimento como um processo cíclico, e não como uma progressão linear ao longo da história.[7] A diferença está em falar sobre um Renascimento (ou mesmo Renascimentos) da cultura e falar sobre *o* Renascimento como um período único e específico da história. Vasari, D'Aragona e seus contemporâneos poderiam admitir que estavam vivendo o primeiro, sem caracterizar a época como o segundo.

Uma coisa da qual D'Aragona e seus contemporâneos estavam *sem dúvida* conscientes era a inspiração que tiravam da Antiguidade. Como vimos no capítulo 3, vários elementos das tradições culturais gregas, porém mais usualmente romanas, haviam persistido na Europa central e ocidental durante todo o período medieval e continuavam a ser fontes de estímulo e legitimidade política e intelectual. Isso ficou bastante evidente na instauração do Sacro Império Romano, que bebia explicitamente, em termos tanto ideológicos quanto artísticos, de símbolos culturais romanos antigos.[8] Essa prática de retornar deliberadamente à Antiguidade, porém, se transformou de modo quantitativo e qualitativo durante o período que agora chamamos de Renascimento. Na arquitetura, foi inspirado numa viagem a Roma que Andrea Palladio projetou edifícios baseados na simetria e nas proporções matemáticas de Vitrúvio, em contraste com os estilos góticos e altamente ornamentados das gerações anteriores. Na arte, Michelangelo estudou o realismo da escultura romana como modelo para suas representações do corpo humano, desde a tesa musculatura em *Davi* às luxuriantes pregas de tecido em *Pietà*. Na literatura, *A divina comédia* de Dante se baseia em empréstimos estilísticos tomados a quatro poetas latinos — Virgílio, Estácio, Lucano e Ovídio —, narrando também demorados encontros entre o protagonista e eles ao longo do poema.[9] Entre os séculos XIV a XVI houve uma proliferação de envolvimentos com o passado antigo, mais próximos e mais profundos do que os dos séculos precedentes.

Esse período viu não só um aumento na quantidade de envolvimentos com a Antiguidade, mas também mudanças qualitativas em todas as partes da Antiguidade tidas como dignas de envolvimento. A cultura italiana havia usado ao longo dos séculos modelos tomados ao passado romano antigo, ao mesmo tempo recorrendo a genealogias de Troia e ao mundo bíblico da Ásia ocidental antiga. Até aquele momento, o mundo grego antigo era considerado fundamentalmente "outro" — o ancestral cultural dos povos da Europa do leste e do sudeste, que viviam sob o controle do Império Bizantino e seguiam o rito cristão ortodoxo (capítulos 4 e 5). Negava-se enfaticamente que a Antiguidade grega fizesse parte da herança cultural da Europa central e ocidental, nas terras onde dominava a igreja latina e sob o controle do Sacro Império Romano. No entanto, num afastamento radical da prática anterior, houve na Itália, a partir do século XV, uma tendência crescente de conceber a Antiguidade não como a combinação entre Roma e a Ásia ocidental, mas, em lugar dela, a combinação entre Roma e a Grécia. Tal foi o nascimento, não o renascimento, do conceito do mundo greco-romano como uma única entidade, a base da Antiguidade clássica.

O surgimento do filo-helenismo renascentista foi gradual. Já vimos Petrarca (no final do capítulo anterior), o erudito e poeta que foi o primeiro a importar um códex dos poemas homéricos para a Itália e providenciou a tradução dos mesmos para o latim em 1360. Mas Petrarca não era o único a nutrir interesses helênicos. Junto com seu contemporâneo e missivista, o prosador Boccaccio, ele era um dos vários intelectuais italianos que, já em meados do século XIV, cultivavam um interesse pelo passado grego antigo.[10] Em meados do século XV, tanto o conhecimento quanto o interesse no mundo grego antigo já tinham se tornado correntes entre as elites cultas da Itália, e havia até uma nova Academia Platônica em Florença, fundada por uma figura da envergadura de Cosimo de Médici. A Academia Platônica atraía estudiosos e artistas de toda a Europa e foi decisiva para fomentar o estudo da filosofia e da Antiguidade gregas dentro do mundo latino.[11]

Figuras como Petrarca, Boccaccio e Cosimo de Médici tiveram um papel fundamental em estimular esse novo interesse italiano pela cultura grega antiga, mas vários eventos cruciais ajudaram a reforçar e acelerar o processo. As tensões entre as igrejas grega e latina tinham se reduzido o suficiente para que ambas enviassem representantes para uma reunião de paz, junto com delegados das igrejas copta e etíope, no Concílio de Ferrara-Florença de 1437 a 1439, com vistas a sanar o Grande Cisma.[12] O concílio não conseguiu chegar a um acordo, mas a discussão em si só foi possível graças a uma melhoria nas relações entre as igrejas, após séculos de conflito. Seguiu-se um abrandamento das tensões não só confessionais, mas também políticas, com a queda de Constantinopla para os otomanos em 1453, assim anulando efetivamente a força política do Império Bizantino e encerrando a rivalidade entre ele e o Sacro Império Romano.[13] A partir daí, não restou nenhuma verdadeira razão para que os europeus centrais e ocidentais continuassem a ver os gregos antigos como os ancestrais desprezíveis de um inimigo sórdido, como nos dias de Godofredo de Viterbo (capítulo 4) ou de Teodoro Láscaris (capítulo 5). Por fim, a conquista do Emirado de Granada em 1492 trouxe a queda definitiva de Andaluzia e o término do domínio muçulmano na Península Ibérica.[14] A igreja latina agora cobria triunfalmente a Europa da Espanha à Eslováquia e da Suécia à Sicília. Embora logo se viesse a contestar seu predomínio (como veremos no capítulo 7), pouco havia que pudesse abalar sua confiança no período do alto Renascimento.

Os eventos políticos sempre têm consequências culturais. A queda de Constantinopla para os otomanos também fez com que vários eruditos bizantinos fugissem para o ocidente, levando sua bagagem de conhecimentos sobre a filosofia e a literatura gregas antigas. Muitos se estabeleceram nas cidades-Estado poderosas da Itália, encontrando o apoio de patronos ricos. Entre eles estava João Argirópolo, um ardoroso humanista que se instalou em Florença e acabou morrendo depois de comer melancia demais

A reimaginação da Antiguidade: Tullia d'Aragona

(segundo nossas fontes), mas não antes de passar muitos anos na Academia Platônica, onde ministrou aulas ao jovem Lorenzo de Médici e a um promissor jovem artista chamado Leonardo da Vinci, entre outros.[15] Com a queda de Andaluzia, os textos gregos antigos das bibliotecas de Granada caíram nas mãos de cristãos espanhóis, bem como séculos de estudos árabes desenvolvidos a partir desses textos. No momento da queda, a biblioteca dos sultões Nasrid no Alhambra tinha mais de 250 mil livros em seu acervo, muitos dos quais, como se supôs por bastante tempo, foram destruídos nas queimas de livros do começo do século xvi, organizadas pelo cardeal Cisneros para promover a cristianização da região. No entanto, recentemente, muitos manuscritos da biblioteca real foram descobertos na Espanha, no Vaticano e no Marrocos, demonstrando que as bibliotecas islâmicas de Granada e o inestimável conhecimento nelas guardado não se haviam perdido inteiramente.[16]

Não por acaso, o conhecimento da língua grega antiga e o interesse por textos gregos antigos, que por séculos fora uma área de reserva precípua de estudiosos islâmicos e bizantinos, começaram a se espalhar pela Europa central e ocidental. Não só o acesso às matérias-primas para tais estudos se tornara mais fácil do que nunca, como também a cultura grega perdera as conotações pérfidas que a cercavam quando o Império Bizantino era um rival político. O helenismo, agora que perdera suas garras, se tornara uma área de prospecção muito mais atraente para a apropriação cultural. O mundo grego antigo agora se enxertara na consciência histórica da Europa central e ocidental, sendo escalado para o papel de ancestral cultural, ao lado da Roma antiga, de Troia e da Ásia ocidental bíblica. A imaginação moderna está tão permeada por esse acoplamento entre Grécia e Roma que pode até ser difícil pensar numa época em que elas não estivessem automaticamente vinculadas. Mas foi apenas o Renascimento que operou esse processo, encaixando as duas para formar um passado "greco-romano" coeso.

Essa história greco-romana conjunta, porém, ainda não havia adquirido o status de Antiguidade "clássica", à exclusão de outras civilizações antigas, e ainda não se postulara que a Europa central e ocidental devia ser considerada a única e exclusiva herdeira desse legado conjunto. Ainda estava por emergir a narrativa grandiosa da Civilização Ocidental. Isso viria depois, como veremos no capítulo 9. De todo modo, no auge do Renascimento no século XVI, todas as peças já estavam dadas: uma cristandade um pouco menos cindida do que em séculos anteriores; uma área de coesão política e cultural concentrada na Europa central e ocidental; uma orientação histórica voltada para uma Antiguidade que abrangia Grécia e Roma. Mas, mesmo a essa altura, a Antiguidade na qual os pensadores renascentistas se inspiravam era mais ampla do que apenas Grécia e Roma — abrangia também as culturas etrusca, egípcia e mesopotâmica. A noção de exclusividade cultural que acompanha a ideia de Ocidente ainda estava por vir. Podemos ver isso claramente na obra de Tullia d'Aragona, admirável como erudita, escritora e figura histórica, mas que, nesse aspecto — no tratamento da Antiguidade centrada na Grécia e em Roma, porém incluindo outras culturas —, era característica de sua época.

"Uma alma sábia e casta"

Quanto a Tullia d'Aragona,[17] como no caso de muitas mulheres na história, a maior parte do que sabemos sobre sua vida provém não de seu testemunho pessoal nem de registros formais, mas sim dos escritos romantizados e idealizados de seus contemporâneos masculinos.[18] Girolamo Muzio — cortesão, poeta, defensor do vernáculo italiano em lugar do latim e, ao que parece, o maior apoiador de D'Aragona — compôs um poema pastoral em sua homenagem chamado *Tirrênia*, nome arcaizante da região italiana logo ao norte de Roma.[19] Há nesse poema várias pistas que preenchem o que sabemos de sua biografia por registros oficiais.

D'Aragona nasceu em Roma entre 1501 e 1504. A mãe, Giulia Pendaglia, era originalmente de Ferrara, no norte da Itália, e pode ter trabalhado em Roma como cortesã de elite, vindo depois a se assentar respeitavelmente como esposa do nobre Africano Orlandini, de Siena.[20] Mas, antes dessas felizes núpcias, em algum momento Giulia deu à luz uma filha — Tullia, que adotou do pai o sobrenome D'Aragona. Não se sabe bem a qual dos D'Aragona ela devia a paternidade — Muzio sugere na *Tirrênia* que o pai era um cardeal, o que levou alguns estudiosos modernos a sugerirem que podia ser o cardeal Luigi d'Aragona, neto ilegítimo do rei de Nápoles. Um documento posterior, porém, arrola como o pai Costanzo Palmieri d'Aragona, um membro do baixo clero que fazia parte do séquito do cardeal Luigi. Os estudiosos continuam divididos sobre a real identidade desse personagem. Teria o cardeal providenciado que seu servidor assumisse a paternidade da filha ilegítima, a fim de se proteger de escândalos? Ou a ideia toda de um vínculo com o cardeal não passaria de boatos e mexericos? Provavelmente nunca saberemos. Tudo que sabemos é que D'Aragona viveu a infância entre Roma e Siena, mas voltou à Cidade Eterna em meados da adolescência. Embora passasse períodos da vida adulta em várias cidades do norte da Itália, ela sempre voltava a Roma, e parece que era lá onde se sentia mais à vontade. Tornou-se rapidamente uma figura na alta sociedade, e o músico francês visitante Philippe Verdelot compôs em 1523-4 dois madrigais que se referem explicitamente a ela, louvando sua beleza. Por volta dessa época, D'Aragona parece ter iniciado um relacionamento com o famoso banqueiro e aristocrata florentino Filippo Strozzi, que se prolongaria por mais de dez anos.[21]

Nesse período, ela parece ter transitado entre Roma, Veneza, Florença e Ferrara, tendo o nome ligado a vários nobres e outras figuras culturais, além de Strozzi. Foram os anos do apogeu de D'Aragona como cortesã, no final da adolescência e no começo da casa dos vinte, tendo rapidamente ganhado fama não só pela beleza, mas também pela inteligência. Um cortesão mexeriqueiro comentou elogiosamente que ela era não só "extremamente cortês, discreta, perspicaz e dotada de excelentes e sublimes maneiras", mas também musicalmente talentosa e extremamente bem-educada. Disse ainda que ela "parece saber tudo e conversar sobre qualquer assunto", que "sua casa está sempre cheia de virtuosos" e que "na conversação ela não tem igual".[22] Outros comentaristas ficaram impressionados que ela citasse Petrarca e Boccaccio de cor, e também a obra de vários poetas latinos.[23] Mas, ainda que essas palavras de admiração possam sugerir um estilo de vida glamoroso, não esqueçamos que, num nível fundamental, D'Aragona era uma profissional do sexo, com todos os riscos e estigmas sociais que isso acarretava. O cultivo de uma persona intelectual também podia fazer parte de sua "marca própria", e, de fato, encontramos na infame *Tarifa das putas de Veneza*, publicada em 1535, a seguinte referência a ela, sugerindo que suas realizações poéticas e culturais eram consideradas parte de seu charme sexual:

> *No caso de Tullia d'Aragona*
> *Cujo meio palmo de intestino*
> *A fonte do Helicão lava ao mijar.*
> *São dez escudos para meter no anel*
> *Cinco na boceta, e terás então*
> *A mais grandiosa puta do bordel.*[24]

Em meio às cruas referências ao ato de urinar e ao sexo anal, lemos que D'Aragona é lavada internamente pela fonte do Helicão — referência ao monte onde se dizia viverem as Musas. Essa aura de elegância culta talvez tenha contribuído para que D'Aragona fosse tida como "a mais grandiosa puta do bordel".

Um dos riscos ocupacionais enfrentado pelas profissionais do sexo era a gravidez, e sugeriu-se que D'Aragona se afastou por alguns meses da atividade, na época da publicação da *Tarifa*, em 1535, para dar à luz uma filha, Penelope, embora não esteja claro se Penelope era realmente sua filha ou sua irmã.[25] Seja como for, D'Aragona estava de volta a Roma poucos meses depois do nascimento de Penelope, e por volta dessa época parece ter ocorrido uma mudança significativa em sua vida. Aos vinte e poucos anos, ela tinha sido uma cortesã culta e dotada de espírito. Agora, na casa dos trinta, era uma mulher de letras, poeta e estudiosa que de vez em quando pagava por amantes. A maior parte da poesia de D'Aragona parece ser desse período, escrita em forma de sonetos, diálogos e de um poema épico, *Il Meschino*.

De modo geral, a obra de D'Aragona circulava informalmente, e só foi publicada em anos mais avançados de sua vida. Mas isso não impedia que ela e a própria autora ganhassem fama nos círculos literários italianos. Sperone Speroni, renomado humanista e dramaturgo de Pádua, incluiu-a como personagem em seu *Dialogo d'amore* em 1542. O famoso poeta mantuano Ercole Bentivoglio dedicou poemas a louvar sua habilidade poética e "palavras eruditas". D'Aragona também entrou em debate com o teólogo radical Bernardino Ochino, dedicando a ele um poema profundo que refletia sobre a natureza do livre-arbítrio. Foi também por volta dessa época que ela conheceu Girolamo Muzio, cujo apoio e influência foram fundamentais nessa fase de sua carreira, assim como fora Strozzi nos anos iniciais.

Em 1544, com cerca de quarenta anos de idade, D'Aragona fez o registro civil de seu casamento com o desconhecido Silvestro Guicciardi, fato que parece ter sido de pouco relevo em suas atividades profissionais e intelectuais. Profissionalmente, ela consta, cinco anos depois, registrada num cadastro das profissionais do sexo em Roma, as quais deviam pagar dez por cento de seus rendimentos anuais para ajudar a financiar as obras de reforma da ponte Santa Maria (vale notar que, mesmo em meados de seus quarenta anos, D'Aragona estava entre os onze por cento do topo das profissionais do sexo romanas, classificadas pelo luxo de suas acomodações).[26] Intelectualmente, ela estava intensificando sua produção literária. Seu diálogo *Sobre a infinidade do amor* foi publicado em 1547 e teve sucesso suficiente para levar a uma segunda edição em 1552. Sua antologia poética, *Rime della signora Tullia d'Aragona*, também saiu em 1547. A antologia reunia uma série de sonetos independentes, mas também vinha parcialmente organizada como uma série de diálogos, com poemas de D'Aragona intercalados por respostas poéticas de vários amigos e missivistas — cuja lista é uma espécie de "quem é quem" da sociedade literária da época, incluindo o aristocrata romano Tibério Nari (*Rime* 27), o poeta e cardeal Pietro Bembo (*Rime* 15), os diplomatas espanhóis don Luigi de Toledo (*Rime* 13) e don Pedro de Toledo (*Rime* 14) e até mesmo a temível Maria Salviati, mãe de Cosimo de Médici (*Rime* 12). O volume como um todo era dedicado a Leonor, duquesa de Florença e esposa de Cosimo de Médici.

Mas o casamento de D'Aragona lhe trouxe alguns benefícios. A certidão de casamento a isentou de uma lei em Siena que servia para diferenciar as cortesãs das mulheres casadas por meio de suas roupas. Quando ela foi denunciada por usar um luxuoso albornoz, os juízes reconheceram com certa relutância que, como mulher casada, ela tinha o direito de vestir o que quisesse. Dois anos depois, D'Aragona transgrediu em Florença uma regra semelhante, que determinava que todas as profissionais do sexo usassem um véu ou um lenço amarelo para diferenciá-las das mulheres "honestas". Dessa vez, porém, ela não precisou provar seu estado civil para escapar à penalidade, visto que contava com o patronato dos Médici, a família mais poderosa de Florença. Um decreto especial por autoridade do próprio duque Cosimo estabeleceu que se concedia a D'Aragona, devido a seu "raro conhecimento de Poesia e Filosofia", "um privilégio novo e particular", a saber, "estar isenta de toda obrigação referente a vestimenta, roupas e comportamento".[27]

D'Aragona estava em Roma quando morreu, em 1556, no começo de seus cinquenta anos, deixando pequenas doações a várias amigas e conhecidas, órfãs pobres e prostitutas arrependidas (como exigia a lei, observa ela secamente em seu testamento). Os bens restantes, incluindo uma pequena biblioteca de obras em italiano e latim, ficaram para seu jovem filho Celio. Não sabemos quando Celio nasceu, nem quem era o pai, mas sabemos que D'Aragona o confiou aos cuidados de Pietro Chiocca, criado que servia as carnes à mesa do cardeal Alvise Cornaro.[28]

Brincando com Platão e discutindo com Aristóteles

As obras publicadas de D'Aragona ilustram à perfeição a nova visão renascentista da Antiguidade. O mundo latino da Roma antiga é tomado como dado inconteste, um pano de fundo constante e confiável sobre o qual se pode situar a ação. Quando D'Aragona queria louvar Cosimo de Médici, ela o comparava ao rei mítico romano Numa Pompílio (*Rime* 4);

A reimaginação da Antiguidade: Tullia d'Aragona

quando queria invocar a dupla natureza do destino, remetia-se a Jano, o deus romano das mudanças e transições (*Sobre a infinidade do amor*); seu apoiador Muzio, ao compor o longo poema pastoral *Tirrênia* em louvor de D'Aragona, recorreu ao estilo das éclogas romanas.

Mas, se Roma constituía o pano de fundo da obra de D'Aragona, era a Grécia antiga que fornecia o enredo. *Sobre a infinidade do amor* encena não só uma discussão filosófica sobre a natureza do amor, mas também uma disputa entre as filosofias platônica e aristotélica. Nele, D'Aragona apresenta sua própria visão sobre uma tendência literária contemporânea: a composição de tratados amorosos, muitas vezes numa forma dialógica tomada emprestada de Platão, que a utilizou para construir a imagem literária de um Sócrates que, por meio do debate, traz percepção a seus interlocutores. Assim, além de se envolver com a Antiguidade, *Sobre a infinidade do amor* se inspira nas obras de vários de seus contemporâneos, entre os quais Marsílio Ficino, Leone Ebreo[29] e Sperone Speroni, que, como já vimos, cinco anos antes incluíra D'Aragona como interlocutora em seu *Dialogo d'amore*, embora com uma caracterização muito diferente da que, depois, ela moldaria para si própria.[30]

Sobre a infinidade do amor é uma dramatização de um serão fictício, em seus aposentos em Florença, no qual D'Aragona e seus convidados se envolvem numa elevada discussão filosófica sobre a natureza do amor. A própria D'Aragona aparece como personagem central no texto, conduzindo o debate e esclarecendo seus ouvintes. Seu interlocutor principal é Benedetto Varchi, idealista republicano convertido em sério homem de letras, embora também haja intervenções feitas pelo dr. Lattanzio Benucci e outros cavalheiros não nomeados. Ao longo da obra, o interlocutor Varchi apresenta uma série de teorias aristotélicas, inclusive a distinção semântica entre "amor" e "amar", e a relação entre forma e matéria. Mas a teoria aristotélica que mais interessa a D'Aragona é a ideia da inferioridade natural das mulheres. Numa famosa preleção anterior na Academia de Florença, Varchi recorrera à autoridade de Aristóteles ao descrever o papel desempenhado pelas mulheres na procriação como um papel passivo, e apontara a inferioridade intelectual das mulheres em comparação aos homens. Ao longo de todo o diálogo de *Sobre a infinidade do amor*, D'Aragona contesta as noções aristotélicas sobre a inferioridade feminina, pressupondo sempre a igualdade intelectual e sexual entre mulheres e homens, e exemplifican-do-a nas palavras e ações da versão ficcionalizada de si mesma.[31]

Mas D'Aragona também contesta as teorias platônicas do amor, questionando por que Platão defendia que o verdadeiro amor só era possível entre homens. Por que, pergunta ela ao interlocutor Varchi, havemos de supor que as mulheres só são capazes de se envolver nas formas mais baixas, mais físicas do amor? Em *Sobre a infinidade do amor*, ambos, D'Aragona e Varchi, mostram repulsa à ideia do sexo homossexual masculino, ainda que Varchi defenda a nobreza do amor "puro" que Platão e Sócrates sentiam por rapazes (na vida real, Varchi fora criticado por ter se ligado explicitamente a vários rapazes jovens). Ora, sugere D'Aragona, a natureza cerebral do amor platônico significa que ele não está vedado a ninguém apenas por causa de sua forma física e, portanto, não deveria excluir as mulheres. O diálogo se encerra com os dois lados concordando que o amor pode mudar com o tempo, passando de vulgar e físico para puro e espiritual, e também variando de pessoa para pessoa.[32]

Assim, o diálogo de D'Aragona recorre maciçamente a textos gregos antigos, baseando-se numa série de princípios retóricos aristotélicos e num formato e gênero platônicos. Mas, quanto às ideias subjacentes e às conclusões da obra, D'Aragona não é platônica nem aristotélica. Pelo contrário, rejeita as duas teorias do amor e propõe uma teoria própria, desenvolvida a partir da experiência pessoal e do conhecimento de primeira mão. Para D'Aragona, o helenismo lhe fornecia um modelo estilístico e uma base filosófica, mas não todas as respostas.

Mesmo estando D'Aragona tão envolvida com a Antiguidade greco--romana, sua visão cultural também se expandia para além desses limites, como fica evidente em sua última obra, publicada postumamente em 1560. *Il Meschino* é um poema épico com mais de 28 mil versos dispostos em 37 cantos (para efeitos de comparação, a *Ilíada* não chega a 16 mil versos).[33] A base para o poema épico foi um romance em prosa escrito por Andrea da

A *reimaginação da Antiguidade: Tullia d'Aragona*

Barberino no século XIV que gozara de alguma popularidade na época de D'Aragona, chegando a ser traduzido para o castelhano.[34] Mas a reelaboração feita por D'Aragona e sua versificação em métrica épica representam uma significativa proeza criativa.

Não é difícil entender a atração da história — era um conto divertido ao estilo capa e espada. O poema de D'Aragona se baseia em Barberino ao recontar a história de Guerrino, o filho de um dos cavaleiros de Carlos Magno que tem o infortúnio de, quando bebê, ser capturado e escravizado por piratas, recebendo o nome Meschino, "desgraçado".[35] Vendido como escravo em Constantinopla, Guerrino se torna servo do imperador bizantino, apaixona-se, sem ser correspondido, pela filha desdenhosa do imperador e empreende grandes façanhas heroicas contra os *"turchi"*, turcos em persa. Mas, no momento em que está à beira da glória e do sucesso em Constantinopla (e de conquistar o coração da princesa), o jovem Guerrino rejeita os prazeres mundanos de Bizâncio e parte numa busca para descobrir suas origens. A partir daí, sua jornada é uma sucessão de viagens e breves paradas pelo mundo conhecido (inclusive, obrigatoriamente, pelo mundo dos mortos), cheia de animais fantásticos e figuras míticas, tudo coroado por um tranquilizador final feliz. Mas a busca das origens empreendida por Guerrino também pode ser lida como uma extensa metáfora para o interesse renascentista mais amplo de estabelecer uma ancestralidade cultural.

Guerrino parte em sua jornada a leste para a Tartária (Ásia central), onde combate monstros e gigantes. De lá zarpa para a Armênia e derrota um rei traiçoeiro; então vai para a Média, onde resgata uma jovem rainha virginal de seus atacantes e declina educadamente a proposta de casamento que ela lhe faz. Continuando a viagem, ele é aprisionado pelo lascivo rei de Solta, na Pérsia, que, ao ter seus avanços rejeitados, casa-o com sua filha. Indo depois para a Índia, Guerrino consulta o oráculo de Apolo nas Árvores do Sol e da Lua, que lhe revela seu nome verdadeiro e lhe diz para tomar o rumo oeste em busca de sua verdadeira ancestralidade (ver a citação no começo deste capítulo). Embarcando num navio para a Arábia, Guerrino é gentilmente recebido pelo sultão e visita a tumba de Maomé;

então se apaixona por Antinisca, filha do rei de Persépolis, e trava uma série de guerras heroicas para proteger o trono da amada. Mas, apesar de seu grande amor por Antinisca, Guerrino não abandona a busca de suas raízes, deixa a Ásia e vai para a África.

Lá ele se depara com gigantes e dragões antes de encontrar o Preste João, rei da Etiópia, que governa um reino cristão idealizado, de abundante riqueza e grande refinamento, e por algum tempo combate a seu lado como paladino.[36] De lá prossegue a viagem até o Egito, onde se torna general nos exércitos do sultão, lutando contra os árabes, e encontra por acaso um companheiro seu de meninice como escravo em Constantinopla, o que o instiga a prosseguir em sua busca. Viajando a oeste pela Líbia, Guerrino combate gigantes, converte e faz amizade com um rei local e rejeita os avanços de uma princesa (a qual, tendo matado o próprio irmão para poder lhe oferecer o trono, se suicida dramaticamente).

Guerrino, agora já cansado, zarpa para a Sicília e a Itália, onde procura a Sibila, profetisa sobrenatural que exige que ele permaneça com ela um ano inteiro, durante o qual submete-o a provas para testar sua capacidade de resistir a tentações. Depois de liberado, Guerrino vai para Roma, onde o papa lhe impõe uma pena por ter consultado dois oráculos pagãos — ele deve visitar o purgatório e, para chegar lá, tem de ir pelo Poço de São Patrício, na Irlanda. Depois de uma jornada por terra atravessando a França e um desvio para o norte da Espanha, a fim de acabar com os bandoleiros que infestam a trilha dos peregrinos no caminho de Santiago de Compostela, Guerrino toma uma embarcação antes para a Inglaterra e depois para a Irlanda. A descida pelo poço oferece a Guerrino uma visão devidamente dantesca do inferno e do purgatório, além de um rápido vislumbre de seus genitores. Tendo sido enfim concedido a Guerrino o conhecimento de sua verdadeira identidade, o final de suas aventuras é totalmente hollywoodiano: ele salva os pais da masmorra em que eles vinham mofando durante todos aqueles anos; combate e vence os *turchi* no norte do Mediterrâneo; desposa na Pérsia seu verdadeiro amor, a princesa Antinisca, converte todo o povo dela ao cristianismo, e vivem felizes para sempre.

A reimaginação da Antiguidade: Tullia d'Aragona

137

Il Meschino segue muitas das convenções do épico renascentista italiano. Como outros exemplos do gênero, ele mescla o heroísmo épico classicizante e o romance de cavalaria das canções de gesta medievais. E, também como outros exemplos do gênero, é composto em *ottava rima*: uma métrica de estrofes rimadas organizadas em grupos de oito versos cada, que já fora utilizada, em meados do século XIV, por Giovanni Boccaccio em seu *Filostrato* (que forneceu a inspiração, um século depois, para *Troilo e Créssida*, de Chaucer) e outros poetas do século XVI, como Ludovico Ariosto em sua fantasia cavaleiresca *Orlando furioso* (cujo herói epônimo foi adotado por Virginia Woolf em seu romance modernista andrógino dos anos 1920).[37]

Assim como outros exemplos do gênero, *Il Meschino* também fez pródigo uso de temas extraídos da epopeia grega e romana antiga. Como na *Eneida* de Virgílio, o herói de D'Aragona dá uma volta pelo mundo dos mortos. Como Circe na *Odisseia*, a figura da Sibila em *Il Meschino* é ao mesmo tempo uma feiticeira assustadora e uma atraente perspectiva sexual. E como Odisseu combatendo os ciclopes e fugindo da terra dos lotófagos, o herói de D'Aragona é enviado em suas aventuras aos confins remotos do mundo (a Irlanda numa direção e a Índia na outra) e lançado contra grifos, unicórnios e uma criatura de presas afiadas e pescoço comprido chamada *centopochus*.[38] Na verdade, D'Aragona parece ter inserido em seu texto várias referências greco-romanas adicionais que não estavam presentes em outras versões anteriores da história de *Meschino* — ela menciona Catão e Ovídio, faz referência ao sítio de Jerusalém pelo imperador Tito; inclui uma série de figuras mitológicas divinas, entre elas Apolo/Febo e as musas Euterpe e Clio.[39]

Mas, embora use o mundo greco-romano como fonte de recursos culturais e situe o reino da Sibila na Itália, *Il Meschino* não supõe que a herança greco-romana pertença exclusivamente à Europa. O oráculo de Apolo está localizado na Índia, e os habitantes de Meca aparecem reverenciando não só o profeta Maomé, mas também Apolo. Da mesma forma, o cristianismo não é uma exclusividade dos europeus. Guerrino volta e meia encontra cristãos em suas jornadas na Ásia, e é na Etiópia que fica o reino cristão exemplar do Preste João. Há também figuras idealizadas e virtuosas entre os habitantes pagãos da Ásia e da África, entre eles Antinisca, a prometida asiática de Guerrino, e seu amigo africano Artilafo, embora na maior parte das vezes elas acabem se convertendo ao cristianismo. Assim, o que D'Aragona nos apresenta não é a visão de um mundo dividido entre, de um lado, uma cristandade europeia civilizada e, de outro, os bárbaros pagãos da Ásia e da África.

Isso não significa que ela não faça distinções entre os três continentes — ela descreve a Ásia de maneira especialmente negativa. A certa altura dizem a Guerrino: "Buscaste a Ásia, e a Índia Maior,/ Que em toda a grande volta da terra/ Não há lugar que seja pior,/ E quem pensa diferente muito erra" (*Meschino* 16,84).[40] Em contraste, a Europa e a África parecem mais equiparadas em sua avaliação. D'Aragona escreve: "Eis a Europa e a África, que são bem habitadas,/ e podem favorecer ou lesar-te/, tudo depende de como te portas/ conforme queiras guiar-te" (*Meschino* 16,86). Com efeito, Guerrino se vê combatendo monstros e inimigos humanos na Ásia e na África, mas da mesma forma enfrenta bandoleiros, o poder sobrenatural da malévola Sibila e exércitos inimigos também na Europa. Embora de fato apresente aos leitores descrições quase herodotianas de lugares e povos exóticos na Ásia e na África (em muitos casos, baseando-se em versões anteriores da história de Guerrino) — lemos, por exemplo, como cresce a pimenta na Índia (*Meschino* 11,25-6) e a maneira correta de domar elefantes na Etiópia (*Meschino* 18,54-9) —, D'Aragona também descreve as esquisitices da Europa, como o estranho hábito dos padres irlandeses de se casarem (*Meschino* 27,49) e as paisagens agrestes do sul da Itália, com "desfiladeiros incultos e espinhos ferinos, entre precipícios e labirintos estranhos" (*Meschino*, 24,51).[41]

D'Aragona estava igualmente interessada em descrever as diferenças humanas, e insere na narrativa várias descrições racializadas de asiáticos e africanos. Na Ásia, por exemplo, as mulheres de Solta, na Pérsia, são "negras, mas tirando isso belas" (*nere, ma del resto belle*; *Meschino*, 10,15); os homens em Sotora, perto da Índia, são "homens fortes e são morenos,/ E mais baixos que o usual" (*uomini forti, e sono bruni,/ E meno di grandeza che communi*; *Meschino* 10,81); na África, os súditos etíopes do Preste João "têm olhos vermelhos,/ A pele têm negra, e branquíssimos os dentes" (*han occhi rossi,/ La pelle han nera, e bianchissimo 'l dente*; *Meschino* 18,53). Em contraste, não há descrições racializadas dos povos europeus, geralmente retratados como familiares em termos fisionômicos. Numa época de crescente exploração e expansão europeia, com os espanhóis enviando mais e mais expedições para as Américas e os portugueses para a África e a Índia, talvez isso fosse de esperar (trataremos da questão do imperialismo europeu no capítulo 9). E claro: como indica a citação no começo deste capítulo, é talvez significativo que Guerrino só possa descobrir a verdade sobre suas origens no oeste muito distante. Mas o que em última instância fornece a D'Aragona seu principal eixo para dividir a humanidade não é a raça nem a geografia, e sim a religião.

Os inimigos mais renhidos de Guerrino em cada continente são muçulmanos, desde os persas da Ásia e os árabes da África até os turcos da Europa. Guerrino mostra em vários pontos da narrativa seu desdém pelo islamismo, pensando consigo mesmo que os jumentos produziam música melhor do que a do sacerdote de Maomé (*Meschino* 13,53) e escarnecendo de tradições que lhe parecem estúpidas (*Meschino* 13,70).[42] D'Aragona não estava sozinha em sua islamofobia. Na verdade, os séculos XV e XVI viram um grande aumento na retórica islamofóbica entre escritores europeus, muitas vezes em narrativas poéticas das Cruzadas, mas, na realidade, moldada por uma preocupação muito mais imediata e contemporânea — o medo do poder crescente dos otomanos no Mediterrâneo e no sudeste da Europa.

Com efeito, a ideologia da cruzada, a natureza do islamismo e a questão da expansão otomana eram temas fundamentais de interesse entre os humanistas do Renascimento, que dedicaram longos ensaios a essas questões.[43] A maioria desses textos apresentava uma visão altamente estereotipada, especulativa e difamatória do islamismo, colocando-o em oposição binária à civilização europeia e cristã que, nessa época, reivindicavam como própria deles. Podemos ver esses estereótipos em poemas épicos populares como *Orlando innamorato*, de Matteo Maria Boiardo (publicado em 1495, meio século antes de *Il Meschino*), em que o herói derrota hordas de guerreiros sarracenos invasores; *Jerusalém libertada*, de Torquato Tasso (publicado em 1581, apenas duas décadas depois de *Il Meschino*), que narra as proezas dos exércitos cristãos; e outro poema épico de lavra feminina, *Scanderbeide*, de Margherita Sarrochi (publicado em 1606, quase meio século depois de *Il Meschino*), que celebra as vitórias de um chefe guerreiro albanês contra os otomanos.

Nem todas as representações de oposição cultural, porém, traziam um inimigo islâmico. Outro poema épico escrito por uma mulher de letras italiana, *L'Enrico, overo Bisanzio acquistato*, de Lucrezia Marinella (publicado em 1635), revisitava o tema das Cruzadas que se tornara popular na literatura renascentista. Marinella, porém, não estruturou seu épico como um choque de civilizações entre cristãos e muçulmanos, Europa e Ásia, Ocidente e Oriente. Preferiu escrever sobre a Quarta Cruzada e a conquista de Bizâncio pelos latinos, retratando o inimigo asiático como grego, e não como otomano.[44]

A existência da islamofobia não requer uma forma inicial de narrativa grandiosa do tipo Civilização Ocidental. Com efeito, podia haver uma visão dominante de que o ancestral cultural da Europa consistia numa Antiguidade compósita greco-romana, mas, como mostra o exemplo de *Il Meschino* de D'Aragona, não se via necessariamente a Europa como a herdeira única do legado greco-romano. E tampouco se considerava o passado greco-romano como a única fonte de cultura europeia. Giorgio Vasari, o crítico de arte que foi celebremente o primeiro a escrever sobre uma *rinascità* artística, traçava uma linha de tradição artística remontando de sua época não só até Grécia e Roma, mas ainda mais longe, até a antiga Mesopotâmia e o antigo Egito, ao mesmo tempo rendendo tributo ao gênio artístico dos etíopes e etruscos.[45]

A narrativa grandiosa da Civilização Ocidental coloca o Renascimento como ponto de inflexão crucial na história Ocidental. Afirma que foi então que finalmente se redescobriram as raízes culturais originais e exclusivas do Ocidente na Grécia e na Roma antigas, as quais jaziam esquecidas e negligenciadas. Sustenta que foi esse período de revivescência que devolveu o Ocidente a seu inevitável caminho rumo às luzes, à modernidade e à dominação mundial. E não está totalmente errada.

O Renascimento foi, de fato, um ponto de inflexão crucial. O novo interesse de europeus da Europa central e ocidental pela Antiguidade helênica e a entusiástica incorporação da Grécia antiga a seu panteão de ancestrais culturais constituíam uma mudança radical de sua prática anterior. A Antiguidade foi totalmente reimaginada, tendo em seu centro o novo composto cultural greco-romano. O amálgama entre o mundo grego e o mundo romano numa única entidade conceitual se deu ao longo de várias gerações, entre Petrarca no século XV e D'Aragona no século XVI, e desde então permanece entre nós.

Mas, como espero que agora esteja claro a partir dos capítulos anteriores, as raízes originais do Ocidente, ao contrário das alegações da narrativa grandiosa, não se encontram exclusivamente nesse conglomerado cultural greco-romano, e tampouco o mundo greco-romano é herança exclusiva da Europa. Reconheciam-no diversos autores do Renascimento, como Vasari, que imaginava uma Antiguidade muito mais ampla e mais diversificada do que geralmente a consideramos, e D'Aragona, que tomava a herança greco-romana da Ásia como um fato dado. Além disso, esses autores não só reavivaram tradições greco-romanas que jaziam dormentes desde longa data, mas também foram mais criativos e inovadores do que concede a narrativa grandiosa. Embora possam ter extraído inspiração basicamente do mundo greco-romano, eles também tiveram influência de outros lugares, e utilizaram essas influências e inspirações variadas para desenvolver novas tradições próprias na literatura, na filosofia e na arte — em vez de simplesmente copiar o que se passara antes.

A narrativa grandiosa também erra em sua suposição de que o florescimento intelectual do Renascimento levou à futura hegemonia Ocidental. Embora seja possível ver as sementes dessa hegemonia já semeadas nos séculos XV e XVI, não era de forma alguma inevitável que elas, e não outras, germinassem e crescessem. Na época em que Tullia D'Aragona escrevia, começo e meados do século xvi, o formato da história ainda não estava claro, e a narrativa da Civilização Ocidental, embora começasse a surgir, ainda não estava firmemente consolidada. Continuaria assim por não mais do que uma geração, durante a época da figura de que tratarei no próximo capítulo.

7. O caminho não trilhado:
A sultana Safiye

Sua Majestade, o sultão Murad [...], o engrandecedor do império,
o cã dos sete climas [...], o imperador das terras de Roma.
SULTANA SAFIYE, 1591[1]

A SALA ESTREMECE COM SUSSURROS e exclamações abafadas. O presente está obviamente quebrado, estragado pela umidade na longa viagem marítima de Londres a Istambul. Os tubos de metal estão empenados, os painéis de madeira finamente entalhados se romperam e a cola que originalmente mantinha o conjunto unido está totalmente dissolvida. Os cortesãos trocam murmúrios, indagando se esse é realmente o grau mais avançado da tecnologia inglesa, o melhor que o reino da ilha distante é capaz de oferecer. Aquele amontoado disforme seria supostamente um carrilhão: um assombroso autômato que bate as horas e até toca música sozinho, graças a um mecanismo de válvulas de liberação lenta.[2] É um presente que pretende impressionar o sultão otomano Mehmed com sua sofisticação e engenhosidade. Mas o carrilhão está quebrado. Por sorte, há um segundo presente. No pátio está uma carruagem cerimonial cintilante, folheada a ouro e incrustada de joias. Tem um valor estimado de seiscentas libras inglesas — montante significativo para os padrões da época, o que um artesão qualificado receberia em quatro anos de trabalho. À diferença do carrilhão, a carruagem sobreviveu bem à viagem desde a Inglaterra e agora está no pátio do palácio, pronta para ser usada. Mas não é um presente para Mehmed e sim para sua mãe, a indômita sultana Safiye.

Em 1599, quando esses presentes ingleses chegaram a Istambul, Safiye estava no auge do poder. Era a *valide sultan*, ou sultana-mãe, genitora do sultão reinante — posição de grande peso na corte otomana. Mas a influência de Safiye ia além de sua posição oficial. Seu filho Mehmed, de vinte e poucos anos, deixava em larga medida os detalhes do governo em suas mãos competentes, e Safiye era amplamente reconhecida como o poder por trás do trono. Ela estava bem acostumada à posição, tendo tido influência semelhante como *haseki sultan* (sultana consorte) do pai de Mehmed, o sultão Murad III, que a tivera em alta estima como conselheira na política tanto interna quanto externa. Na época em que o embaixador inglês apresentou a carruagem de ouro e o carrilhão em Istambul, fazia quase duas décadas que Safiye ocupava o centro da diplomacia e do governo otomanos.

Os diplomatas ingleses enviados para acompanhar esses presentes estavam acostumados com mulheres poderosas. Serviam a ninguém menos que Elizabeth I, que àquela altura ocupava o trono inglês havia quase quatro décadas. Elizabeth e Safiye vinham se correspondendo nos últimos cinco anos, trocando cartas e presentes para azeitar as engrenagens do comércio anglo-otomano. Mas agora Elizabeth queria da Sublime Porta (nome dado à administração imperial otomana) mais do que os lucros mútuos no comércio. A Inglaterra protestante tinha em vista uma aliança militar com os otomanos muçulmanos, somando forças contra seus inimigos comuns, os católicos.

Os ingleses não eram os únicos europeus a cortejar os otomanos. Nas décadas finais do século XVI, holandeses, franceses, venezianos e genoveses estavam, todos eles, tentando desenvolver laços mais próximos com a Sublime Porta. Os luxuosos presentes — o órgão-relógio e a carruagem

O caminho não trilhado: A sultana Safiye

cintilante — visavam a promover os interesses ingleses nesse ambiente diplomático competitivo. Os emissários ingleses observariam atentamente a reação de Safiye à carruagem. O êxito da missão dependia dela.

Felizmente para os ingleses, Safiye de fato se encantou com a carruagem, e nas semanas seguintes foi vista frequentemente passeando nela por Istambul, junto com o filho. Melhor ainda, o carrilhão iria por fim encantar a corte com suas execuções musicais automatizadas, depois de ser consertado por Thomas Dallam, o artífice de Lancashire que o acompanhou a Istambul (Thomas conquistou grande apreço na corte otomana e manteve um diário de suas viagens, hoje de leitura muito envolvente, voltando depois à Inglaterra e construindo muitos órgãos, inclusive o do King's College, em Cambridge).[3]

Ninguém tinha como saber na época, mas a apresentação do carrilhão e da carruagem em 1599 marcaria o auge das relações anglo-otomanas. Naquele momento, um acordo entre muçulmanos e cristãos parecia tão improvável quanto um entendimento entre protestantes e católicos — o abismo político entre os credos não necessariamente maior do que entre as denominações. Era uma configuração geocultural drasticamente diferente daquela proposta nas gerações recentes pelas ideologias renascentistas de um Ocidente emergente (capítulo 6). Na verdade, era uma configuração geocultural mais semelhante àquela em que Teodoro Láscaris nascera no século XIII (capítulo 5), quando a distância cultural entre a igreja grega e a igreja latina parecia maior do que a distância entre os gregos e seus vizinhos seljúcidas. Só nos resta especular qual poderia ter sido a história mundial se tivesse sido criada uma aliança militar integral, conforme pretendiam os ingleses. As potências católicas da Europa central teriam ficado presas, como numa pinça, entre os protestantes do norte e os muçulmanos do sul. Hoje é difícil imaginarmos as implicações disso — não só os efeitos que poderia ter tido sobre a história política da Europa e o mundo mais amplo, mas também as mudanças culturais e sociais que viriam junto. Apesar da base conceitual lançada no Renascimento (capítulo 6), a narrativa grandiosa da Civilização Ocidental teria sido muito diferente num mundo desses — na verdade, talvez nem tivesse surgido.

Melhor turcos do que papistas

Quando Safiye olhava para o norte e o oeste, devia ver uma cristandade fendida por ásperas divisões. O velho cisma entre a igreja grega e a igreja latina podia ter sido parcialmente remendado pelo Concílio de Ferrara-Florença (ver capítulo 6), mas em sua esteira já se tinham aberto novas cisões. O clérigo alemão Martinho Lutero, ao pregar suas 95 teses na porta de uma igreja em Wittenberg em 1517, acendeu uma faísca que desencadeou as chamas do conflito confessional por toda a Europa. No espaço de uma geração, o movimento que agora chamamos de Reforma Protestante resultou no surgimento de uma miríade de novas seitas cristãs, de luteranos e calvinistas a anabatistas e zwinglianos.[4] Mas, se o começo do século XVI viu o nascimento do protestantismo, viu também o renascimento do catolicismo, revigorado e dotado de um novo senso de identidade e finalidade perante aquilo que considerava como heresias protestantes.[5]

Em 1560, quando Safiye nasceu, poucos anos após a morte de Tullia d'Aragona, as linhas de batalha já estavam traçadas. De modo geral, os Estados protestantes se concentravam no norte da Europa. Elizabeth I subira ao trono inglês dois anos antes, como chefe de sua própria Igreja da Inglaterra. O mar Báltico era rodeado por luteranos na Prússia, na Saxônia, na Dinamarca e na Suécia. Na Escócia e nos Países Baixos foi adotada uma linha protestante ainda mais rígida, o calvinismo. Em contraste, o sul e o centro da Europa eram dominados por países católicos. Entre eles estavam grande parte da França e os vários principados da Itália, mas também os territórios governados pelas dinastias habsbúrgicas da Espanha e da Áustria.

Nas décadas seguintes, as tensões confessionais apenas aumentaram. As Guerras Religiosas grassavam na França, com milhões de mortos e desalojados num conflito interno sangrento entre católicos e huguenotes. Guilherme de Orange liderou a Revolta Holandesa contra os Habsburgo espanhóis, conquistando liberdade tanto política quanto religiosa para os Países Baixos, de ampla maioria protestante. E na Grã-Bretanha havia as repressões aos católicos, a disputa dinástica de Maria, a rainha católica dos escoceses, e a permanente ameaça de uma invasão hispânica. O papado também lançava mão de táticas pesadas, com a excomunhão não só de Elizabeth I da Inglaterra em 1570, mas também de Henrique IV da França em 1589. Ainda que a primeira delas possa ter rendido pouquíssimo à Igreja católica, a segunda certamente teve o efeito desejado: embora criado como protestante, Henrique se convertera ao catolicismo, soltando sua famosa tirada: "Paris bem vale uma missa".[6]

Em vista do sangue derramado por católicos e protestantes naquelas últimas décadas, não era de admirar que, para alguns protestantes, a perspectiva de uma aliança com os muçulmanos parecesse mais provável do que uma reaproximação com seus correligionários. Em 1569, Guilherme de Orange escreveu a Istambul solicitando apoio otomano à Revolta Holandesa e recebeu uma calorosa promessa de reforços militares.[7] Durante a revolta, os navios dos revolucionários holandeses foram decorados com flâmulas de cores "turcas" — vermelhas com um quarto crescente —, e um lema popular na guerra era *Liever Turks dan Paaps* (melhor turcos do que papistas).[8] Para os nacionalistas holandeses, era preferível uma aliança com os otomanos muçulmanos a cortejar o catolicismo.[9]

Para alguns cristãos, nem sequer estava claro se a fé dos muçulmanos era totalmente diferente da sua. Afinal, os muçulmanos adoravam o mesmo deus, reconheciam Jesus como profeta e comungavam muitos dos mesmos princípios religiosos. Num mundo onde se multiplicavam visões divergentes do cristianismo e havia pouquíssimo consenso sobre o que seria uma fé cristã unitária, as diferenças dentro e entre as religiões podiam ser subjetivas. Para alguns polemistas católicos, tanto o protestantismo quanto o islamismo eram heresias repulsivas de natureza semelhante, e o calvinismo em particular era muitas vezes comparado ao islamismo.[10] Para alguns protestantes, por outro lado, era quase reconfortante que o islamismo pudesse ser considerado uma espécie de protestantismo. Essa ideia, como veremos adiante neste capítulo, tinha o especial apreço de protestantes ingleses tentando criar pontes diplomáticas com dirigentes no mundo islâmico. Um desses agentes ingleses, enviado em 1577 para estabelecer laços comerciais com o Marrocos, escreveu de volta dizendo que o rei marroquino Abd al-Malik era "um protestante muito sério de boa religião" que via os católicos com um grau adequado de "aversão".[11]

Isso não significa que todos os protestantes europeus se sentiam à vontade com a ideia de uma aliança com os otomanos. O racismo e a xenofobia quinhentistas contra os muçulmanos estão bem documentados, e sem dúvida existem muitos retratos negativos dos otomanos em especial, que podemos encontrar nos livretos, nas peças de teatro e na retórica política da época. O próprio Martinho Lutero, em 1528-30, apresentava os otomanos como flagelo enviado por Deus para punir os cristãos que se desviavam do caminho correto, descrevendo o sultão como "o servo do Demônio".[12] Pouco mais de uma década depois, Thomas Becon descrevia o sultão como "inimigo mortal da religião de Cristo, destruidor da fé cristã, pervertedor da boa ordem".[13] Com efeito, depois que as forças católicas da Liga Santa derrotaram a marinha otomana na Batalha de Lepanto, em 1571, os sinos das igrejas ressoaram por toda a Inglaterra protestante.[14] Assim, a hostilidade contra os muçulmanos em geral e os otomanos em particular era amplamente espalhada pela Europa quinhentista. No entanto, essa hostilidade era apenas uma parte da história. As relações entre os cristãos europeus e seus vizinhos otomanos eram complexas e mutáveis, e muito mais complicadas do que a noção simplista de um "choque de civilizações".[15]

Da perspectiva otomana, não havia nada de especialmente novo ou estranho em lidar com cristãos.[16] Afinal, uma parcela substancial da população do império pertencia a igrejas que hoje identificaríamos como ortodoxas gregas ou russas, e a lei otomana considerava oficialmente cristãos e judeus como *dhimmi*, isto é, grupos protegidos.[17] Para além de suas fronteiras, os otomanos tinham acordos comerciais com os venezianos que vinham de mais de cem anos antes, e seus contatos mercantis com os genoveses haviam começado quase na mesma época.[18] Eles chegaram a firmar uma aliança militar com a França no começo do século XVI, resultando em algumas ações navais otomano-francesas conjuntas no Mediterrâneo nos anos 1530 e 1540, antes que a aliança caísse em desuso.[19] Os otomanos, portanto, certamente estavam preparados para colaborar com Estados cristãos europeus se e quando isso conviesse a seus interesses.

O caminho não trilhado: A sultana Safiye

Os interesses otomanos incluíam tudo o que pudesse enfraquecer um ou outro dos dois grandes rivais da dinastia: os safávidas da Pérsia a leste e os Habsburgo da Áustria a oeste. São os Habsburgo que têm especial interesse para nós neste livro.[20] Essa dinastia dominou a Europa, controlando a política do continente por mais de três séculos. Um dos ramos da família, situado na Espanha, governava uma área que incluía as atuais Bélgica e Holanda, uma parte da Itália e territórios em expansão nas Américas. O outro ramo se concentrava na Áustria e na Hungria, mas controlava uma área muito maior da Europa central, como dirigentes do Sacro Império Romano (para sua história anterior, ver capítulo 4).[21]

Esses Habsburgo austríacos eram fonte de especial incômodo para os otomanos.[22] No plano prático, estavam situados diretamente na fronteira noroeste do Império Otomano, frustrando suas tentativas de ampliar a expansão por terra. O fracasso de dois cercos a Viena, a capital austríaca, com a distância de 150 anos entre um e outro — o primeiro em 1529, o segundo em 1683 —, mostra como os Habsburgo eram resilientes. No século XVI, houve também uma série de outros choques importantes entre os otomanos e alianças patrocinadas pelos Habsburgo, inclusive o Cerco de Malta em 1565[23] e a Batalha de Lepanto em 1571, e as baixas em ambos impediram a expansão marítima otomana no Mediterrâneo.

Os Habsburgo eram igualmente irritantes no plano ideológico. Diziam ser o único império do mundo realmente universal e os sucessores legítimos do Império Romano por designação do papa. Para a Sublime Porta, isso era uma afronta. Os otomanos também se diziam o único império mundial legítimo, com direitos ao domínio universal e alcance potencialmente global.[24] Diziam-se ainda herdeiros de Roma — legado que fora obtido primeiramente no campo de batalha, com sua conquista da "Nova Roma" de Constantinopla em 1453, mas que também era reivindicado, como veremos mais adiante, em narrativas de herança genealógica e cultural. Disputando não só o controle territorial, mas também a legitimidade histórica, Habsburgos e otomanos talvez estivessem inevitavelmente fadados a uma inimizade implacável.

Assim, quando o sultão Murad III começou, no quartel final do século XVI, a apoiar entusiasticamente os protestantes europeus, é de se imaginar que sua motivação fosse mais geopolítica do que teológica. Os Habsburgo eram católicos devotos e, como dirigentes do Sacro Império Romano, defensores jurados do primado do papa. Para complicar as coisas, o ramo espanhol da dinastia controlava territórios na Europa setentrional com populações protestantes cheias de ressentimento — os Países Baixos e também a Inglaterra durante alguns anos, quando o rei espanhol Filipe II esteve casado com a rainha inglesa Maria I. Assim, os conflitos confessionais que grassavam na Europa ofereciam a Murad uma oportunidade de ouro para formar uma aliança com o poder e prejudicar os Habsburgo. Não surpreende, portanto, que tenha sido durante o seu reinado (1574-95) que as relações com a Inglaterra elisabetana começaram a florescer.

Mas os ingleses não foram os únicos protestantes europeus que vieram lhe bater à porta. Foi a Murad que o rei protestante Henrique IV da França recorreu em 1594, quando tentava tomar o controle de seu país perante a oposição católica (embora, como já vimos, Henrique tenha depois decidido facilitar a própria vida convertendo-se ao catolicismo). E foi Murad quem famosamente escreveu aos luteranos dos Países Baixos no auge da Revolta Holandesa, prestando socorro a Guilherme de Orange. Nessa carta, ele manipula habilmente a retórica religiosa comum, tanto para enfatizar as similaridades entre muçulmanos e protestantes quanto para ressaltar o contraste com o inimigo católico em comum. Muçulmanos e protestantes, disse ele, tinham ambos "banido os ídolos e os retratos, e os sinos das igrejas", ao contrário do "infiel a quem chamam de Papa". O papa, afirmava Murad, estava empenhado em "adorar ídolos e imagens que ele criou com as próprias mãos, assim lançando dúvidas sobre Deus Único".[25] Se os protestantes quinhentistas achavam melhor ser "turcos do que papistas", certamente não seria o sultão a dissuadi-los.

Murad escreveu essa carta notável em 1574, o mesmo ano de sua ascensão ao trono. Mas não a escreveu sozinho, movido por sua visão pessoal de uma aliança anticatólica com protestantes na distante orla setentrional da Europa. Sua reflexão sobre a questão teve a influência de sua amada consorte e conselheira de confiança, a sultana Safiye.

De sultana consorte a sultana-mãe

Safiye não era seu verdadeiro nome. A história não preservou o nome que lhe foi dado ao nascimento, registrando apenas que o nome "Safiye" (que significa "pura" em turco otomano) lhe foi conferido aos treze anos de idade. O novo nome veio com uma nova identidade, e, na verdade, quase todos os traços de sua vida antes disso foram apagados. Os relatórios redigidos por vários embaixadores venezianos nos oferecem alguns dos boatos que circulavam nos círculos sultânicos de Istambul na época, com rumores de que ela nascera num pequeno vilarejo da Albânia, no alto das montanhas Dukagjini.[26] Os boatos tinham menos a comentar sobre os detalhes de sua escravização ou de seus dias de treinamento no harém imperial. Mas fica claro que ela se destacava pela beleza marcante e pela inteligência aguçada, mesmo entre as beldades cultas do palácio, de modo que, em 1563, foi escolhida como companheira do jovem príncipe herdeiro Murad. É nesse momento que a garota de nome não citado se torna a admirável mulher Safiye — que passaria de menina escravizada a imperatriz no curto prazo de onze anos.

Murad e Safiye, quando se conheceram, eram ambos adolescentes — ela com treze anos e ele com dezesseis. A conexão deve ter sido imediata, e o relacionamento entre os dois era não apenas sexual, mas também visivelmente emocional e intelectual. Nisso foram fundamentais as qualidades não só físicas, mas também pessoais de Safiye. Os que a conheciam comentavam que, além de ser de uma beleza excepcional, ela era calma, sensata e de uma paciência extrema.[27] Com evidente e profunda afeição por Safiye, Murad rompeu o costume e não adotou nenhuma outra concubina, mantendo uma relação monogâmica com ela por quase duas décadas. Três anos depois de se conhecer, o jovem casal gerou um filho — o futuro sultão Mehmed III, que cerca de 24 anos depois receberia o carrilhão inglês. Seguiram-se mais quatro nascimentos, infelizmente para Safiye todos de meninas. Foi essa falta de outros filhos, deixando a sucessão num precário estado de dependência de um único filho homem, que acabou criando uma distância entre o casal.

As coisas ficaram difíceis no décimo ano do relacionamento, 1574, quando o pai de Murad morreu e ele se tornou sultão. Safiye se mudou para o Palácio Novo e recebeu o título de *haseki sultan* — a consorte principal do sultão. Como *haseki*, era de se esperar que Safiye ocupasse uma posição central dentro da residência imperial, e também que tivesse maior poder e influência. Mas esse lugar já estava ocupado. A mãe de Murad, a temível Nurbanu, controlara o harém na última década e também tivera um papel fundamental para garantir que nada estorvasse a ascensão de Murad ao trono.[28] Safiye podia ser a *haseki sultan*, mas Nurbanu era a *valide sultan* — a sultana-mãe, e não estava disposta a renunciar à sua posição como a mulher mais poderosa no Império Otomano.

Murad, por mais que amasse Safiye, também era profundamente devotado à mãe, e nos primeiros anos de reinado apoiou-se muito nela. Política experiente, Nurbanu agora assumia um papel público de destaque, aconselhando o filho nos assuntos de Estado. Ao que parece, Murad se sentia grato pela ajuda dela, e temos registros desse período em que Nurbanu conduzia a diplomacia internacional, administrava as propriedades imperiais e acertava disputas nas províncias.[29] Com essa posição tão dominante de Nurbanu na arena política, Safiye precisava manobrar com muito cuidado. Aos poucos, mas com firmeza, ela criou sua própria rede de agentes e contatos na capital imperial, estabelecendo relações de patronato ou de mútuo apoio com autoridades importantes, como o grão-vizir paxá Koca Sinan, um conterrâneo albanês. Em vista das personalidades fortes e das ambições individuais da sultana-mãe e da consorte principal, era talvez inevitável que a rivalidade entre elas aumentasse. Após cinco anos de reinado de Murad, a corte estava efetivamente dividida em duas facções hostis — a de Nurbanu e a de Safiye. O próprio Murad se viu preso entre a mãe e a esposa *de facto* (não está claro se ele e Safiye chegaram a se casar oficialmente). Estava montada a cena para um confronto dramático.[30]

Nesse perigoso jogo da política de harém, Nurbanu tinha um trunfo. Ela sempre fizera objeções à natureza monogâmica do relacionamento de Murad com Safiye, encorajando-o frequentemente a tomar outras concubinas. Agora que Murad era um homem maduro na casa dos trinta anos,

O caminho não trilhado: A sultana Safiye

suas atividades sexuais deixavam de ser um assunto privado. Nurbanu começou a manifestar aberta e enfaticamente suas preocupações sobre a linha de sucessão, lamentando que Murad tivesse apenas um filho homem — o príncipe herdeiro Mehmed. Pior ainda, o jovem príncipe Mehmed ainda não mostrara sua fertilidade e, assim, ainda não estava claro se a dinastia teria continuidade pelo lado dele. Nurbanu afirmava ao filho que ele devia gerar mais filhos homens, a fim de garantir a sucessão. Por fim, em 1583, com nove anos de reinado e vinte anos de relacionamento com Safiye, Murad cedeu.

O que houve a seguir é matéria de boatos e rumores de segunda mão.[31] Algumas histórias otomanas afirmam que, mesmo presenteado com as mais belas jovens, Murad se viu inexplicavelmente impotente. Outros sugerem que essa impotência resultava de feitiço, que Safiye empregara para mantê-lo fiel a ela. Outros vão ainda além e afirmam que foi apenas graças aos encantos de duas concubinas circassianas de especial talento, mais especificamente suas habilidades na música e na dança, que por fim o feitiço se rompeu. Alguns até afirmam que essas inúmeras histórias não passavam de meros boatos, espalhados por Nurbanu para arrancar Murad das garras de Safiye. O que de fato sabemos é que Safiye foi dispensada na segunda metade de 1583, discretamente banida para o Palácio Velho, sua criadagem foi presa e torturada para dar informações e seus agentes foram exilados. Murad, por sua vez, se viu milagrosamente curado da impotência e, nos anos seguintes, gerou nada menos que 47 filhos com outras concubinas. Nurbanu, supervisionando esse desfile de parceiras sexuais, desfrutou de um breve período de influência exclusiva sobre o filho.

Mas sexo não é tudo, e Safiye tinha inteligência suficiente para saber disso. Claro que devia se afligir com sua derrota para Nurbanu e sentir ciúme pela recente voracidade de Murad, mas tentou uma nova estratégia. Começou a procurar as escravizadas mais bonitas e mais talentosas, escolhendo apenas as que sabia que atrairiam Murad. Superou a sogra proporcionando as jovens mais desejáveis que os mercados de escravizados otomanos tinham a oferecer, operando no mesmo comércio que a trouxera a Istambul quando menina.

Murad ficou encantado. No final do outono de 1583, Safiye foi acolhida de volta no Palácio Novo, sua criadagem foi libertada e seus agentes reconvocados. Por volta da mesma época, Nurbanu contraiu uma doença misteriosa. Morreu no final do ano.[32] Esses eventos tumultuados foram um marco divisor na vida de Safiye e no império como um todo. Para Safiye, era a vitória. Ela passava agora para um novo papel pós-sexual, como a inconteste conselheira principal do sultão e companhia pessoal mais próxima. Para o Império Otomano, abriu-se uma nova era diplomática.

Algumas fontes históricas posteriores às vezes confundem Safiye e Nurbanu, por razões plenamente compreensíveis. As duas começaram como escravas no harém otomano, subiram ao poder como consortes reais e passaram a exercer um poder considerável, primeiro por intermédio dos maridos e depois por intermédio dos filhos. Mas as duas haviam adotado linhas de ação política diferentes no que dizia respeito às relações internacionais do império. Nurbanu tendia a adotar uma posição pró-veneziana, tendo nascido numa família nobre veneziana antes de ser escravizada.[33] Sob sua influência, os mercadores venezianos gozavam de termos favoráveis no comércio e os embaixadores venezianos recebiam honras especiais na corte, para grande desgosto dos ingleses e dos franceses, que também estavam tentando fortalecer as relações com os otomanos.[34] Nem a lembrança da aliança anterior franco-otomana, nem uma série de cartas pessoais que a rainha-mãe francesa, Catarina de Médici, escrevia a Nurbanu conseguiram que os otomanos nesse período os vissem de modo mais favorável.

Em contraste com isso, Safiye pode ter incentivado uma política externa mais aberta, e o período de sua influência parece ter coincidido com uma intensificação do trânsito diplomático entre os otomanos e um leque maior de Estados europeus. Ela parece ter olhado de modo especialmente favorável a Inglaterra elisabetana, que, em 1583, após alguns anos de interação bastante tensa com a Sublime Porta, por fim estabeleceu um embaixador oficial em Istambul.[35] Em 1586, esse embaixador mexeu seus pauzinhos junto aos contatos que tinha no palácio e no harém para impedir que os otomanos firmassem um pacto de não agressão com os

O caminho não trilhado: A sultana Safiye

Habsburgo espanhóis, o que deixaria a marinha hispânica livre para atacar a Inglaterra.[36]

Após a morte de Murad, por causas naturais, em 1595, Safiye agiu rapidamente para colocar o filho Mehmed no trono. A voracidade sexual de Murad em seus anos mais avançados deixara a Mehmed dezenove irmãos mais novos, todos potencialmente capazes de reivindicar o trono otomano (como a sucessão seguia a linha masculina, suas múltiplas irmãs não representavam nenhuma ameaça imediata). O fato de nenhum deles tê-lo feito não resultou de uma admirável lealdade fraterna nem de um espírito dominante de harmonia dinástica: foi porque Safiye providenciou para que todos os dezenove fossem sumariamente executados antes que pudessem causar qualquer problema.[37]

Com Mehmed no trono, o poder de Safiye aumentou. Como rainha-mãe, ela tomou o leme do Estado com mão firme e segura. A relação com a Inglaterra elisabetana prosperou, e Safiye prodigalizou favores a dois enviados ingleses de seu especial apreço — o ardente e carismático Edward Barton, embaixador oficial na Sublime Porta no começo dos anos 1590, e Paul Pindar, o bem-apessoado jovem que lhe entregou a cintilante carruagem de ouro em 1599.[38] Mas talvez a mais durável ligação inglesa de Safiye não tenha se dado com o patronato de nenhum desses dois jovens, e sim com a rainha Elizabeth I, com quem durante vários anos manteve uma surpreendente relação epistolar.

Soberana qual Marte

Não sabemos ao certo o número de cartas trocadas entre elas, mas dispomos de pelo menos três missivas enviadas diretamente de Safiye para Elizabeth I.[39] É notável o uso do feminino na linguagem dessas cartas. Safiye tem o cuidado de louvar a rainha inglesa em termos femininos, enaltecendo-a por suas virtudes femininas — ela é "o esteio da feminilidade cristã", "dama coroada e mulher do caminho de Maria". Mesmo a natureza do governo de Elizabeth é inequivocamente feminina — Safiye elogia Elizabeth dizendo que ela arrasta atrás de si "as saias da glória e do poder".[40] Numa dessas cartas, enviada após receber a carruagem dourada, ela agradece Elizabeth pelo luxuoso presente e cita os presentes com que a retribuiria, a maioria deles de caráter visivelmente feminino — um manto, um cinto, uma luva, dois lenços bordados com fio de ouro, três toalhas e uma coroa cravejada de pérolas e rubis.[41] A deliberada relação de gênero que Safiye parece ter criado entre si e Elizabeth devia ser, num certo nível, fruto das expectativas e normas sociais da época. Mas também podia haver algo mais em andamento.

As cartas oficiais entre as duas mulheres régias constituíam apenas uma parte de suas interações. A comunicação também se dava via intermediários humanos. Num determinado nível, os vários embaixadores e enviados ingleses a Istambul desempenhariam essa função, mas, em outro nível, também havia a remessa de mensagens por meio da agente de confiança de Safiye, a judia espanhola Esperanza Malchi.[42] Numa dessas missivas, há uma curiosa referência a uma interação de natureza muito mais pessoal e privada. Malchi escreve: "Como Vossa Majestade é mulher, posso sem qualquer constrangimento dar-lhe essa notícia de que existem em seu reino raras águas destiladas de toda espécie para o rosto e óleos odoríferos para as mãos".[43] A carta prossegue solicitando que Elizabeth envie esses itens diretamente a Malchi, que os passaria a Safiye, em vez de enviá-los pelos embaixadores ou pela corte de Mehmed, por serem "artigos para damas". A relação que aqui se constrói é explícita e conscientemente feminina, contornando de modo deliberado os canais tradicionais de comunicação dominados por homens.

A intimidade e a cumplicidade implícitas nessa relação são, à primeira vista, tocantes. Parece que temos aqui uma mulher de meia-idade recorrendo a outra, transpondo as barreiras da geografia, da religião e da língua. No entanto, a mensagem também é levemente ridícula. Daria mesmo para imaginarmos Elizabeth reunindo ciosamente cremes faciais para enviar à amiguinha otomana de correspondência? O principal aqui, talvez, não são os cosméticos em si, mas a forma de remessa — com privacidade e sigilo, passando clandestinamente de mulher a mulher, em vez de transitar

O caminho não trilhado: A sultana Safiye

pelos canais diplomáticos oficiais. Qualquer mensagem e informação que acompanhasse esses "artigos para damas" escaparia muito eficientemente do radar. Só podemos conjecturar quais informações seriam transmitidas e que planos seriam montados dessa maneira. Embora os documentos históricos remanescentes atestem o papel crucial de Safiye na diplomacia anglo-otomana, provavelmente eles captam apenas uma parte de uma história maior que não foi escrita.

Essa história maior incluía o enquadramento de uma história civilizacional em que protestantes e muçulmanos estavam cultural e genealogicamente conectados, ambos colocados em oposição fundamental ao mundo católico da Europa central. Já vimos como alguns protestantes, em meados do século XVI, anunciavam achar melhor ser "turcos do que papistas". Também vimos que às vezes se apontavam similaridades entre o islamismo e o protestantismo, colocando-os numa maior proximidade confessional entre si do que com o catolicismo. Mas ainda resta ver como se traçavam naquela época as linhas de herança histórica na Europa e o papel desempenhado por Safiye nesse traçado.

Os otomanos não se viam como fundamentalmente asiáticos, pertencentes e representantes de um Oriente sempre em inevitável oposição ao Ocidente. Viam-se antes no topo de um império mundial universal, cobrindo três continentes e abrangendo uma infinidade de povos, línguas e religiões. Eram tão europeus quanto asiáticos, governando a partir de uma capital que se situava nos dois continentes. Na verdade, para ressaltar esse ponto, Suleiman, o Magnífico, acrescentou a seus títulos oficiais o de "Sultão de Dois Continentes".[44] Os otomanos se consideravam conscientemente os herdeiros não só das glórias do Califado Abássida e do mundo muçulmano medieval (capítulo 3), mas também dos esplendores do Império Bizantino e de sua herança greco-romana (capítulo 5).[45] Em 1538, Suleiman, o Magnífico, expôs como via seu lugar no mundo:

> Sou escravo de Deus e sultão deste mundo. Pela graça de Deus sou chefe da comunidade de Mehmed. O poder de Deus e os milagres de Mehmed são meus companheiros. Sou Suleiman, em cujo nome se lê o *hutbe* em Meca e

em Medina. Em Bagdá sou o xá, nos reinos bizantinos o César e no Egito o sultão, que envia suas frotas aos mares da Europa, do Magreb e da Índia.[46]

Embora Suleiman pudesse ser sultão, por direito de conquista era também césar e herdeiro de todas as terras antes ocupadas pelo Império Bizantino. Mas o direito de conquista não era a única maneira pela qual os otomanos podiam reivindicar o legado de Roma. Havia uma tradição duradoura, rastreável ao longo de todo o período medieval, que postulava uma ligação genealógica entre os romanos antigos e os *"turchi"* da Ásia central e ocidental. Os dois grupos, segundo essa tradição, descendiam de refugiados troianos fugidos ao saque de Troia.

Já vimos, no capítulo 4, as genealogias medievais ligando vários povos da Europa aos troianos refugiados. O que não mencionei lá foi que essas genealogias se estendiam além da Europa e incluíam os povos da Ásia ocidental e central, em particular os *turchi*. Os turcos, segundo as crônicas do monge Fredegário, do século VII, descendiam do herói troiano Franco, que também vinha a ser o progenitor dos francos.[47] A história persistiu, sendo recontada durante sete séculos numa sucessão de crônicas medievais, até a conquista otomana de Constantinopla em 1453. Para alguns comentaristas, a queda de Constantinopla para os otomanos foi um acontecimento assustador que confirmava suas ideias sobre uma oposição fundamental entre o islamismo e o cristianismo. Foi esse, sem dúvida, o caso dos autores italianos de vários épicos renascentistas, como vimos no capítulo 6. Mas, para outros que tinham uma posição mais antibizantina, era uma revanche histórica.

Assim como a ancestralidade troiana mítica dos latinos foi usada para justificar o saque de Constantinopla na Quarta Cruzada (ver capítulo 5), a ancestralidade troiana mítica dos turcos foi empregada para o mesmíssimo fim. Os otomanos, como os francos, os normandos, os germânicos e os britânicos, eram ditos descendentes de heróis troianos. A vitória otomana sobre os gregos bizantinos, portanto, não era senão a justa vingança pela expulsão de seus próprios ancestrais de Troia. Um jurista francês descreveu Mehmed II, o conquistador de Constantinopla, como "o grande vinga-

O caminho não trilhado: A sultana Safiye

dor de Troia que, em vingança pela morte de Heitor, rompeu com seus companheiros armados aqueles muros atacados por Marte".[48] Um poeta italiano escreveu que os bizantinos não se encontrariam em tais apuros "se vocês, gregos, não tivessem oprimido com tal carnificina os frígios",[49] sendo "frígios outra palavra usada em textos gregos e latinos antigos para designar os troianos. Segundo um erudito bizantino que continuou a servir na corte após a conquista otomana (e até acabou sendo nomeado governador de sua ilha natal de Imbros), o sultão otomano Mehmed II foi pessoalmente visitar o local da antiga Troia, dizendo que "Deus reservou para mim, por tão longo período de tempo, o direito de vingar esta cidade e seus habitantes".[50] Um século depois, a sultana Safiye iria reviver a mesma retórica a serviço de seus próprios fins diplomáticos, tendo em mente um público-alvo específico.

No final do século XVI, a ideia das origens troianas já tinha em grande medida saído de moda na Europa central. A popularidade extrema de que gozara no período medieval (ver capítulo 4) agora desaparecera. Nos dois séculos anteriores, durante o período que agora chamamos de Renascimento, surgira uma nova maneira de pensar a Antiguidade.[51] Pouco a pouco, as pessoas tinham naturalizado a ideia de que o mundo grego antigo estava essencialmente ligado ao mundo romano antigo, e concebido uma Antiguidade conjunta greco-romana, peculiar e diferente do restante do mundo antigo (ver capítulo 6). A difusão dessas ideias, porém, não significava que os europeus centrais e ocidentais tivessem imediatamente mudado o foco de suas genealogias imaginadas, transferindo-o de Troia para a Grécia. Embora a narrativa madura da Civilização Ocidental ainda estivesse por surgir, as glórias troianas antigas no século XVI já não refulgiam com tanto brilho aos olhos da maioria dos europeus como no período medieval, e aos poucos a ideia de genealogias nobres remontando a Troia se esvaneceu.

Somente os britânicos, tão amiúde trilhando um caminho diferente do da Europa continental, continuavam a celebrar o mito de suas origens enfaticamente troianas.[52] Na verdade, era um mito que a dinastia Tudor parecia especialmente ansiosa por promover. Segundo o extenso poema panegírico de Edmund Spenser, "nobres bretões brotaram de troianos valorosos, e Troynovant das cinzas frias da velha Troia foi construída" (Spenser, *The Faerie Queene* 3,9, estrofe 38). Dizia-se que a dinastia Tudor descendia especificamente do príncipe troiano Páris. É memorável a passagem em que Spenser atribuiu ao personagem que representava cripticamente à rainha as seguintes palavras: "Minha Linhagem derivo diretamente daquele/ Que muito antes dos dez anos do Cerco de Troia,/ Em seus tempos de Pastor no Ida,/ Com a bela Enone teve um encantador Menino" (Spenser, *The Faerie Queene* 3,9, estrofe 36). Nas artes visuais, Elizabeth foi retratada no lugar do príncipe troiano Páris, incumbido de escolher entre três deusas imortais a mais desejável — se a escolha de Páris, que recaiu sobre Afrodite, acabou levando aos eventos da Guerra de Troia, Elizabeth, evidentemente, aparece superando as três deusas e, assim, evitando o conflito.[53]

Mas a história era popular mesmo fora dos círculos oficiais da corte, sobretudo na parte final do reinado de Elizabeth. Surgiram peças de teatro com temática troiana, como *Troilo e Créssida*, de Shakespeare (1601), e *Dido, rainha de Cartago*, de Marlowe (1594). Outras obras poéticas também tinham inspiração troiana, desde *O conto de Troia*, de George Peele (1589), ao imediato pós-elisabetano *Troia Britannica*, de Haywood (1609). A primeira tradução da *Ilíada* para o inglês também foi feita nesse período, por George Chapman, com a primeira parte da serialização publicada em 1598.[54] Mesmo os advogados pareciam querer participar da ação, com o renomado jurista Edward Coke (mais sobre ele no capítulo 8) procurando estabelecer as origens do direito consuetudinário inglês num passado troiano.[55] Os ingleses se regozijavam com a ideia de suas origens troianas — origens que, segundo algumas crônicas medievais, partilhavam com os otomanos.

Safiye não era de deixar passar as oportunidades diplomáticas que lhe caíam no colo. E a ideia de uma ancestralidade comum aos otomanos e aos ingleses era uma oportunidade e tanto. Escrita em 1591, sua primeira carta a Elizabeth revive a ideia dos otomanos como os herdeiros legítimos de Roma, ainda que o faça sutilmente, como se quisesse testar o tipo de reação que Elizabeth teria. A carta se inicia com uma invocação a Deus, e então Safiye se apresenta como mãe do príncipe herdeiro e consorte do

O caminho não trilhado: A sultana Safiye

sultão reinante, referindo-se a ele como "Sua Majestade Sultão Murad —
que Deus perpetue sua boa fortuna e majestade! — o monarca das terras,
o engrandecedor do império, o cã dos sete climas nesses tempos auspicio-
sos e o afortunado senhor dos quatro cantos do mundo, o imperador das
terras de Roma".[56]

À apresentação segue-se uma saudação formal a Elizabeth, repleta de ti-
tulações floreadas, na qual Safiye lhe presta "um cumprimento tão gracioso
que todas as rosas do jardim são apenas uma pétala sua, e um discurso
tão sincero que todo o repertório dos rouxinóis do jardim são apenas uma
estrofe sua".[57] A seguir, Safiye explica que foi contactada pelo embaixador
de Elizabeth, após sua audiência com Murad, a quem então se refere como
o "feliz padixá do Islã e soberano qual Marte". Então assegura seu apoio a
Elizabeth e passa a defender sua causa com o sultão, a quem descreve nessa
seção final da carta como "o Senhor da afortunada conjunção e aquele que
ocupa o lugar de Alexandre".[58]

Safiye estava pisando com cautela, abrindo uma nova linha de comunicação diplomática com uma nova correspondente. Ela espalha na carta,
soltas aqui e ali, referências à cultura grega e latina, entremeadas com uma
linguagem religiosa e de gênero. Entre outras coisas, o sultão é apresentado
como o imperador das terras de Roma, herdeiro de Alexandre, o Grande,
e comparável a Marte, o deus romano da guerra. Ela não faz nenhuma
declaração explícita da ancestralidade, mas traz uma invocação implícita
do legado político e cultural do mundo greco-romano — a de que ele pertence aos otomanos. Ela deve ter se perguntado como Elizabeth reagiria.

Safiye não precisou esperar muito. As duas trocaram vários presentes
e cartas nos anos seguintes, culminando na espetacular embaixada inglesa de 1599 que levou o carrilhão automatizado para o sultão e o coche
incrustado de joias para Safiye. Mas Elizabeth era tão sutil quanto Safiye e
igualmente hábil em empregar símbolos diplomáticos. Sua concordância
com a ideia de um passado antigo comum vinha implícita no nome do
navio que, em 1599, levou a Istambul esses fabulosos presentes ingleses:
Hector, nome do príncipe herdeiro de Troia, o maior guerreiro do exército
troiano e presumivelmente o verdadeiro herói da *Ilíada* homérica.

Depois do sucesso do *Hector* e de sua mensagem política de múltiplas camadas, as relações anglo-otomanas degringolaram rapidamente. No decorrer de quatro anos registram-se as mortes de Mehmed, filho de Safiye, e de Elizabeth, substituídos por novos dirigentes com novas ideias radicais sobre a política internacional e a orientação cultural.

No caso de Jaime I da Inglaterra (que era ao mesmo tempo Jaime VI da Escócia), essa nova direção consistia numa reaproximação com a Espanha católica e num afastamento das ligações orientais em favor das colônias ocidentais. A criação, em 1607, de Jamestown, na Virgínia, o primeiro assentamento inglês permanente nas Américas, era uma declaração de intenções não só políticas, mas também ideológicas. Para os Stuart, o futuro do reino recém-unido estava não no leste e sim no oeste. Ao mesmo tempo, mas no outro lado da Europa, Ahmed I se lançava a uma política diplomática que espelhava a de Jaime. Conservador religioso, ele procurou se distanciar da avó e de sua rede de alianças ocidentais, embora tendo o cuidado de preservar algum comércio e diplomacia com a Europa. Sua atenção, e a de seu filho, o sultão Murad IV, estava mais concentrada no leste do que no oeste, em particular nas relações com a Pérsia safávida.

Com o avançar do século XVII, os imperativos políticos e interesses econômicos que antes haviam aproximado protestantes e muçulmanos começaram a desaparecer. E, talvez inevitavelmente, as ideias sobre uma mesma herança civilizacional e um passado comum também desapareceram. Findaram-se as alusões a uma mesma genealogia partilhada por sultões otomanos e rainhas inglesas. Findaram-se as narrativas de uma Antiguidade universal. Inversamente, aumentava a convergência em torno de uma visão de mundo alternativa — que existira no período medieval, mas não prevalecera (capítulos 4 e 5), e ganhara popularidade durante o Renascimento (capítulo 6). Nessa visão, a Europa e a cristandade constituíam uma única entidade conceitual em oposição binária direta à Ásia, ao islamismo e ao restante do mundo. Essa visão ainda hoje permanece entre nós, muitas vezes tratada como choque de civilizações.

No século XVI, a ideologia e a propaganda habsbúrgicas seguiam abertamente essa visão, movidas em não pequena medida pela intensa

O caminho não trilhado: A sultana Safiye

rivalidade política entre os otomanos e os Habsburgo.[59] Era interesse destes últimos promover a ideia de uma frente europeia e cristã contra o mundo muçulmano, ideia que uniria os diversos grupos protestantes sob a liderança dos Habsburgo católicos. No apogeu das relações anglo-otomanas na última década do século XVI, quando Elizabeth e Safiye trocavam cartas e presentes em lados opostos da Europa, os propagandistas habsbúrgicos intensificaram seus esforços. Tentaram, em particular, retratar a Batalha de Lepanto, travada em 1571 entre a marinha otomana e a Liga Santa patrocinada pelos Habsburgo, como uma luta heroica entre civilizações fundamentalmente opostas — a Europa contra a Ásia, a cristandade contra os infiéis.[60]

Os Habsburgo espremeram até a última gota o que Lepanto podia lhes dar. Cartas e proclamações corriam pela Europa, sustentando que o sucesso da Liga Santa era um sinal do favor divino. O artista Giorgio Vasari (mais sobre ele no capítulo 6) pintou no Vaticano três afrescos da batalha, para o papa Pio V. O rei habsbúrgico espanhol Filipe II encomendou uma pintura a seu artista favorito, Ticiano, para celebrar o evento. Uma série de tapeçarias e pinturas de grandes dimensões, representando a batalha, feitas a partir de desenhos de Luca Cambiaso, adornava palácios e mansões em Madri, Gênova e Londres.

Em meio à cacofonia de relatos sobre o triunfo em Lepanto nas décadas finais do século XVI, o erudito e poeta Juan Latino compôs um poema épico, a *Austríada*, louvando as proezas de João da Áustria, o general habsbúrgico que comandara a frota da Liga Santa. A epopeia de Latino é notável por usar a retórica da divisão cristãos-muçulmanos para se proteger da discriminação e preconceito racial. Latino era negro, nascido em Baena, na Espanha, de pais escravizados da África ocidental, e passara a juventude servindo a don Gonzalo Fernández de Córdoba, o duque de Sessa. Libertado ainda jovem, Latino se dedicou aos estudos, vindo a ser nomeado professor de Gramática Latina na Catedral de Granada. O poema de Latino utilizava refinadamente metáforas e modelos clássicos para traçar um contraste entre os exércitos cristãos dos Habsburgo e os exércitos otomanos. Era um contraste enfaticamente religioso, e não racial. Latino afirma a importância da escolha pessoal e da conversão na aceitação da fé, destacando sua experiência própria de batizado e não de nascido na Igreja católica.[61] Latino tinha motivos evidentes e plenamente justificados para escrever contra o que, na época, era uma onda crescente de pensamento racializado e discriminação de base racial na Europa (era também o período do grande arranque do tráfico escravo atlântico; ver mais a esse respeito no capítulo 9). Mas o fato de que a retórica em voga da islamofobia e de um choque de civilizações entre Oriente e Ocidente fosse uma ferramenta tão valiosa no arsenal literário de Latino revela-nos algo sobre o *Zeitgeist* em transformação.

Na realidade, a Batalha de Lepanto foi travada entre, de um lado, um império multiétnico e multirreligioso que se espalhava por três continentes (os otomanos) e, de outro, uma aliança de Estados católicos bancados pelo rei habsbúrgico Filipe II da Espanha. E, na realidade, embora tenha sido uma vitória decisiva para a Liga Santa e tenha resultado no massacre em grande escala das tropas otomanas, a batalha não foi muito mais do que um revés caro e embaraçoso para os otomanos, que dois anos depois arrancaram o Chipre das mãos dos venezianos e, no ano seguinte, conquistaram Túnis.[62] Mas a realidade raramente se interpõe no caminho de uma boa história, sobretudo quando essa história atende a uma finalidade política.

A correspondência entre a sultana Safiye e Elizabeth I atesta um caminho que não foi tomado na história mundial, uma rota que acabou não sendo seguida. Só nos resta imaginar: e se a aliança tivesse se mantido? E se o núcleo habsbúrgico católico da Europa tivesse sido cercado por um acordo protestante-muçulmano? Será que a noção moderna do Ocidente teria se desenvolvido plenamente, tornando-se o bloco geopolítico que tanto fez para definir o formato atual do mundo? E a narrativa grandiosa da Civilização Ocidental teria chegado a se desenvolver?

Poderíamos nos entregar infindavelmente aos "e se" da história, mas, neste caso, desconfio que, na época em que a sultana Safiye chegou ao poder, o destino já estava traçado. A correspondência entre ela e Elizabeth foi talvez uma tentativa derradeira de virar a maré, um gesto final para desacelerar o ritmo das tendências que já estavam surgindo desde a gera-

O caminho não trilhado: A sultana Safiye

ção anterior. Depois desse ponto, não demorou muito para que a história do choque civilizacional, nascida da propaganda habsbúrgica contra os otomanos, viesse a eclipsar os mitos da ancestralidade em comum que tinham servido para alavancar a aliança anglo-otomana. A narrativa corrente mudou.

Uma nova narrativa passou a dominar. O senso de identidade de um "nós" se concentrou na noção de cristandade, conceito que recobriu o sangrento conflito sectário entre protestantes e católicos do século anterior, esquecendo muito convenientemente o abismo que havia separado a igreja latina e a igreja grega dos séculos anteriores. Essa cristandade imaginada passou a ser cada vez mais identificada com a Europa, entregando-se a uma espécie de amnésia deliberada a fim de ignorar a existência das antigas igrejas do Oriente Médio, da Ásia e da África. Também se passou a ver essa cristandade eurocêntrica imaginada como dotada de uma mesma origem comum na Antiguidade greco-romana, com uma história compartilhada à qual era possível atribuir os elementos em comum de sua cultura e orientação política. Além do mundo do presente, o mundo do passado também veio a ser visto, cada vez mais, dividido em dois lados fundamentalmente opostos e eternamente divergentes — nós e eles, cristãos e não cristãos, Europa e além, o Ocidente e o Resto.

8. O Ocidente e o conhecimento: Francis Bacon

> Pois a rigor só se podem considerar três ciclos e períodos do conhecimento: um entre os gregos, o seguinte entre os romanos e o último entre nós, isto é, as nações da Europa ocidental.
>
> FRANCIS BACON, 1620[1]

NÃO SÃO MUITOS AQUELES que serão lembrados pela história por sua excelência em campos diversos. Alguns pensariam de imediato em Leonardo da Vinci, Gottfried Leibniz ou Frank Ramsey. Outros poderiam lembrar Aleksandr Borodin, Hedy Lamarr ou Arnold Schwarzenegger. Mas tenho certeza de que a maioria encontraria para Francis Bacon um lugar no rol dos polímatas históricos. Não devemos confundi-lo com o artista homônimo do século XX: o personagem deste capítulo foi um filósofo pioneiro da ciência, importante jurista e destacado político inglês nas décadas finais do século XVI e iniciais do século XVII. Assim, a vida notável de Bacon se estende sobre a transição entre o mundo quinhentista de Elizabeth e Safiye e o mundo seiscentista de Jaime e

O Ocidente e o conhecimento: Francis Bacon 167

Ahmed. Ele presenciou em vida mudanças sísmicas na geopolítica global, e uma transformação no modo de imaginar o mundo e sua história. Ele presenciou em vida a invenção do Ocidente. E mais: seu papel nesse processo não foi pequeno.

Francis Bacon viveu numa época em que o conceito do Ocidente enfim começava a se cristalizar e em que a narrativa grandiosa da Civilização Ocidental passou a se tornar o modelo dominante na Europa para se pensar a história. Seus escritos mostram a escala da mudança que ocorreu no prazo de uma vida. Ele iniciou sua carreira sob Elizabeth i numa época em que a noção do Ocidente ainda era embrionária e em que, portanto, ainda era possível imaginar um eixo de alinhamento europeu em que as fímbrias protestantes e muçulmanas da Europa se unissem contra seu rival católico. No final de sua carreira sob Jaime i, a política mudara a tal ponto que esse tipo de alinhamento já não era mais concebível (embora, claro, o comércio e a diplomacia entre os otomanos e outras potências europeias continuassem). Começara a surgir a noção do Ocidente e, apesar da persistência de conflitos confessionais e lutas políticas em seu interior, não havia como voltar os ponteiros do relógio.

Ao mesmo tempo, as ideias sobre o formato da história também tinham se enrijecido. Já não era mais possível, como ainda o fora na época da sultana Safiye, pensar em termos de uma mesma ancestralidade cultural unindo a Europa e a Ásia. Pelo contrário, a única história imaginável era aquela em que o Ocidente e o Oriente tinham, cada qual, sua própria genealogia cultural e sua própria linhagem histórica. Para o Ocidente, essa linhagem supostamente se iniciava na Antiguidade greco-romana, uma parcela do passado humano agora demarcada como pertencente exclusivamente à história europeia, com seus legados transmitidos exclusivamente aos europeus. Essa reimaginação fundamental do mundo e de sua história só foi possível devido a rápidas mudanças mais abrangentes em curso na época.

Exploração e Iluminismo

Francis Bacon viveu num mundo onde as próprias bases do conhecimento estavam sendo repensadas de maneira radical. Primeiro, houve mudanças no *que* as pessoas pensavam. O humanismo do Renascimento estimulara novos desenvolvimentos na teologia, na filosofia e nas ciências naturais, e isso, somado à proliferação de novos grupos protestantes, havia estimulado o surgimento de novas ideias sobre fé e religião. Mas houve também mudanças em *como* as pessoas pensavam. Bacon, entre outros, foi fundamental para a mudança das concepções sobre a epistemologia — o que se poderia conhecer e como se chegaria a conhecê-lo. Talvez mais do que a maioria dos outros, Bacon foi fundamental como pioneiro no que agora conhecemos como "método científico".

É por isso que frequentemente as apresentações do Iluminismo começam por Bacon, embora o Iluminismo propriamente dito seja de hábito associado a pensadores do final do século XVII e do século XVIII, como Voltaire, Rousseau e Kant. Bacon foi fundamental para promover a noção do método científico, em que seria possível testar objetivamente os fatos pela observação e pela experimentação. Essa ideia foi crucial para os desenvolvimentos científicos e tecnológicos do Iluminismo, desde as descobertas astronômicas de Galileu e a epistemologia radical de Kant às leis da física de Newton e à matemática geográfica de Descartes. Essa ênfase iluminista na ciência e na racionalidade se erguia sobre os alicerces do humanismo renascentista e estava ligada a um maior questionamento da religião, a um avanço rumo à secularização e à noção de uma separação entre a Igreja e o Estado.[2] É possível encontrar alguns elementos dessas ideias no Tratado da Westfália, de 1648, que encerrou a Guerra dos Trinta Anos, conflito sangrento ostensivamente travado por questões religiosas (embora, claro, a assinatura do tratado não tenha posto fim à violência intercristã e à perseguição religiosa na Europa).

Um segundo pilar do Iluminismo era a filosofia política, que refletia sobre a natureza humana e a dinâmica das sociedades humanas, e incluía a teoria do "contrato social" formulada por Rousseau; a noção de Hobbes

O Ocidente e o conhecimento: Francis Bacon

de que a vida humana antes do Estado era "sórdida, brutal e curta"; a noção de Locke sobre o direito natural; o otimismo político de Leibniz; a defesa da igualdade por Thomas Paine numa concepção inicial dos direitos humanos; o feminismo radical de Mary Wollstonecraft, que estendia os direitos humanos às mulheres.[3]

As duas correntes principais do pensamento iluminista — a científica e tecnológica de um lado, a filosófica e política de outro — buscavam inspiração na Antiguidade greco-romana, tal como os humanistas renascentistas haviam feito. Galileu e Descartes, por exemplo, desenvolveram seu pensamento matemático a partir de princípios estabelecidos por Pitágoras. Entre os filósofos políticos, o impulso dado pela Antiguidade greco-romana foi ainda mais forte. Hobbes utilizou Tucídides para elaborar melhor suas ideias sobre o realismo político, e as teorias de Locke sobre a personalidade e a propriedade trazem ecos do estoicismo.[4] Rousseau, em especial, usou a história da Roma republicana como base para grande parte de seu pensamento político e comentou que, quando menino, tinha a cabeça "cheia de Atenas e Roma [...]. Eu me pensava como grego ou romano".[5]

Tal como no caso dos humanistas renascentistas do século anterior, esses pensadores iluministas não herdaram diretamente as ideias da Antiguidade greco-romana, como se as recebessem passivamente como parte de um legado cultural inato. Pelo contrário, procuravam ativamente inspirações e modelos gregos e romanos, passando um pente fino pelos textos antigos e recolhendo o que consideravam útil. Alguns defendiam explicitamente uma relação seletiva com a Antiguidade, em lugar de aceitá-la na íntegra. Thomas Hobbes, por exemplo, inspirou-se em Tucídides, mas também era crítico em relação a outros pensadores greco-romanos, como Aristóteles, e desenvolveu uma teoria política que formava um forte contraste com modelos antigos da liberdade republicana.[6] Hobbes chegou a sugerir que, num balanço final, a leitura de textos greco-romanos tinha um efeito negativo sobre seus contemporâneos:

E pela leitura desses autores gregos e latinos, os homens desde a infância adquiriram o hábito (sob uma falsa aparência de liberdade) de favorecer tumultos e de exercer um controle desregrado das ações de seus soberanos, e então de controlar esses controladores, com o derramamento de tanto sangue que penso poder dizer em verdade que nunca se comprou nada tão caro quanto essas partes ocidentais compraram o saber das línguas grega e latina.[7]

Por meio desse complexo processo de adoção, apropriação e diálogo com a Antiguidade greco-romana, os pensadores do Iluminismo europeu efetivamente a reivindicavam como própria, integrando-a no mundo cultural de sua realidade contemporânea. Por meio desse processo, começaram a fixar e firmar a narrativa grandiosa da Civilização Ocidental.

O termo "Iluminismo", ou "Esclarecimento", assim como seu equivalente germânico *"Aufklärung"*, capta apenas uma parte da atmosfera romântica evocada pela expressão francesa para o período, o *"siècle des Lumières"*, o século das Luzes. Essa aura romantizante dá as cores ao que hoje pensamos sobre o Iluminismo. Ensinam-nos que se tratou de uma era de esplendor e razão — uma era essencial que se destaca pela luminosidade de seus astros intelectuais, cujos cintilantes feixes luminosos de racionalidade expulsaram as trevas da superstição. Segundo William McNeill em seu best-seller de 1963, *The Rise of the West*, "nós e todo o mundo do século XX somos especificamente as criaturas e herdeiros de um pequeno número de gênios dos primórdios da Europa moderna".[8] Desses gênios (ou assim diz essa história) herdamos não só o método científico, mas também o racionalismo e o ceticismo religioso, bem como o individualismo e o humanismo. Foram eles, dizem-nos com frequência, que lançaram as bases conceituais do mundo moderno. Nas palavras de um dos maiores pensadores do Iluminismo, o filósofo alemão Immanuel Kant, o "Esclarecimento" significava a libertação da humanidade de sua ignorância autoimposta.[9]

Como apontou Kant, este foi de fato um período de significativos avanços científicos, e esses avanços foram de fato acompanhados pelo surgimento do humanismo laico e da filosofia radical. O conhecimento se disseminava rapidamente em livros, que tinham se tornado bem mais acessíveis graças à tecnologia transformadora do prelo móvel. Discutiam-se ideias em correspondências formais e opúsculos em circulação, criando

O Ocidente e o conhecimento: Francis Bacon

uma "república das letras" internacional (talvez similar à ideia atual de comunidade científica) cujo foco se concentrava no avanço intelectual. Interessante notar que era uma comunidade cuja língua comum era o latim, que continuava a ser a língua da educação da elite na maior parte da Europa e nas Américas.

Mas o Iluminismo não era um movimento único ou unitário. Em sua ampla correnteza havia inúmeras contracorrentes, ramificações de escolas de pensamento e linhas intelectuais rivais.[10] Alguns pensadores iluministas, por exemplo, tinham uma abordagem quase agressivamente cética da religião, enquanto outros conseguiam reconciliar seus princípios científicos com a fé cristã.[11] O Iluminismo também variava nos diversos lugares e adotava formas diferentes na Escócia e na Suíça, na Boêmia e em Berlim. Na Rússia, vinha tingido pela autocracia centralizadora de Pedro, o Grande, enquanto na América Central e na América do Norte (como veremos em capítulos posteriores) adquiria um teor decididamente revolucionário.[12] E o Iluminismo tampouco se limitava à Europa e à América do Norte, embora frequentemente seja assim descrito nas apresentações usuais da história Ocidental. Pelo contrário, ele era um fenômeno verdadeiramente global e, embora o núcleo incontestável da atividade iluminista estivesse na Europa, pelo mundo todo encontram-se também exemplos do pensamento iluminista, em cidades como Cairo, Calcutá, Shanghai e Tóquio.[13]

Na verdade, mesmo os avanços científicos e filosóficos que se realizavam no coração da Europa eram muitas vezes estimulados por ideias novas vindas de fora. O conhecimento dos sistemas de governo e administração chineses, por exemplo, inspirou europeus a reavaliarem suas noções sobre o formato do Estado. O exemplo chinês teve especial influência entre pensadores iluministas franceses, e o famoso sinófilo Voltaire chegou a afirmar que "o espírito humano não é capaz de imaginar um governo melhor" do que o chinês.[14] O confucionismo, em particular, serviu de inspiração à filosofia política e foi vigorosamente defendido por ninguém menos que o diplomata e polímata alemão Gottfried Leibniz.[15] Em outra escala, o contato e as conversas com os americanos nativos também podem ter ativado um repensar radical das tradições europeias. Afirma-se, por exemplo, que o *Discurso sobre as origens da desigualdade social* de Rousseau se baseia num conhecido texto em circulação nos salões europeus elegantes da época, que dizia narrar as reflexões filosóficas de Kandiaronk, um estadista da nação Wendat.[16] Infelizmente, as realizações de cientistas e filósofos americanos nativos, africanos e médio-orientais e suas contribuições para o desenvolvimento do pensamento iluminista na Europa não foram amplamente reconhecidas na época (nem mesmo pelo personagem deste capítulo, Francis Bacon).[17]

O Iluminismo se deu, portanto, sobre o pano de fundo da exploração europeia e de seu maior envolvimento com outras partes do mundo (que nem sempre foi pacífico; ver capítulo 9), devendo muito a esse estímulo global mais amplo. Na verdade, o Iluminismo e a exploração estão inextricavelmente ligados numa mútua causalidade de retroalimentação. Grande parte do pensamento iluminista europeu surgiu do contato com o mundo mais amplo. Ao mesmo tempo — e fundamental para nossas finalidades neste livro —, os desenvolvimentos na Europa que permitiram primeiro contactar e depois subjugar esse mundo mais amplo se baseavam, em larga medida, no pensamento iluminista. Esses desenvolvimentos se deram de duas formas, brotando das duas correntes principais do pensamento iluminista.

Os avanços científicos e tecnológicos deram aos europeus a vantagem militar sobre os demais, dotando-os dos meios práticos para dominar o restante do mundo. Mas, como afirmei na introdução, este livro não trata do surgimento do Ocidente *per se*, e deixarei àqueles mais qualificados do que eu a tarefa de destrinchar a complexa trama de fios do processo pelo qual um pequeno número de Estados da Europa central e ocidental veio a dominar o restante do mundo, primeiro em termos militares e políticos e depois em termos econômicos e culturais.[18] Meu interesse aqui se concentra na segunda dessas duas correntes e no fato de que os desenvolvimentos iluministas na filosofia e na teoria política proporcionaram aos europeus as ferramentas não só práticas, mas também conceituais do império, fornecendo a base intelectual para conceber o restante do mundo como essencialmente diferente e fundamentalmente inferior.

O Ocidente e o conhecimento: Francis Bacon

A origem da Civilização Ocidental como teoria historiográfica, portanto, se encontra nesse nexo entre exploração, Iluminismo e império. Em algum ponto no círculo de retroalimentação entre contatos globais e revoluções intelectuais, inventou-se a ideia da genealogia cultural do Ocidente. Um dos que contribuíram para ela foi Francis Bacon.

Parlamentar e polímata

A se caracterizar o Iluminismo por seus astros intelectuais, um dos primeiros e certamente um dos mais brilhantes seria Francis Bacon. Ele tem sido chamado de "o Pai do Empirismo" e "o Pai do Método Científico" — ambos epônimos referentes a seu trabalho para estabelecer uma abordagem metódica e padronizada para observar os fenômenos naturais.[19] Ele expôs o que agora é conhecido como método baconiano em *Novum organum* — obra que veio a dar os fundamentos para os avanços científicos do século seguinte. Nela, Bacon afirmava que devemos alicerçar nosso entendimento do mundo sobre os fatos e não sobre a fé (com efeito, ele era especialmente crítico do papel que o cristianismo desempenhara para bloquear o avanço científico). Era tão grande a influência de Bacon que, em 1660, mais de trinta anos após sua morte, quando a Royal Society de Londres foi criada, ele foi adotado quase como seu santo padroeiro, atribuindo-se a ele o nascimento da ciência britânica num poema de homenagem:

> *Bacon, como Moisés, por fim nos liderou,*
> *Atravessou o árido deserto,*
> *Parou na beirada mesmo*
> *Da abençoada terra prometida,*
> *E do cimo da montanha de seu alto gênio*
> *Viu-a pessoalmente e no-la mostrou.*[20]

No entanto, Bacon chegou à ciência em fase relativamente avançada da vida — publicou *Novum organum* em 1620, aos 59 anos. Antes disso, havia dedicado suas energias com mais frequência à esfera política. Foi membro do Parlamento por 36 anos, além de servir em vários cargos à Coroa inglesa e depois britânica, inclusive como procurador-geral, conselheiro privado e lord chanceler. E iniciou a carreira não na política nem na ciência, mas no direito.

Francis Bacon era apenas um rapazote de quinze anos quando se inscreveu nas Gray's Inn Chambers em Londres, em 1576.[21] A essa altura, já terminara três anos de estudos em Cambridge (embora isso possa nos parecer relativamente prematuro, naquela época não era incomum a matrícula de pré-adolescentes) e estava pronto para iniciar uma formação jurídica mais rigorosa.[22] Os estudos o levaram à França, à Itália e à Espanha, até que a morte do pai, em 1579, o obrigou a voltar a Londres e começar a atuar — ainda com apenas dezoito anos — como advogado.[23] Uma pintura com o retrato de Bacon adolescente o mostra como um jovem de rosto redondo e cabelo cacheado castanho-claro, já com o ar de prudente ceticismo que o caracterizaria mais tarde.[24]

Bacon ingressou na política em 1581, como membro do Parlamento por Bossiney, na Cornualha, mas se manteve em relativa obscuridade política por mais de uma década.[25] Nesse período, para pagar as contas, complementava o trabalho parlamentar com a atividade jurídica, sempre incansavelmente buscando um caminho mais seguro para nomeações e promoções. Ele deve ter pensado que encontrara esse caminho ao conhecer o carismático conde de Essex. Bem-apessoado, impetuoso e muito ambicioso, Essex se tornara em 1587 o favorito de Elizabeth I, que o cobria de títulos e privilégios. Sabendo reconhecer uma boa oportunidade, Francis e Anthony, seu irmão mais velho, abriram caminho até o círculo próximo do conde. Os irmãos Bacon se mostraram úteis para a elaboração das estratégias políticas de Essex, Anthony passando-lhe rumores preciosos que obtinha de uma extensa rede de espiões que cultivara laboriosamente em suas viagens pela Europa, e Francis aconselhando-o em disputas jurídicas e religiosas.[26] Em troca, ambos se beneficiavam de seu apoio dentro da corte e de seu patronato fora dela. Mas Essex, a despeito de seu empenho, nunca conseguiu assegurar a Bacon o cargo elevado que ele tanto desejava.

O Ocidente e o conhecimento: Francis Bacon

Foi somente em 1601 — um ano depois que o navio *Hector* voltou de Istambul, tendo entregado o carrilhão e a carruagem dourada de Elizabeth (ver capítulo 7) — que Bacon conseguiu o caso que fez sua fama. Como promotor do Estado, ele foi encarregado do processo mais rumoroso e escandaloso de toda uma geração — um processo por traição que era o assunto dos falatórios por todo lado, das cervejarias aos corredores do poder. Só havia um problema: o homem no banco dos réus era seu antigo amigo e patrono, o conde de Essex. Após uma campanha desastrosa na Irlanda para sufocar uma revolta, Essex perdera as graças da rainha e pensou em remediar a situação embarcando numa breve e abortada rebelião contra ela (difícil saber se em algum momento ele realmente pensou que isso o devolveria às boas graças de Elizabeth).

O papel de Bacon no processo contra Essex era controverso na época, devido à sua proximidade anterior com o conde.[27] Talvez precisando se distanciar de Essex e provar sua lealdade à Coroa, ele contribuiu vigorosamente para o processo, fornecendo alguns dos argumentos mais sólidos à acusação. Deve ter feito um bom trabalho, pois em 25 de fevereiro Essex foi condenado e decapitado na Torre de Londres. Bacon ficou incumbido de redigir o documento oficial do julgamento e da rebelião, tarefa que cumpriu com metódica serenidade. No entanto, por mais sereno que ele pudesse parecer na época, o episódio perturbou muito sua consciência. Mais tarde, Bacon afirmou ter feito todo o possível para pleitear a leniência ou o indulto para a família e os associados do conde — entre eles, talvez, seu próprio irmão.[28]

Mas agora a estrela de Bacon estava em franca ascensão. Após a morte de Elizabeth, o novo rei, Jaime I da Inglaterra (que era também Jaime VI da Escócia), sagrou-o cavaleiro em 1603, e, no ano seguinte, nomeou-o conselheiro real. Durante grande parte das duas décadas seguinte, Bacon esteve no centro da política britânica. Serviu como procurador-geral assistente a partir de 1607, como secretário da Câmara Estrelada (o tribunal do Palácio de Westminster) a partir de 1608, promotor-geral a partir de 1613, conselheiro privado a partir de 1616, lord guardião do selo a partir de 1617 e lord chanceler a partir de 1618. Nessa altura, Jaime lhe conferiu o título de barão

Verulam em reconhecimento a seus serviços, e mais tarde, em 1621, concedeu-lhe o título ainda mais grandioso de visconde de St. Alban.

Ninguém sobe tanto sem atrair inimigos. O rival mais ferrenho de Bacon era o temível Edward Coke (visto no capítulo 7 invocando as origens troianas do direito inglês), que fora seu colega mais graduado na equipe da promotoria no processo de Essex. Os dois juristas passaram grande parte de suas carreiras disputando o poder.[29] Coke foi nomeado promotor-geral em 1594, em vez de Bacon, que mais tarde por fim reivindicou o cargo, depois de orquestrar a transferência de Coke para o King's Bench, em 1613. Bacon e Coke também seguiram em confronto em vários processos importantes, inclusive o de Edmund Teacham, clérigo acusado de difamar o rei em 1614, e se envolveram em acaloradas divergências públicas, como no caso do conde de Somerset, o ex-favorito do rei que foi processado em 1616 por assassinato.[30] Mas a rivalidade entre ambos ia além do plano profissional. Em novembro de 1598, para a surpresa dos boateiros londrinos, Coke se casou com Lady Hatton, uma viúva rica que Bacon estivera cortejando durante alguns meses.[31] Embora Bacon, aos 45 anos de idade, viesse a se casar com Alice Barnham, jovem de treze anos filha de um magistrado municipal (considerada relativamente nova para se casar, embora a idade mínima legal fosse de doze anos), aquela derrota extremamente pessoal para Coke deve ter doído muito.[32]

A vitória final de Coke sobre Bacon também deve tê-lo afetado em grande medida no plano pessoal. Conduzindo um inquérito popular sobre a corrupção no governo, Coke o acusou de aceitar suborno — contra o que Bacon protestou energicamente.[33] Mas as acusações vingaram, e em poucas semanas Bacon se viu condenado na Câmara dos Lordes, removido do cargo, submetido a pagar uma enorme multa e encarcerado na Torre. Com Bacon fora do páreo, começaram a surgir histórias de outros escândalos, a pipocar canções populares gozando da sexualidade de Bacon, chamando-o de *paiderastos* e "sodomita".[34] Apareceram relatos, supostamente de primeira mão, de seus criados e assistentes confirmando sua homossexualidade. Qualquer que fosse a veracidade dessas fofocas — e os fatos sobre a sexualidade de Bacon continuam obscuros —, elas decerto foram utilizadas

O Ocidente e o conhecimento: Francis Bacon   177

como armas pelos inimigos de Bacon, torpedeando os últimos resquícios de sua imagem pública. Muito embora seu encarceramento tenha durado apenas quatro dias e a multa tenha sido suspensa, a carreira política de Bacon estava acabada. Com a reputação arruinada, ele foi obrigado a se retirar discretamente para o campo, longe do clamor da corte que ele tanto amava e da gritaria do Parlamento à qual se acostumara.

E, no entanto, a história de Bacon não se encerra por aí. Foi nesses anos, perto do final da vida, longe das incessantes demandas do rei e do país, que Bacon começou realmente a escrever. Sempre escrevera ensaios e tratados, mas foi nessa altura que começou a redigir as obras mais extensas que tanta fama lhe trariam mais tarde. Elas cobriam os campos da história natural (*Natural and Experimental History, History of the Winds, History of Sulphur, Mercury and Salt, Abecedarium Naturae*), da física (*History of Weight and Lightness, Enquiries into Magnetism* e *Topical Inquiries into Light and Luminosity*) e da história (*Historie of the Raigne of King Henry the Seventh*). Foi também nessa época que ele editou e deu os retoques finais a várias obras que havia redigido antes, inclusive *O avanço do conhecimento* e os *Ensaios* morais e éticos.

Nesses anos finais de vida — de sua queda do poder aos sessenta anos, em 1621, até sua morte em 1625 —, a produção de Bacon foi realmente assombrosa.[35] Os escritos completos de sua vida ocupam quinze pesados volumes na edição standard da Oxford University Press — sete dos quais (quase metade!) foram compostos durante esses cinco breves anos. Sem esses anos, poderíamos nunca ter tido o método baconiano em sua forma plena e madura, e poderíamos nunca ter tido as teorias finais de Bacon sobre o direito, a sociedade e a política. Um livro que certamente nunca teria visto a luz do dia sem a aposentadoria prematura de Bacon é *Nova Atlântida*, obra imaginativa na qual ele descrevia uma sociedade ideal fictícia, situada numa ilha misteriosa no oceano Pacífico, chamada Nova Atlântida ou Bensalem.[36] E é aqui, nessa obra fantástica de ficção filosófica, que Bacon nos oferece um vislumbre de uma história civilizacional que enfim começa a se afigurar como a narrativa grandiosa da Civilização Ocidental — uma cultura europeia com origens na Grécia antiga, mas cuja culminância, segundo Bacon, se encontrava nas costas do Atlântico.

Saber é poder

A história de *Nova Atlântida* começa com a tripulação europeia de um navio perdido no oceano Pacífico, a qual se depara com uma ilha misteriosa que não consta nos mapas. Nessa ilha os tripulantes encontram um Estado cristão, que até então lhes era desconhecido e visivelmente apartado do resto do mundo. O local é uma utopia de paz e harmonia, onde tudo funciona bem e todos estão contentes com seu quinhão. Os tripulantes são tratados com gentileza e generosidade, o que os leva a considerarem Bensalem uma "terra santa e feliz" e até mesmo "uma imagem de nossa salvação no Paraíso". O conto então narra uma série de conversas entre a tripulação e vários representantes de Bensalem. O primeiro interlocutor é o governador da Casa dos Estrangeiros, onde eles estão aboletados.

Os marinheiros perguntam como o cristianismo chegou a uma ilha tão distante, e ficam sabendo que um livro das escrituras e uma carta de são Bartolomeu foram milagrosamente revelados ao povo de Bensalem num divino pilar de luz. Então perguntam como o povo de Bensalem teve conhecimento do resto do mundo, visto que vivem tão isolados. O governador responde que, na Antiguidade, os mercadores de Bensalem percorriam todo o globo e à ilha vinham visitantes da Pérsia, Mesopotâmia, Arábia e "todas as nações de poder e fama". Mas esse sucesso despertou os instintos predadores de seus vizinhos nas Américas, que se lançaram a uma tentativa malfadada de conquistar Bensalem.

A arrogância dessa ação, diz o governador, levou ao castigo divino sob a forma de um grande dilúvio que inundou as Américas, destruindo sua grande civilização antiga e apagando da terra todos os seus traços. Com efeito, os bensalemitas se referem ao continente da América como "grande Atlântida", e sugerem que algumas lembranças do evento estão preservadas até mesmo nas histórias da Europa (referência aos escritos de Platão). O governador então conta que, após esse grande dilúvio, o sábio rei Salomão impôs a Bensalem uma política de isolamento deliberado, em parte porque a ilha era capaz de produzir seu próprio e satisfatório sustento, mas também por "desconfiar de novidades e da mistura de cos-

O Ocidente e o conhecimento: Francis Bacon

tumes". As duas exceções a essa regra do isolamento eram o tratamento hospitaleiro a qualquer estrangeiro que, como ocorrera com os tripulantes nessa história, por acaso chegasse a suas costas, e o envio de expedições científicas a cada doze anos, com o objetivo de reunir informações sobre o mundo sem revelar a existência secreta de Bensalem.

Na segunda parte do texto, os tripulantes são convidados a participar das comemorações pela Festa da Família, festival em homenagem aos homens capazes de apresentar trinta ou mais descendentes diretos (as mulheres na mesma situação só têm autorização para assistir ao festejo por trás de uma tela de vidro). Nesse momento, a tripulação encontra Joabin, o segundo interlocutor, descrito pelo narrador como "judeu e circuncidado". Joabin explica que, em Bensalem, se dá grande valor à castidade fora do casamento e à fecundidade dentro dele, expondo durante a conversa uma teoria dos costumes sexuais ideais.[37] Essa seção serve para realçar o princípio organizador central da sociedade bensalemita — a família, estruturada pelo patriarcado, pela linhagem e pela ancestralidade.

Na terceira e última parte da história, o narrador é escolhido por seus companheiros para se encontrar com o chefe da Casa de Salomão, uma instituição erudita trazendo o nome do antigo legislador de Bensalem. A Casa de Salomão não é apenas um centro de erudição onde se preserva e se estuda o conhecimento recolhido nas expedições científicas; é também a sede do governo, onde os nobres-estudiosos conduzem o navio do Estado segundo seus princípios científicos. A Casa de Salomão, onde a política é regida pela ciência pura, é a encarnação da ideia de que "saber é poder", princípio que Bacon promoveu em várias de suas obras. Ele não enunciou esse aforismo agora famoso exatamente nessas palavras, mas como *Ipsa scientia potestas est*, "o saber em si é poder".[38]

Nesse ponto, o leitor é apresentado a uma descrição de várias atividades científicas que se davam dentro dessa instituição: experimentos geológicos, biológicos, farmacêuticos, ópticos, matemáticos e mecânicos, bem como o ensino e teorizações de tipos variados. A seção se encerra descrevendo uma longa galeria na Casa de Salomão em que os estudiosos ergueram estátuas daqueles que consideram seus antepassados intelectuais, entre eles:

vosso Colombo, que descobriu as Índias Ocidentais: também o inventor dos navios: vosso monge, o inventor da artilharia e da pólvora: o inventor da música: o inventor das letras: o inventor da imprensa: o inventor das observações astronômicas: o inventor dos trabalhos em metal: o inventor do vidro: o inventor da seda do bicho-da-seda: o inventor do vinho: o inventor do trigo e do pão: o inventor dos açúcares [...]. Para todas as invenções de valor, erigimos uma estátua ao inventor e lhe concedemos uma pródiga e honrosa recompensa. Algumas dessas estátuas são de bronze, algumas de mármore e jaspe-negro, algumas de cedro e outras madeiras especiais douradas e adornadas, algumas de ferro, algumas de prata, algumas de ouro.[39]

Não é a primeira vez nessas páginas que encontramos uma galeria de estátuas representando os grandes homens de um passado imaginado. Foi uma galeria semelhante, descrita na introdução, que me despertou pela primeira vez as dúvidas que acabaram por me levar a escrever o presente livro. Hoje existem pelo mundo muitas dessas galerias de estátuas, decorando grandiosas bibliotecas de universidades e salões cerimoniais de edifícios do governo. A função de todas elas é sempre a mesma. Afirmam seus direitos sobre o passado, ampliando e monumentalizando uma versão da história, de forma que ela se cobre com o manto de um cânone inexpugnável. Essas galerias são um instrumento poderoso para criar uma ortodoxia histórica. Mas os defeitos também são sempre os mesmos: todas elas começam com genealogias imaginadas, ultrassimplificando os hibridismos intelectuais que realmente ocorreram ao longo da história. A decisão de quem está "dentro" e quem está "fora" é moldada pelos fatos e, em igual medida, pela ideologia. (Claro que isso também se aplica à "galeria" de figuras históricas que aqui estou apresentando a vocês, embora este livro tenha duas diferenças importantes. A primeira é que sou explícita quanto a isso, em vez de tentar escondê-lo, como muitas outras narrativas históricas grandiosas tentam fazer. A segunda é que a "galeria" deste livro não pretende apresentar os "maiores" ou mais importantes da história, mas, pelo contrário, mostrar indivíduos cujas histórias podem ser consideradas representativas de sua época.)

O Ocidente e o conhecimento: Francis Bacon 181

É por isso que a galeria de esculturas na Casa de Salomão é *tão* importante. Ela está situada no próprio centro vivo de Bensalem, no local sagrado onde a cienciocracia benevolente que governa a ilha tem sua sede. Representa, portanto, não só a história de Bensalem, mas também sua identidade. Assim como a linhagem de sangue e a genealogia biológica são de suprema importância para o povo de Bensalem como um todo (conforme acabamos de ver na descrição da Festa da Família na segunda parte da obra), do mesmo modo a linhagem intelectual é importante para seus governantes. Se o saber era realmente poder, então não se tratava apenas de uma exposição dos maiores intelectos de Bensalem, mas também de uma exposição das bases de seu poder.

Assim, é curioso que Bacon nomeie tão poucos desses grandes pensadores homenageados na galeria de estátuas. Apenas dois podem ser identificados — Cristóvão Colombo, explicitamente nomeado, e Roger Bacon, que não é nomeado, mas ainda assim identificável pela descrição como "vosso monge, o inventor da artilharia e da pólvora" (aqui Francis Bacon está também fazendo um jogo com sua própria fama, deixando deliberadamente de nomear esse pensador de mesmo sobrenome anterior a ele). Tampouco pode ser mera coincidência que os dois indivíduos identificáveis sejam da Europa atlântica, apontados como pertencentes ao mundo dos tripulantes em visita com o uso do pronome possessivo "vosso". O implícito é que todas as demais estátuas representam não europeus, com os quais a tripulação não estaria familiarizada. Com efeito, explicam ao narrador que eles têm "diversos inventores de obras excelentes que, como não as haveis visto, levaria tempo demais para descrevê-las". Isso nos revela algo fundamental sobre a genealogia cultural reivindicada pelos bensalemitas: embora se reconheçam as contribuições de raros indivíduos europeus, a linhagem intelectual bensalemita é basicamente povoada por pessoas que não seriam conhecidas pelos tripulantes europeus (nem, por extensão, pelos leitores europeus de Bacon).

Mesmo para além da Casa de Salomão, Bacon descreve Bensalem de uma maneira que a torna enfaticamente não europeia. Em termos geográficos, ela se situa fora do sistema dos continentes e se diferencia não só da

Europa, mas também da Ásia, da África e das Américas. Mas, se Bensalem tivesse de se alinhar com algum continente do mundo real, seria a Ásia. Embora a ilha apareça na descrição povoada por "nativos", vemos na leitura que ela também tem duradouras comunidades migrantes de "hebreus, persas e indianos" e na Antiguidade visitou "persas, caldeus e árabes". Bacon nunca se refere aos habitantes em termos raciais, mas cria efetivamente uma imagem de alteridade cultural, com descrições de roupas que parecem asiáticas. Todos os bensalemitas que eles encontram usam "uma túnica com mangas largas", uma peça de "roupa por baixo" e um "chapéu, tendo a forma de um turbante, feito delicadamente e não tão grande quanto os turbantes turcos" — sendo que a cor de cada uma dessas peças variava de acordo com a posição e o nível hierárquico do usuário. Para Bacon e seus leitores, a civilização de Bensalem — inclusive o formato de sua história e de sua genealogia cultural — é enfaticamente "outra" e, assim, pertence a uma linha genealógica diferente da deles.

E a genealogia civilizacional reivindicada pelos tripulantes e, por extensão, por Bacon e seus presumidos leitores? Os dois europeus identificados entre as esculturas na Casa de Salomão são do lado atlântico oeste do continente — a Grã-Bretanha e a Ibéria. No entanto, quando o governador de Bensalem narra a história das interações antigas entre Bensalem e a Europa, ele menciona a malfadada viagem de um navio bensalemita "pelo Atlântico ao mar Mediterrâneo", onde, diz ele, pode ter encontrado a marinha ateniense antiga e ter sido por ela derrotado. Essa expedição, sugere o governador, foi a fonte última de informação sobre as histórias da Atlântida relatadas por Platão — a quem ele se refere duas vezes como um "grande homem". A linhagem cultural da tripulação parece clara. É europeia, incluindo em gerações mais recentes a Europa atlântica a oeste, mas na Antiguidade pertencendo aos gregos antigos do Mediterrâneo. Este é o arco da história Ocidental como agora a conhecemos. Esta é a narrativa grandiosa da Civilização Ocidental.

A *Nova Atlântida* nos oferece uma ilustração maravilhosamente pictórica que mostra como a narrativa da Civilização Ocidental estava começando a surgir, moldando a visão de mundo de Bacon e alicerçando

O Ocidente e o conhecimento: Francis Bacon

seus pressupostos culturais. Mas, em outros textos, Bacon foi ainda mais explícito sobre o que considerava ser sua própria herança cultural. Um bom exemplo é a citação usada como epígrafe deste capítulo: "Pois a rigor só se podem considerar três ciclos e períodos do conhecimento: um entre os gregos, o seguinte entre os romanos e o último entre nós, isto é, as nações da Europa ocidental". Para Bacon, as linhas de herança cultural germânicas ou célticas, que tinham sido tão importantes na Europa ocidental e central em séculos anteriores (ver capítulo 4), já tinham desaparecido no pano de fundo.

A citação é extraída de *Novum organum*,[40] cuja segunda parte estava destinada a ser a obra-prima científica de Bacon, a *Grande instauração*, em seis segmentos. Nela, Bacon se refere a um período ou ciclo da história que é "nosso", esclarecendo o "nós" dessa afirmação como "as nações da Europa ocidental" (ao mesmo tempo traindo sua ignorância dos avanços científicos em outros lugares, como o mundo islâmico medieval). Em outra passagem da mesma obra, Bacon escreve sobre "nós, europeus ocidentais".[41] As duas passagens também fazem referência a dois períodos históricos comparáveis ao "nosso" — o dos gregos antigos e o dos romanos. Bacon recorria profusamente a essas duas culturas antigas, e sabia disso. Afinal, escrevia seus textos científicos em latim, a língua franca da erudição na Europa desde o período medieval, e reconhecia que "a ciência que temos hoje vem principalmente dos gregos".[42] Suas obras estão semeadas de referências antigas, diretas e indiretas, e repletas de discussões, análises e refutações sobretudo de filósofos gregos antigos.[43] Chegou a escrever um texto inteiro, *A sabedoria dos antigos*, reinterpretando a mitologia grega e romana como metáforas aplicadas a várias verdades filosóficas e científicas.

Mas, apesar de uma evidente dívida cultural para com o mundo greco-romano e sua aceitação desse mundo como ancestral civilizacional, Bacon alertava contra a aceitação acrítica dos ensinamentos dos antigos, argumentando que se deveria buscar o conhecimento científico na experimentação e na observação. A ciência moderna deve superar a ciência antiga, sustentava ele, e "novas descobertas devem ser extraídas da luz da natureza, não trazidas de volta das sombras da Antiguidade".[44] Nesse aspecto, pode-se comparar Bacon a Hobbes. Para esses pensadores iluministas iniciais, o mundo greco-romano podia muito bem ter sido um ancestral cultural, mas não oferecia um modelo para o presente, nem um ideal para o futuro. Porém, como veremos nos próximos capítulos, em meados do século XVIII o mundo greco-romano viria a preencher precisamente esses papéis para muitos filósofos e pensadores políticos na Europa e na América do Norte.

TODAVIA, a transição entre a reivindicação seiscentista do mundo greco-romano como ancestral cultural para sua valorização setecentista como um ideal esteve longe de ser tranquila. Ela se deu aos trancos e barrancos, a velocidades diferentes em diferentes lugares.

Por um lado, alguns contemporâneos de Bacon na Grã-Bretanha aproveitaram rapidamente o uso da Antiguidade greco-romana como fonte explícita de autoridade e legitimidade. Thomas Howard, o 14º conde de Arundel, adquiriu uma enorme coleção de esculturas greco-romanas durante sua visita à Itália em 1614 e expôs as peças num jardim especialmente projetado para esse fim. A criação de "jardins-museu" logo se tornou a grande moda no século XVIII, a tal ponto que um visitante a Londres em 1651 comentou que passear pelos jardins às margens do Tâmisa era como "ver a Grécia e a Itália ao mesmo tempo dentro das fronteiras da Grã-Bretanha".[45] Nas áreas campestres britânicas começaram a aparecer mansões neoclássicas, tomando como inspiração o estilo do arquiteto renascentista Andrea Palladio (sobre ele, ver capítulo 6). Era um novo estilo que encantara o rei Jaime I dos Stuart, o qual encomendou em 1619 a construção de uma nova casa de banquetes para seu palácio em Whitehall, a ser projetado por Inigo Jones, o mesmo arquiteto que, poucos anos antes, trabalhara para o conde de Arundel. A nova casa régia de banquetes foi a primeira grande edificação neoclássica em Londres, e devia se destacar vivamente entre os telhados inclinados das casas tradicionais ao longo de Whitehall em Westminster. Ela encarnava o novo espírito pró-europeu do reinado de Jaime, um símbolo conspícuo da mudança cultural no perfil londrino,

O Ocidente e o conhecimento: Francis Bacon

assinalando a adoção britânica da Antiguidade greco-romana como ancestral cultural, acompanhando os desenvolvimentos na Europa continental.

Por outro lado, havia na Grã-Bretanha quem se mostrasse mais desconfiado das novas modas greco-romanas. Para alguns, o estilo italianizado da casa de banquetes de Jaime representava a degeneração da cultura europeia católica. Quando Carlos I subiu ao trono, os receios sobre suas relações próximas com a Europa católica chegaram ao ponto de ebulição, levando a uma guerra civil entre monarquistas e parlamentaristas e resultando no julgamento e execução de Carlos I por traição. A própria execução foi montada num patíbulo especialmente construído na casa de banquetes. Para chegar a ele, Carlos foi obrigado a percorrer o grande salão e passar pela abertura de uma janela alta no primeiro andar que fora removida, para então pôr a cabeça no bloco para a decapitação. O teatro político daquele momento deve ter sido assombroso. Somava a rejeição ao estilo de Carlos como governante e à sua filosofia do direito divino dos reis uma profunda desconfiança pelo criptocatolicismo e pela Europa continental e a aversão a uma estética greco-romana que, para alguns, parecia maculada por suas associações com o papado.

Bacon e outros pensadores dos primórdios do Iluminismo viviam num mundo onde começava a emergir o conceito de Ocidente, baseado numa geografia europeia e numa identidade cristã em comum, bem como na ideia de mesmas origens culturais greco-romanas.[46] Com efeito, o início do século XVII marca o momento em que podemos começar a falar do Ocidente como uma entidade dotada de sentido, um bloco cultural emergente que podemos discernir nos escritos de Bacon e de seus contemporâneos, dotado de uma certa coesão intelectual. No entanto, a ideia de Ocidente era ainda nebulosa nas primeiras décadas do século XVII, e o termo em si ainda não ingressara no uso corrente (para isso, teremos de aguardar até o capítulo 10). Embora a noção das origens culturais comuns do Ocidente na Antiguidade greco-romana agora estivesse bem estabelecida, persistiam desconfianças em relação a essa ideia nas partes protestantes da Europa, em vista de sua associação com o eixo habsbúrgico católico no poder na Europa central.

Isso iria mudar ao longo do século seguinte, conforme aumentava o ritmo do expansionismo europeu e nascia a era do imperialismo europeu. Os contatos com "outros" não europeus e a necessidade de justificar a subjugação desses povos levaram à cristalização do Ocidente como conceito e à solidificação das fronteiras da história Ocidental. Não foi mera coincidência que, exatamente na mesma época, grande parte da Europa ocidental e setentrional tenha sido tomada por uma mania pelo passado greco-romano, com números crescentes de aristocratas embarcando num "Grand Tour" do Mediterrâneo, estilos arquitetônicos neoclássicos dominando cada vez mais a paisagem urbana de cidades do norte europeu e filosofias iluministas filo-helênicas ingressando no discurso público dominante.

9. O Ocidente e o império: Njinga de Angola

Quem nasce livre deve manter a liberdade
e não se submeter a outros.
NJINGA DE ANGOLA, 1622[1]

O GOVERNADOR CORREIA DE SOUZA se mexia impaciente, transpirando sob as vestes de veludo ricamente bordadas. Estava à espera do embaixador e do início das negociações de paz. As roupas, a poltrona incrustada de joias em que estava sentado e toda a cena montada na sala se destinavam a transmitir a imagem do poderio português e afirmar a superioridade sobre o reino rebelde no oeste da África. Mas, quando a embaixada finalmente chegou, Correia de Souza talvez tenha sentido que os pratos da balança na sala começaram a pender para o outro lado. Conforme descrevem os relatos de testemunhas oculares, Njinga de Angola irrompeu na sala com um séquito de atendentes ricamente trajados, ela mesma envolta em tecidos vivamente estampados, os braços adornados com pedras preciosas faiscantes e o cabelo enfeitado com belas plumas coloridas. Lançou um olhar desdenhoso aos tecidos de veludo que tinham sido estendidos no chão para que se sentasse e, em vez disso, fez sinal a uma das atendentes, que prontamente se abaixou no chão e se pôs de quatro. Sentada em sua cadeira humana, no mesmo nível de sua contraparte portuguesa e não numa posição humilhante abaixo dele no chão, Njinga fitou Correia de Souza diretamente nos olhos e começaram então as negociações.

Contatos desse gênero tiveram papel formador na construção do Ocidente como hoje o entendemos. Britânicos, holandeses, franceses, portugueses e espanhóis podem ter lutado renhidamente entre si dentro da Europa, empregando armas militares e também ideológicas nesse processo. Quanto mais longe se aventuravam, porém, conforme o mundo mais amplo se fazia mais acessível, mais eles se apercebiam do que tinham em comum com seus vizinhos. A primeira audiência de Correia de Souza com Njinga deve tê-lo deixado dolorosamente ciente de sua condição de estrangeiro na África ocidental. Há de ter se sentido conspicuamente europeu e cada vez mais consciente das similaridades que tinha com outros europeus, em comparação aos africanos com quem agora negociava.

É frequente que surja um senso de identidade coletiva comum quando as pessoas se veem diante de outros que lhes parecem marcadamente diferentes. Torcedores do Manchester United podem não pensar muito em sua lealdade esportiva quando socializando entre si, mas irão senti-la agudamente se entrar na sala um grupo com camisetas do Manchester City. Crianças da mesma escola podem se bicar entre si, mas muitas vezes se juntarão em grupo diante de crianças de outra escola. As categorias étnicas ou raciais raramente são definidas no centro homogêneo de um grupo interno, mas ganham um significado mais forte nas margens.[2]

O encontro entre Correia de Souza e Njinga, porém, não era apenas de identificação e autopercepção neutra. Era também um encontro em que estava em jogo o poder, tendo como pano de fundo a violência colonial. Essa assimetria nas relações de poder tornou-se possível com os desenvolvimentos não só científicos e tecnológicos, mas também políticos e conceituais do Iluminismo (sobre isso, ver capítulo 8). Os aperfeiçoamentos no transporte marítimo, nos armamentos e na tecnologia militar possibilitaram primeiro a conquista e então a dominação imperial. As inovações nas estruturas e sistemas econômicos tornaram-nas desejáveis. A única coisa que faltava era uma narrativa civilizacional grandiosa para tornar o imperialismo do Ocidente moral e socialmente aceitável.

Os instrumentos do império

Se o século XVI foi uma época de exploração Ocidental, estimulando o desenvolvimento na Europa de novas ideias que lançaram as bases do Iluminismo, o século XVII foi a época em que esse expansionismo se converteu no imperialismo Ocidental plenamente maduro.

É claro que os impérios europeus do século XVII não nasceram do nada. O rei Henrique VIII dos Tudor já em 1533 declarava que "este Reino da Inglaterra é um Império". Em anos mais adiantados do século XVI, o período elisabetano viu uma expansão expressiva nas atividades inglesas ultramarinas, inclusive aquelas de caráter nitidamente imperial, como a subjugação da Irlanda nos anos 1570; aquelas mais enfaticamente coloniais, como a licença para a colonização das Américas em 1584; e aquelas que podem ser caracterizadas como "o comércio à frente da bandeira", por exemplo a fundação da Companhia das Índias Orientais em 1600.[3] Mas foi no século XVII, sob o reinado de Jaime, que o imperialismo britânico realmente ganhou impulso. As dificuldades enfrentadas pelos colonizadores no primeiro assentamento britânico permanente nas Américas — Jamestown na Virgínia — viriam a ser não mais do que um pequeno contratempo naquele que se tornaria um programa imperial muito maior. Iriam surgir colônias no Caribe, na Virgínia e na Nova Inglaterra, antes de se espraiarem ao longo da costa leste da América do Norte. Ao mesmo tempo, na colonização de Ulster houve o assentamento em grande escala de protestantes britânicos no norte da Irlanda, e a Companhia das Índias Orientais estava estabelecendo o controle de feitorias e portos ao longo das principais rotas marítimas na África e na Ásia.[4]

Mas o Império Britânico não era o único em ascensão.[5] Os espanhóis já controlavam extensas faixas na América do Norte e na América do Sul, enquanto os portugueses dominavam de longa data uma grande parte da América sulina, territórios na África e uma fieira de portos na Índia, no sudeste da Ásia, na China e no Japão. O século XVII também viu a expansão francesa na América do Norte, bem como um crescimento significativo das atividades imperiais holandesas, concentradas em especial no sudeste da Ásia. Mas nem mesmo esse brevíssimo resumo do imperialismo europeu pode ser uma narrativa neutra de expansão política e econômica. É também, necessariamente, uma história de sofrimento humano. Os súditos do imperialismo europeu seiscentista, como os súditos dos outros impérios mencionados neste livro — o romano, o bizantino, o árabe, o sacro romano e o otomano —, raramente tiveram escolha. Em termos coletivos, tiveram suas posses tomadas, viram-se obrigados a migrar, sofreram genocídio. Em termos individuais, muitos foram vítimas de assassinato, roubo, estupro e/ou formas variáveis de escravização. Cumpre também reconhecermos que as experiências e as reações ao império variavam. Mas um traço em comum desses impérios europeus modernos foi a interação nascente entre imperialismo e raça.

A criação da raça é o processo pelo qual um grupo de pessoas define outro grupo como uma população coesa e homogênea; imagina que se pode identificar essa população por características tidas como naturais e intrínsecas e pensa que essas características justificam a posição dessa população na escala social.[6] Esse processo não é exclusivo do Ocidente moderno. Em todo o mundo e ao longo de toda a história, diferentes sociedades desenvolveram formas próprias de classificar a diferença humana e de usar essas diferenças para alicerçar hierarquias de poder. Alguns sistemas raciais enfatizam mais a hereditariedade (linhas de sangue e ascendência); outros, o fenótipo (traços físicos observáveis no exterior do corpo); outros ainda, a religião ou o ambiente. As categorias raciais, portanto, não são automáticas nem naturais.[7]

Por exemplo, embora a cor da pele seja uma característica importante da maioria das matrizes modernas da raça, a percepção pigmentar pode variar de um lugar para outro, mesmo no mundo globalizado do presente. O mesmo indivíduo pode ser racializado como "Branco" na Europa, mas "Pardo" na América do Norte, ou (como às vezes acontece comigo mesma) "Amarelo" na América do Norte, mas "Branco" na Ásia. A cor da pele, porém, não foi central em todas as matrizes raciais de todas as sociedades ao longo da história, como vimos para a Grécia clássica no capítulo 1. Na verdade, no mundo seiscentista de Njinga, a percepção racializada dos tons de pele estava em processo de mudança. Quando emissários japoneses chegaram à corte papal em Roma em 1585, por exemplo, os observadores europeus perceberam seus tons de pele de maneiras notavelmente divergentes: foram descritos como azeitonados, pardos, de uma palidez mortiça, da "cor dos africanos", "cor de chumbo".[8] Todos esses observadores viram as mesmas pessoas, mas perceberam seu tom de pele de maneiras diversas. A partir desse exemplo, fica evidente que as categorias raciais são constructos sociais, variáveis tanto no espaço geográfico quanto no tempo histórico. Como disse a acadêmica e estudiosa literária Noémie Ndiaye, "a raça não é a mesma coisa no século xv e no século xxi, ou na Espanha e na Índia, mas *faz* a mesma coisa: hierarquiza a diferença a serviço do poder".[9]

Embora a raça possa não *ser* a mesma coisa em todas as sociedades, ela *serve à mesma função* — é, nas palavras da acadêmica e filósofa Falguni Sheth, uma tecnologia para "organizar e gerir as populações a fim de alcançar determinados objetivos societais".[10] É uma tecnologia que se tornou cada vez mais importante quando a exploração Ocidental inicial virou expansionismo e este se converteu em imperialismo. Foi contra esse pano de fundo do poder global crescente que as ideias Ocidentais sobre a distinção e a hierarquia raciais começaram a surgir e então a se cristalizar nos séculos xvi e xvii, embora apenas no século xviii tenham se tornado mais sistemáticas e assumido um verniz "científico". Veremos adiante, no capítulo 11, como se deu essa sistematização. Mas por ora continuamos no século xvii, antes que a matriz Ocidental da raça tivesse adquirido a forma que reconhecemos hoje. A vida de Njinga ilustra como as ideias racializadas formaram, reformaram e informaram o imperialismo Ocidental na África.

Frequentemente os Ocidentais caracterizam a África pré-colonial como se ela não tivesse história. Mas a história africana é longa, rica e complexa, e nas últimas décadas historiadores e arqueólogos Ocidentais começaram a dar passos significativos para conhecê-la, aprendendo com seus colegas e análogos africanos.[11] O período medieval e o início da era moderna na África ocidental, especificamente, são os mais bem conhecidos por causa do Império do Mali e de seu riquíssimo dirigente, Mansa Musa, que esteve em peregrinação a Meca no começo do século xiv. Musa, segundo uma estimativa feita pela revista *Time* em 2015, era na época o indivíduo mais rico na história, comparando-se suas riquezas e poder aquisitivo com os de outros líderes mundiais e figuras notáveis de então.[12] A fonte da riqueza maliana era a mineração do ouro na África ocidental, bem como as rotas mercantis ligando a África ocidental, o mundo islâmico e o Mediterrâneo, usadas para o transporte e a comercialização desse ouro.

Embora os reinos da África ocidental estivessem secularmente ligados tanto à Europa continental quanto ao mundo islâmico por relações diplomáticas e redes mercantis, o contato mais direto com a Europa só começou a se intensificar no século xv, facilitado por aprimoramentos nas tecnologias navais. Aventureiros holandeses e mais comumente portugueses, inspirados e apoiados pelo carismático príncipe Henrique, começaram a se aventurar pela costa atlântica da África e pelas ilhas do Atlântico sul na primeira metade do século xv.[13] Iam à África ocidental em busca de ouro, mas, com o tempo, seu objetivo principal passou a ser a aquisição de seres humanos escravizados. (Interessante notar que, por volta da mesma época, mas na costa oriental do continente, as viagens do general chinês Zheng He também estavam criando novas rotas de comércio e comunicação com a Ásia, embora, por razões da política interna chinesa, essas conexões sino-africanas logo tenham se extinguido.[14]) Foi a dinâmica em transformação nas redes mercantis, em especial a intensificação das redes marítimas atlânticas substituindo as velhas rotas terrestres de caravanas pelo Saara, que impulsionou uma série de transformações políticas e econômicas na África ocidental, as quais deixaram seus povos mais vulneráveis a ataques, à ocupação e por fim ao colonialismo europeu.

O Ocidente e o império: Njinga de Angola

Os portugueses logo se viram às voltas com o poderoso reino do Congo, que abrangia partes das atuais República do Congo, República Democrática do Congo e Angola.[15] Para sorte dos portugueses, o reino do Congo se mostrou receptivo a seus avanços e, durante o reinado de Mvemba a Nzinga (1509-43) o reino se transformou radicalmente. O próprio Mvemba a Nzinga adotou o nome português de Afonso (rei Afonso I) e incentivou muitos nobres congoleses a fazerem o mesmo, enviando seus filhos para estudar em escolas católicas, cultivando o aprendizado de línguas europeias e se convertendo ao catolicismo. Afonso também reconstruiu a capital, Mbanza Kongo, com esplêndido luxo, seguindo as linhas europeias, e instaurou relações diplomáticas não só com Portugal, mas também com a Espanha, os Países Baixos, o Brasil e o Vaticano. Na verdade, ao lançar os holandeses contra os portugueses, o Congo agora ingressava no jogo da política internacional, influindo na balança do poder entre esses dois Estados tanto na África ocidental quanto na América do Sul. Mas tudo isso tinha um preço. Para pagar sua rápida Ocidentalização, Afonso foi cedendo uma quantidade crescente de territórios e de direitos comerciais aos portugueses, além de recorrer ao tráfico de escravizados. Com o passar do tempo, a base do poder econômico e demográfico do reino do Congo ficou irreversivelmente prejudicada, e o poder de seus reis se debilitou.

A escala e a rapidez da escravização durante esse período foram vertiginosas. A escravidão em si não era novidade na África ocidental, como tampouco na Europa, no norte da África e no oeste da Ásia. Na África ocidental, fazia gerações que existiam servos presos à terra e também pessoas condenadas por seus crimes à pena da escravização, às vezes por um certo período de tempo, às vezes por tempo indeterminado. Mas o aumento exponencial da demanda portuguesa por escravizados constituía um importante incentivo econômico a condenarem um número cada vez maior de pessoas à escravização, bem como a fecharem os olhos à prática de sequestrar e escravizar os indivíduos capturados em incursões e conquistas.[16] Depois de algum tempo, a própria quantidade de escravizações veio a prejudicar a economia local na África ocidental, na medida em que reduzia a força de trabalho disponível e distorcia os padrões demográficos, além de afetar a estabilidade social das comunidades e minar a confiança nas estruturas políticas. O tráfico escravo transatlântico, além de infligir um grau inimaginável de desumanização e crueldade às pessoas que transportava para as Américas, também teve um efeito devastador sobre as que permaneceram na África ocidental.

Na época em que Njinga teve sua reunião com Correia de Souza, em 1621, o desequilíbrio econômico entre os portugueses e os reinos oeste-africanos havia resultado num substancial desequilíbrio político no tabuleiro do poder. Os portugueses controlavam uma grande extensão de terra na costa atlântica, que incluía o Congo e o reino menor de Ndongo imediatamente ao sul, embora estivesse em curso um conflito entre os governantes dos dois reinos, que tentavam retomar seus territórios aos europeus. Enquanto os habitantes da região denominavam os reinos de Congo e Ndongo e referiam a si mesmos como povo mbundu, os portugueses chamavam a área controlada por eles de "Angola", a partir da palavra *ngola*, título do dirigente de Ndongo.

O primeiro *ngola* de Ndongo a entrar em relações diplomáticas com os portugueses foi Kiluanje kia Samba, que enviou seus embaixadores a Portugal em 1518 e novamente em 1520, procurando estabelecer novas relações comerciais e culturais, competindo com seu vizinho maior ao norte, o Congo.[17] Mas passaram-se mais quarenta anos antes que os portugueses implantassem sua primeira missão religiosa e mercantil em Ndongo, que duraria apenas cinco anos, até que o *ngola* da época decidisse fechá-la e expulsar seus integrantes.[18]

Em 1575, quando voltaram, os portugueses vieram armados com a fúria altaneira dos injustiçados, relembrando aquela missão fracassada, e com a avidez de conquista aguçada por seus êxitos ao norte, no Congo. Eles eram liderados pelo capitão Paulo Dias de Novais, um dos integrantes da missão original que fora expulso e agora partia de Lisboa com o título altissonante de capitão-mor da Conquista do Reino de Angola, na plena expectativa de que a profecia contida no título iria se concretizar. Não demorou para que tal confiança se demonstrasse justificada. Os portugueses atacaram e

O Ocidente e o império: Njinga de Angola

se apoderaram de grandes áreas de Ndongo, numa campanha que resultou em muitas mortes e escravizações. Adotaram a prática medonha de cortar o nariz de todos os cadáveres mortos em batalha e levar para Luanda, a capital de Ndongo, como troféus macabros. Após uma batalha especialmente sangrenta, precisaram de vinte carregadores para transportar até seu acampamento todos os narizes decepados.[19]

Na esperança de voltar ao lado vencedor, alguns ndonganos transferiram sua lealdade para os portugueses, inclusive um genro do *ngola* reinante, que se converteu ao catolicismo e mudou seu nome para Dom Paulo.[20] Essa estratégia manteve alguns em posição segura, mas, de modo mais geral, os portugueses transferiram o controle sobre os territórios conquistados para seus próprios colonos. Em 1581, por exemplo, Dias de Novais concedeu as terras de oito senhores locais que se haviam submetido a ele a um único padre jesuíta, Baltasar Barreira.[21] Nesse torvelinho de conquistas e resistências nasceu a personagem deste capítulo, Njinga de Angola.

Nascida para governar

Sabemos relativamente pouco sobre as fases iniciais da vida de Njinga, mas é certo que ela nasceu em Ndongo em 1581, filha de Mbande a Ngola, um dirigente ndongano que passou a maior parte dos 25 anos de seu reinado combatendo os portugueses e se esforçando em vão para restringir o tráfico escravo, que não cessava de aumentar.[22] Sua mãe era da linhagem real, e, na tradição matrilinear mbundu, isso a diferenciava dos outros filhos de seu pai. Segundo seus biógrafos, os monges capuchinhos Giovanni Antonio Cavazzi e Antonio da Gaeta (que viveram, ambos, vários anos na corte de Njinga), seu nascimento tinha sido milagroso porque ela estava em posição pélvica. Isso, sustentava a tradição mbundu, assinalou sua grandeza desde o começo.

Quando criança, era a favorita do pai, distinguindo-se das outras crianças na corte por sua excelência nos exercícios intelectuais e nos treinos militares. Njinga tinha especial apreço pelo uso da machadinha de guerra, arma que simbolizava a realeza e que ela brandiria com grande eficácia em anos mais avançados. Ofuscava em especial o irmão — também chamado Mbande, como o pai —, de modo muito destacado.[23] Em decorrência disso, o pai lhe permitia assistir às reuniões do conselho, onde ela aprendia não só os costumes da corte e as formas corretas do ritual protocolar, mas também a mecânica do governo. Certamente ouvia muito sobre as guerras em curso contra os portugueses e conhecia por experiência própria a morte, a violência e a instabilidade que as acompanhavam. Quando Njinga ainda era bebê, a corte inteira foi obrigada a fugir de Kabasa, a capital ndongana, devido à proximidade dos portugueses. Embora o *ngola* e a família tenham depois voltado para retomar Kabasa, esse episódio ilustra a tensão e o medo de uma infância que tinha a guerra como pano de fundo, mesmo que essa infância fosse da realeza.

Apesar dos conflitos em torno, Njinga cresceu e se transformou numa jovem segura e poderosa. Além de um pequeno círculo de atendentes, mantinha uma série de concubinos; embora o concubinato feminino fosse habitual para os homens da realeza, nem todos aprovavam o concubinato masculino para uma mulher de linhagem real. Um cortesão que expressou em voz um pouco alta demais sua desaprovação à conduta sexual de Njinga pagou um alto preço pela crítica — Njinga ordenou que matassem seu filho na frente dele, e depois que o matassem também.[24] A violência era um elemento característico da vida para Njinga, tanto dentro quanto fora da corte.

Quando o pai de Njinga morreu, em 1617, foi em combate.[25] O irmão não perdeu tempo e assumiu imediatamente o trono, adotando unilateralmente o título de *ngola* Mbande sem passar pelas formalidades de convocar um conselho e realizar uma eleição, como seria o esperado. Para consolidar sua posição, o *ngola* Mbande começou a eliminar impiedosamente todos os potenciais rivais. Assassinou vários membros da família, entre eles o meio-irmão mais velho e sua mãe, bem como todos os irmãos e irmãs dela, vários membros importantes da corte e altos servidores do governo e suas respectivas famílias. Além disso, matou o filho recém-nascido de Njinga (cujo pai permanece desconhecido, tendo sido provavelmente um de seus

O Ocidente e o império: Njinga de Angola

197

concubinos). Embora o *ngola* Mbande não tenha matado nenhuma de suas três irmãs, ainda assim neutralizou qualquer futura ameaça por parte delas, ordenando que fossem esterilizadas. Segundo descrevem os registros, o procedimento consistia em despejar óleos com ervas "enquanto ferventes sobre o ventre de suas irmãs, para que, devido ao choque, ao medo e à dor, ficassem incapazes para sempre de dar à luz". Todos os registros desse acontecimento provêm dos apoiadores de Njinga e, por isso, talvez não sejam plenamente fidedignos, mas resta o fato de que, a partir daí, nunca mais Njinga ou qualquer irmã sua deu à luz. Njinga tinha 35 anos.

O caráter impiedoso do *ngola* Mbande foi de pouca serventia na guerra em curso contra os portugueses. Durante seu reinado, os portugueses assumiram o controle da metade ocidental de Ndongo, assentando colonos ao longo da costa, construindo sólidas fortalezas para manter o poder em terra e sequestrando e escravizando milhares de pessoas. Nisso contaram com a ajuda de bandos de sanguinários imbangalas — nome coletivo de grupos errantes de guerreiros mercenários violentos que levavam uma vida seminômade, fazendo incursões e mercadejando escravos, e que tinham uma reputação assustadora. O controle sobre a capital, Kabasa, oscilava. Os portugueses a tomaram em 1619, mas dois anos depois Mbande reunira suas forças e retomara a cidade. Esse êxito, porém, foi apenas temporário, e os portugueses reconquistaram Kabasa, dessa vez capturando e aprisionando membros da família real. O *ngola* Mbande desistiu. Resolveu enviar um emissário para pleitear a paz com os portugueses.

O êxito dessa embaixada era fundamental. Seria preciso negociar cuidadosamente termos que permitissem que Ndongo continuasse a existir como reino independente, ao lado da nova colônia portuguesa na costa. O destino do reino estaria sobre os ombros de quem encabeçasse a embaixada. Ele convocou Njinga.[26]

Desde que o irmão subira ao poder, Njinga havia se retirado para o leste do reino, onde comandava seu próprio bando independente de guerreiros, defendendo seu território contra os portugueses. Foi nesse período que ela ganhou uma valiosa experiência em tática e estratégia, além de renome como excelente guerreira por mérito próprio. O *ngola* Mbande deve ter hesitado em chamá-la de volta, sabendo muito bem que sua lealdade seria duvidosa depois que ele tomara perfidamente o poder, e que não o teria perdoado pela esterilização forçada e pelo assassinato do filho. Que Njinga fosse a melhor esperança de Mbande revela muito sobre a posição em que ele se encontrava. Apesar disso, a inteligência de Njinga e seu conhecimento do reino ndongano eram incontestáveis, e ela ainda tinha o respeito e a lealdade de muitos nobres que o *ngola* Mbande precisava atrair para seu lado. Ele lhe enviou mensageiros pedindo ajuda e préstimos. E, talvez para a surpresa de muitos, Njinga aceitou.

Isso nos leva de volta à cena do início deste capítulo. A chegada de Njinga em outubro de 1621 a Luanda, capital da colônia portuguesa, causou sensação. As fontes portuguesas, contrariando seus próprios preconceitos e pressupostos quanto à superioridade europeia, descreveram com grande admiração "a Dama de Angola", maravilhando-se com o tamanho de seu séquito, a riqueza de seus trajes (Njinga se negou a usar trajes europeus durante a visita, optando pela indumentária mbundu tradicional, desde que apropriada para sua estatura régia) e a prodigalidade das dádivas que distribuiu.[27] Também comentaram a elegância de suas maneiras, o porte majestoso e — depois de iniciadas as negociações — o arguto intelecto jurídico e a habilidade judicial de seus argumentos.

Uma das exigências portuguesas gerou um impasse. Njinga se recusou categoricamente a pagar tributos em forma de escravos. Lembrou aos portugueses, com uma certa prestidigitação retórica, que o *ngola* Mbande ainda não fora tecnicamente vencido. Era, pelo contrário, o reino soberano de um país vizinho que agora estava encetando conversações para um tratado formal de amizade. "Quem nasce livre deve manter a liberdade e não se submeter a outros", teria dito ela.[28] Embora estivesse se referindo à liberdade de um rei ao qual se pretendia impor o pagamento de tributo a outro, suas palavras, no contexto do tráfico escravo atlântico em expansão, têm uma ressonância muito maior e mais marcada. Os dois lados estavam obstinadamente entrincheirados em suas respectivas posições. As negociações pareciam a ponto de desandar. Bem no momento em que as coisas pareciam ter chegado a um impasse, Njinga puxou seu trunfo: ela

O Ocidente e o império: Njinga de Angola

se prontificava a ser batizada como católica. Assim se fechou o acordo, e Njinga conseguiu que o governador concordasse com um tratado formal entre os portugueses e Ndongo que excluía o tributo em escravos.

Havia apenas o detalhe do batismo. Njinga ficou em Luanda por vários meses e, ao que parece, lançou-se entusiasticamente aos preparativos, estudando o catecismo e entabulando discussões sobre a fé. Aos quarenta anos de idade, participou de uma cerimônia pública espetacular na igreja jesuíta oficial em Luanda, cercada com "a nobreza e o povo".[29] O próprio governador, João Correia de Souza, lhe concedeu seu sobrenome, de forma que Njinga adotou o nome de batismo Ana de Souza. Não se sabe como ela se sentia em relação a essa conversão, visto que as únicas fontes remanescentes escritas sobre o evento provêm ou de comentaristas portugueses ou de biógrafos posteriores de Njinga. Observou-se que, durante toda a sua estadia em Luanda, ela nunca retirou os anéis e as relíquias religiosas mbundus que usava nos braços e continuou a participar de rituais mbundus, e que sua aceitação do batismo era claramente uma astuciosa estratégia política. Mais perto do final da vida, porém, Njinga veio a extrair grande consolo e reconforto da fé cristã, e parece ter se empenhado genuinamente em difundir os ensinamentos da Igreja em seus domínios.

Njinga voltou em triunfo à corte do irmão. Nos anos subsequentes, ele passou a depender cada vez mais dela, de maneira que, quando Mbande ficou gravemente enfermo, em 1624, ela já era a dirigente *de facto* de Ndongo.[30] A doença do irmão se mostrou refratária a todos os tratamentos, e, por fim, o *ngola* Mbande ingeriu veneno e morreu. Não se sabe com clareza se a ingestão foi voluntária ou se Njinga o forçou. Seja como for, os cronistas portugueses escreveram que ela "o ajudou a morrer com o auxílio de uma bebida envenenada". Sem perder tempo, Njinga ocupou o espaço vazio e assumiu o papel de *ngola*, tornando-se — aos 42 anos de idade — a primeira *ngola* mulher de Ndongo.

Tal como o irmão fizera antes dela, Njinga pôs-se imediatamente a eliminar os rivais. No alto da lista estava o filho de Mbande, cuja segurança fora confiada a Kasa, um capitão guerreiro imbangala. Njinga conseguiu pôr as mãos no menino seduzindo Kasa com promessas de casamento, e então sequestrou o garoto e o executou nas celebrações do matrimônio.[31] Njinga também mandou matar vários outros membros de sua própria família, incluindo uma série de tios, bem como representantes de outras facções na corte. Por medonho que possa parecer esse comportamento, ela tinha boas razões para temer possíveis rivais. Repugnados com a ideia de uma mulher no trono, os portugueses procuraram outros aspirantes e se negaram a honrar o acordo negociado por Njinga, alegando que ele perdera a validade com a morte de Mbande. Os portugueses acabaram se detendo no meio-irmão de Njinga, o *ngola* Hari, que foi instalado no trono como rei fantoche.[32] Mas o *ngola* Hari se demonstrou impopular junto ao povo, em parte por causa de sua íntima associação com os portugueses, mas também por ser filho de uma mulher escravizada e, assim, não ser dotado do mesmo estatuto real de Njinga.[33] Por vários anos, os portugueses apoiaram o *ngola* Hari como rei alternativo, negando-se a reconhecer o governo de Njinga.

A guinada se deu em 1631, quando Njinga modificou totalmente a natureza de seu governo. Os imbangalas tinham atuado por muito tempo fora das estruturas jurídicas e sociais de Ndongo, agindo como força desestabilizadora e muitas vezes se aliando aos portugueses. Eram vistos com terror pela população mbundu assentada, que muitas vezes sofrera nas mãos deles. Eram famosos pela crueldade na guerra, pelo canibalismo e sacrifícios humanos, e por todo o reino multiplicavam-se histórias pavorosas sobre eles. Uma dessas histórias contava que Tembo a Ndumbo, uma das mães fundadoras do modo de vida imbangala, responsável por estabelecer muitas de suas regras e costumes, matara seu próprio bebê e triturara seu corpo num pilão para fazer o *maji a samba* (óleo sagrado) com que os guerreiros imbangalas se ungiam ritualmente antes de entrar em combate.[34]

Nessa altura da vida, ansiosa por encontrar uma brecha que lhe permitisse estabelecer solidamente seu governo a despeito das ações portuguesas para enfraquecê-la, Njinga viu aí uma chance. Em 1625, como já vimos, ela se casara com Kasa, notável capitão guerreiro imbangala, como parte de uma artimanha política. Embora ela e Kasa não tenham ido morar juntos como um casal, o casamento agora oferecia a Njinga uma via de acesso à cultura e à sociedade imbangala. Apesar de sua conversão anterior ao cristianismo, Njinga nunca abandonara totalmente os rituais mbundus tradicionais, e agora aprendeu à perfeição os rituais imbangalas (como era estéril, consta que matou o bebê de uma de suas concubinas para fazer o tradicional óleo sagrado imbangala, o *maji a samba*), iniciou-se no modo de vida imbangala e, além do papel de tradicional *ngola*, assumiu também o de chefe guerreira imbangala. Organizou seu exército pelos padrões imbangalas, treinando os combatentes nas técnicas impiedosas que haviam tornado os bandos guerreiros imbangalas tão exitosos e assustadores, e ganhando outros imbangalas para sua causa. Contando agora com essas forças novamente consolidadas, Njinga pôde firmar seu governo em Ndongo a leste, recuperando à força o poder do *ngola* Hari e até conquistando o reino vizinho de Matamba, depondo sua rainha, Muongo.

Pela década seguinte, os portugueses resistiram a suas tentativas de uma aliança e um tratado oficial de paz, descrevendo-a nas cartas e documentos em termos que mesclavam medo e desdém. Para eles, os costumes e rituais imbangalas adotados por Njinga constituíam um anátema, e ela era "uma rainha dedicada aos mais horrendos costumes, que encontrava sua refeição mais apetitosa nos corações de meninos e nos seios de meninas".[35] Ainda pior, era "uma mulher diabólica em todos os seus costumes que se liga a todos os rebeldes".[36] Embora a reputação de Njinga entre os portugueses fosse inequivocamente moldada por seus pressupostos e preconceitos racistas, eles tinham razão numa coisa — Njinga era uma líder impiedosa que, para promover sua causa, não hesitava em empregar níveis de violência que poderiam parecer chocantes aos analistas modernos. Mas, fosse lá o que pensassem os portugueses sobre ela, eles descobriram, para seu grande pesar, que não podiam ignorá-la.

Além de reforçar suas campanhas militares contra os portugueses, Njinga recorreu à diplomacia internacional para encontrar uma solução. Cortejou e recebeu o apoio antilusitano do reino do Congo, dos holandeses e do Vaticano, tendo-os persuadido a reconhecer seu direito de governar. Frisou para eles que ela, uma monarca cristã batizada, fora atacada pelos portugueses com uma agressão injustificada. Junto com esse esforço diplomático mais amplo, Njinga voltou ao cristianismo após anos observando basicamente rituais mbundus e depois imbangalas, e abriu seus domínios aos missionários capuchinhos. Não está claro até que ponto o retorno de Njinga ao cristianismo se deu por motivação política e até que ponto foi uma questão de fé pessoal. Mas de fato rendeu frutos políticos. Não demorou muito e ela recebeu uma carta de apoio do papa Alexandre VII, dirigida à "Muito Amada em Cristo nossa Filha Ana Rainha Nzinga".[37]

A cristianização de Ndongo e Matamba não foi nada simples, e muitos continuaram a seguir os costumes religiosos mbundus por muito tempo depois de Njinga. No entanto, alguns dos rituais imbangalas mais cruentos foram proscritos e vários cortesãos de Njinga se converteram ao cristianismo. Nisso ela teve sobretudo a ajuda dos padres Antonio da Gaeta e Giovanni Antonio Cavazzi, os dois monges capuchinhos que mais tarde escreveriam, cada um deles, uma biografia de Njinga para o público europeu.

Frente à solidez do governo de Njinga em Ndongo oriental e Matamba, à sua popularidade entre a população mbundu e ao apoio que tinha junto aos europeus que defendiam seus direitos como monarca cristã, os portugueses acabaram capitulando. Em 1656, reconheceram oficialmente sua autoridade como rainha e concluíram um tratado de paz que definia as fronteiras entre a colônia de Angola e o reino vizinho de Njinga. Finalmente terminara a guerra entre Njinga e os portugueses. Ela perdera muito na luta — três décadas de vida, com tensões e pressões incalculáveis, a religião e os costumes primeiramente de seus antepassados mbundus e, depois, de seus colegas imbangalas iniciados, além da vida de muitas pessoas que lhe eram próximas. Mas, ao fim e ao cabo, não se humilhou. Nas negociações de paz com o governador português, Njinga adotou a mesma linha que adotara décadas antes com Correia de Souza, quando negociava em nome do irmão. Não iria, em hipótese alguma, pagar tributo ao rei português. Consta que declarou:

> Quanto ao tributo que vocês reivindicam de mim, não há qualquer razão para isso, porque, tendo nascido para governar meu reino, não hei de obedecer ou reconhecer outro soberano [...]. Se os portugueses querem um presente meu

todos os anos, dou-lhes voluntariamente desde que eles igualmente me deem um também, e assim ambos nos trataremos com cortesia.[38]

Njinga morreu tranquilamente em seu leito em 17 de dezembro de 1663, aos 81 anos de idade.[39] Deixou atrás de si um reino estável, que seria governado pelos descendentes de sua irmã até meados do século XIX, conseguindo sustar o avanço português por mais de duzentos anos. Foi apenas bem mais tarde, em 1909, que os últimos confins daquele que fora o reino de Njinga vieram a ser conquistados pelos portugueses e integrados à colônia portuguesa de Angola.

Angola via Atenas

Hoje Njinga aparece em filmes, histórias em quadrinhos e poemas, e se tornou garota-propaganda para uma série de causas diferentes. Ela está regularmente presente nas listas de figuras históricas femininas importantes na África e goza de popularidade entre as populações de ascendência africana no Brasil, nas ilhas do Caribe e nos Estados Unidos. É também homenageada na Angola moderna como a Mãe da Nação, e agora há na capital da nação uma gigantesca estátua em sua homenagem, inaugurada em 2003, um ano depois do fim da Guerra Civil angolana.[40]

Njinga foi também um ícone da resistência e da luta nacionais contra o colonialismo. Foi uma figura simbólica importante para o movimento de independência angolano nos anos 1960 e, mesmo antes disso, tinha sido uma espécie de heroína nacional, lembrada nas histórias e tradições orais angolanas como altiva governanta que se erguera contra os portugueses. Entre os Ocidentais, porém, durante séculos a imagem de Njinga foi quase sempre apresentada de modo depreciativo, tendo como características recorrentes o canibalismo, uma sexualidade desenfreada e uma crueldade espantosa. Para os pensadores iluministas europeus do século XVIII, ela era o próprio epítome do "outro". Para o filósofo alemão Hegel, ela governava um "Estado feminino" necessariamente "fora da história", no qual mulheres devassas perpetravam uma violência indiscriminada contra os homens. Para o marquês de Sade, contemporâneo francês de Hegel, ela era "a mais cruel das mulheres", que matava rotineiramente seus amantes e assassinava grávidas mais jovens do que ela. Para esses autores — homens, Brancos e Ocidentais —, Njinga representava tudo o que eles acreditavam haver de bárbaro e primitivo no imaginado "outro" africano. Particularmente no final do século XVIII, ela foi utilizada como justificativa para o colonialismo Ocidental e exemplo para sustentar as noções Ocidentais de racismo científico (veremos o surgimento delas no capítulo 11).

Essas representações encontram suas raízes primeiras nas biografias de Njinga escritas por Gaeta e Cavazzi. A versão do padre Gaeta apresenta uma avaliação amplamente positiva de Njinga e de seu reinado e foi publicada em 1669 com o título celebratório de *A maravilhosa conversão da rainha Njinga e de seu Reino de Matamba, na África Meridional, à santa fé de Cristo.* Mais complexo e ambíguo é o tratamento que lhe dá Cavazzi em seu livro, que apareceu um pouco mais tarde, em 1687, com o título de *Descrição histórica dos três reinos do Congo, Matamba e Angola.* Interessante notar que a apresentação de Cavazzi da África ocidental e seus povos vai mudando ao longo do livro. De início ele os caracteriza de maneira negativa. A própria terra é quase inabitável, diz ele, não por causa do calor tremendo ou dos animais assustadores que lá vivem, mas devido ao "povo horrível, monstruoso, inumano chamado Giaga [como ele se refere aos imbangalas], mais cruel do que os animais selvagens das matas e as cobras venenosas".[41] Esse povo vive segundo leis cuja desnatureza acompanha sua desumanidade, afirma Cavazzi, que passa então a compará-lo desfavoravelmente a vários povos da Antiguidade. Todos estes, diz ele, mesmo os povos bárbaros, atribuíam suas leis a alguma origem divina, e cita como exemplos os cartagineses, os persas e os báctrios. Os habitantes bárbaros da África eram, portanto, ainda piores do que os bárbaros do mundo antigo porque

> esses etíopes [termo arcaico para todos os povos africanos subsaarianos] infiéis remetem suas leis satânicas e *quixillas* [palavra imbangala para rituais sagrados] não a nenhum Deus, mas a um homem inumano e cruel e a uma

mulher bárbara e inumana [i.e., Tembo a Ndumbo], que as reformou e se fez legisladora sem remontá-las a nenhum Deus.[42]

A própria Njinga, diz ele, foi desde o início uma pessoa especialmente má — e aqui ele faz mais uma vez uma comparação negativa entre ela e os bárbaros da Antiguidade. "A rainha Ginga era mais bárbara e cruel com as crianças do que Herodes", afirma Cavazzi, dizendo que "ela estava sempre superando em barbárie e crueldade até mesmo o rei faraó".[43]

O texto de Cavazzi contém várias referências à Antiguidade. Há menções a Aristóteles e Sêneca e anedotas sobre Calígula e Cícero. Isso, em si, não é nenhuma surpresa. Esses floreios retóricos eram usuais na literatura do começo da modernidade, talvez até constituíssem um padrão e fossem esperados. Conferiam ao autor uma aura de ilustre erudição, além de estear a narrativa em comparações que seriam familiares a muitos de seus leitores contemporâneos. Era especialmente o caso do gênero de narrativas de viagem, o qual, por sua própria natureza, procurava apresentar os leitores ao novo, ao estranho e ao exótico. Um elemento crucial é que o meio pelo qual esse gênero tornava o estranho familiar era o uso de referências à Antiguidade. Ao descrever os costumes desconhecidos de povos na África e na Ásia, por exemplo, autores portugueses e italianos invocavam a etnografia herodotiana.[44] Da mesma forma, quando debatiam qual seria o relacionamento correto entre a Espanha e seus súditos ameríndios, os escritores espanhóis Fernandez de Oviedo e Bartolomé de las Casas usavam comparações romanas para reforçar seus argumentos.[45]

Assim, o público de Cavazzi teria como expectativa que as informações sobre a África da época viessem por meio de comparações com a Grécia e Roma antigas, o Congo contrastado com a antiga Cartago, Angola com a antiga Atenas. No final do século XVII, a prática de recorrer à Antiguidade se tornara um elemento constante nas narrativas europeias de viagem e nos textos iniciais do colonialismo.

Mas há uma tendência específica no texto de Cavazzi que é de especial importância para o desenvolvimento da Civilização Ocidental como narrativa. É o abismo entre os valores imputados a diferentes partes do mundo antigo. Quando procura retratar negativamente os africanos, Cavazzi se baseia em comparações por todo o mundo antigo, em especial grupos não greco-romanos, como os egípcios, os persas, os cartagineses e os báctrios. Mas, quando procura lançar uma luz mais positiva, as comparações se tornam exclusivamente gregas ou romanas.

A apresentação condenatória de Angola, de seu povo e de sua rainha no Livro 1 da obra de Cavazzi funciona como um rufar de tambores antecedendo o que ele contará no Livro 2 — a miraculosa conversão de Njinga ao catolicismo e sua transformação de selvagem bárbara em reconhecível rainha cristã. Quanto mais hediondos seus crimes, mais assombrosa sua salvação; quanto mais satânicas suas práticas anteriores, mais maravilhosa sua conversão ao caminho da virtude. Nessa altura da transformação, Cavazzi deixa de associar Njinga a qualquer outro povo da Antiguidade e passa a vinculá-la às mulheres sábias e castas da Grécia e de Roma. Sua intenção, diz ele, é

> seguir o que o grande Plutarco escreveu sobre as mulheres sábias na Grécia e as castas em Roma a fim de dar a conhecer ao mundo suas virtudes, e mostrar que o valor masculino também reina num seio feminino; por essa razão, descrevo-lhes brevemente a ascendência dos ancestrais da rainha Ginga aqui na Etiópia ocidental ou lunar, sua vida, seus costumes, as barbaridades e crueldades que ela cometeu no passado, para que, notada sua perversidade, também se manifeste a virtude que ela mostra no presente, em contraste com o passado. Digo que ela era sábia como se fosse uma das gregas, casta como uma romana convertida a Deus.[46]

A escolha cavazziana dos símiles, por inócua que possa parecer, é significativa. No começo do século XVII, na época de Bacon (capítulo 8), a Antiguidade greco-romana fora moldada como a principal ancestral dos europeus. Para Cavazzi, perto do final do século XVII, ela começara também a se tornar um ideal. Oferecia um critério de mensuração para avaliar todos os povos da época e — para as sociedades colonizadas — constatar sua ausência. Para Cavazzi, tudo o que era tido como bom, civilizado e Ocidental entre os povos colonizados podia ser comparado à Antiguidade greco-romana, e tudo o que era tido como mau, bárbaro e "outro" era visto em termos de um passado não greco-romano. Ele concebia um mundo dividido em dois — os colonizadores e os colonizados, o Ocidente e o Resto, os que tinham e os que não tinham origem na Antiguidade greco-romana. Mas, à diferença de outros autores posteriores, ainda julgava possível a indivíduos e até a Estados inteiros passar de um lado para o outro dessa divisória.

O CONCEITO DO OCIDENTE, um bloco cultural e político coeso, com sua história própria e exclusiva e origens na Antiguidade greco-romana, era embrionário na época de Tullia d'Aragona e ainda frágil o suficiente para ser convenientemente ignorado na época da sultana Safiye. Na época de Francis Bacon e Njinga de Angola, porém, ele já se tornara realidade. Seus alicerces podem ter sido lançados por Bacon e contemporâneos na Europa do Iluminismo, mas algumas das paredes desse edifício conceitual foram erguidas além da Europa, no mundo mais amplo que os europeus vieram a dominar. Foi aqui que a distinção entre o Ocidente e o Resto ganhou um significado mais palpável, com o uso de conhecidas metáforas da Antiguidade para tornar o mundo não Ocidental inteligível e seu povo domesticável.

Todavia, mesmo a essa altura, a base para a dominação Ocidental ainda era contestável — era racial, geográfica ou religiosa? Embora em meados do século XVII já se tivesse traçado uma linha trans-histórica entre o Ocidente e o Resto, os critérios para colocar as pessoas de um ou do outro lado ainda eram potencialmente discutíveis. Para Cavazzi, no século XVII, a conversão religiosa de Njinga indicava sua transposição da fronteira civilizacional. Antes da conversão, ela era, na descrição dele, uma bárbara selvagem, uma pagã imoral, alinhada com um passado não Ocidental. Depois da conversão, ele passou a caracterizá-la como civilizada, moral e alinhada com uma herança greco-romana Ocidental. Para Cavazzi e seus leitores, Njinga realmente *se tornara* Ocidental. Nem sua localização geográfica na África nem qualquer distinção racial impedia essa transição. Para a própria Njinga, era uma transição conceitual que lhe trazia vantagens políticas concretas. Sua ligação com o cristianismo lhe permitia argumentar contra a ilegalidade da ocupação portuguesa, dando-lhe (teoricamente) os mesmos direitos de um monarca cristão na Europa. Era a base que lhe possibilitava receber apoio do papa e contribuía para a reticência de alguns imperialistas portugueses em suas tratativas com ela.

Nas décadas finais do século XVII, ainda era possível dizer a respeito de uma rainha africana, como fez Cavazzi, que ela era sábia como uma grega e casta como uma romana. A essa altura da história, a africanidade de Njinga não era obrigatoriamente suficiente para excluí-la de todos os privilégios Ocidentais. Mas as coisas já estavam mudando. Em 1685, apenas duas décadas após a morte de Njinga e dois anos antes que Cavazzi publicasse sua biografia sobre ela, o viajante francês François Bernier publicou um artigo chamado "Nouvelle Division de la Terre", em que adotava a abordagem radical de dividir a humanidade em "raças" separadas.[47] No mesmo ano foi aprovada uma lei na França e em suas colônias que restringia as atividades de pessoas de pele escura, fossem livres ou escravizadas, com base exclusiva na cor da tez. A lei era conhecida como *Code Noir*, código negro. Uma geração depois, em 1735, Carlos Lineu publicou a primeira edição de seu *Systema naturae*, classificando os seres humanos como parte do mundo natural em geral e em quatro categorias com base na cor: *Europaeus albus* (europeu branco), *Americanus rubescens* (americano ruivo), *Asiaticus fuscus* (asiático pardo) e *Africanus niger* (africano negro) — classificação que se ampliaria para incluir, em sua décima edição (publicada em 1758), diferentes temperamentos e comportamentos.[48] Conforme o século XVII dava lugar ao XVIII, a identidade Ocidental e a Civilização Ocidental se tornaram cada vez mais racializadas.

10. O Ocidente e a política: Joseph Warren

O céu aprovador contemplou a arca favorita dançando sobre as ondas e benevolente preservou-a até que as famílias eleitas fossem trazidas em segurança para essas regiões ocidentais.

JOSEPH WARREN, 1775[1]

A CASA DE ORAÇÕES ESTAVA LOTADA. Soldados cercavam o púlpito, comprimindo o orador por todos os lados. A multidão às portas fervia espumando de raiva e indignação. A atmosfera entre os dois grupos estalava de tensão. O orador, pessoalmente, parecia indiferente ao clima cada vez mais ameaçador, arrebatado pela força da própria oratória. Tinha sido nos últimos dez anos uma figura importante no movimento de independência americano, sendo que passara os últimos seis meses como representante eleito de Boston no novo governo regional implantado pelos secessionistas. Um mês depois desse discurso, seria eleito seu presidente. Dois meses depois, estaria morto — mártir fundador dos novos Estados Unidos da América, abatido por soldados britânicos na Batalha de Bunker Hill.

Joseph Warren raramente aparece nas listas dos pais fundadores dos Estados Unidos.[2] Seu nome ecoa pelos séculos a um volume menor do que o de seus amigos e colegas — homens como John Hancock, Paul Revere e John e Samuel Adams. No entanto, como jornalista, estrategista e agitador constante, seu papel no nascente movimento pela independência foi fundamental. Foi Warren quem recrutou as tropas revolucionárias a tempo de enfrentar os britânicos em Lexington e Concord, os primeiros confrontos militares na Guerra de Independência americana, transformando o que poderia ter sido um desbaratamento sangrento numa vitória retumbante. E foi Warren quem conquistou o sentimento público em favor da revolução, tendo tanto êxito em arregimentar apoio que um oficial britânico se referiu a ele como "o famoso dr. Warren, o maior incendiário de toda a América".[3]

O expressivo discurso de 6 de março de 1775 em memória ao quinto aniversário do Massacre de Boston, proferido na Old South Meeting House da cidade, é um exemplo perfeito de sua política ardorosa. O desempenho de Warren acendeu uma fagulha na cidade, fagulha que em poucos dias se encandearia nas labaredas de um levante armado.

Como ele fez isso? Como instigou a multidão a passar da insatisfação para a revolução? As apresentações de Warren são verdadeiras lições sobre o emprego hábil da emoção, a manipulação virtuosística do tom e da métrica e, claro, o puro carisma. Mas não era sua excelência técnica que cativava a imaginação de seus ouvintes. Ele lhes vendia uma ideia. A América do Norte, dizia a eles, não era o posto avançado colonial de uma Europa mais ilustre e grandiosa, e sim a sucessora dominante da Europa. (A América Central e a América do Sul não faziam parte da visão de Warren — trataremos delas mais adiante.) Segundo Warren, a América do Norte se mantinha intocada pela decadência do Velho Mundo e, portanto, era a legítima herdeira dos milênios de cultura europeia. Os Estados Unidos da América, recém-independentes, seriam a culminância final e perfeita da Civilização Ocidental.

Joseph Warren, claro, não foi o pioneiro em recorrer ao conceito de uma Civilização Ocidental herdada. Como vimos em capítulos anteriores, ele não era o primeiro a conceber a Antiguidade greco-romana como uma entidade coesa, e tampouco o primeiro a usar essa Antiguidade como fonte de capital intelectual e cultural. Isso já vinha acontecendo há

O Ocidente e a política: Joseph Warren

dois séculos, desde o Renascimento (capítulo 6). Entre a época de Tullia d'Aragona e a de Joseph Warren, quando outras formas de estruturar a história mundial ainda eram mais ou menos concebíveis (capítulo 7), a tendência dominante era de toda forma reivindicar o mundo greco-romano com exclusividade para a nascente ideia de Ocidente (capítulo 8), e utilizar essa genealogia imaginada como ferramenta conceitual para distanciar o Ocidente do restante do mundo (capítulo 9). Mas, embora Warren não fosse o primeiro a enquadrar a Civilização Ocidental como uma narrativa, ele e seus contemporâneos de fato participaram da popularização desta, dotando-a de um poder de atração que ultrapassava os limites da elite educada e convertendo-a numa poderosa força política que não podia ser ignorada. Com Warren, a ideia do Ocidente ganhou vida nova, para além das páginas de tratados cultos e de discursos eruditos. Tornou-se corrente, ligada a um movimento político de rápido andamento e envolvida numa revolução. Ao mesmo tempo, a genealogia cultural da Civilização Ocidental ganhou um foco mais claro, adotando a premência das ruas e do púlpito. A Civilização Ocidental saiu do campo do discurso intelectual e ingressou no mundo real.

Império e liberdade

Na época de Warren, meados do século XVIII, as treze colônias da América do Norte se diferenciavam de outras partes do Império Britânico. Uma diferença fundamental consistia na demografia. Na maioria das possessões britânicas na Ásia, na África e na América Central, as populações submetidas eram governadas por um número relativamente pequeno de soldados e administradores britânicos, demarcadas não só pela política imperial, mas também, cada vez mais, por fronteiras racializadas.

Na Irlanda, a situação era outra. Depois de mais de 150 anos de assentamento e "colonização", a população em meados do século XVIII incluía uma quantidade considerável de protestantes de derivação britânica, concentrados majoritariamente no norte fértil da ilha. Hoje, muitos tendem a considerar os irlandeses como Brancos e, portanto, na mesma categoria racial dos britânicos nativos, mas o tratamento dado aos irlandeses nativos durante grande parte de sua história colonial recai em critérios que podem ser considerados raciais.[4] Em meados do século XVIII, esses critérios tinham começado a mudar, e novas constelações raciais tinham começado a surgir.

Nas treze colônias americanas, em contraste, uma grande parte da população permanente dizia descender de colonos britânicos. Como filhos dos colonizadores e não dos colonizados, esses habitantes das colônias americanas ocupavam dentro do sistema imperial uma posição acentuadamente diversa daquela da maioria dos habitantes das outras possessões imperiais britânicas. Não se faziam entre eles e os governadores coloniais britânicos distinções racializadas que, na maior parte do Império Britânico, serviam para distinguir entre a elite imperial e seus súditos coloniais. Evidentemente, isso não se aplicava a todos os habitantes dessas colônias — havia distinções racializadas muito ativas entre esses colonos descendentes de britânicos, os descendentes de outros migrantes europeus, os descendentes de africanos escravizados e os povos americanos nativos. A grande proporção da população formada por esses colonos descendentes de britânicos gerava problemas específicos para a governança dessas colônias. Em meados do século XVIII, as tensões entre a Grã-Bretanha e suas treze colônias americanas estavam em franca ascensão. Mais especificamente, a Grã-Bretanha procurava exercer maior controle, com a regulação do comércio e a imposição de tributos sobre mercadorias fundamentais. A Lei do Açúcar de 1764, a Lei do Selo de 1765, as Leis de Townshend de 1767, a Lei do Chá de 1773 — todas elas foram recebidas nas colônias americanas com indignação e revolta e acabaram levando à revolução.

Mas os revolucionários enfrentavam um dilema ideológico. Por um lado, queriam defender a libertade e atacar o imperialismo. Por outro, a maioria não queria defender a liberdade *universal* e atacar *todo* o imperialismo. Fundamentalmente, a maioria dos colonos de ascendência britânica procurava estabelecer seu direito inalienável à liberdade e à autodeterminação, mas era relativamente pequeno o apoio para que se estendessem esses mesmos direitos à população escravizada afro-americana. Da mesma

O Ocidente e a política: Joseph Warren

forma, muitos desses mesmos agitadores revolucionários consideravam intolerável que o imperialismo recaísse sobre eles, mas muitos não faziam objeções a que ele fosse exercido sobre outros, sobretudo o imperialismo que os colonos brancos exerciam sobre os povos americanos nativos ou, na verdade, que os colonos europeus exerciam em outros lugares nas Américas, na África e na Ásia. A tensão entre essas duas demandas ideológicas — a defesa de seus próprios direitos sem necessariamente apoiar os direitos de outros, e a crítica à sujeição imperial sem rejeitar a própria noção de império — colocava um problema conceitual.

Pode-se ver claramente esse problema nos discursos, cartas e publicações dos revolucionários, que trazem referências frequentes à escravização britânica dos colonos e aos britânicos como invasores imperais. Durante a Guerra de Independência, George Washington, o general revolucionário que se tornou o primeiro presidente dos Estados Unidos independentes (e rico senhor de muitos afro-americanos escravizados), dizia que os colonos procuravam a independência da Grã-Bretanha porque "o espírito da liberdade palpita com demasiada força em nós para nos submetermos à escravidão".[5] Do mesmo modo, as Resoluções de Fairfax, assinadas por Washington e outros líderes revolucionários, afirmavam em 1774 que o exercício do poder pelo Parlamento britânico sobre as colônias americanas era "calculado para nos reduzir de um estado de liberdade e felicidade à escravidão e à desgraça".[6] Para esses líderes revolucionários brancos, a ideia da metafórica escravização sob os britânicos era uma abominação.

O tom era o mesmo em relação ao imperialismo britânico. Em 1777, numa carta a Thomas Jefferson, líder revolucionário que viria a ser o terceiro presidente dos Estados Unidos, um político local da Virgínia dizia: "Se ao menos conseguíssemos um bom exército regular, logo limparíamos o continente desses malditos invasores".[7] No mesmo ano, Washington escreveu furiosamente a John Hancock que "não há qualquer dúvida de que o tribunal britânico está empregando os máximos esforços e interesses interna e externamente para nos dobrar a seu jugo intolerável".[8] A retórica revolucionária americana apresentava o movimento de independência como uma luta contra a escravidão e o imperialismo do modo como eram impostos pelos britânicos aos norte-americanos brancos.

No entanto, esses mesmos revolucionários eram mais ambivalentes sobre a escravização e extensão do imperialismo aos que não descendiam de colonizadores britânicos ou de outros colonizadores europeus. Por um lado, Washington condenou oficialmente a escravidão como instituição ao assinar as Resoluções de Fairfax,[9] e Jefferson é talvez mais conhecido por redigir a Declaração de Independência, adotada pelo Congresso Continental em julho de 1776. Nela, consta a famosa frase de Jefferson segundo a qual "todos os homens são criados iguais, dotados por seu Criador de certos direitos inalienáveis", baseando-se tanto no pensamento do Iluminismo quanto nas teorias políticas de Locke. Mas, apesar da oposição à escravidão enquanto noção abstrata, por várias razões nem Washington, nem Jefferson, quando assumiram a presidência, baniram a prática, e ambos continuaram até o final da vida a possuir centenas de escravizados. Ao que parece, para os revolucionários norte-americanos de meados ao final do século XVIII, devia-se evitar a servidão para si mesmos, mas era tolerável impingi-la a outros.

Podemos ver outra ambivalência semelhante na retórica sobre o império e o colonialismo.[10] Apesar de toda a sua oposição às crueldades imperiais britânicas, Washington não sentia qualquer prurido em caracterizar os Estados Unidos recém-independentes como um "império em ascensão".[11] Com efeito, na noite anterior ao dia em que a Grã-Bretanha reconheceu a independência americana, ele se dirigiu a seus soldados, agradecendo aos "que participam dos esforços e perigos de realizar essa revolução gloriosa, de resgatar milhões das mãos da opressão e de lançar as fundações de um grande Império". E prosseguiu: "a partir de agora, triplamente felizes serão aqueles que contribuíram com alguma coisa, que realizaram a mais humilde tarefa para criar essa estupenda estrutura de liberdade e império".[12]

A Revolução Americana, então, foi uma luta contra a escravidão travada por gente que tolerava e em alguns casos participava da escravização.[13] Foi uma guerra anti-imperial empreendida por gente que aceitava e em alguns casos desejava ativamente um império.[14] A ironia da situação

O Ocidente e a política: Joseph Warren

não passou despercebida aos comentaristas da época. Escrevendo em 1775, o erudito britânico Samuel Johnson apontou: "Como é que ouvimos os mais sonoros brados pela liberdade entre os condutores de negros?".[15] No mesmo ano, um folheto anônimo atribuído ao teórico político britânico Thomas Paine questionava a propósito dos norte-americanos "com que coerência ou decência eles reclamam tão sonoramente de tentativas de escravizá-los, enquanto mantêm tantas centenas de milhares na escravidão?".[16] Havia um problema ideológico no cerne do movimento revolucionário. As ideias gêmeas de Ocidente e de Civilização Ocidental contribuiriam para a solução.

Médico e revolucionário

Warren, americano de quarta geração de uma família de agricultores, tivera uma infância confortável, mas não luxuosa. Aos dez anos de idade frequentava a Escola de Latim de Roxbury, e aos catorze iniciara os estudos de direito na Universidade Harvard. (Para nós pode parecer muito cedo, mas na época não era incomum. Francis Bacon tinha a mesma idade ao frequentar a Universidade de Cambridge; ver capítulo 8.) Nessa altura, o jovem Warren viu-se tolhido pelo sistema tradicional de classes. Embora fosse um estudante talentoso (seus adversários políticos diriam mais tarde que era "possuidor de um gênio que prometia distinção"),[17] a universidade classificava seus estudantes não pelo desempenho acadêmico e sim pela riqueza e posição social de seus pais. Em decorrência disso, Warren ficou apenas em 31º lugar entre os 45 estudantes de sua turma e excluído de muitos dos privilégios que Harvard tinha a oferecer.[18] Essa experiência deve ter tido uma influência formadora sobre ele. Durante toda a sua vida adulta, primeiro como médico e depois como agitador político, Warren faria oposição às convenções de classe.

Um retrato dele pintado em 1765 mostra um jovem de tez clara, com traços suaves e olhos melancólicos. Segundo um comentarista da época, "as damas o declaravam bonito",[19] e John Adams, o líder revolucionário que se tornou o segundo presidente dos Estados Unidos, ao conhecê-lo, em 1764, descreveu-o como um "jovem cavalheiro atraente, alto, refinado, de rosto viçoso".[20] Nessa altura, Warren tinha apenas 23 anos de idade, mas já fazia dois anos que trabalhava como médico. Foi com esse trabalho que começou a ser uma figura pública.

No inverno de 1763-4, Boston foi tomada por uma pandemia mortal de varíola. Enquanto a maioria dos bostonianos de posses fugia, Warren e seus colegas montaram um hospital de campanha em caráter de emergência em Castle William, uma península fortificada no sul da cidade. Além de fornecer atendimento gratuito aos doentes e moribundos, eles também se lançaram a uma controvertida campanha de vacinação, com isso salvando mais centenas de vidas. Passada a epidemia, o conselho municipal decretou que "os agradecimentos do município cabem e aqui são dados àqueles cavalheiros médicos que, nesses tempos de dificuldades e sofrimentos, generosamente inocularam e atenderam de forma gratuita durante a varíola um número tão considerável dos habitantes pobres".[21] Os médicos de Castle William viraram celebridades da noite para o dia.

Warren adotou entusiasticamente seu novo perfil público. E, no verão de 1764, alguns meses depois de adquirir seu novo status de celebridade, já lhe dera um bom uso — primeiro, fazendo um casamento vantajoso com a herdeira da alta sociedade Elizabeth Hooton, e, segundo, fomentando a revolução.[22] No outono do mesmo ano, quando Boston irrompeu em protestos populares contra o recém-introduzido Imposto do Açúcar, Warren se lançou à refrega política. Defendeu publicamente o homem acusado de instigar os tumultos, redigindo uma nota médica para isentá-lo dos procedimentos jurídicos em razão de um distúrbio nervoso, e se envolveu em uma campanha de boicote a importações britânicas.[23]

Warren intensificou suas atividades políticas na primavera do ano seguinte, publicando seu primeiro texto explicitamente político em resposta à imposição da Lei do Selo. Essas normas, aprovadas em 1765, aumentavam o custo de todos os artigos que contivessem papel, de jornais a diplomas universitários, de cartas de baralho a documentos legais. A lei era, em essência, um imposto sobre a vida intelectual e cultural. Tendo ao fundo

O Ocidente e a política: Joseph Warren

protestos e tumultos, o artigo de Warren na *Boston Gazette* expôs o argumento colonial. Como eram "descendentes da Grã-Bretanha, nascidos numa terra de luz e criados no seio da liberdade", os norte-americanos não deviam, portanto, ser tributados sem representação no Parlamento britânico. Ele encerrava o artigo com um apelo ardoroso: "Despertem, despertem, meus conterrâneos, e por uma oposição legal e regular derrotem os desígnios dos que escravizariam a nós e nossa posteridade".[24] Seu emprego da linguagem da escravização ecoa o de outros pais fundadores — como eles, Warren esbravejava contra a ideia de restrições à própria liberdade, ao mesmo tempo mantendo a propriedade de escravos.[25]

Apesar da anulação da Lei do Selo, Warren intensificou suas atividades revolucionárias nos anos que se seguiram. Criticou impiedosamente o governador britânico de Massachusetts;[26] escreveu letras novas para canções revolucionárias;[27] cercou-se de outros radicais, entre eles os primos John e Samuel Adams e John Hancock. De início, nem todos os seus companheiros entendiam o valor da volumosa produção de Warren. John Adams descreveu-a como "um emprego curioso, preparando rapidamente parágrafos, artigos, ocorrências etc. — fazendo trabalhar o motor político!".[28]

Instigado por artesãos da palavra como Warren, o sentimento antibritânico na cidade estava aumentando, preparando Boston para ser o campo de batalha da Revolução Americana. Protestos, tumultos e choques com soldados britânicos haviam se tornado ocorrências diárias, culminando no infame Massacre de Boston, a 5 de março de 1770. Durante esse trágico evento, soldados britânicos, sentindo-se ameaçados por uma multidão irada, dispararam seus mosquetes, matando cinco homens e ferindo muito outros. Warren, junto com Samuel Pemberton, ficou responsável por fazer um relato oficial do acontecimento destinado a atiçar a indignação pública. O folheto publicado se apresentava como "Uma breve narrativa do horrendo massacre em Boston, perpetrado na noite de 5 de março de 1770 por soldados do 19º Regimento, que lá estava então aquartelado com o 14º Regimento: com algumas observações sobre o estado de coisas antes dessa catástrofe".[29] Junto com o folheto foram distribuídas cópias de uma gravura de Paul Revere sobre a ocorrência, que continua a ser até hoje a principal imagem popular do massacre. Warren também organizou uma oração pública anual para rememorar o evento, promovendo uma exposição de desenhos inspirados no massacre, expostos nas janelas da casa de Revere. Em 1771, a oração e a exposição alcançaram um público de milhares de pessoas.[30]

Outra centelha se acendeu em 1773 quando a Grã-Bretanha aprovou a Lei do Chá, com vistas a amparar as finanças periclitantes da Companhia das Índias Orientais (que, apesar de recorrer a torturas e extorsões, não conseguiu compensar seus prejuízos financeiros após uma fome em Bengala). Pretendia-se atingir esse objetivo eliminando os impostos sobre a remessa do chá, permitindo que a Companhia das Índias Orientais tivesse preços mais baixos do que os dos contrabandistas. Nas colônias norte-americanas, a ameaça aos contrabandistas (muitos dos quais eram empresários bem estabelecidos, como John Hancock) foi vista como mais uma imposição imperial.[31] Em 16 de dezembro, realizou-se uma reunião pública na Old South Meeting House de Boston. Embora os detalhes continuem obscuros até hoje, o fato é que uma turba raivosa foi até o porto e subiu a bordo de três navios com cargas de chá da Companhia das Índias Orientais que haviam chegado pouco tempo antes. E passaram a despejar nas águas do porto mais de 340 baús de chá, no valor atual de 2 milhões de dólares, num evento que ficou conhecido como a Festa do Chá de Boston.[32] Os britânicos inevitavelmente responderam com medidas enérgicas, e os revolucionários reagiram montando seu próprio governo alternativo. O Congresso Continental e o mais local Congresso da Província de Massachusetts (no qual Warren foi escolhido para representar Boston) assumiram franca oposição à administração imperial britânica.[33]

Esse verdadeiro barril de pólvora era o ambiente que cercava Joseph Warren quando o vimos no começo deste capítulo, em 6 de março de 1775, de pé para discursar na Old South Meeting House, no quinto ano de orações em memória ao Massacre de Boston. Os soldados britânicos que assistiram à oração naquele dia estavam se preparando nos bastidores para um conflito armado que devia parecer inevitável. Fazia semanas que os soldados britânicos estavam realizando manobras para entrar em ação e

O Ocidente e a política: Joseph Warren

estocando suprimentos. Mas, sem que soubessem, tinham sido observados pelos espiões de Warren, e os revolucionários também estavam preparados para a ação. No começo de abril, os britânicos decidiram agir. Planejaram atacar a cidadezinha de Concord, no interior de Massachusetts, base usada pela milícia revolucionária. Em 18 de abril, Warren soube que os soldados britânicos estavam programados para avançar à primeira luz da manhã. Naquela noite, enviou uma série de mensagens e sinais previamente combinados para alertar os revolucionários por toda a Nova Inglaterra.

Dois mensageiros de Warren merecem especial atenção.[34] William Dawes partiu de Boston para o sul, ativando as milícias locais em Roxbury e Cambridge, e depois rumou para o interior. Paul Revere seguiu para o norte passando por Charleston e então rumando para Concord. A cavalgada de Revere à meia-noite foi imortalizada quase cem anos depois num conhecido poema de Henry Wadsworth Longfellow, "Paul Revere's Ride" — que selou o lugar de Revere na consciência popular, em contraste com a relativa obscuridade de Dawes e Warren. Mas, sem o empenho dos dois cavaleiros, e, ainda mais crucial, sem a eficiência da rede de espionagem de Warren, o dia seguinte teria trazido a vitória para os britânicos e seria um grande revés para os revolucionários.

Quando partiram para Concord na manhã seguinte, os soldados britânicos encontraram as tropas coloniais à sua espera. Travou-se uma breve escaramuça em Lexington, pequeno povoado na estrada para Concord, e outro confronto na própria Concord.[35] Vendo malogrado seu objetivo, os britânicos começaram a retirada na direção de Boston. Mas, a essa altura, a estrada de volta a Boston era perigosa. Os soldados britânicos se viram ao longo do caminho atacados de surpresa por milícias coloniais que afluíam em grande número da área rural de Massachusetts. Warren lutou numa dessas companhias, atacando a coluna britânica no vilarejo de Menotomy (atual Arlington). Quando finalmente chegaram a Boston, os britânicos se retiraram por trás dos muros fortificados da cidade e ficaram sitiados por forças coloniais. O sítio durou um ano inteiro, e por fim terminou com a vitória colonial. Começara a Guerra de Independência americana.

Moldando a modernidade

Warren não era teórico nem erudito, e sim um pragmático que conhecia o poder das palavras. Como revolucionário, usava as palavras com um efeito retórico espetacular. Mas, como homem, houve um momento na vida em que perdeu sua fluência habitual. Foi em abril de 1773, com a morte da esposa, Elizabeth, que sucumbiu a uma doença súbita e inexplicada. Aos 31 anos, Warren se viu viúvo e com quatro filhos pequenos. Tomado de dor, procurou consolo nos dois pilares de sua educação inicial: a igreja e a Antiguidade greco-romana. Em 17 de maio de 1773, um poema foi publicado na *Boston Gazette*. Estava escrito em latim e não trazia nenhuma explicação ou atribuição de autoria. Dizia apenas:

EPITAPHIUM DOMINAE ELISAE WAR[***]

Omnes, flete, dolete, cari virtutis amici:
Heu! Nostras terras Dulcis Elisa fugit.
Quisnam novit eam gemitus que negare profundos
Posset? Permagni est criminis ille reus.[36]

O poema é, com quase toda a certeza, de Joseph Warren. Talvez a vocês ou a mim não ocorresse escrever versos em latim à morte do companheiro ou da companheira, mas, por outro lado, vocês e eu provavelmente não temos a educação de um cavalheiro setecentista. Para Warren, homem que geralmente se expressava com tanta facilidade, cujos maiores triunfos consistiam no eloquente manejo da linguagem a serviço de sua causa política, é significativo que nesse momento o inglês não lhe bastasse. Nesses dias mais sombrios, ele recorreu à poética latina para se expressar. Para quem dentre nós não tem de fato uma educação de cavalheiro setecentista e a composição de um poema em latim não é algo que lhe vem com muita naturalidade, segue aqui uma tradução livre:

O Ocidente e a política: Joseph Warren

EPITÁFIO PARA A SENHORA ELISA WAR***

Chorem, todos os caros e sinceros amigos, lamentem!
Ai! A doce Elisa deixou nossa terra.
Quem, sabendo disso, não há de suspirar?
Será culpado de terrível crime.

Essa não foi a única vez em que Warren invocou a Antiguidade. Seus escritos, tanto públicos quanto pessoais, traziam várias referências gregas e romanas. Em vez de usar o próprio nome em suas primeiras publicações, ele utilizava o pseudônimo helenizante Paskalos ("todas as boas coisas"), e assinou outros ensaios como Philo Physic ("amante da natureza") e Graph Iatroos ("médico escritor"), além de usar o nome do lendário nobre romano Mucius Scaevola.[37] Já estava com suas credenciais clássicas estabelecidas na época em que esteve em Harvard, onde escreveu e encenou uma peça chamada *Cato*, sobre o senador romano Catão, famoso por seu rigor, e outra chamada *The Roman Father* [O pai romano].[38]

Warren não era o único entre os pais fundadores a ver a si mesmo e à sua causa por lentes greco-romanas. Mesmo levando em conta a ubiquidade do grego e do latim na educação de elite nessa época, a profusão de materiais gregos e romanos nos escritos dos pais fundadores vai além dos acasos das lembranças de infância. Era um classicismo deliberado que se infundia em todo o projeto de independência.[39] Após a vitória na guerra, os debates constitucionais entre federalistas e antifederalistas se realizavam usando a retórica elevada dos oradores gregos e romanos.[40] Nos anos subsequentes, muitos elementos da nova constituição americana, desde a escolha do nome "Senado" à arquitetura neoclássica do Capitólio, se baseavam em modelos gregos e romanos. Nisso e em muitas outras coisas os pais fundadores se apoiavam nas filosofias políticas do Iluminismo, tomando amplos empréstimos a Locke, Hobbes e Rousseau. Perante o desafio de criar um novo sistema político desde seus alicerces, vieram a pensá-lo não como um novo sistema radical, mas simplesmente como um refinamento das estruturas políticas daqueles que viam como seus antigos ancestrais.

A Antiguidade greco-romana forneceu aos pais fundadores uma linguagem comum — um mesmo conjunto de ideais e pontos de referência. Talvez fosse de se esperar que o cristianismo desempenhasse esse papel, mas o facciosismo fragmentado dos diferentes grupos cristãos na América colonial operava contra isso. Dentro do próprio movimento revolucionário, católicos e anglicanos se batiam com quacres, metodistas, luteranos, menonitas e presbiterianos, entre outros. As diferenças confessionais entre esses grupos eram significativas e vividas intensamente — muitos haviam decidido sair da Europa e vir para a América do Norte em parte porque esperavam assim ter maior liberdade religiosa. O cristianismo dos agricultores puritanos do norte diferia radicalmente daquele dos latifundiários com suas fazendas no sul, o qual, por sua vez, diferia do humanismo cosmopolita que se podia encontrar em algumas cidades grandes. Com esse afastamento criado pela religião, a ideia de um passado greco-romano em comum se tornou um elemento importante para manter os pais fundadores unidos entre si.

Durante a campanha revolucionária, o recurso a imagens e referências gregas e romanas antigas fora especialmente deliberado. Em contraste com o filo-helenismo que se estava espalhando naquela época por grande parte da Europa continental, os revolucionários norte-americanos tendiam a adotar o estilo da Roma republicana.[41] Austera e ainda assim aristocrática, moralmente contida e ainda assim ferozmente defensora das liberdades individuais, a Roma republicana oferecia o modelo ideológico perfeito para o movimento de independência que se desenvolvia (a Antiguidade romana tinha, nessa mesma época, conotações um tanto diversas na América Latina, como veremos adiante). Os revolucionários também consideravam Roma um modelo melhor do que a Grécia antiga porque a democracia radical de Atenas no século v a.C. era tida como perigosamente aberta e inclusiva e, portanto, vulnerável à demagogia e à oclocracia.[42] Isso, de um ponto de vista moderno, pode parecer contrário ao esperado, em vista da ênfase sobre a democracia liberal nas atuais ideologia e retórica políticas Ocidentais (trataremos disso nos capítulos 13 e 14), e também contrário aos fatos, em vista do caráter realmente exclusionista da democracia ateniense

O Ocidente e a política: Joseph Warren

tal como foi vivida por Heródoto no final do século v a.C. (excluindo, por exemplo, mulheres e escravos, além de todos aqueles que não conseguissem provar sua linhagem ateniense de "sangue puro"; ver capítulo 1). Apesar disso, para os pais fundadores norte-americanos, esse era um fator importante que fazia de Roma um ancestral imaginado com maior poder de atração do que a Grécia.[43]

Esse interesse ideológico por Roma fica especialmente visível nos pseudônimos escolhidos pelos revolucionários. No auge da agitação cívica em Boston entre 1770 e 1775, a *Boston Gazette* publicou mais de 120 artigos assinados por revolucionários utilizando pseudônimos clássicos, aludindo basicamente à Roma republicana.[44] Entre eles estavam "Cato of Utica", "Brutus" e "Civis", além de vários que podem ser remontados a Samuel Adams, como "Clericus Americanus", "Sincerus" e "Candidus". Depois que uma guarnição britânica se instalou em Boston, Adams também começou a assinar seus ensaios com "Cedant Arma Togae" ("Que as armas cedam à toga", frase cunhada por Cícero defendendo a supremacia do debate público sobre a violência). Os revolucionários estavam se posicionando como romanos renascidos, herdeiros de Catão e Cícero.[45]

O classicismo dos pais fundadores era consciente, deliberado e nada inocente. Longe de ser um resultado impensado de sua educação, era prova de uma opção política — uma posição ideológica. Eles estavam se apropriando da genealogia cultural do Ocidente. Neste livro, já vimos a noção de *translatio imperii* (capítulo 4), e os revolucionários norte-americanos agora levavam essa ideia à sua conclusão lógica — a travessia do Atlântico. Bacon e seus sucessores tinham começado a traçar a linhagem da Civilização Ocidental desde a Antiguidade greco-romana até seu mundo iluminista da Europa ocidental, e agora os revolucionários afirmavam que a tocha da Civilização Ocidental passara para a América do Norte.

Não foi a geração revolucionária que deu origem a essa ideia. Já em 1713, o tio de Benjamin Franklin exortava seus ouvintes a "nos mostrarem que seu jovem clima Ocidental/ a todos supera em nossos tempos atuais".[46] Em 1725, o clérigo George Berkeley sustentou com clareza ainda maior a ideia da ascendência americana, escrevendo: "Será cantada outra idade dourada,/ A ascensão do império e das artes,/ [...] Não como a Europa gera em sua decadência;/ [...] A oeste o curso do império segue seu caminho". O último verso do poema viria a inspirar e dar título ao famoso quadro pintado por Emanuel Leutze que agora se encontra no Capitólio americano, *Westward the Course of Empire Takes Its Way*. E Nathaniel Ames, na edição de 1758 de seu anual *Almanack*, comentava que "os curiosos têm visto que o progresso da literatura humana (como o sol) se dá do leste para o oeste; assim ele percorreu a Ásia e a Europa, e agora chegou à costa oeste da América".[47]

Mas no começo e em meados do século XVIII, apesar dessas múltiplas referências, a ideia de que o *translatio imperii* culminava na América do Norte se manteve como uma metáfora um tanto obscura, uma abstração poética e erudita. O que a geração revolucionária fez, no terceiro quartel do século, foi transformá-la em algo muito mais concreto — uma ideologia política. E sobre essa ideologia construiu-se um país.

O primeiro passo foi a ideia da América do Norte como o "Ocidente". Benjamin Franklin publicou em 1768 uma carta indignada na *Pennsylvania Chronicle*, acusando os britânicos de maltratarem "a nós no Ocidente". No ano seguinte, declarou que os britânicos estavam esmagando a liberdade ou, de todo modo, "sua primeira aparição no mundo ocidental".[48] Alguns anos depois, em 1773, manifestou sua preocupação de que "nosso povo ocidental se tornou tão dócil quanto os dos domínios orientais da Grã-Bretanha".[49] Por volta dessa época, George Washington também escreveu sobre seu interesse por "assuntos do mundo ocidental",[50] enquanto John Hancock, num discurso na Filadélfia, afirmava orgulhosamente que haveria liberdade "neste mundo ocidental".[51] Era uma retórica que logo se espalhou. No outono de 1775, o poeta e revolucionário bostoniano Mercy Otis Warren (nenhum parentesco com Joseph Warren) escreveu a John Adams que, não fosse o empenho de homens como ele, a liberdade "teria sido muito tempo antes banida do hemisfério ocidental".[52] E o general Philip Schuyler, em 1776, escreveu a Washington, augurando-lhe a graça divina em seu trabalho de "assegurar a liberdade no mundo ocidental".[53]

O Ocidente e a política: Joseph Warren

O segundo passo foi construir a genealogia desse novo Ocidente norte-americano, montando-a como o clímax da velha linhagem da Europa. Para muitos, a ideia do *translatio imperii* significa que os novos Estados Unidos eram os herdeiros supremos da Antiguidade clássica, em especial de Roma.[54] Essa ideia estaria por trás do conceito posterior de "destino manifesto", que sustentou a expansão a oeste no século XIX e gerou um número incontável de livros, artigos de revista e de opinião nos jornais em décadas recentes, discutindo se os Estados Unidos da América deviam ou não ser considerados a "nova Roma".[55] Podemos ver essa noção já presente nas obras de Warren, não na forma de crônicas eruditas ou volumes de estudos, mas num tom explicitamente populista.

Publicada em 1770, a letra de "The New Massachusetts Liberty Song", atribuída a Warren, expunha essa nova visão do Ocidente com sua herança própria e exclusiva. Os versos da canção traçam a história do Ocidente, começando na primeira estrofe com "Atenas, a Sede da Ciência, e Roma, a grande Senhora da Terra". Seguindo a genealogia cultural da Civilização Ocidental, a segunda estrofe nos leva à Britânia, que recebe a preciosa herança da Antiguidade greco-romana ao aceitar o jugo do imperialismo romano ("A orgulhosa Álbion se curvou a César"). A canção então nos relembra os outros povos que conquistaram a Britânia nos séculos seguintes, incluindo pictos, dinamarqueses e normandos, com o que ela se tornava um local indigno para que o poder ali tivesse sua sede final. Esse zênite posterior da Civilização Ocidental, diz-nos a quarta e principal estrofe da canção, se situa "sob o Céu ocidental", onde "formamos um novo Domínio, uma Terra da Liberdade". Esse verso essencial e politicamente carregado é o eixo de toda a canção. Antes dele temos a genealogia da Civilização Ocidental como prelúdio histórico. Depois dele somos exortados a ver um glorioso futuro independente para a América do Norte, como a sede final da Civilização Ocidental.

A visão de Warren ficou ainda mais explícita em seu discurso de 1775 em memória ao Massacre de Boston, o discurso com que iniciamos este capítulo. Como na "Canção da liberdade", ele começou com um preâmbulo histórico sobre a colonização da América do Norte. Descreveu como "nossos pais" decidiram deixar a Europa, resolvendo "jamais aceitar o jugo do despotismo". Então evocou a bravura daquela viagem oceânica: "O céu contemplou em aprovação a arca favorita dançando sobre as ondas e benevolente preservou-a até que as famílias eleitas fossem trazidas em segurança para essas regiões ocidentais". Depois desse prelúdio histórico, Warren passou para a parte principal do discurso — exortando os ouvintes à revolução com referências incentivadoras à história gloriosa do Ocidente. O Império Britânico foi comparado à "glória romana" e, apesar de conquistar partes do mundo desconhecidas até mesmo de Alexandre da Macedônia e dos Césares, tido como herdeiro indigno do legado clássico em razão de sua tirania e ganância. Coube então aos americanos emular a Antiguidade. Warren exortava os ouvintes a não renunciarem à esperança, afirmando que "uma máxima do povo romano, que levou eminentemente à grandeza daquele Estado, era nunca desistir da república".

Mas os ouvintes de Warren em 1775 devem ter se impressionado não só com suas palavras, mas igualmente com sua escolha da indumentária. Ele resolvera fazer esse discurso não com os trajes contemporâneos próprios de um cavalheiro de sua posição, mas com uma toga romana.[56] No mundo romano, a toga era reservada aos cidadãos masculinos — uma veste formal conferida aos meninos quando atingiam a maioridade, marcando-os como integrantes da comunidade política e, com a expansão do império, da elite romana.[57] A decisão de Warren de utilizar a toga nesse momento específico foi calculada. Como já mencionei, o lema "Cedant Arma Togae" já estava sendo usado por John Adams para assinar folhetos revolucionários na Boston ocupada. A frase de Cícero soaria dolorosamente pertinente com Warren em sua toga branca impecável e denunciando um massacre militar enquanto cercado por soldados britânicos.

Com a força de suas palavras e a teatralidade de sua aparência, Warren popularizou uma visão da América do Norte como a herdeira suprema da Civilização Ocidental, herdeira de uma longa e célebre linhagem remontando até a Antiguidade greco-romana. Nos mais incendiários e bombásticos termos possíveis, ele acrescentou a América do Norte à linhagem de sangue como uma entidade separada, distinta e, na verdade, superior, a seus degenerados ancestrais. Apenas na América do Norte, livre dos vícios e da corrupção do Velho Mundo, poderia o potencial da Civilização Ocidental se realizar plenamente. Apenas na América do Norte, herdeira de uma tradição cultural ininterrupta, poderia a história Ocidental alcançar seu apogeu. Apenas na América do Norte poderia o Ocidente tomar sua forma última e perfeita.

Como já observamos, o movimento revolucionário norte-americano sofria de uma séria disjunção ideológica. Como os revolucionários podiam se dizer contra a escravidão continuando escravistas, contra o império continuando imperialistas? Era um problema ideológico que os críticos do movimento rapidamente captaram, e que afastou alguns potenciais apoiadores do movimento (ver capítulo 11). A narrativa grandiosa da Civilização Ocidental oferecia uma saída conveniente para esse problema ideológico. Graças às ideias propagadas por homens como Warren, os revolucionários podiam promover comodamente sua liberdade com base em sua herança Ocidental, sem precisar necessariamente estendê-la a outros, e denunciar a subjugação deles mesmos, enquanto Ocidentais, ao controle imperial, sem rejeitar o princípio do imperialismo em si. A narrativa da Civilização Ocidental oferecia não só uma poderosa visão motivadora para os americanos enquanto avançavam para uma nova era de independência política, mas também uma desculpa.

A ideia de que a América do Norte anglófona era a culminância da Civilização Ocidental ganhou popularidade no final do século xviii graças a homens como Warren. Mas ela não gozava da mesma popularidade em toda parte, nem mesmo dentro das Américas. Era problemática para aqueles habitantes dos novos Estados Unidos que continuavam destituídos de direitos sob sua retórica, como veremos no próximo capítulo. Não era a ideologia dominante nas grandes extensões de terra no norte ainda controlado pela Grã-Bretanha, que viriam a se tornar o Canadá. Tampouco era necessariamente dominante nas partes da América do Norte com consideráveis populações francófonas, embora o domínio colonial francês no território americano tivesse se encerrado em 1763 com o Tratado de Paris (depois disso, ele ainda continuou por algum tempo no Caribe). E definitivamente não era compartilhada pelos povos da Nova Espanha (no que é hoje a América Central e a parte sul da América do Norte), do Caribe e da América do Sul.

Em grande parte da América Latina, a Roma antiga estava intimamente associada ao colonialismo. Os espanhóis em particular haviam formulado sua expansão imperial em termos da Antiguidade romana, justificando suas conquistas americanas com referência ao imperialismo romano.[58] Assim, por todas as Américas sob controle hispânico, em larga medida a Antiguidade significava Roma e não a Grécia, o acesso ao latim era amplamente mediado pela Igreja católica ou pelas autoridades espanholas e o conhecimento sobre a Antiguidade estava vinculado ao capital social dentro do sistema colonial.[59] De modo que, embora os intelectuais na Nova Espanha estivessem tão envolvidos com o passado romano quanto seus análogos na América do Norte anglófona no século XVIII (esse período chegou inclusive a ser chamado de "Idade de Ouro" da literatura latina na Nova Espanha),[60] as implicações políticas eram marcadamente distintas. Se para Warren, Washington e Jefferson, Roma fornecia os moldes para um futuro republicano independente, para o poeta jesuíta guatemalteco Rafael Landivar, as convenções literárias latinas o ajudavam a tornar sua terra natal compreensível para os leitores europeus;[61] para José Manuel Peramás, missionário jesuíta no Paraguai, o heroísmo romano épico era um meio de valorizar a conquista espanhola inicial e seu próprio trabalho missionário;[62] para o compositor peruano Tomás de Torrejón y Velasco, as alusões ao mito romano forneciam o pano de fundo para uma exuberante celebração operística da monarquia espanhola.[63]

A situação, porém, realmente começou a mudar na virada do século XVIII para o século XIX, quando as ideias sobre a Antiguidade greco-romana vieram a desempenhar um papel complexo em movimentos pela independência na América Central e na América do Sul.[64] Toussaint Louverture, um líder carismático dos haitianos escravizados na revolução contra o domínio colonial francês, foi saudado em 1796 como um "Espártaco Negro" — referência ao famoso gladiador que liderou uma revolta de escravizados na Itália romana, no século I a.C.[65] A partir desse ponto, um eixo mais consciente voltado para o mundo grego antigo aparece nas obras de escritores latino-americanos, sobretudo os envolvidos em movimentos pela independência e na criação de identidades nacionais pós-coloniais. O helenismo oferecia um modo de reivindicar as glórias da Antiguidade mediterrânea e da Civilização Ocidental que não vinha manchado por uma associação com a Espanha colonial e que também se colocava em oposição à retórica estridente dos Estados Unidos como a "nova Roma".[66]

Assim, a narrativa grandiosa da Civilização Ocidental, embora possa ter se tornado dominante nas décadas finas do século XVIII, não era homogeneamente abraçada nas Américas. Pelo contrário, estava profundamente entranhada na retórica política dos novos Estados Unidos, fornecendo uma base ideológica sobre a qual os revolucionários podiam, por um lado, defender a liberdade e o fim do imperialismo, enquanto, por outro, preservavam suas estruturas internas de opressão e colonialismo. No próximo perfil, veremos como essas tensões ideológicas operaram na vida de uma figura notável. Embora devamos reconhecer a úlcera conceitual no cerne dos Estados Unidos recém-constituídos, devemos também reconhecer seu sucesso em criar um novo sistema (ainda que imperfeito) a fim de equilibrar o poder entre os diferentes estados e as diversas forças de governo, o qual encapsulava o princípio (mesmo que nem sempre a prática) da igualdade política. Da mesma forma, embora devamos reconhecer que os revolucionários norte-americanos criaram uma narrativa histórica ideologicamente motivada que servia a suas necessidades políticas imediatas, não devemos vê-los como especialmente maquinadores ou esconsos por terem agido dessa maneira. Temos analisado ao longo de todo este livro como as pessoas reimaginavam a história de acordo com os imperativos políticos da época, e como diferentes visões da história podem se tornar dominantes (ou não, dependendo do caso) somente quando o contexto mais amplo assim o permite. Vimos em capítulos anteriores como a narrativa da Civilização Ocidental emergiu gradualmente, aos solavancos, ao longo dos séculos XVI a XVIII. E, neste capítulo, acompanhamos como ela adotou as necessidades ideológicas específicas da Revolução Americana do século XVIII para fazê-la ingressar na opinião pública dominante (anglófona).

Quanto a Warren, nós o tínhamos deixado à beira tanto da glória quanto do desastre. Talentoso artesão das palavras e hábil chefe de uma rede de espionagem, Warren mudou o curso da história com o tráfico de ideias e informações. Teve papel fundamental em fornecer para os revolucionários um forte arranque à Guerra de Independência americana, causa pela qual logo daria a vida. Entre as numerosas escaramuças e batalhas que ocorreram no primeiro ano da guerra, a mais sangrenta foi a Batalha de Bunker Hill, em junho de 1775, na qual Joseph Warren morreu em combate.

Na morte, tal como em vida, Warren arregimentou apoio à revolução. Vários relatos sobre seu heroísmo foram transmitidos em cartas de admiração à família e aos amigos, mas também rumores escandalosos sobre a selvageria dos soldados britânicos e o tratamento cruel dispensado ao cadáver de Warren. Essas histórias se espalharam pelas colônias americanas, tornando-se mais e mais horrendas a cada vez que eram narradas. Mesmo após a vitória da Guerra de Independência em 1783 o relato da morte de Warren ainda demonstrou sua força. O quadro de Trumbull, *A morte do general Warren na Batalha de Bunker Hill*, de 1786, dramatiza o momento do martírio e teve popularidade suficiente para permitir que o pintor fizesse várias cópias e vendesse os direitos de reprodução em gravura a um alto preço. Com as gravuras, a imagem passou a ter produção em massa, e logo havia milhares de cópias em circulação. Se Warren pudesse saber que sua morte foi utilizada para arregimentar apoio à sua amada causa, certamente teria aprovado.

11. O Ocidente e a raça: Phillis Wheatley

Musa! Presta-me auxílio, não me deixes rogar em vão.
PHILLIS WHEATLEY, 1773[1]

Os juízes se reuniram na sala do tribunal. São dezoito, e entre eles estão alguns dos homens mais poderosos de Massachusetts. Incluem-se o governador da colônia, Sua Excelência Thomas Hutchinson; o vice-governador, o ilustre Andrew Oliver; nada menos que sete membros importantes do clero e um grupo de dignitários de Boston, dentre os quais o magnata do comércio e líder revolucionário John Hancock (que vimos no capítulo 10). Esses homens estão reunidos na sala do tribunal para conduzir um julgamento — não de um crime ou de alguma contravenção, mas para descobrir a verdade por trás de uma alegação aparentemente absurda. A pessoa que estão examinando é Phillis Wheatley, uma jovem africana escravizada de dezoito anos de idade, e a alegação que desejam verificar é a de que ela escreveu um livro de poemas.

Quando seu senhor, John Wheatley, contou pela primeira vez às pessoas que Phillis estava compondo poemas, ninguém acreditou. Quando exemplos desses poemas começaram a circular, com um sofisticado manejo da rima e da métrica e alusões eruditas às literaturas clássica e bíblica, as dúvidas só se multiplicaram. Na cabeça de muitos membros da sociedade colonial branca, era impossível que uma adolescente Negra pudesse compor literatura daquele nível. E assim, quando John Wheatley começou a procurar quem publicasse uma coletânea desses poemas, houve pedidos para que se verificasse sua autenticidade. Montou-se uma corte com "as mais respeitadas personalidades de Boston",[2] e Phillis Wheatley foi convocada para defender sua autoria da coletânea *Poems on Various Subjects Religious and Moral*.

Não podemos senão conjecturar o que se passou no julgamento.[3] Seus interrogadores podem ter questionado Wheatley sobre seu conhecimento da gramática latina ou dos textos do Antigo Testamento. Podem ter inquirido a natureza e os moldes de sua educação ou a inspiração por trás do tema que escolhera. Podem até ter lhe apresentado uma charada literária, como a que foi resolvida (em versos, claro) por Wheatley no final de sua coletânea.[4] Naquele momento, tudo estava contra ela no tribunal da opinião pública — a raça, a idade e o sexo —, mas Wheatley por fim venceu. A quaisquer perguntas que lhe tenham feito, ela deve ter respondido de maneira convincente, visto que, quando seu livro finalmente foi impresso e publicado, um ano depois, o prefácio trazia a seguinte nota comprobatória, assinada pelos juízes:

> Nós, cujos nomes seguem abaixo assinados, asseguramos ao mundo que os POEMAS especificados nas páginas seguintes foram (como verdadeiramente cremos) escritos por PHILLIS, uma Jovem Preta, que foi poucos anos atrás trazida como uma bárbara inculta da África e desde então esteve, e agora está, sob a desvantagem de servir como escrava numa família nesta cidade. Ela foi examinada por alguns dos melhores juízes e considerada qualificada para escrevê-los.[5]

O espanto perante a realização de Wheatley é evidente. Nessa sociedade colonial, que estabelecera a escravidão por lei e colocara o racismo no centro de sua estrutura de crenças, não se esperava que uma pessoa como ela (Negra, escravizada, mulher e jovem) fosse capaz de dominar a alta cultura Ocidental. A vida e a obra de Wheatley trazem em si os problemas com a ideologia da Civilização Ocidental que, no capítulo anterior, vimos ser promovida por Warren e seus colegas revolucionários — sua estruturação como uma linhagem biológica, radicada na raça. Logo, era espantoso que alguém como ela, que não podia pertencer à genealogia imaginada do Ocidente, ainda assim fosse capaz de alcançar tal domínio do legado cultural e intelectual deste. Wheatley, pelo simples fato de existir, desafiava a ideologia de um Ocidente biológico.

Hierarquia racial

No capítulo 9, definimos raça e abordamos sua função como uma tecnologia para a estruturação hierárquica das populações. Também vimos que as ideias Ocidentais sobre raça no final do século XVII, embora já estivessem se desenvolvendo e mostrassem uma clara implicação no imperialismo Ocidental de então, ainda não haviam se cristalizado por completo. Foi apenas na época de Phillis Wheatley, em meados do século XVIII, que as ideias Ocidentais sobre raça adquiriram maior solidez, tornando-se mais sistemáticas e "científicas". Para isso, foi essencial a combinação entre o pensamento iluminista e a utilidade política.

Uma corrente importante do pensamento iluminista considerava os seres humanos integrantes do mundo natural, e não divinamente separados da natureza. Essa ideia lançou bases para a classificação das pessoas, em moldes semelhantes à classificação das diversas raças e espécies de animais.[6] Essa abordagem "científica", com raízes na história natural, desencadeou muitos debates acalorados, mas acabou sendo usada como esteio para a ideia de uma hierarquia racial estrita. O filósofo escocês David Hume expressou-a numa frase famosa (e infame): "Tendo a crer que os pretos e, em geral, todas as outras espécies (pois há quatro ou cinco tipos diferentes) são naturalmente inferiores aos brancos", escreveu ele em 1753. Da mesma forma, o filósofo alemão Immanuel Kant opinou em 1764 que as diferenças entre "negros" e brancos" eram "tão grandes em relação às capacidades mentais quanto em relação à cor".[7] Em data mais avançada do século xviii, conforme vimos, pensadores europeus como Hegel e o marquês de Sade reimaginaram figuras históricas como Njinga em termos racializados, figurando-as como totalmente "outros" e antitéticos à Civilização Ocidental.

A utilidade política de uma hierarquia racial é evidente no contexto do imperialismo Ocidental — ela oferecia uma justificativa para a dominação de um grupo por outro. Leis como o *Code Noir*, aplicável à França e suas colônias (ver capítulo 9), endureceram os contornos da hierarquia racial e impediram que líderes como Njinga continuassem a usar a conversão ao cristianismo ou outros instrumentos políticos em proveito próprio. A inferioridade deles agora era tida como intrínseca, natural e imutável. Esse processo de criação da raça também estava em curso na América do Norte colonial, como demonstrou o estudioso Theodore W. Allen em sua análise dos códigos jurídicos.[8] Durante grande parte do século xvii, segundo Allen, as distinções jurídicas mais marcadas se davam entre indivíduos livres e "servos" (sendo que esta última condição incluía tanto a servidão por contrato quanto a servidão permanente por escravização), e foi apenas a partir do século xviii que a "Branquitude" se tornou uma categoria jurídica com privilégios especiais. Por exemplo, segundo os Códigos Escravos da Virgínia de 1705, mesmo os servos por contrato brancos podiam reivindicar privilégios negados a todos os "negros" (mesmo os livres), entre eles a propriedade de armas, o acesso a tribunais separados e o direito de contratar ou empregar terceiros.[9] Disso resultou um sistema que desestimulava o desenvolvimento da solidariedade de classe, em favor da solidariedade de raça. O governador da Virgínia na época explicou que o objetivo da legislação era "tornar os pretos livres cientes de que se deve fazer uma distinção entre sua progênie e os descendentes de um inglês".[10]

O Ocidente e a raça: Phillis Wheatley

Com o estabelecimento dos Estados Unidos da América, o conceito de hierarquia racial ganhou novas formas importantes de utilidade política. Como vimos no capítulo 10, a narrativa grandiosa da Civilização Ocidental foi fundamental para a ideologia dos revolucionários, permitindo-lhes reivindicar não só a igualdade, mas até mesmo a superioridade em relação a seus ex-dirigentes coloniais, com base no *translatio imperii* e como herdeiros últimos da Civilização Ocidental. Mas se a América do Norte devia ser a sede final da Civilização Ocidental, quais, dentre seus habitantes, poderiam se apresentar como seus legítimos herdeiros? Ao fundir as ideias de hierarquia racial e Civilização Ocidental, a nova república norte-americana finalmente podia resolver seu difícil dilema ideológico. Podia celebrar o fim da escravidão metafórica da "taxação sem representação" a que estavam submetidos os colonos descendentes de britânicos, mas mantinha dentro de suas fronteiras a continuidade da condição escravizada de africanos e descendentes de africanos, bem como da servidão por contrato de asiáticos e povos americanos nativos. Ela também podia ter objeções lógicas à sujeição de seus cidadãos de ascendência britânica ao imperialismo, mas não tinha qualquer prurido em impor ou estender sua própria dominação imperial aos povos nativos e, depois, ampliá-la até a América Central e a Ásia. Se a narrativa grandiosa da Civilização Ocidental fornecia aos novos Estados Unidos a justificativa para se tornarem independentes, a combinação entre ela e a ideia de uma hierarquia racial lhes dava a justificativa para manter um rígido sistema de desigualdade. A segunda metade do século XVIII na América do Norte, portanto, viu não só a popularização da Civilização Ocidental como sua racialização.

Thomas Jefferson, um dos arquitetos da independência dos Estados Unidos e redator do documento que a declara, publicou menos de dez anos depois, em 1784, um tratado no qual afirmava que os "americanos africanos, quer originalmente uma raça distinta, quer tornando-se distintos com o tempo e pelas circunstâncias, são inferiores aos brancos nos dotes tanto físicos quanto mentais". Mais adiante, no mesmo tratado, ele dizia que os afro-americanos eram "em razão muito inferiores, pois penso que dificilmente se encontraria um capaz de seguir e entender as investigações de Euclides; e em imaginação são obtusos, insípidos e anômalos".[11] Aqui a menção de Jefferson a Euclides é pertinente — nessa passagem, os ensinamentos do matemático grego antigo representam a herança intelectual da Civilização Ocidental como um todo, que Jefferson considerava estarem além do alcance dos afro-americanos. Escrevendo alguns anos depois, no começo do século XIX, o senador federal da Carolina do Sul e vice-presidente John C. Calhoun ecoava esse sentimento, afirmando que se recusava a "crer que o preto fosse um ser humano e devesse ser tratado como um homem" enquanto não encontrasse "um preto que conhecesse a sintaxe grega".[12] Mais uma vez é o conhecimento da Antiguidade clássica que serve de critério para medir a capacidade intelectual humana (e, para Calhoun, mesmo a humanidade em si). Pensava-se que a raça restringia o conhecimento do mundo greco-romano, a base imaginada da Civilização Ocidental. Enquanto o sistema do racismo científico Ocidental estava se solidificando, também começavam a surgir cada vez mais questionamentos a esse conceito. Muitos desses questionamentos se faziam com base em objeções morais e religiosas, como no caso de muitos abolicionistas iniciais,[13] inclusive vários quacres importantes.[14] Mas, nos anos 1750, a ideia da superioridade Branca também já estava sendo minada pelas realizações culturais de vários e celebrados indivíduos Negros e birraciais. Entre eles estava Paul Cuffe, o grande líder quacre e destacado abolicionista, filho ingênuo de pai axânti ex-escravizado e mãe wampanoag.[15]

Os afro-americanos cujas realizações costumavam gerar mais controvérsia eram os que dominavam o latim, o grego ou ambos. Claro que existia uma longa história de tais indivíduos na Europa, entre eles o poeta épico quinhentista Juan Latino, que vimos no capítulo 7. Outro notável exemplo europeu era Anton Wilhelm Amo, que obteve um doutorado em filosofia, lecionou nas universidades de Iena e Wittemburg e depois se aposentou e foi morar em Axim, no atual Gana.[16] Nas Américas, um dos primeiros a receber amplo reconhecimento pela erudição classicista foi o intelectual jamaicano Francis Williams, que em 1759 publicou um poema em latim dirigido a George Haldane ao assumir o cargo de governador da ilha,[17] para grande surpresa e desgosto de David Hume. Mas foi Phillis

O Ocidente e a raça: Phillis Wheatley 237

Wheatley, personagem deste capítulo, talvez a mais conhecida e mais amplamente celebrada entre esses autores, graças ao livro de poemas de 1773, que a transformou numa sensação literária internacional.[18]

Uma celebridade escravizada

Conhecemos Phillis Wheatley apenas pelo nome que seus senhores lhe deram quando chegou a Boston (a mesma Boston onde Joseph Warren estava trabalhando intensamente como médico), composto pelo nome do navio em que chegara e pelo sobrenome da família de seus escravizadores.[19] Nascida na África ocidental, Wheatley foi escravizada aos sete ou oito anos de idade, transportada para a América e vendida em Boston em 1761. Nessa época, a cidade era a capital da província de Massachusetts Bay, uma das treze colônias britânicas na América do Norte. A escravização de africanos e afro-americanos era usual nessas colônias, embora na Nova Inglaterra os escravizados correspondessem a uma parcela relativamente pequena da população total — um pouco menos de 10%, em comparação com os cerca de 40% na Virgínia, por exemplo. Mesmo assim, ainda era uma sociedade escravista, e do início a meados do século XVIII houve um aumento considerável na quantidade de africanos escravizados morando na Nova Inglaterra.[20] Logo depois de chegar a Boston, Phillis foi comprada por John e Susanna Wheatley.

Foi Susanna, junto com sua filha Mary, já adulta, quem forneceu a Phillis a educação invulgarmente ampla. Associada à sua aptidão natural, essa educação permitiu que, aos doze anos de idade, Wheatley estivesse letrada não só em inglês mas também em latim, e que logo depois começasse a aprender grego antigo e, claro, a compor poemas. Um exame dos poemas remanescentes de Wheatley indica que ela abordava uma variedade de temas. Mas, nesses primeiros anos, era talvez mais conhecida por uma série de elogios fúnebres em verso, marcando inicialmente a morte de pessoas do círculo literário bostoniano de seus escravizadores e, mais tarde, de figuras públicas de maior destaque.

Em suas obras publicadas encontramos elegias em memória de bebês e crianças pequenas, de esposas e maridos amados, de irmãos e amigos. Uma delas se chama "Poema fúnebre sobre a morte de C. E., um infante de doze meses", e começa assim: "Por caminhos celestes ele ergue seu voo infante/ Para regiões mais puras de luz celestial".[21] Em seguida, exorta os pais da criança a procurarem consolo na fé cristã, lembrando-os de que acabarão por se reunir ao filho no paraíso. Sendo ao mesmo tempo um memorial ao finado e um consolo aos vivos, um poema como este podia ser não apenas lido em voz alta no funeral e em outras reuniões de família, mas também publicado num jornal local. Foi uma composição dessas, redigida à morte do reverendo George Whitefield, no outono de 1770, quando Wheatley estava com dezesseis ou dezessete anos de idade, que a lançou à fama.

Whitefield era um pregador evangélico de grande popularidade, que percorrera as colônias britânicas na América do Norte conquistando seguidores e admiradores como parte de um movimento religioso mais amplo hoje conhecido como o "Grande Despertar".[22] Era um ativista, pregando contra o clero estabelecido e evangelizando não só a população branca livre, mas também africanos escravizados e americanos nativos. Em Boston, uma de suas apresentações públicas atraiu tanta gente que uma galeria do teatro despencou, gerando uma debandada em pânico na qual morreram cinco pessoas.[23] Whitefield tampouco se furtava a controvérsias políticas. Ele chegara à cidade poucos meses depois do ignominioso Massacre de Boston[24] e, encontrando-a sob ocupação militar, manifestou solidariedade pela população e sua triste situação.[25] Sua morte inesperada o tornou não só um pregador radical popular, mas também um precoce ícone revolucionário.

O poema de Wheatley em celebração a Whitefield causou comoção ao ser publicado nos jornais de Boston e Newport. Foi rapidamente reproduzido num folheto de oito páginas, acompanhado de xilogravuras, e vendido em toda a Nova Inglaterra com o anúncio de capa apresentando as razões para comprá-lo: "Primeiro, é recordação daquele grande e bom homem, o sr. Whitefield, e segundo por ser escrito [sic] por uma nativa da

O Ocidente e a raça: Phillis Wheatley 239

África, e mesmo assim faria honra a um papa ou a Shakespere [sic]".[26] Em poucos meses, o folheto estava sendo impresso e vendido em Londres, onde Whitefield, graças à sua pregação carismática, já tinha seguidores que iam desde lavradores pobres à condessa de Huntingdon. No prazo de um ano, Wheatley ganhara reconhecimento literário nos dois lados do Atlântico.

A partir daí, as coisas avançaram depressa. Seguiram-se encomendas de maior destaque, e ela começou a montar uma seleta de seus poemas para publicá-los em livro. Mas suas obras, embora fossem amplamente apreciadas, também geraram controvérsias, sobretudo por parte daqueles que simplesmente não acreditavam que uma adolescente africana escravizada fosse capaz de tais realizações. O que se considerava especialmente suspeito era o evidente domínio de Wheatley de técnicas literárias associadas à versificação inglesa e às literaturas grega e romana. Os poemas de Wheatley tinham especial influência dos poetas romanos Virgílio e Horácio, e muitos de seus versos não só utilizavam temas clássicos, mas também manejavam convenções clássicas da forma e do ritmo, evidenciando uma profunda compreensão da poesia romana latina.[27]

Mesmo para o observador casual, os versos de Wheatley são fortemente classicizantes. A personificação cristã da Providência é relacionada a "Phoebus", Febo, outro nome de Apolo, o deus grego do Sol.[28] Ao consolar uma dama enlutada, ela a incentiva a imaginar o espírito do finado irmão voando "além do Olimpo".[29] E, ao refletir sobre o tema da "imaginação", remete-se ao monte Helicão, a mítica morada das musas.[30] Para alguns, essa fluência na cultura tanto da Grécia quanto de Roma traria prestígio e reconhecimento. No caso de Wheatley, despertou suspeitas.

As qualidades eruditas de Wheatley foram questionadas por seus contemporâneos.[31] Em 1772, reuniu-se em Boston o tribunal — com que iniciamos este capítulo, para examinar o conhecimento e a habilidade literária de Wheatley. Entre os juízes estava um dos líderes do movimento revolucionário, John Hancock, e só podemos especular como Wheatley se sentia a essa altura em relação ao movimento revolucionário e à política bostoniana, em vista do papel de Hancock nos procedimentos. Mas, mesmo tendo passado nesse penoso exame público, provando sem margem de dúvidas sua capacidade de escrever poesia complexa, Wheatley constatou que nenhum editor americano aceitaria publicar seu livro. Alguns rejeitaram por razões explicitamente racistas, enquanto outros temiam que não tivesse sucesso comercial. De todo modo, o resultado era o mesmo — seu livro, pelo visto, não viria a público.

Nessa situação aparentemente insolúvel, interveio então a condessa de Huntingdon, a aristocrata inglesa que também apoiara o trabalho de George Whitefield. A condessa agora oferecia seu patronato também a Wheatley, e abriu caminho para que ela publicasse seu livro não na América e sim em Londres. Muito esperançosa, Wheatley foi a Londres em 1773 na companhia de Nathaniel, filho de seus escravizadores.[32] Ela acompanhou por vários meses a impressão de seu livro pelo editor londrino Archibald Bell e conheceu vários luminares da cena literária da cidade, incluindo, além da própria condessa, o poeta e estadista barão George Lyttelton, o milionário filantropo John Thornton e mesmo o político e polímata americano Benjamin Franklin, que por acaso também estava de visita a Londres na época. Mas a estadia inglesa de Wheatley foi interrompida pela súbita doença da sra. Susanna Wheatley, e Phillis e Nathaniel voltaram às pressas para os Estados Unidos.

Chegaram a uma Boston turbilhonante. Pelo simples fato de morar nessa cidade, Wheatley sempre assistira de camarote à Revolução Americana. Como vimos (capítulo 10), Boston nos anos 1760 era o epicentro da agitação independentista, e nos anos 1770 foi a arena dos primeiros conflitos armados da Guerra de Independência.[33] A Festa do Chá de Boston irrompeu no inverno de 1773, não muito depois do retorno de Wheatley para cuidar de Susanna. Wheatley, portanto, deve ter vivido a repressão britânica que se seguiu à escaramuça. Entre outras represálias, o porto da cidade foi oficialmente fechado, a carta que autorizava um limitado governo autônomo em Massachusetts foi revogada e as reuniões municipais foram reduzidas em número e rigorosamente regulamentadas. Mas, como já vimos, quanto mais duras as medidas repressoras britânicas, mais firme a resolução dos revolucionários americanos em se opor a elas. Wheatley, ainda se acostumando a seu novo status como celebridade literária internacional, viu-se arremessada ao centro do turbilhão.

Apesar dos solícitos cuidados de Wheatley, Susanna morreu em março de 1774, tendo antes libertado-a da escravidão. Agora Wheatley, como mulher livre, começou a se envolver mais explícita e diretamente com o movimento revolucionário.

As rédeas de seda

Os interesses políticos de Wheatley não nasceram do nada, e há provas de suas reflexões políticas desde idade relativamente nova. Em 1768, aos catorze ou quinze anos, ela publicou um poema dedicado ao rei britânico Jorge III, louvando-o por revogar a controversa Lei do Selo (a mesma que levou Joseph Warren a escrever sua primeira invectiva política incisiva; ver capítulo 10). Além de ser uma ação notável de uma adolescente escravizada na vida política da colônia, o próprio poema em si carrega um poderoso aguilhão. O dístico final, especificamente, apresenta uma mensagem ambígua:

> E possa cada clima com igual alegria constatar
> Que o sorriso de um monarca tem o poder de libertar seus súditos.[34]

Referem-se esses versos à liberdade dos colonos americanos frente à controversa Lei do Selo ou a uma forma de liberdade muito mais fundamental? Wheatley certamente conhecia a retórica revolucionária sobre a escravidão e a liberdade. Para ela, um artigo de jornal escrito naquele mesmo ano por Warren, alertando os bostonianos contra as tentativas britânicas de os "escravizar" (ver capítulo 10), devia soar realmente inexpressivo. O primeiro poema que trouxe fama a Wheatley, sua elegia a George Whitefield em 1770, também tinha conotações políticas. Além de ser sabidamente defensor dos direitos americanos contra os britânicos, em suas pregações Whitefield se dirigia a "meus caros americanos" e a "vocês africanos", segundo descreve Wheatley. Com efeito, após a publicação, sua elegia viria a ser um dos dois folhetos de conteúdo político escritos por autores bostonianos a circularem por Londres naquela época — o outro era o relato do Massacre de Boston feito por Warren.

Seu renome literário crescendo, cresceu também sua segurança em tecer comentários políticos. Mais tarde, no mesmo ano, Philis Wheatley recebeu a encomenda de escrever um poema em homenagem à nomeação do conde de Dartmouth como secretário de Estado britânico para as colônias. O poema, uma vez mais, tem dois gumes. Embora apoiando ostensivamente a administração colonial britânica, a retórica utilizada por Wheatley é muito próxima à dos revolucionários. A obra clama especificamente por "liberdade" nos versos 2, 8 e 21, e inclui uma extensa descrição da Liberdade personificada, aparecendo "como uma Deusa longamente desejada" no verso 11. Dirigindo-se à América, Wheatley então proclama:

> *Não mais temerás os grilhões de ferro*
> *Que a cruel Tirania fez com ilícita mão*
> *Para à escravidão submeter a terra.*[35]

Embora as imagens saiam diretamente do repertório revolucionário, é evidente que a intenção não se resume a falar sobre o tratamento dado pelos britânicos aos colonos brancos. Caso houvesse qualquer dúvida sobre o duplo significado de suas palavras, Wheatley lembra aos leitores por que ela, mais do que a maioria dos outros poetas de então, tem um especial amor pela liberdade:

> *Eu, por aparente destino cruel, ainda pequena,*
> *Fui arrancada da África, minha feliz terra serena:*
> *Que pontadas excruciantes devem destroçar*
> *O peito de meu pai, quantas dores sem cessar?*
> *De aço era aquela alma que a nada se abalava*
> *E de um pai tirou a filha que tanto amava:*
> *Tal foi meu caso. E posso então senão rezar*
> *Que a outros nunca venha a tirania a pesar?*[36]

Wheatley compara explicitamente o controle dos imperialistas britânicos sobre os colonos à tirania exercida pelos traficantes brancos de escravos sobre os africanos por eles escravizados. O poema de Wheatley ao conde de Dartmouth olha para um novo futuro, quando os britânicos governariam a América de maneira mais comedida, usando "rédeas de seda" em vez de impor um jugo cruel. Embora isso seja de fácil interpretação no contexto da agitação revolucionária, o que ela pretendia dizer em relação à escravização africana não fica claro. Wheatley se detém antes de clamar pela abolição da escravidão, mas é evidente que, a esse ponto, também ela era controlada por rédeas de seda — quando escreveu esse poema, ainda era escravizada, dependendo das boas graças de seus proprietários e das estruturas da sociedade escravista em que vivia.

Depois de obter a liberdade, Wheatley não perdeu tempo para deixar clara sua posição política e criticar publicamente as falhas ideológicas dos revolucionários. Em março de 1774, oito dias depois da morte de Susanna, Wheatley publicou uma carta aberta ao reverendo Samson Occom, pregador presbiteriano que também era membro da nação mohegan, em que lhe agradecia por seu apoio aos "pretos" e seus "direitos naturais". Na carta, ela equiparava a escravização americana dos Negros à servidão dos hebreus no Egito pagão, conforme descrita no Antigo Testamento. E prosseguia com uma crítica explícita aos revolucionários, dizendo:

Não desejo mal a eles, mas convencê-los do estranho absurdo de sua conduta, cujas palavras e ações são tão diametralmente opostas. Creio humildemente que não é preciso ter a penetração de um filósofo para determinar a que ponto o grito pela liberdade vem unido à disposição inversa de exercer o poder opressor sobre outros.[37]

No entanto, um ano depois, quando o movimento revolucionário se convertera numa guerra total pela independência, Wheatley resolveu moderar o tom. Dessa vez, as primeiras escaramuças da guerra tinham sido travadas nas Batalhas de Lexington e Concord, e houvera um significativo derramamento de sangue de ambos os lados. Em 1775, ela escreveu um panegírico em louvor de George Washington, então comandante-chefe do exército patriota.[38] Poucos meses depois, em fevereiro de 1776, Washington convidou Wheatley para um encontro pessoal em seu quartel-general, aparentemente curioso em conhecer a ex-escravizada que conseguira alcançar um nível de instrução que ele sabidamente não tinha.[39]

Todavia, no ano seguinte, Wheatley estava mais uma vez visivelmente decepcionada com a hipocrisia dos revolucionários. Após a morte do general David Wooster, um destacado comandante que perdeu a vida combatendo os britânicos, Wheatley escreveu o que era ostensivamente uma carta de consolo para a viúva, chamando-o de "mártir na causa da liberdade", anexando um poema que enaltecia a nobreza, as virtudes cristãs e as "proezas guerreiras" de Wooster. Mas, conforme avança o poema, Wheatley roga a Deus que eleve a nova nação e seu povo para que possam ser "virtuosos, valorosos e livres" para sempre. Então, mudando subitamente o tom, o poema indaga se a nova nação é realmente merecedora da graça divina:

> *Mas como esperamos encontrar — que presunção —*
> *Junto ao Todo-Poderoso a divina aceitação*
> *Se eles ainda desgraçam (Ó ação Desumana!)*
> *E mantêm em servidão a inocente raça africana?*[40]

Por fim, poucos meses antes de morrer, em 1784, Wheatley escreveu outro poema elegíaco, dessa vez para prantear a morte do reverendo Samuel Cooper, o pastor da igreja em Boston frequentada por revolucionários importantes como John Hancock, Samuel e John Adams e Joseph Warren.[41] As cáusticas ambiguidades de seus poemas anteriores estão ausentes dessa sincera e derradeira elegia, que deixa a política de lado para prantear "um amigo sincero".

Devido à sua época e lugar na história, era inevitável que Wheatley, depois de alcançar tão ampla celebridade, cruzasse caminhos (e metafóricas espadas) com os homens Brancos de elite que lideravam o movimento revolucionário americano. John Hancock fora um dos juízes em seu jul-

O Ocidente e a raça: Phillis Wheatley

gamento em 1772, as publicações de Joseph Warren se sobrepunham às suas e ela frequentava a mesma igreja que muitos outros revolucionários importantes. Talvez fosse inevitável também que ora desse apoio, ora se mostrasse cética em relação ao movimento, com uma compreensível ambivalência que, ao que parece, nunca resolveu por inteiro.

Phillis Wheatley era fruto do mesmo meio intelectual e cultural que gerou os revolucionários — foi impregnada pelas mesmas tradições e pela mesma literatura, e escreveu nos mesmos idiomas usando a mesma retórica. Mas, à diferença dos revolucionários, o lugar de Wheatley nesse meio era vago e periférico. Ela reconhece isso no primeiro poema virtuosístico de sua coletânea publicada, dedicado à sua patrona, a condessa de Huntingdon. O poema se chama "A Mecenas" — nome do maior patrono da poesia na idade de ouro da Roma augusta. Nele, Wheatley examina vários modelos poéticos para sua arte. Deve se moldar por Homero, com suas paixões grandiosas e conflitos épicos, ou por Ovídio, com sua maestria nas emoções? Ou talvez deva se moldar por Virgílio, com seu estilo ousado e elegante? Wheatley acaba se decidindo por Terêncio, dramaturgo romano conhecido pela clareza da linguagem. Ela cita como principal virtude de Terêncio a capacidade de comover as massas, mas sua escolha se baseia essencialmente no fato de Terêncio ser da África. Wheatley reflete entristecida que existe apenas um único poeta africano no cânone greco-romano:

Mas digam, Musas, por que tão parcial graça,
A somente um africano de escura raça;
De era a era transmitindo assim seu nome
Com a primeira glória nos róis de renome?[42]

Apesar de dominar bem o legado cultural do Ocidente e, com grande brilho e muita dedicação, realizar uma proeza que os adeptos da teoria da hierarquia racial jamais julgariam possível, Wheatley ainda tem dificuldade de se ver na tradição greco-romana. Não é o sexo o fator determinante. A condessa de Huntingdon pode ficar no lugar do nobre romano Mecenas porque é uma inglesa Branca, mas Wheatley nunca pode se colocar como Ovídio ou Homero. Pode ser apenas o africano Terêncio, de escolhas limitadas por sua raça.

Uma reflexão igualmente melancólica se encontra num poema dedicado "À Universidade de Cambridge na Nova Inglaterra".[43] Wheatley escreve sobre sua partida da África, "minha costa nativa, a terra de erros e escuridão *egípcia*", e recomenda aos afortunados estudantes que aproveitem bem o tempo e os privilégios que têm, dizendo que "um *etíope* lhes fala" (a ênfase é dela) para terem cuidado com os caprichos do destino. Wheatley ressalta suas origens explicitamente não clássicas usando a linguagem clássica e intensificando sua sensação de isolamento intelectual. Sentia-se excluída para sempre da linhagem da Civilização Ocidental.

A solidão da posição de Wheatley é palpável. O corpo intelectual de sua obra exemplifica a genealogia imaginada da Civilização Ocidental, ligando seu presente setecentista aos mundos grego e romano da Antiguidade. Porém os traços racializados de seu corpo físico a demarcavam como externa ao Ocidente e parecem tê-la excluído de um lugar dentro da narrativa grandiosa da Civilização Ocidental, a despeito de suas espantosas realizações intelectuais. Ao contrário de Njinga de Angola, que apenas um século antes podia ser imaginada como uma grega ou romana antiga renascida (ver capítulo 9), nas décadas finais do século XVIII afigura-se que, devido à visão recentemente racializada da Civilização Ocidental, Wheatley foi impedida de ser uma herdeira da tradição greco-romana.

A HISTÓRIA DE WHEATLEY quase tem um final feliz. Em 1778, ela se casou com um merceeiro Negro livre, John Peters, e eles tiveram três filhos. Mas a essa altura os royalties sobre seu primeiro livro estavam começando a rarear, e os editores americanos mostraram resistência ou desinteresse pela proposta de Wheatley para uma segunda obra. Com os anos, a família foi caindo cada vez mais na pobreza, e dois filhos morreram, aparentemente por subnutrição e doença. Quando John, o marido de Wheatley, foi preso por dívidas em 1784, ela arranjou um emprego para lavar louça numa pensão de Boston, na esperança de sustentar a si e ao único filho restante. Mas

O Ocidente e a raça: Phillis Wheatley

ambos estavam em tal condição de saúde que, quando Wheatley morreu, ainda naquele ano, aos 31 anos de idade, o menino sobreviveu apenas por algumas horas. Um fim trágico para uma vida extraordinária.

Foi durante o tempo de vida de Phillis Wheatley que a Antiguidade greco-romana passou a ser qualificada como "clássica" por seus pretensos herdeiros na Europa e na América do Norte. O termo "clássico" (e várias versões dele em diferentes línguas) muitas vezes vem carregado de associações com a elite e um status elevado.[44] Essas associações remontam ao reinado do imperador romano filo-helênico Adriano, no século II, quando o orador e esteta Aulo Gélio descreveu um de seus conhecidos como *"classicus"* — usando o termo no sentido figurado de "classudo, elegante", e não em seu sentido oficial de pertencer à classe mais alta de proprietários de Roma. Do século XIV ao século XVII, o termo "clássico" foi aplicado a obras literárias, antigas e modernas, em qualquer língua, que fossem consideradas de primeira classe. Nesse sentido, "um clássico" tendia a designar algo de valor exemplar. Foi apenas em meados do século XVIII que, com a obra de estudiosos como o alemão Johann Joachim Winckelmann, isso começou a mudar.[45]

Para Winckelmann, "clássico" se referia tanto ao valor quanto à cronologia. Em sua *Geschichte der Kunst des Alterthums* (História da arte da Antiguidade), publicada em 1764, ele apresentou uma nova maneira de dividir a arte antiga segundo bases cronológicas — havia primeiro uma fase de desenvolvimento, ou "arcaica", marcada pelo surgimento e o aprimoramento de técnicas artísticas; a seguir uma fase "clássica", que representava o pináculo supremo da realização artística; e por fim uma fase "helenística", mais degenerada, em que a afetação exagerada desfigurava a perfeição das proporções clássicas. Embora não tenha inventado esse esquema tripartite *ex nihilo*,[46] foi Winckelmann quem o concebeu de uma maneira que se consolidou. Se pensarmos em imagens da Antiguidade "clássica", provavelmente imaginaremos a Atenas do século V a.C. É muito menos provável pensarmos na Babilônia selêucida ou na Corinto da Idade do Ferro, que em suas respectivas épocas faziam parte do mundo grego tanto quanto a Atenas do século V a.C. Nisso estaremos em certa medida seguindo o esquema de Winckelmann, pelo qual o "tempo mais venturoso" foram os cerca de quarenta anos durante os quais Péricles governou Atenas.[47] Mas tal florescimento artístico e cultural, segundo Winckelmann, não foi fruto do mero acaso. Pelo contrário: a cultura superior era fruto de estruturas políticas superiores. "A arte ganhou vida, por assim dizer, a partir da liberdade", afirmava Winckelmann, "e entra necessariamente em declínio e queda com a perda da liberdade no local onde florescera especialmente".[48] Assim, a seu ver o declínio das liberdades políticas que se seguiu à morte de Alexandre da Macedônia teve um impacto negativo direto sobre a produção cultural.

A transformação da Antiguidade greco-romana em Antiguidade "clássica" teve implicações para a noção de Civilização Ocidental. A ideia de uma Antiguidade greco-romana amalgamada como uma entidade unida e coesa, distinta do restante do mundo antigo, foi desenvolvida no Renascimento (capítulo 6) e persistiu apesar das tentativas quinhentistas de apresentar outras narrativas históricas grandiosas (capítulo 7). Essa Antiguidade greco-romana conjunta fora então, no século XVII, reivindicada pelo Ocidente como ancestral cultural e transformada num ponto simbólico das origens comuns fundamental para a definição tanto do "eu" Ocidental (capítulo 8) quanto do "outro" não Ocidental (capítulo 9). Foi ao longo desse processo gradual e desarticulado, que se prolongou durante grande parte de três séculos, que nasceu a narrativa grandiosa da Civilização Ocidental.

Mas, se essa narrativa foi gestada no século XVI e nasceu no XVII, foi somente na segunda metade do século XVIII que ela chegou à maioridade. Nessa altura a história da Civilização Ocidental ganhou ampla popularidade, ingressando na retórica política dominante de uma nova nação-Estado. Isso se deu, em parte, por causa de sua utilidade política, permitindo que os novos Estados Unidos da América reivindicassem independência da Grã-Bretanha com base no conceito de transferência civilizacional (capítulo 10). A segunda metade do século XVIII foi também a época em que a Civilização Ocidental se tornou racializada. Considerava-se que a opressão de populações não ocidentais era justificada não só por sua categorização segundo critérios supostamente naturais e biológicos, mas também por sua

O Ocidente e a raça: Phillis Wheatley

incapacidade de participar plenamente do legado cultural da Civilização Ocidental. O pressuposto era que as classificações raciais do presente eram traçadas sobre as genealogias culturais do passado.

Como coroamento, foi na segunda metade do século xviii que a Antiguidade greco-romana veio a ser investida de um senso realçado de superioridade, status elevado e valor absoluto. Ela se tornou "clássica". Essa nova Antiguidade "clássica" era considerada independente e separada do mundo antigo restante, a herança única do Ocidente, transmitida ao longo de uma linhagem geográfica e racialmente exclusiva — e também dotada de alta importância e elevada qualidade objetiva. A narrativa grandiosa da Civilização Ocidental sustentava que as origens do Ocidente eram pura e simplesmente melhores e mais importantes que as do Resto. Tornou-se uma justificativa para a dominação Ocidental.

12. O Ocidente e a modernidade: William Ewart Gladstone

Nos tempos de outrora, toda a cristandade ocidental
apoiava a resistência ao inimigo comum.
WILLIAM EWART GLADSTONE, 1876[1]

GLADSTONE VIVIA NUM MUNDO amplamente cor-de-rosa. Mais barata e mais legível do que a vermelha (cor tradicional do império), a tinta cor-de-rosa foi adotada por cartógrafos oitocentistas para marcar os territórios governados pela Grã-Bretanha. Em seu auge, o Império Britânico cobria quase um quarto da superfície terrestre do globo e abrangia quatro continentes, tendo como súditos quase um quarto da população mundial. Graças a esse "império onde o sol nunca se põe", havia cor-de-rosa em todos os meridianos. Quando Gladstone olhava o mapa-múndi, via-o não só colorido de tinta rosa, mas também aplainado na projeção de Mercator, que agora era padrão, situando a Grã-Bretanha no centro e dispondo o restante do mundo em torno e em ambos os lados. Quando ele olhava um relógio, lia o horário do meridiano de Greenwich, que regulava as horas

O Ocidente e a modernidade: William Ewart Gladstone

do restante do mundo. Vindo a ocupar o número 10 da Downing Street em 1880, em seu primeiro mandato como primeiro-ministro da Grã-Bretanha, William Ewart Gladstone tinha o reconforto de saber que estava no centro do mundo.

O Império Britânico, claro, não era o único império europeu na época. No século XIX, os Habsburgo austríacos e os Románov russos ocupavam vastos impérios terrestres, e havia uma agressiva expansão colonial no ultramar não só da Grã-Bretanha, mas também da França e dos recentes países europeus da Bélgica, Itália e Alemanha. Essas potências em ascensão muitas vezes tentavam ganhar novos territórios em detrimento de impérios europeus mais antigos, como os da Espanha, Portugal, Países Baixos e o dos otomanos, todos eles sendo desmembrados e entrando em declínio ao longo do século XIX. Não eram só os europeus que tinham ambições imperiais — o Japão também procurou estabelecer colônias, mas foi rechaçado por potências europeias que já tinham reivindicado a hegemonia na Ásia; e os Estados Unidos da América, no final do século, viriam a arrancar do controle espanhol as Filipinas e territórios significativos na América Central. Todavia, entre esses vários rivais imperiais, era a Grã-Bretanha que se encavalava sobre o mundo com maior segurança.[2]

Para isso, era fundamental sua posição como a "oficina do mundo". Tendo se industrializado cedo, em meados do século XIX a Grã-Bretanha produzia cerca de metade do ferro, dois terços do carvão e mais de três quartos do aço do mundo, além de uma série de inovações tecnológicas e mecânicas que propiciaram uma mudança sísmica tanto na organização econômica quanto na estrutura social do país.[3] Embora a onda de inovação tecnológica tenha se espalhado rapidamente para outras partes da Europa e das Américas, ela se iniciou basicamente na Grã-Bretanha, dando-lhe uma dianteira operacional. Com suas possessões imperiais no exterior e seu peso industrial em casa, ela era uma usina central econômica no núcleo da economia global recentemente interconectada.

A Grã-Bretanha também ficava no centro geográfico de um bloco geocultural que vinha sendo designado com frequência cada vez maior como "o Ocidente". Num lado ficavam os países da Europa central e ocidental, onde os primeiros desenvolvimentos intelectuais tinham levado ao surgimento inicial dos conceitos gêmeos de Ocidente e Civilização Ocidental (capítulos 6 e 8). No outro lado ficavam o mundo atlântico e a América do Norte, onde esses conceitos haviam ganhado um foco muito definido (capítulos 10 e 11). O Ocidente, porém, não era uma simples entidade geográfica. Definia-se também em termos raciais, com a recente categoria de Branquitude como componente essencial que demarcava e separava, mesmo entre os habitantes do Ocidente, os que pertenciam e os que não pertenciam a ele (capítulo 11). O Ocidente também podia ser identificado por um modo de vida distinto e pela noção de modernidade — sociedades governadas por princípios científicos e humanistas. A despeito, porém, de todos os princípios humanistas que professava, a religião também era um elemento importante, tendo no centro o cristianismo. Tudo isso estava unido na ideia de uma história Ocidental compartilhada, a genealogia em comum da Civilização Ocidental. Ainda que a narrativa grandiosa da Civilização Ocidental tenha emergido gradualmente no século XVII e se popularizado em sua plena forma no XVIII, foi no século XIX que ela soou mais alto.

Outra coisa que definia o Ocidente era seu poder. No século XIX, a supremacia global do Ocidente era absoluta e inconteste. Estados Ocidentais controlavam a economia mundial, impérios Ocidentais governavam territórios em cinco continentes, ideias Ocidentais — sobre a ciência, a moral e a história — eram exportadas pelo mundo afora, muitas vezes substituindo sistemas locais de conhecimento. O predomínio do Ocidente nesse momento era tão abrangente e tão absoluto que ficava difícil imaginar que ele nem sempre existira. Assim como as realidades do presente oitocentista significavam um caminho para o Ocidente (a dominação) e outro para o restante do mundo (a subordinação), da mesma forma era difícil pensar a história em moldes que não fossem os da Civilização Ocidental.

O Ocidente domina o Resto

No século XVIII, os termos "Ocidente" e "Ocidental" estavam basicamente associados à América do Norte (ver capítulo 10), mas no século XIX seu uso se ampliou. Com a racialização conceitual da Civilização Ocidental (capítulo 11), a ideia de Ocidente agora abrangia grande parte da Europa e a maioria dos territórios imperiais onde havia o predomínio demográfico de colonos descendentes de europeus. Interessante notar que alguns dos primeiros exemplos dessa acepção mais ampla vinham não de pessoas que se definiam como Ocidentais, mas sim de russos discutindo se deviam seguir uma orientação cultural mais "Ocidentalizante" ou "eslavófila".[4] Em decorrência disso, quando os Ocidentais europeus efetivamente adotaram o termo, muitas vezes usavam-no para estabelecer um contraste com a Rússia e a Europa oriental.[5] Foi especialmente esse o caso na Europa central, onde um leste europeu eslavo contrastava com um oeste europeu atlântico, diferenciando ambos da "Mitteleuropa" com foco germânico.[6] A terminologia do Ocidente logo foi adotada na Grã-Bretanha, onde adquiriu prontamente um sabor imperial. Um administrador colonial, ao fazer um relatório sobre a educação na Índia em 1835, observou "a superioridade intrínseca da literatura Ocidental",[7] e Marx, ao comentar o colonialismo britânico na Ásia em 1859, apresentou um contraste entre sistemas asiáticos e os "do mundo Ocidental".[8]

Assim, essa noção do Ocidente veio acompanhada por uma noção muito mais forte do "Resto" — a de que todos os outros povos não Ocidentais do mundo podiam ser pensados como uma única entidade conceitual, um único grupo com as mesmas características fundamentais. Estas eram inevitavelmente inferiores às apresentadas pelos Ocidentais. O advogado, economista e acadêmico inglês Nassau William Senior, ao percorrer o Império Otomano em 1857, observou que, para o turco, "assim como para os chineses, os hindus e, na verdade, todos os asiáticos, há um grau, e não elevado, de civilização que ele não consegue superar, nem mesmo preservar por muito tempo".[9] A seu ver, todos os "asiáticos" eram essencialmente iguais, e "a característica distintiva do verdadeiro asiático é a esterilidade intelectual e a incapacidade de mudança [...]. Um asiático prefere copiar a tentar inventar".[10] Essa ideia de que todos os não Ocidentais constituíam uma massa indiferenciada de povos inferiores está presente num agora mal-afamado poema publicado pelo poeta inglês Rudyard Kipling em 1899. Nele, Kipling exorta seu público a carregar "o fardo do Homem Branco" — referindo-se ao "fardo" do governo colonial. Esse governo devia ser estendido a toda a população mundial restante, que ele descrevia como um "povo movediço e selvático", "meio demônio, meio criança".[11]

O contraste entre o Ocidente e o Resto se fez ainda mais acentuado com outros desenvolvimentos do racismo científico.[12] No começo do século XIX, em Viena, os médicos Franz Joseph Gall e Johann Gaspar Spurzheim desenvolveram a pseudociência da frenologia, criando declarações raciais como

> a testa dos pretos, por exemplo, é muito estreita, seus talentos em música e matemática também são em geral muito limitados. Os chineses, que gostam de cores, têm o contorno das sobrancelhas muito arqueado, e veremos que esse é o sinal de um maior desenvolvimento do órgão da cor.[13]

As abordagens anatômicas também eram defendidas pelo etnólogo escocês Robert Knox, hoje talvez mais conhecido por comprar cadáveres recém-assassinados para dissecação.[14] "A raça é tudo", escreveu Knox em 1850, "literatura, ciência, arte, em suma, a civilização depende dela."[15] Poucos anos depois, a volumosa produção de Arthur de Gobineau, um importante diplomata francês, uniu antropologia física e determinismo histórico para repudiar a miscigenação e o desarranjo do que dizia ser uma hierarquia racial natural.

Como notamos no capítulo 11, o racismo científico fazia parte de uma corrente mais ampla do pensamento iluminista que via os seres humanos como parte do mundo natural, uma corrente que também deu origem às teorias evolucionistas e ao darwinismo. Debatia-se acaloradamente se os seres humanos tinham uma única origem comum (monogênese) ou várias origens, resultando na existência de "espécies" ou raças distintas

O Ocidente e a modernidade: *William Ewart Gladstone* 255

de seres humanos (poligênese). No lado dos poligenistas, ativistas como o cirurgião americano Josiah Nott diziam que "nações e raças" tinham origens separadas e, portanto, "têm, cada uma delas, um destino específico: algumas nascem para governar e outras para ser governadas".[16] No lado dos monogenistas, *A origem das espécies* foi publicado em 1859 e, embora Darwin tenha se detido deliberadamente antes de comentar como suas teorias se relacionariam com a raça, a aplicação das ideias de evolução e seleção natural às sociedades humanas não exigiu nenhum grande salto. Num dos extremos do espectro político, o darwinismo social foi promovido por pensadores como Charles Loring Brace, pastor americano e ativista contra a escravidão, que usou a teoria para sustentar que os africanos alforriados e os povos americanos nativos, se lhes fosse dada a oportunidade, eram capazes de se tornar "civilizados". No outro extremo, o darwinismo social também foi utilizado pelos que queriam justificar o domínio colonial e um sistema de classes profundamente arraigados, como o jornalista e banqueiro britânico Walter Bagehot, que sustentava que tanto os súditos imperiais quanto as classes trabalhadoras da Grã-Bretanha ocupavam na escala evolucionária uma posição inferior à de seus governantes.[17]

Com efeito, conforme avançava o século XIX, as desigualdades crescentes e as hierarquias sociais mais íngremes levaram a uma incômoda identificação entre, de um lado, o "Resto" não Ocidental e, de outro lado, os pobres e destituídos de direitos dentro do Ocidente. Em 1864, a *Saturday Review*, um hebdomadário londrino de grande circulação, lembrou aos leitores o que considerava ser a devida ordem das coisas:

> O esperado é que o menino ou homem pobre inglês sempre lembre a condição em que Deus o colocou, exatamente como é esperado que o preto lembre a pele que Deus lhe deu. Nos dois casos, a relação é a de perpétuo superior e perpétuo inferior, de chefe e dependente, e nenhum grau de bondade ou gentileza é capaz de alterar essa situação.[18]

Na verdade, ainda que o século XIX possa ter sido uma era de dominação Ocidental sem igual no mundo, foi também uma época de intensa insatisfação social dentro do próprio Ocidente. A rápida industrialização trouxe mudanças sociais dramáticas, inclusive a criação de uma nova classe de pobres urbanos com aguda consciência da hierarquia social. O ano de 1848 foi repleto de revoluções populares por toda a Europa, visando sobretudo a conquistar mais direitos democráticos e econômicos.[19] Uma nova revolução francesa derrubou a monarquia constitucional, desembocando na Segunda República. A Revolução de Março nos Estados da Confederação Germânica exigia liberdades e a constituição de assembleias populares. Os Habsburgo na Áustria enfrentaram uma série de rebeliões e tentativas de secessão, inclusive na vizinha Hungria. E, na Grã-Bretanha, os movimentos sindicais e trabalhistas começaram a ganhar força. Foi em fevereiro desse mesmo ano que os filósofos alemães Karl Marx e Friedrich Engels publicaram em Londres um opúsculo que passou em larga medida despercebido em meio ao turbilhão político que então varria a Europa. Embora impresso em Londres, ele foi inicialmente publicado em alemão com o título de *Manifest der kommunistischen Partei*. Foram meses até começarem a sair traduções em outras línguas europeias, e quase dois anos até sair uma tradução em inglês do *Manifesto comunista*.[20] O surgimento das ideias de Marx e Engels nesse período é indicador de um ambiente político febril, marcado pela pobreza e pela insatisfação popular amplamente disseminadas.

Nesse contexto, a intensificação do pensamento racializado e a popularidade cada vez maior do Ocidente como ideologia ganham um novo significado. Ao ser utilizado pela classe dominante no mundo Ocidental, ele se tornou não só um meio de justificar a subjugação dos súditos imperiais, mas também uma forma de aplacar os internamente oprimidos. Um processo semelhante havia ocorrido um século antes na América do Norte, com a criação da Branquitude como categoria jurídica. Na primeira metade do século XVIII, preveniu-se o alastramento dos protestos populares nas colônias americanas da Grã-Bretanha alçando-se os "brancos" pobres e servos por contrato acima de seus análogos não brancos, com isso dando-lhes uma posição a defender na hierarquia social (capítulo 11). Agora, em meados do século XIX, estava ocorrendo na

Europa uma mudança ideológica parecida, que não resultava de qualquer estratégia política deliberada (ao contrário dos Estados Unidos, onde o objetivo consciente dos legisladores era aplacar os "brancos" pobres), mas decorria de um amplo leque de desenvolvimentos culturais interligados. A oposição cada vez mais binária entre o Ocidente e o Resto, o surgimento de pseudociências racistas e as teorias de evolução social contribuíram para esse processo.

O que também contribuiu foi o modo de fazer história. O século XIX tem sido descrito como uma época marcada pela "invenção da tradição", que se caracteriza por um novo interesse em histórias locais e nacionais associadas tanto à formação de impérios quanto à resistência contra o imperialismo.[21] Quando não correspondiam às expectativas, essas histórias eram suplementadas por tradições — às vezes "redescobertas", às vezes claramente inventadas — que serviam para que uma comunidade contemporânea se sentisse enraizada em seu próprio passado. O que Walter Scott e a invenção do padrão xadrez fizeram pela Escócia, W. B. Yeats e as compilações de mitos fizeram pela Irlanda. No caso da rainha Vitória, a pompa e circunstância "tradicionais" em torno da adoção do título de "imperatriz da Índia" atendiam a uma função similar — conferiam à realidade do presente (o domínio britânico) o verniz de vetusta respeitabilidade.[22]

O século XIX — época em que era habitual que se inventassem descaradamente ideias e narrativas do passado — foi também o período em que o estudo do passado se tornou uma ciência por direito próprio. Nas décadas iniciais do século, o historiador alemão Leopold von Ranke desenvolveu uma nova e rigorosa abordagem da investigação histórica, baseada na análise cuidadosa das fontes e da pesquisa empírica. Por volta da mesma época, o antiquarista dinamarquês Christian Jurgensen Thomsen desenvolveu o sistema das três idades (pedra, bronze e ferro) a fim de classificar artefatos pré-históricos pela cronologia. A arqueologia, em anos posteriores, surgiu como ciência com seu próprio conjunto de métodos e técnicas reconhecidas, desenvolvido por pioneiros como Augustus Pitt-Rivers, trabalhando sobre a Inglaterra romana e saxã, e Flinders Petrie, trabalhando no Egito.[23] Naturalmente, antiquários entusiásticos continuaram a montar grandes coleções com meios nada científicos (podemos pensar em Thomas Bruce, o 7º conde de Elgin, e sua retirada dos mármores do Partenon de Atenas, ou na egiptomania que se alastrou pela Europa na esteira da campanha napoleônica no Egito), mas na metade do século xix tanto a arqueologia quanto a história começavam a emergir como ciências sérias.

O que esse novo impulso historicizante oferecia ao Ocidente em ascensão era o senso de que sua própria história — a narrativa grandiosa da Civilização Ocidental — tinha significação global e universal. Assim como os Ocidentais eram tidos como melhores, mais elevados e mais importantes do que os outros, dominando no presente povos não Ocidentais, da mesma forma supunha-se que as origens Ocidentais eram melhores, mais elevadas e mais importantes do que a Antiguidade não Ocidental, assim eclipsando também no passado os povos não Ocidentais. Afinal, somente origens Ocidentais podiam ser consideradas "clássicas". Podemos ver esses vários fios — imperial, político, racial e historiográfico — se juntando na vida de um mesmo homem: William Ewart Gladstone.

William do Povo

Gladstone foi uma das figuras definidoras de sua época. Sua vida se estendeu ao longo de quase todo o século (ele nasceu em 1809 e morreu em 1898), e sua notável carreira política durou mais de sessenta anos, durante os quais foi por quatro vezes primeiro-ministro da Grã-Bretanha e também por quatro vezes seu chanceler. Ele começou a vida como filho do império. Nascido na agitada cidade portuária de Liverpool, Gladstone era o quarto filho de um comerciante da Escócia que fizera fortuna vendendo açúcar, algodão e tabaco, além de outros produtos de fazendas escravistas no Caribe.[24]

A fortuna paterna permitiu que Gladstone e seus irmãos frequentassem o prestigioso internato de Eton, onde ele já começou a mostrar as características que o definiriam ao longo da vida. Encantava os professores com seu brilhante desempenho acadêmico, destacava-se no grego e no latim e mostrava excepcional aptidão para as línguas, o que lhe seria de grande proveito no futuro. Mas não era um menino feliz. Não sentia prazer nos esportes e nas atividades físicas, que tinham um papel central na vida dos internatos ingleses, e se debatia com uma profunda fé religiosa que parecia lhe instilar mais culpa do que reconforto. Indo para a Universidade de Oxford a fim de prosseguir seus estudos no Christ Church College, Gladstone manteve o mesmo perfil: saiu-se com brilho num duplo primeiro lugar nos clássicos e em matemática, além de realizar impressionantes façanhas oratórias nos debates na Oxford Union, mas nem sempre se divertindo tanto quanto seus colegas. Certa noite, em meados de seu segundo ano na faculdade, um grupo de colegas bêbados irrompeu em seu dormitório, zombando de sua certeza presunçosa de si e de sua encenação devota, e Gladstone correspondeu às expectativas, agradecendo a Deus pela "oportunidade de exercer o dever do perdão".[25]

Depois de se graduar em Oxford, ele fez então o que muitos jovens de recursos ainda fazem hoje em dia depois de liberados dos estudos — foi viajar. Junto com o irmão mais velho, partiu em uma versão resumida do Grand Tour, indo pela França até a Itália, visitando em rápida sucessão Turim, Gênova, Lucca, Pisa, Livorno e Florença e passando mais tempo em Roma e Nápoles. Na Cidade Eterna, Gladstone parece ter se absorvido mais na reflexão religiosa do que na descoberta cultural, avaliando o cisma entre a Igreja católica e a Igreja protestante e se sentindo confirmado em sua crença prévia na unidade essencial da cristandade ocidental. Ele então prosseguiu com vagar para o norte, passando por Ravena, Bolonha, Verona, Innsbruck, os lagos de Garda e Como e, por fim, Genebra. A viagem ao todo levou um pouco mais de dois meses.

Gladstone podia ter explorado mais a Europa continental se não tivesse recebido da Inglaterra uma proposta tentadora. O duque de Newcastle, um importante ativista do Partido Conservador, vira nele um possível candidato ao Parlamento e o convidou para concorrer entre o eleitorado de Newark em Nottinghamshire. Era uma oportunidade imperdível, e Gladstone voltou às pressas para a Grã-Bretanha — e, com o duque financiando sua campanha, foi devidamente eleito. E assim foi que, em 7 de fevereiro de 1833, com apenas tenros 23 anos de idade, ingressou no Parlamento britânico. E lá permaneceria, num ou noutro cargo, por mais 61 anos.

Naqueles anos iniciais como parlamentar, havia uma questão que o ocupou mais do que qualquer outra, como recordou mais tarde: "Quando cheguei ao Parlamento, a questão da escravidão era predominante e fui associado a ela, querendo ou não, pois meu pai era um grande proprietário nas Índias Ocidentais".[26] Embora o tráfico escravo tivesse sido abolido no Império Britânico em 1807, ainda era legal ter a propriedade de seres humanos, e os escravizados continuavam a ser essenciais para a economia imperial. O movimento abolicionista na Grã-Bretanha, encabeçado não só por parlamentares como William Wilberforce, mas também por ex-escravizados como Olaudah Equiano e Ottobah Cugoano, continuava em campanha pela abolição total da escravidão como instituição.[27] Figuras públicas como Gladstone, que deviam sua fortuna ao trabalho escravo, viram-se alvo do crescente movimento.

A reação de Gladstone foi uma tentativa de agradar aos dois lados — argumentando que, embora em princípio apoiasse "aquela consumação extremamente desejada, a extinção completa da escravidão", a emancipação devia se dar de maneira gradual, após um programa de educação moral e vocacional, para garantir que os escravizados antes obtivessem a "aptidão para gozar da liberdade".[28] Quando a questão foi debatida no Parlamento em 1833, ele defendeu "uma emancipação gradual e segura", incluindo a indenização financeira dos escravistas pela perda de propriedade.[29] Gladstone acabou sendo cooptado para um comitê de trabalho dedicado a implementar a abolição, que supervisionava o pagamento das indenizações e atenuava ainda mais o golpe desferido nos proprietários de fazendas com a decisão de que os adultos recém-emancipados continuariam a trabalhar por vinte anos para seus ex-senhores, como "aprendizes". A pílula para os fazendeiros fora certamente bem adoçada. O pai de Gladstone, por exemplo, recebeu sozinho aproximadamente 93 mil libras pela liberdade de cerca de 2 mil escravizados, o equivalente a quase 12 milhões de libras em valores atuais. O próprio Gladstone devia sentir um conflito interno ao longo desse processo, debatendo-se para conciliar seus profundos princípios cristãos e

O Ocidente e a modernidade: William Ewart Gladstone

os pressupostos nele incutidos por sua formação e pelos interesses financeiros de sua família. Em idade mais avançada, ele manifestou um certo desconforto com suas opiniões e discursos anteriores, embora sustentando que não havia feito nada de fundamentalmente errado.[30]

Nas duas décadas seguintes, os rumos pessoais e políticos de Gladstone variaram. Depois de várias recusas femininas desalentadoras, em 1838 ele acabou se assentando em aparente felicidade conjugal com Catherine Glynne, irmã de um velho amigo de escola, com quem veio a ter oito filhos.[31] Mas Gladstone era torturado pelos apetites sexuais, que dizia serem "meu principal pecado persistente", e registrou em seu diário pessoal estratégias pormenorizadas com as quais esperava controlar seus impulsos. Nenhuma delas funcionou, e nos anos 1840 Gladstone começou a se dedicar ao que chamava de "trabalho de resgate" de prostitutas. Nessa época, começou também a se autoflagelar, usando o cilício para infligir "dor imediata" a si mesmo, na esperança de atenuar sua culpa e se purificar das necessidades carnais.[32]

Em vista de seu evidente turbilhão psicológico, o Parlamento às vezes devia lhe parecer um refúgio. Gladstone pertencia a uma facção dentro do Partido Conservador, liderada por Robert Peel, que defendia o livre-comércio em vez do protecionismo, e nos anos 1840 e 1850 sua estrela subiu e desceu de acordo com as oscilações de sua facção. Gladstone foi vigorosamente contrário às Guerras do Ópio, influenciado pelo menos em parte pela experiência de ter uma opiômana na família — sua irmã mais nova, Helen.[33] Para ele, o tratamento dispensado pelo Império Britânico à China da dinastia Qing — inundada de narcóticos e obrigada a ceder o controle de sua economia e entregar portos comerciais, entre eles Hong Kong e Shanghai — era vergonhoso. Ele dizia não conhecer "guerra mais injusta em sua origem e mais calculada em seu avanço para cobrir esse país de desgraça permanente".[34] Sua reação não foi tão enfática diante da Grande Fome na Irlanda, ocasião em que interpretou a peste das batatas, que resultaria na morte de mais de 1 milhão de pessoas, como sinal de desagrado divino, trazido pela "mão da Providência". Foi talvez por isso que ele deu um apoio apenas relutante à revogação das

Leis dos Cereais, que mantinham o preço dos cereais na Irlanda artificialmente elevado.[35]

Em 1852, já na meia-idade, Gladstone passou dos bancos traseiros para o centro da refrega política, onde ficaria por mais de quarenta anos, afastando-se somente em 1894. Esteve na luz da ribalta em sua função de chanceler da Fazenda, mas também, a partir de 1867, como líder do recente Partido Liberal, agremiação política criada em 1859 pela incômoda aliança entre radicais de esquerda, a facção livre-cambista do Partido Conservador e o que restava dos *whigs* aristocráticos. Mas, acima de tudo, Gladstone esteve no centro dos acontecimentos durante os catorze anos, espalhados por quatro mandatos, em que foi primeiro-ministro.

As políticas defendidas por ele durante esse período serviram para definir o liberalismo britânico, combinando o liberalismo econômico dos livre-cambistas com o liberalismo social dos reformadores. Na área econômica, Gladstone é conhecido pelo afrouxamento das regulações comerciais e pela redução dos impostos numa ampla variedade de produtos, desde alimentos até o papel. Na área social, seus projetos prediletos incluíam a regulamentação de melhores condições de trabalho nas fábricas, o ensino elementar gratuito e a reforma eleitoral. Como herdeiro de uma considerável fortuna, educado em Eton e Oxford e propenso a uma impositiva moralização religiosa, Gladstone não se afigurava propriamente como um paladino do povo. Mas, ainda assim, muitas de suas políticas visavam a melhorar as perspectivas, os direitos e os padrões de vida dos trabalhadores pobres da Grã-Bretanha.

Ele horrorizou e entusiasmou em igual medida o Parlamento ao defender uma grande ampliação do direito de voto em 1864, argumentando que "todo homem que se presume não estar incapacitado por alguma consideração de inaptidão pessoal ou de perigo político está moralmente habilitado a ingressar no terreno da constituição".[36] Apoiou a criação de sindicatos e falou em favor dos mineiros e estivadores em greve, afirmando que, "via de regra, o homem trabalhador está moralmente correto".[37] Com efeito, quando se realizou uma marcha no primeiro Dia do Trabalho internacional em apoio aos trabalhadores de todo o mundo em 1889, Gladstone e sua

O Ocidente e a modernidade: William Ewart Gladstone

esposa Catherine saíram para encontrar os manifestantes, para o deleite geral destes. Políticas e ações como essas lhe trouxeram ampla popularidade, sobretudo entre as classes trabalhadoras e médias no norte do país, e lhe renderam a afetuosa alcunha de "William do Povo".[38]

Uma questão que o incomodava em especial era o status da Irlanda, o domínio imperial britânico mais próximo e mais antigo. Nas décadas finais do século XIX, surgira na região um forte movimento pela independência, carregando o povo irlandês as cicatrizes do trauma da Grande Fome e as esperanças nascidas com a onda dos movimentos populares que se espalhara pela Europa continental. Embora em anos anteriores Gladstone não tivesse se mostrado solidário com a dura situação dos irlandeses, em anos mais avançados ele se convenceu da necessidade de um governo autônomo no local. Colaborando com políticos irlandeses, apresentou ao Parlamento dois projetos de lei — em 1886 e em 1893 — para criar esse governo, sendo ambos derrotados (o primeiro na Câmara dos Comuns e o segundo na Câmara dos Lordes) e levando à irreversível divisão do Partido Liberal em facções contrárias sobre o tema.

A oposição mais intransigente aos projetos de lei de Gladstone pelo governo autônomo na Irlanda veio do Partido Conservador, que, além de ser o partido oficial de oposição ao Liberal ao qual ele pertencia, também tinha um engajamento profundo e fundamental com a manutenção do império. Benjamin Disraeli, líder dos conservadores e grande rival político de Gladstone, apresentou as prioridades de seu partido em 1872 da seguinte maneira: "A primeira é manter as instituições do país, a segunda é, em minha opinião, defender o império da Inglaterra".[39] Disraeli escarnecia de Gladstone e dos liberais por tentarem "efetuar a desintegração do império", aproveitando-se de um entusiasmo popular pelo império, o qual permitia que mesmo os trabalhadores pobres ingleses cultivassem um sentimento de superioridade. Mas a posição do próprio Disraeli sobre o império, as raças e as classes era complexa.[40] Nascido numa família judia, mas batizado na Igreja da Inglaterra aos doze anos de idade, Disraeli ingressou nos altos escalões da sociedade britânica como um intruso e esteve sujeito a um agressivo antissemitismo durante toda a sua carreira política. Ele era, em muitos aspectos, o oposto de Gladstone — não só filho de segunda geração de uma família de imigrantes, enquanto Gladstone nascera dentro do establishment inglês, mas também cortês e espirituoso, enquanto Gladstone era direto e sorumbático; exuberante, enquanto Gladstone era austero; autor de romances de sucesso, enquanto Gladstone redigia tomos volumosos de críticas textuais obscuras.

Os romances de Disraeli captam as grandes obsessões de sua época, em especial a interseção de raça, poder e história que servia de esteio à narrativa da Civilização Ocidental. Em *Tancred, or The New Crusade*, romance de 1847 que narra a história de um jovem nobre inglês numa jornada épica para a Terra Santa, Disraeli famosamente escreveu que "tudo é raça; não existe outra verdade". E em seu último romance, *Endymion* (1880), que permaneceu inacabado, ele dizia que a raça era "a chave da história". A raça, argumentou Disraeli, ligava Jesus e o cristianismo primitivo mais intimamente aos judeus do que aos europeus modernos. Além disso, ele deplorou a tendência dos europeus de sua época a negar a própria herança cultural judaica, e objetou incisivamente contra

> aquelas entre as mais sábias e mais argutas das raças setentrionais e ocidentais que, tocadas por uma presunçosa inveja do longo predomínio daquele intelecto oriental ao qual deviam sua civilização, persuadiram a si próprias e ao mundo de que as tradições do Sinai e do Calvário eram fábulas. Meio século atrás, a Europa empreendeu um violento esforço aparentemente bem-sucedido para se livrar de sua fé asiática.[41]

Entre aqueles a quem Disraeli visava com essa crítica estava, talvez inevitavelmente, seu grande rival Gladstone.

Um baluarte contra o Oriente

Em se tratando de sua visão da história, a posição de Gladstone era diametralmente oposta à de Disraeli. Ardoroso classicista na escola e na uni-

O Ocidente e a modernidade: William Ewart Gladstone 265

versidade, Gladstone abraçou com entusiasmo a narrativa então canônica da Civilização Ocidental e foi muito atuante em promovê-la. Para ele, os alicerces fundamentais da Civilização Ocidental haviam sido lançados na Grécia e em Roma, aos quais depois se sobrepusera o cristianismo:

> No Ocidente, devemos ver que os extraordinários desenvolvimentos que a natureza humana recebeu entre os gregos e os romanos, tanto individualmente quanto em suas formas sociais, destinavam-se a cumprir elevados desígnios da Providência. Eles forneceram materiais para as parcelas intelectuais e sociais daquela civilização europeia que deriva seu conteúdo espiritual da fé cristã.[42]

Sendo "as duas maiores raças do mundo antigo",[43] os gregos e romanos, segundo Gladstone, haviam deixado ao Ocidente legados ligeiramente diversos. Os romanos tinham dado ao Ocidente suas estruturas de organização política e "o mais firme e mais duradouro tecido da lei, o vínculo do homem social". Os gregos, por sua vez, eram responsáveis pelas ideias Ocidentais sobre "o desenvolvimento do indivíduo". Entre essas duas dádivas, Gladstone deixava absolutamente claro qual era a maior — haviam sido os gregos, acima de tudo, os responsáveis por fornecer a fonte da verdadeira identidade Ocidental. Os Ocidentais conheciam de maneira instintiva, afirmou ele, a "primazia genial dos gregos" na formação de sua cultura.[44] Afinal, "foi no intelecto grego, sem dúvida transferido em parte para a Itália — mas apenas transferido, e ainda grego tanto na origem quanto em grande parte de sua essência —, que foi formado e temperado o molde original da civilização europeia moderna".[45]

Até aí, canônico. Mas Gladstone levou as coisas um pouco adiante ao afirmar que a herança clássica era tal que negava qualquer possibilidade de influências culturais provenientes do mundo bíblico do Oriente Médio. Dez anos após as reclamações de Disraeli em *Tancred* sobre os Ocidentais que desejavam ignorar ou refutar os elementos asiáticos em sua herança cultural, Gladstone publicou um livro com esse exato objetivo: *Studies on Homer and the Homeric Age* — três densos volumes abarrotados de minuciosos comentários textuais e materiais comparativos recolhidos em todo o espectro histórico e etnográfico. O primeiro volume (chegando a 576 páginas) é dedicado a uma "etnologia das raças gregas", por fim concluindo que os gregos antigos pertenciam à raça ariana e eram aparentados com as raças germânicas da época do próprio Gladstone. O segundo volume (meras 533 páginas) coube à "religião da era homérica", sugerindo que os elementos centrais da moral e da espiritualidade cristãs já estavam presentes nas práticas religiosas da Grécia em seus primórdios. O terceiro e último volume (colossais 616 páginas) contém uma extensa comparação etnográfica entre gregos e troianos homéricos, sustentando que os dois grupos eram fundamentalmente diferentes tanto na raça quanto na civilização, sendo os troianos exemplos primordiais de orientais e asiáticos. (Mas, como vimos no capítulo 1, estudos mais recentes da épica homérica refutaram a teoria de Gladstone nesse aspecto, e a *Ilíada* está muito longe de ser a narrativa de um choque de civilizações.)[46]

Embora a obra viesse envolta em linguagem erudita e montada como um estudo da poética homérica, ainda assim Gladstone escrevera um livro profundamente político que procurava justificar sua visão de mundo, tal como Disraeli fizera em seus romances literários. Gladstone expôs o que via como uma "luta de raças" que se estendia por "todo o curso da história".[47] Num dos lados estava um povo pertencente à raça ariana, ancestral racial e cultural do Ocidente, entre o qual o Deus cristão semeara as primeiras sementes da revelação divina.[48] Esse povo, sustentava Gladstone, desempenhara por ordem divina um papel na história, de modo que era preciso "ver a Grécia antiga dotada de um lugar distinto, assinalável e extremamente importante no governo Providencial do mundo".[49] Se ao menos, refletiu Gladstone,

> o Messias tivesse encarnado entre um povo que, em sagacidade política, energia marcial, intelecto elevado e divino, imaginação vívida e graças da arte e da vida civilizada, fosse a flor de sua época, as origens divinas do cristianismo teriam sido muito menos claras e desobstruídas do que agora são.[50]

O Ocidente e a modernidade: William Ewart Gladstone

Em contraste com os gregos antigos, argumentou ele, os povos da Ásia ocidental antiga haviam tido pouco ou nenhum impacto cultural sobre a Civilização Ocidental, embora o cristianismo tivesse surgido originalmente entre eles. A ideia de duas raças diametralmente opostas — os arianos e os semitas — já se tornara nessa época um traço característico da erudição neorromântica germânica, graças, em grande medida, ao trabalho do estudioso francês Ernest Renan.[51] Gladstone deixou as coisas ainda mais claras para seu público anglófono. Especificou que os judeus em particular não tinham dado nenhuma contribuição para a cultura do Ocidente: "Não forneceram às eras cristãs leis e instituições, artes e ciências, nem os principais modelos de grandeza de gênio ou de caráter".[52] Em apoio a esse argumento, Gladstone apresentou a alegação dos hebreus de serem o povo eleito: "Ao separar o povo judaico para o mais profundo propósito de todos os Seus sábios desígnios, Ele o retirou, pelo tempo de seu decurso, da família das nações".[53] E concluiu triunfalmente que "a Palestina, em suma, não teve nenhum papel nas glórias de nossa raça; [em lugar disso] elas refulgem em todas as páginas da história da Grécia com um esplendor irresistível".[54]

O comentário é mais ferino do que acurado. O alvo pessoal e imediato bem pode ter sido seu rival político, mas Gladstone também visava a algo muito maior: remover totalmente a mancha da influência asiática e criar um passado puramente europeu para o Ocidente. Os gregos antigos não só eram os ancestrais do Ocidente moderno e os recipiendários de uma forma inicial de revelação divina pré-cristã que anulava qualquer influência cultural vinda do Oriente Médio, como também serviam de "eficiente baluarte contra o Oriente", rechaçando a influência asiática e oriental de sua civilização impoluta.[55] Para Gladstone, "a rivalidade entre a raça helênica e os (desde então assim chamados) βάρβαροι [bárbaros] da Ásia"[56] era evidente, e "o caráter menos bélico dos troianos, suas maneiras mais orientais e sua religião menos multiforme e imaginativa apontam sem exceção para uma considerável diferença na composição do povo".[57] Enquanto os gregos antigos eram viris e amantes da liberdade, "os troianos eram mais dados aos vícios da sensualidade e da falsidade [...] certos traços distintivos fundamentais que sempre foram mais ou menos observáveis entre a raça europeia e a raça asiática".[58] Para Gladstone, os troianos míticos correspondiam essencialmente aos povos asiáticos de sua época e partilhavam as mesmas práticas de poligamia e licenciosidade, em contraste com as práticas Ocidentais de monogamia e fidelidade.[59] Além disso, segundo ele, tinham uma "capacidade menos desenvolvida de organização política" e ideias sobre o governo hereditário,[60] chegando a supor que eram de intelecto inferior em comparação aos povos Ocidentais.[61]

Em sua caracterização dos troianos míticos do épico homérico ressoam ecos de sua descrição de povos não Ocidentais do século XIX, em especial dos otomanos. Em 1876, Gladstone lançou uma ardorosa campanha criticando a dura reação otomana a uma rebelião na Bulgária. Também aproveitou a oportunidade para menosprezar Disraeli, sugerindo que a inação deste se devia à sua simpatia racial pelos otomanos. Pelo contrário, argumentou Gladstone, as simpatias do Ocidente deviam estar, mais corretamente, com os pequenos "punhados de nossa raça" que estavam resistindo à investida de "todo o peso do exército otomano".[62] Durante esse episódio, Gladstone recorreu alternadamente ao antissemitismo e à turcofobia, reservando aos otomanos sua mais intensa causticidade, expressa em termos mais raciais do que religiosos:

Não é simplesmente uma questão de maometanismo, mas de maometanismo combinado com o caráter peculiar de uma raça. Eles não são os gentis maometanos da Índia, nem os cavalheirescos saladinos da Síria, nem os cultos mouros da Espanha. Eles foram, como um todo, desde o primeiro negro dia em que entraram na Europa, o grande espécime anti-humano da humanidade. Por onde iam, uma larga faixa de sangue marcava a trilha que deixavam atrás de si; e, até onde se estendia seu domínio, a civilização desaparecia de vista. Em todas as partes, eles representavam o governo pela força, em oposição ao governo pela lei. Como guia dessa vida, tinham um incessante fatalismo: como recompensa no além, um paraíso sensual.[63]

O Ocidente e a modernidade: William Ewart Gladstone

Gladstone não estava sozinho nesses sentimentos antiotomanos. Edward Augustus Freeman, na época o catedrático régio de história moderna em Oxford, escreveu pesaroso que, "nos países que foram o berço de nascimento da civilização europeia, o europeu tem sido governado pelo asiático, o homem civilizado pelo bárbaro".[64] Ele estava se referindo, evidentemente, à Grécia, que fizera parte do Império Otomano até data relativamente recente. As ideias de Gladstone, algumas das quais podem hoje nos parecer chocantes, eram muito mais correntes em sua época.

Poucos indivíduos na história humana detiveram tanto poder — de oprimir ou elevar, de degradar ou melhorar, de ensombrecer ou iluminar a vida de milhões de pessoas no mundo — quanto Gladstone em seu auge. Historiadores e comentaristas de diferentes posições farão o balanço de suas ações de diferentes maneiras, mas não estou interessada aqui em converter meus personagens em heróis ou vilões. O que me interessa é entender a visão de mundo mais abrangente que está por trás de suas ações e as narrativas históricas que lhes deram forma. Quanto a Gladstone, está claro que sua visão de mundo é a do Ocidente × Resto, num eterno choque de civilizações, com o edifício atemporal da Civilização Ocidental destinado, por sua superioridade intrínseca, a dominar o mundo.

A IDEIA DE QUE A GRÃ-BRETANHA era a herdeira última da Antiguidade clássica não está confinada apenas aos textos obscuros de um de seus primeiros-ministros mais excêntricos, encontrando-se de forma mais ampla na Grã-Bretanha oitocentista. Multiplicavam-se as comparações entre "a Grande Roma e a Grande Britânia",[65] com destacado interesse numa "comparação entre Roma e a Inglaterra como potências conquistadoras e, mais especialmente, como governantes de províncias e povos submetidos".[66] Em contraste, como já vimos no capítulo 10, os Estados Unidos da América reivindicavam o mesmo legado em outras bases — suas instituições políticas, sua constituição mista polibiana, seu republicanismo de influência romana. E a reivindicação da Antiguidade clássica tampouco se restringia à anglosfera. Em 1809, o filósofo alemão Georg Wilhelm Friedrich Hegel afirmou que a base do conhecimento estava "fundada na Grécia e em Roma", e que na Alemanha "a fundação dos estudos mais elevados deve ser e continua a ser a literatura grega em primeiro lugar, a romana em segundo".[67] No século XIX, a narrativa grandiosa da Civilização Ocidental estava solidamente estabelecida em diversas partes do Ocidente.

O termo em si também começava a ganhar impulso. Embora seja impossível situar a data em que a expressão "Civilização Ocidental" foi utilizada pela primeira vez, em meados do século XIX ela proliferou tanto no Reino Unido quanto nos Estados Unidos, em contextos variados como tratados políticos, relatórios educacionais e narrativas de viagem.[68] O próprio Gladstone nos oferece um uso bastante inicial da expressão, ao se referir à posição de destaque da literatura homérica "por toda a esfera da Civilização Ocidental".[69]

Enfático em seu pensamento civilizacional e confiante em sua visão da história, Gladstone ilustra perfeitamente a tendência mais ampla. Sua política e sua visão da história estavam profundamente entrelaçadas, e sua crença na superioridade britânica e Ocidental tanto influenciava quanto era influenciada por sua visão do passado — um passado cujos contornos seguiam uma narrativa grandiosa que, a essa altura, era explicitamente rotulada de "Civilização Ocidental". Ele acreditava que as origens últimas de sua própria cultura se encontravam na Grécia e na Roma antigas, e que isso a tornava superior a todas as outras. Na vida e nos escritos de Gladstone, encontramos o apogeu da Civilização Ocidental como visão da história.

Todavia, mesmo nesse momento, no auge do poder Ocidental, quando a narrativa grandiosa da Civilização Ocidental alcançava sua máxima força, ainda era possível ouvir outras vozes e ainda era possível contar outras narrativas. Às vezes, povos colonizados também traçavam comparações entre a Grã-Bretanha e a Antiguidade clássica, como forma de crítica imperial aos britânicos. O intelectual e reformador político indiano Bhaskar Pandurang Tarkhadkar recorreu à Antiguidade clássica, escrevendo que, "para advogar a causa da Índia com êxito, seria preciso a pena de um 'Júnio' ou a eloquência de um 'Demóstenes'". Ele afirmou que, se os romanos tivessem

O Ocidente e a modernidade: William Ewart Gladstone

imposto às populações que submeteram condições semelhantes às infligidas pelos britânicos aos indianos, isso apenas teria acelerado sua ruína. Na verdade, diz ele, o próprio exemplo do Império Romano demonstra que os povos súditos raras vezes ou nunca se submetem de forma voluntária a seus senhores imperiais: "Não há dúvida de que os romanos perderam a posse dos países que subjugaram devido ao fato de os nativos serem totalmente avessos à ideia de serem governados por outra nação".[70] Outro observador indiano oitocentista, que escrevia anonimamente sob o pseudônimo "Escritor Hindu", publicou análises detalhadas da natureza do domínio romano e concluiu que não havia nenhum precedente histórico mostrando que alguma vez uma população submetida tivesse se beneficiado com o domínio colonial e que, na verdade, todas haviam inevitavelmente sofrido sob ele.[71]

Em Serra Leoa, o cirurgião e nacionalista James Africanus Beale Horton sustentou que os africanos haviam dado uma contribuição significativa para as culturas clássicas da Grécia e de Roma, e muitos gregos e romanos tinham ido à África em busca de sabedoria: "Vários vieram ouvir as instruções do africano Euclides, que estava à frente da escola matemática mais celebrada do mundo [...]. O conquistador do grande africano Aníbal teve como associado e confidente o poeta africano Terêncio".[72] Se a narrativa grandiosa da Civilização Ocidental podia ser empregada a serviço do imperialismo Ocidental, também era utilizada para subvertê-lo.

É possível ver, mesmo no coração do império, outras ambiguidades. O último volume da *História do declínio e queda do Império Romano*, de Edward Gibbon, foi publicado em 1789, e a obra como um todo se tornou um grande best-seller no século XIX. Sua visão apocalíptica da queda do império se valia das apreensões britânicas sobre a excessiva expansão imperial, as quais também se manifestavam na literatura, como, por exemplo, nos poemas gêmeos "Ozymandias", publicados por Percy Bysshe Shelley e seu amigo Horace Smith em 1818.

Mas enquanto por um lado a Grã-Bretanha era a nova Roma, destinada a cair como Roma caíra, por outro ela podia ao mesmo tempo se apresentar como a súdita colonizada de Roma. Avaliando a grande edificação da Muralha de Adriano, John Collingwood Bruce, um historiador local de Newcastle, escreveu: "O cetro que Roma abandonou, nós colhemos. Grande é a nossa honra — grande a nossa responsabilidade". Todavia, no mesmo opúsculo, ele também teve o cuidado de valorizar os bretões antigos contra os quais Adriano resolvera erguer sua muralha, assim comparando-os aos romanos: "Embora fossem seus inferiores em disciplina e armas, não estavam atrás em disposição e coragem".[73] O monumental conjunto de estátuas de bronze de Boadiceia e suas filhas, agora em Westminster, na margem do Tâmisa, foi encomendado em 1850 para celebrar a rainha dos icenos que se rebelaram contra Roma. Outra famosa estátua de bronze, a de Carataco, chefe tribal dos catuvelaunos que resistiram à conquista romana, agora diante da residência oficial do lord prefeito na City de Londres, foi desvelada inicialmente com amplas aclamações. Na verdade, causou tanta sensação que foi mencionada na canção do major-general na popular opereta cômica de Gilbert e Sullivan, *Os piratas de Penzance*. Supunha-se que o público, assim como o loquaz major-general, conhecesse "todos os detalhes do uniforme de Carataco" — uma piada, visto que a estátua representava o chefe tribal heroicamente nu. Assim, enquanto a Grã-Bretanha oitocentista se via de modo geral como a herdeira de Roma, havia também alguns casos em que o povo se identificava com os súditos de Roma.

E não foi apenas no contexto do império que se usou a Antiguidade clássica para enfraquecer e subverter a narrativa dominante. A retórica, exemplos e estudos clássicos tinham sido utilizados para defender a abolição da escravatura,[74] a emancipação das mulheres[75] e a melhoria das condições de vida das classes trabalhadoras.[76] As mesmas qualidades que estabeleciam o paralelo entre a Antiguidade clássica e o sistema vigente — sua natureza canônica, sua associação com as elites e classes e, acima de tudo, seu status como ancestral cultural e origem última do Ocidente — eram as que o tornavam maduro para a apropriação. A narrativa grandiosa da Civilização Ocidental pode ter fornecido ao Ocidente uma poderosa ferramenta ideológica para seu arsenal, mas também ofereceu a um amplo leque de vozes subalternas uma ferramenta poderosa para a subversão. Originalmente concebida para servir de âncora com claras raízes no passado, a noção de Civilização Ocidental estava agora sendo usada para incitar uma mudança radical, abalando e reescrevendo o futuro.

13. O Ocidente e seus críticos: Edward Said

Os apelos ao passado estão entre as estratégias mais
comuns nas interpretações do presente.
EDWARD SAID, 1993[1]

O OCIDENTE ESTÁ SOB ATAQUE. Pelo menos é o que hoje ouvimos de alguns figurões políticos e comentaristas culturais, muitas vezes em voz aguda e tom de pânico. A ameaça é dupla. Externamente, o Ocidente é ameaçado por blocos de poder alternativos que tentam lhe retirar o predomínio global e reivindicá-lo para si mesmos. Trataremos desses rivais no próximo capítulo. Neste, o foco se concentra não nos adversários externos mas na ameaça interna — os elementos dentro do Ocidente que criticam suas operações, questionam seus pressupostos e contestam sua legitimidade.

Em anos recentes houve uma epidemia de livros alertando contra o "suicídio do Ocidente".[2] Eles sustentam que o relativo declínio do poder político, militar e econômico do Ocidente decorre de uma falta de confiança nas crenças e princípios tradicionais que originalmente fizeram a grandeza da cultura Ocidental, e afirmam que as correntes socialmente liberais na sociedade corroem essas crenças, levando à degeneração moral, à fragmentação social e ao enfraquecimento do Ocidente. A retórica do declínio Ocidental como decorrência das críticas internas também tem aparecido em anos recentes no discurso político dominante, com um importante político britânico afirmando no começo de 2022 que a ideologia *woke* era uma "forma perigosa de decadência".[3] Para alguns, chegava a ser uma "guerra contra o Ocidente", que tinha como prática corriqueira "demonizar os brancos".[4]

A preocupação com tais ameaças internas nada tem de novo. Mesmo no auge da supremacia Ocidental global no século XIX (capítulo 12), havia quem alertasse contra seu declínio iminente devido à degeneração moral religiosa e racial, como o famoso escritor e crítico de arte britânico John Ruskin.[5] Outros escolhiam certas pessoas para vilipendiar como "o inimigo interno"; conforme vimos no último capítulo, o político Benjamin Disraeli, na segunda metade do século XIX, era com frequência tachado de "judeu secreto" operando ativamente contra os interesses da Grã-Bretanha, da cristandade e do Ocidente.[6] Mas a existência de uma preocupação quanto a um "inimigo interno" não significa que essa ameaça de fato exista, assim como o surgimento de uma teoria da conspiração nem sempre se baseia na existência de uma efetiva conspiração.

Contudo os pretensos guardiões do Ocidente num ponto têm razão: existem *de fato* elementos críticos internos. Desde meados do século XX, é cada vez maior o número de pessoas no Ocidente que começaram a questionar as ideologias fundamentais que por tradição lhe serviram de base e a contestar a narrativa da Civilização Ocidental. Os objetivos desses críticos variam muito. Alguns, como os islâmicos fundamentalistas do Daesh, nascidos no Ocidente, procuram derrubar por completo o Ocidente, apresentando-se explicitamente como seus inimigos. Outros, como os extremistas e terroristas de direita que afirmam defender o Ocidente ao derrubar suas instituições e atacar seu povo, procuram refazer e renovar o Ocidente, expurgando-o dos elementos que consideram insalubres.

O Ocidente e seus críticos: Edward Said

(Muitas das vozes que alertam contra os ataques ao Ocidente provêm desse mesmo campo, que também ameaça de maneira fundamental os valores e princípios Ocidentais, ponto ao qual retornaremos na conclusão deste livro.) Outros ainda, como a figura deste capítulo, Edward Said, procuram realizar melhorias muito mais modestas no Ocidente, criticando-o a fim de ter uma melhor compreensão dele e do mundo interconectado de que faz parte.

Embora variem tanto nos objetivos quanto nas contestações, todos os críticos do Ocidente surgiram do mesmo processo histórico — o relativo declínio da dominação política, militar e econômica Ocidental. Os inimigos declarados do Ocidente comemoram esse declínio, alimentando seu ódio ao cultivar as lembranças das violências imperiais e injustiças históricas Ocidentais. Já seus autoproclamados defensores lamentam esse declínio, avivando seu ardor ao acalentar imagens nostálgicas da supremacia Ocidental perdida. E aqueles que questionam o Ocidente (categoria em que julgo me encaixar) procuram operar nos novos espaços abertos com a mudança na paisagem global, vendo neles oportunidades de transformação.

Despensando o Ocidente

Dois importantes desenvolvimentos geopolíticos transformaram o modo como o Ocidente se enxerga, tornando o modelo oitocentista de identidade Ocidental que dominava na época de William Gladstone (capítulo 12) funcionalmente obsoleto.

O primeiro é a descolonização, que ganhou impulso quando a hegemonia global do Ocidente começou a se esgarçar na esteira de duas guerras mundiais que efetivamente derrubaram a velha ordem mundial colonial.[7] As formas como a descolonização se deu variaram amplamente, de sangrentas e brutais a cordialmente negociadas.[8] Também há locais onde a descolonização ainda não se concluiu, e onde assentamentos pós-coloniais ou pós-mandato levaram a divisões demográficas entrincheiradas e persistentes, a injustiças e derramamentos de sangue. Mas a descolonização não é apenas um processo que acontece "lá fora"; está ocorrendo também "em casa". Com a imigração de súditos coloniais e o deslocamento forçado de escravizados, o perfil demográfico da maioria das metrópoles imperiais mudou de modo irreversível. Eu mesma sou fruto disso, com meus pais que chegaram à Grã-Bretanha vindos de duas ex-colônias diferentes e meu marido vindo de uma terceira. Para parafrasear o ativista das relações raciais Ambalavaner Sivanandan, estamos aqui em parte porque vocês estavam lá. As dinâmicas variam, claro, nos diferentes países Ocidentais. Estou escrevendo este capítulo à mesa da cozinha em minha casa em Viena, velha capital imperial com um perfil demográfico pós-colonial muito diferente do de Londres, a velha capital imperial onde cresci.

Desde meados do século XX, temos visto países Ocidentais tentando se acertar com essas mudanças demográficas de diversas maneiras, do movimento americano pelos direitos civis nos anos 1950 e 1960 às campanhas Black Lives Matter e Rhodes Must Fall em anos recentes. Mas, quer sejamos apoiadores, detratores ou circunstantes pouco à vontade da mais recente campanha ou movimento, e quer sejamos descendentes dos colonizadores, dos colonizados ou — como é cada vez mais frequente — de ambos, essas lutas e as mudanças demográficas que lhes servem de base alteraram a maneira como o Ocidente vê a si mesmo. Um ponto crucial é que é cada vez menor o número de Ocidentais que ainda pensam o Ocidente basicamente em termos raciais, como faziam Joseph Warren e Phillis Wheatley no século XVIII ou William Gladstone no século XIX. (Claro que existem exceções a essa regra geral, e trataremos delas na conclusão.)

A velha forma racializada de definir o Ocidente se tornou obsoleta em parte porque simplesmente não funciona mais, mas também porque vai contra os princípios que a maioria dos Ocidentais hoje considera centrais para a identidade Ocidental — os princípios da igualdade e dos direitos humanos fundamentais, o liberalismo social e a tolerância. (Mais uma vez, há pessoas no Ocidente que não subscrevem esses princípios, preferindo o iliberalismo e a intolerância, e também trataremos disso na conclusão.)

Esses princípios se tornaram centrais na autodefinição Ocidental devido, em parte, ao segundo grande desenvolvimento geopolítico da segunda metade do século xx — a Guerra Fria.[9] Hoje, a maioria das pessoas tende a pensar o Ocidente basicamente em termos econômicos e políticos. O elemento econômico surgiu durante a própria Guerra Fria, quando a retórica Ocidental o identificou com o capitalismo em contraste com o comunismo. Isso resultou numa ampliação geográfica do Ocidente. Embora seu núcleo tenha permanecido na América do Norte e na Europa ocidental, o Ocidente se expandiu para incluir países da anglosfera global, como a Austrália e a Nova Zelândia, além de outros países "incentivados" a se alinhar com ele com o recurso a vários meios, desde o uso do *soft power* e apelos a uma história em comum até intervenções militares e a instalação forçada de governos pró-Ocidentais.[10]

Terminada a Guerra Fria, porém, o capitalismo não podia mais ser uma característica definidora do Ocidente, visto que diversas formas de capitalismo haviam surgido em antigos Estados comunistas, desde o agressivo capitalismo de Estado da China ao rapace capitalismo oligárquico da Rússia (abordaremos no próximo capítulo a Rússia e a China como rivais do Ocidente). Em decorrência disso, a retórica da autodefinição Ocidental mudou mais uma vez, com ênfase crescente sobre os sistemas políticos, em especial sobre a democracia liberal. Em minha idade adulta, o Ocidente tem procurado se apresentar e justificar suas ações invocando, mais do que qualquer outra coisa, a democracia liberal. A retórica do Ocidente como o paladino da democracia liberal às vezes é sincera, às vezes não, mas tem sido constante nos últimos trinta anos. A posição de que a democracia liberal é, de uma perspectiva Ocidental moderna, a forma ideal e final do governo humano foi defendida pelo historiador Francis Fukuyama, que sugeriu de maneira provocadora que o predomínio da democracia liberal no Ocidente assinalava o "fim da história".[11] (Claro que a história não terminou no final do século xx, o Ocidente não "ganhou" e não existe consenso global em torno da democracia liberal, como o próprio Fukuyama reconhece.)

Essa reimaginação do Ocidente ainda está incompleta, mas começou numa época de marcada transformação, os meados e a segunda metade do século xx, quando a posição geopolítica do Ocidente e a base fundamental da identidade Ocidental mudaram. Ao longo do século xx, as definições raciais e geográficas do Ocidente adotadas nos séculos xviii e xix se tornaram obsoletas, descompassadas dos imperativos políticos e das realidades concretas do Ocidente, não mais representativas da base ideológica da identidade Ocidental. Mas a reimaginação do Ocidente também requer um repensar radical da história Ocidental, questionando e contestando a narrativa grandiosa da Civilização Ocidental.

Fora do lugar

A vida de Edward Wadie Said se estendeu ao longo dessas décadas tumultuadas durante as quais aconteceu a transformação do Ocidente (e, junto com ele, do restante do mundo). Acadêmico, ativista e intelectual público, Said lançou em seus escritos as fundações sobre as quais se desenvolveu este livro, explorando a natureza intrinsecamente política e construída das identidades culturais. Ele também sustentou que os historiadores, apesar de suas tentativas de buscar um objetivismo à la Ranke, são produtos de seu tempo, e que seus trabalhos contribuem para a dinâmica do poder vigente. Numa perfeita ilustração de seu próprio argumento, a erudição de Said estava claramente enraizada em sua própria experiência da descolonização, do exílio e de um sentimento quase constante de estar (em suas próprias palavras) "fora do lugar".[12]

Said nasceu em 1935 em Jerusalém, súdito do Império Britânico no território do Mandato Britânico da Palestina. Mas, ao nascer, recebeu cidadania americana por intermédio do pai, que, embora fosse originário de Jerusalém, tinha morado e trabalhado por vários anos nos Estados Unidos, juntando-se às Força Expedicionárias Americana durante a Primeira Guerra Mundial.[13] Sua mãe, por outro lado, era uma devotada anglófila de Nazaré que escolhera para o filho o nome "Edward" em homenagem ao então príncipe de Gales, e depois escolhera igualmente nomes ingleses para as quatro filhas. A família morava no Cairo, onde o pai de Said tinha uma próspera papelaria, mas passava as férias em longas visitas

O Ocidente e seus críticos: Edward Said 279

aos parentes em Jerusalém. No Cairo, eles eram uma minoria dentro de uma minoria — anglicanos em uma comunidade cristã dominada pela Igreja ortodoxa Oriental, e cristãos vivendo entre dois países majoritariamente muçulmanos.[14]

Quando menino, Said frequentou escolas de elite no Cairo e em Jerusalém, concebidas aos moldes das escolas públicas inglesas, e cresceu num ambiente tão totalmente bilíngue que nunca soube, olhando em retrospecto, se sua primeira língua foi o árabe ou o inglês. Foi uma infância privilegiada, em que Said era servido por criados, frequentava concertos de música clássica e escapava ao calor do verão nas piscinas de clubes exclusivos. No entanto, ele recorda que sempre teve a dolorosa consciência de ser diferente e de certa forma inferior aos ingleses e americanos brancos que moravam em seu bairro. "Aqui não se admitem árabes", diziam-lhe às vezes, mesmo nos clubes de que a família era sócia,[15] e o esperado era que ele socializasse apenas com outros não brancos, chamados depreciativamente de *"wogs"* [escuros].[16]

Said tinha apenas doze anos em 1948, quando os britânicos se retiraram da Palestina, foi declarado o Estado de Israel e estourou a guerra entre exércitos árabes e israelenses. Após um ano de caos e sangue derramado, foram traçadas as fronteiras separando o novo país de Israel e a Cisjordânia, imigrantes judeus afluíram para sua nova terra e centenas de milhares de palestinos desalojados fugiram, num episódio que ficou conhecido como *Nakhba*, a "Catástrofe". Entre eles estava a família estendida de Said, e muitos de seus parentes acabaram ficando no Cairo em extrema pobreza. O pai de Said deu emprego a todos os refugiados palestinos que conseguiu, e Said relembra as longas tardes passadas com a tia, que atuava como assistente social de uma entidade beneficente composta por uma pessoa só, ela mesma, oferecendo aconselhamento médico, ajudando crianças a encontrarem vaga nas escolas, auxiliando os refugiados nos trâmites da burocracia egípcia e provendo apoio financeiro sempre que possível.[17]

O jovem Said tinha dolorosa consciência de que o drama de muitos refugiados palestinos estava a um mundo de distância de sua vida privilegiada, em que transitava por círculos cosmopolitas que incluíam egípcios de elite, mas também armênios, gregos, italianos, judeus, jordanianos, sauditas, sírios e turcos. Era um ambiente social que Said depois relembraria como "um labirinto dançante de personalidades, modos de falar, origens, religiões e nacionalidades".[18] Foi talvez essa desconexão, junto com um intelecto brilhante que o fazia muitas vezes se sentir entediado na escola, que o levou a ser tachado de, em suas próprias palavras, "encrenqueiro".[19] Nesses anos, a música foi muito importante para dar vazão a seus transbordamentos tanto emocionais quanto intelectuais. Pianista de talento, ele criou uma relação especialmente próxima com um de seus professores, o judeu polonês Ignace Tiegerman, que o ajudou a adotar a música clássica como uma das influências constantes e calmantes de sua vida.

Mas a música não era suficiente para manter Said na linha. Aos quinze anos, ele foi enfim expulso de sua escola de direção britânica no Cairo; os pais decidiram enviá-lo aos Estados Unidos para que completasse os estudos. Ele foi inicialmente matriculado num internato na zona rural de Massachusetts, período que, em retrospecto, Said via como "provavelmente o mais infeliz de minha vida". O corpo discente era quase exclusivamente composto por alunos brancos, nascidos nos Estados Unidos, que "não hesitavam em apontar meu pertencimento a uma raça inferior ou de certa forma desaprovada".[20] Apesar da hostilidade dos colegas e professores, Said estudava muito e se saiu bem; cursou a graduação em inglês e literatura comparada na Universidade de Princeton e depois a pós-graduação em Harvard.

Durante todo esse tempo, manteve-se relativamente afastado da política. Voltava ao Cairo com regularidade, indo passar as férias com os pais no Líbano, como tantas vezes fizera na infância, e fazia também viagens mais longas para explorar o continente europeu. Ainda assim, parece ter mantido tudo isso à distância de sua vida de acadêmico nos Estados Unidos. Mais tarde, Said comentou que "Princeton nos anos 1950 era apolítica, indiferente e convencida",[21] e que, embora tenha publicado no jornal da universidade um artigo apresentando um ponto de vista árabe sobre a Crise de Suez de 1956, ninguém pareceu mostrar muito interesse nem dar muita atenção.[22] Em Harvard, Said sentiu que "o Oriente Médio se

O Ocidente e seus críticos: Edward Said

afastava cada vez mais de minha consciência" à medida que se aprofundava na tradição literária e filosófica Ocidental, imergindo em Heidegger, Sartre e Vico e depois se dedicando a uma tese de doutorado sobre Joseph Conrad.[23] Foi durante o curso de doutorado que ele conheceu e se casou com sua primeira esposa, Marie Jaanus, outra doutoranda no curso de literatura comparada.[24] Jaanus era estoniana, mas seu domínio do alemão complementava as inclinações francófonas de Said. Juntos eles exploravam o mundo da literatura, filosofia e teoria social europeias e faziam experiências de escrever ficção e poesia.

O despertar político de Said veio anos depois, quando lecionava na Universidade Columbia, em Nova York. A Guerra Árabe-Israelense de 1967 pode ter começado e acabado em apenas seis dias, mas teve consequências duradouras. Quando a poeira assentou, Israel controlava amplos trechos de novo território, e uma quantidade muito maior de palestinos se viu exilada para sempre. Para Said, foi um ponto de inflexão. Na época, os Estados Unidos eram varridos por vigorosos movimentos políticos, inclusive protestos contra a Guerra do Vietnã e um movimento pelos direitos civis e contra a discriminação racial. Na esperança de despertar a consciência sobre o drama de palestinos comuns entre um público que ele imaginava que seria solidário, Said usou de franqueza.[25]

O ensaio que se seguiu, "The Arab Portrayed", traz muitos dos elementos que apareceriam mais tarde em suas obras mais famosas. Nele, Said tratou da representação dos árabes no jornalismo anglófono, examinando matérias de jornal e artigos de revista da América do Norte e da Grã-Bretanha (com ocasionais incursões em publicações francesas). Identificou temas recorrentes, como a obtusidade, a selvageria e a degeneração sexual, de modo que, "se o árabe ocupa algum espaço na mente, é de valor negativo".[26] Essas imagens mentais não eram inócuas, declarou Said; pelo contrário, traziam sérias consequências na vida real. Significavam que os Ocidentais tinham dificuldade em ver os árabes como vítimas sujeitas a sofrer, de modo que havia pouquíssima solidariedade aos palestinos em comparação com a solidariedade dispensada aos israelenses, que eram vistos como mais Brancos e mais Ocidentais.

Com efeito, 1967 foi um ponto de virada para Said em termos não só políticos, mas também pessoais. Nesse ano, ele se separou de Jaanus, sentindo que ela nunca entendera a dedicação dele à família, e conheceu sua futura esposa, Mariam Cortas. O primeiro encontro entre os dois não parecia ter muito futuro. Said ainda era casado e andava cheio de preocupações (na ocasião, estava no hospital em visita à irmã, que havia quebrado a perna), e Mariam, tendo concluído o curso de finanças, estava em vias de deixar Nova York e voltar para o lar em Beirute.[27] Os dois só se tornaram um casal depois de dois anos e de uma reunião da família estendida em Beirute, casando-se em 1970 e tendo a filha Najla em 1974.

Nas três décadas seguintes, Said se equilibrou entre a vida doméstica, a vida acadêmica e o ativismo. Como acadêmico, continuou a dar aulas, pesquisar e publicar estudos sobre literatura comparada. Como ativista, rapidamente se transformou num intelectual público, escrevendo para jornais e revistas e aparecendo regularmente na televisão. Seu explícito apoio público à causa palestina lhe valeu fãs e críticos, os primeiros alçando-o a garoto-propaganda das vítimas da opressão colonial, e os segundos vilipendiando-o como inimigo do Ocidente e "Professor do Terror". Said era uma figura controvertida e polarizadora, mas contribuiu para transformar o discurso público no Ocidente, de forma que o apoio aos palestinos se tornou uma posição respeitável e até, em alguns círculos, da moda.

Ele teve um envolvimento político mais direto entre 1977 e 1993, época em que ocupou um cargo no Conselho Nacional da Palestina (CNP), o órgão legislativo do movimento nacionalista palestino no Egito. Mas aqui também Said logo se viu nadando contra a corrente, criticando os líderes palestinos, inclusive Yasser Arafat, por suas expectativas irrealistas e reivindicações inadequadas.[28] Numa posição ainda mais controvertida, foi contrário à assinatura do Acordo de Paz de Oslo em 1993, acordo que fora penosamente negociado e muito enaltecido na imprensa por oferecer uma solução pacífica ao conflito. Said contrapôs que o acordo era fundamentalmente falho, fadado a fracassar, e renunciou a seu cargo no CNP com raiva e decepção. Embora muitos de seus contemporâneos o condenassem pelo pessimismo, infelizmente o tempo provou que ele tinha razão.

O Ocidente e seus críticos: Edward Said

A essa altura, Said fora diagnosticado com leucemia. Ele viveu por mais doze anos, continuando a trabalhar em projetos musicais, políticos e acadêmicos, mas por fim sucumbiu à doença, em 2003. Em sua última década, a percepção mais clara da própria mortalidade o levou a refletir sobre sua vida pregressa, escrevendo memórias e ensaios tratando dos temas da identidade, do exílio e da terra natal. Ele também passou a investir mais tempo em seus projetos musicais, em especial a West-Eastern Divan Orchestra, empreendimento unindo credos diversos que ele lançou em 1999 com o maestro judeu Daniel Barenboim. O objetivo da orquestra era reunir jovens de vários países do Oriente Médio, permitindo-lhes partilhar o amor em comum pela música. Said sempre sentira que a música tinha um potencial transformador, e esperava que a cooperação cultural pudesse ter êxito onde a política falhara, promovendo a paz e o mútuo entendimento.

Said pode não ter tido sucesso como político nem alcançado seu objetivo último de assegurar uma terra natal para os palestinos, mas não há dúvida de que teve êxito incontestável numa coisa: em nos mostrar que a cultura e a política estão profundamente entrelaçadas. Alguns empreendimentos culturais, como a West-Eastern Divan Orchestra, são capazes, como esperava Said, de promover a paz e o entendimento. Outros produtos culturais, como os estereótipos depreciativos dos árabes que Said identificou e analisou na literatura, podem semear o ódio e o afastamento. Ao ressaltar essa relação entre política e cultura, Said lançou as bases para uma reavaliação da Civilização Ocidental, permitindo-nos enxergá-la como ela de fato é — um construto social inventado, extremamente poderoso e com consequências de longo alcance no mundo real, mas, ainda assim, um construto. Esse é talvez o maior legado de Said.

Repensando a Civilização Ocidental

Esse legado significa que podemos repensar a Civilização Ocidental. Antes da segunda metade do século XX, a maioria das pessoas pensava a identidade civilizacional como algo automático — um dado natural e imutável.

(Na verdade, muita gente ainda pensa assim.) No entanto, as vidas das figuras tratadas neste livro deixam evidente que as fronteiras e as definições civilizacionais nunca foram estáticas. Vimos como as ideias sobre o Ocidente e a identidade Ocidental variavam não só no tempo e no espaço, mas também de indivíduo para indivíduo. Francis Bacon concebia o Ocidente de maneira diferente de Joseph Warren porque eles se situavam em contextos históricos diferentes, e em circunstâncias sociais e individuais também diferentes. Pela mesma razão, as lealdades culturais da Grã-Bretanha eram imaginadas de maneira diferente pela sultana Safiye e por William Gladstone. Do ponto de vista histórico único de cada um desses indivíduos, o Ocidente e a Civilização Ocidental pareciam distintos. Assim, cada figura de nossos perfis retratava e vivenciava o Ocidente de maneira diferente.

Alguns, claro, agiam de modo muito deliberado em relação a isso. Escolhiam retratar as identidades civilizacionais de maneiras específicas, moldando-as e talhando-as para atenderem aos objetivos políticos que tinham em mente. Entre os perfis apresentados neste livro, os melhores exemplos dessa abordagem são, talvez, Heródoto, Godofredo de Viterbo e Joseph Warren. Nem todos, porém, manipulavam as ideias de identidade civilizacional de forma intencional ou consciente, simplesmente expressando ideias de identidade civilizacional que faziam sentido para eles em vista da época, do lugar e do contexto social em que estavam situados. Nesse segundo grupo, das vidas aqui narradas poderíamos incluir Teodoro Láscaris, Njinga de Angola e Phillis Wheatley. Todavia, para um número ainda maior de pessoas, a verdade se situava em algum ponto entre esses dois polos.

Mas todos os indivíduos retratados neste livro *com efeito* moldaram identidades civilizacionais, mesmo que não se tenham dado conta disso. O ato de criar ou patrocinar produtos culturais significava mudar, nuançar ou reforçar ideias na sociedade mais ampla. As estátuas e inscrições de Lívila, por exemplo, não só nasceram do orgulho dinástico por uma identidade intercontinental pluralista como também serviram para promover mais amplamente a ideia de uma dinastia intercontinental. Os poemas de

O Ocidente e seus críticos: Edward Said

Wheatley, ao expressar seu senso pessoal de afastamento racial, também fortaleceram e consolidaram o senso de distinções raciais na sociedade em termos mais gerais. E quando Al-Kindi começou a escrever sobre os árabes como os herdeiros intelectuais da Grécia antiga, a crítica que ele atraiu dos conservadores religiosos deu início a um debate político mais amplo. Sabemos que o contexto sociopolítico molda a cultura, mas cumpre também reconhecer que a cultura, por sua vez, molda o contexto sociopolítico. A relação entre cultura e identidade, portanto, é a de um círculo de retroalimentação — as variações numa produzindo mudanças na outra, num fluxo circular mútuo e constante.

Graças a Said e a outros acadêmicos e teóricos sociais pós-coloniais das décadas finais do século xx, agora vemos como esse processo opera. Agora reconhecemos que as identidades são social e culturalmente construídas, e não naturais, automáticas e primordiais. Isso pode nos parecer óbvio hoje, mas no terceiro quartel do século xx era perigosamente controverso. O peso dessa controvérsia recaiu muitas vezes sobre Said. Ele via esse papel como um dever, quase como uma vocação. E afirmou que "a tarefa diante do intelectual cultural é, portanto, não aceitar a política de identidade como um dado, mas mostrar de que maneira, para qual finalidade, por quem e com quais componentes são construídas todas as representações".[29]

Embora esse princípio geral pudesse se aplicar a todos os tipos de identidade em todos os períodos, Said, em seu trabalho acadêmico, decidiu aplicá-lo às duas identidades de grande escala às quais sentia pertencer — o mundo árabe e o Ocidente. Ao lançar em 1978 sua obra inovadora, *Orientalismo*, ele admitiu abertamente a influência do plano pessoal sobre o plano acadêmico. "Foram minhas experiências pessoais desses assuntos que, em parte, me fizeram escrever este livro", declarou na introdução.[30] *Orientalismo* era um estudo detalhado de textos literários e acadêmicos sobre temas relacionados com o Oriente Médio e o mundo árabe em língua inglesa e francesa ao longo dos séculos xviii, xix e xx. Said argumentou que esses textos enquadraram o Oriente Médio e o mundo árabe como "o Oriente", afixando-lhe uma imagem estereotipada de despotismo, luxo, sensualidade e crueldade, que era romântica e ao mesmo tempo despertava um sentimento de superioridade Ocidental. Nesse sentido, a ideia do "Oriente foi quase uma invenção europeia, e desde a Antiguidade fora um local de aventuras, de seres exóticos, de memórias e paisagens inesquecíveis, de experiências notáveis".[31]

Mas o Oriente não era o único a ser uma invenção. O processo de inventar o Oriente, afirma Said, foi um elemento fundamental que também contribuiu para a invenção do Ocidente, que passou a se ver cada vez mais em oposição ao Oriente.

> Comecei com a suposição de que o Oriente não é um fato inerte da natureza. Ele não está meramente ali, assim como o próprio Ocidente tampouco está apenas ali. [...] como entidades geográficas e culturais — para não falar de entidades históricas —, tais lugares, regiões, setores geográficos, como o "Oriente" e o "Ocidente", são criados pelo homem. Assim, tanto quanto o próprio Ocidente, o Oriente é uma ideia que tem uma história e uma tradição de pensamento, um imaginário e um vocabulário que lhe deram realidade e presença no e para o Ocidente. As duas entidades geográficas, portanto, sustentam e, em certa medida, refletem uma à outra.[32]

Nem o Oriente nem o Ocidente, portanto, tinham existência primordial. "Nem o termo 'Oriente' nem o conceito de 'Ocidente' têm estabilidade ontológica", escreve Said; "ambos são constituídos de esforço humano — parte afirmação, parte identificação do Outro. O fato de que essas rematadas ficções se prestem facilmente à manipulação e à organização das paixões coletivas nunca foi mais evidente do que em nosso tempo".[33] Mas, claro, não é porque algo é uma ficção que deixará de ter consequências na vida real. Para Said, o resultado crucial da invenção do Oriente, bem como da invenção associada do Ocidente, foi a justificação ideológica do domínio imperial. Imaginar o Oriente como entidade fundamentalmente diferente e necessariamente inferior ao Ocidente facilitou e, na verdade, possibilitou ideologicamente que os Ocidentais dominassem os povos do Oriente Médio. Foi uma dominação que come-

O Ocidente e seus críticos: Edward Said

çou politicamente com o imperialismo direto nos séculos XVIII, XIX e nas décadas iniciais do século XX, mas, segundo Said, prosseguiu cultural e intelectualmente pelo século XX:

> Tomando o final do século XVIII como ponto de partida aproximado, o Orientalismo pode ser discutido e analisado como a instituição autorizada a lidar com o Oriente — fazendo e corroborando afirmações a seu respeito, descrevendo-o, ensinando-o, colonizando-o, governando-o: em suma, o Orientalismo como um estilo ocidental para dominar, reestruturar e ter autoridade sobre o Oriente.[34]

Said teve o cuidado de ressaltar que isso não resultava de "alguma execrável trama imperialista 'ocidental' para oprimir o mundo 'oriental'". Pelo contrário, a criação dessa tessitura mais ampla do conhecimento contou com a participação de inumeráveis escolhas individuais, moldadas não só pelas circunstâncias pessoais e interesses privados, mas também, crucialmente, pelo contexto histórico.

O trabalho intelectual de Said era quase tão controverso quanto sua política. Alguns críticos o condenaram pelo que julgavam ser uma representação injustamente negativa do Ocidente.[35] Outros, como o importante acadêmico Bernard Lewis, o atacaram por politizar sua disciplina acadêmica e por representar equivocadamente o islamismo, que, segundo Lewis, estava preso num "choque de civilizações" com o Ocidente cristão.[36] Mas outros implicaram com os limites estreitos do *Orientalismo* como livro. Ele não tratava, por exemplo, das tradições de língua alemã nos estudos orientais, que eram não só muito extensas mas também muito importantes e influentes para além do mundo de língua alemã.[37] Da mesma forma, Said não considerava as ideias Ocidentais sobre a África, a América Latina e as outras partes do Oriente, a Ásia central ou oriental — falha que ele em parte corrigiu em seu livro mais abrangente de 1993, *Cultura e imperialismo*. Alguns assinalaram que essas regiões poderiam oferecer uma perspectiva diversa e mais nuançada, em especial o Japão, que parece contrariar as definições binárias de Said de

Oriente e Ocidente.[38] Outros ainda apontaram as imprecisões históricas do livro, que são muitas (trataremos de algumas mais adiante).

Mesmo levando em conta essas críticas, continua a ser difícil contestar o argumento central de *Orientalismo*. O livro logo se tornou influente em toda a área das humanidades, e hoje se mantém como um texto clássico lido por estudantes do mundo todo. Ele teve um papel fundador no desenvolvimento dos estudos pós-coloniais como disciplina e gerou pesquisas em novas direções, como a natureza múltipla do Ocidentalismo na Ásia e na África.[39] Isso porque, a despeito das incorreções, imissões e floreios teóricos do livro, seu argumento central é sólido. Os produtos culturais, inclusive os textos acadêmicos, são *de fato* moldados pelos contextos históricos e políticos em que são produzidos *e também* moldam esses contextos. Esse é o círculo de retroalimentação entre cultura e identidade.

Said podia estar certo em alguns pontos, mas estava errado em outros. Sem dúvida se desenvolveram ideias sobre o Ocidente relacionadas com os povos e as sociedades do Oriente Médio, e dentro do contexto do imperialismo, mas, no presente livro, sustento que há mais que isso. A invenção do Ocidente e da Civilização Ocidental não se deu exclusivamente por causa do imperialismo europeu. No mundo anglófono, o Ocidente também surgiu da prestidigitação ideológica necessária para justificar tanto a Revolução Americana quanto as desigualdades na sociedade norte-americana (capítulos 10 e 11). Na Europa continental, ele também foi tingido pela oposição ideológica entre uma orientação russo-eurasiana e uma orientação atlântica (capítulo 12). Há também uma falha fundamental no tratamento que Said dá à história Ocidental, em especial à narrativa grandiosa da Civilização Ocidental. Embora sustente que o Ocidente em si é uma ficção, ele tende a aceitar a narrativa da Civilização Ocidental como uma genealogia cultural ininterrupta, que vai (em termos literários) "de Homero a Virginia Woolf".[40]

Homero é invocado várias vezes como o ponto de partida para as atitudes orientalistas no Ocidente, e inevitavelmente Said escolhe iniciar sua análise do Orientalismo Ocidental com textos do mundo grego antigo. Ele exorta os leitores a considerarem "primeiro a demarcação entre

O Ocidente e seus críticos: Edward Said 289

Oriente e Ocidente. Já parece ousada na época da *Ilíada*".[41] Isso, como mencionamos nos capítulos 1 e 12, não é verdade — a *Ilíada* homérica não reconhece nenhuma diferença étnica, cultural ou racial significativa entre as partes em guerra, e certamente não oferece uma demarcação entre o Oriente e o Ocidente.[42] Adiante, Said se lança a uma discussão sobre duas tragédias atenienses — *Os persas*, de Ésquilo, e *As bacantes*, de Eurípides — que apresentam uma visão essencializada e estereotipada da Ásia oriental. No entanto, como vimos no capítulo 1, a literatura ateniense de meados do século V a.C. não capta o *Zeitgeist* mais amplo do mundo grego antigo, tendo sido escrita no contexto (se não a serviço) da dominação imperial ateniense sobre outros gregos. Se Said houvesse escolhido Heródoto em vez dos dramaturgos áticos, talvez tivesse surgido com um quadro bastante diverso.

Deixando de lado essas questões da escolha individual das fontes, Said, em escala mais grandiosa, adere ao formato convencional da história estabelecido pela narrativa da Civilização Ocidental. Passa rapidamente por Roma, talvez porque sua ideologia fosse de um hibridismo demasiado flagrante para se adequar a seu argumento geral (como vimos no capítulo 2), não se detém por muito mais tempo no cristianismo medieval, na islamofobia medieval e nas Cruzadas, aborda ligeiramente o Renascimento e por fim concentra todo o resto do livro na literatura do final do século XVIII e do século XIX. Em *Orientalismo*, portanto, Said aceitou amplamente a narrativa grandiosa da Civilização Ocidental, usando seu arcabouço geral como princípio estruturador para apresentar sua própria obra. O fato de que até o próprio Said, com sua sensibilidade à literatura de inflexão política, a tenha aceitado de olhos fechados atesta a força e a persistência da Civilização Ocidental como narrativa. Mesmo numa época em que era não só possível, mas também necessário, reimaginar o Ocidente, parecia ser um tanto mais difícil reimaginar a história Ocidental.

O PRÓPRIO SAID SEMPRE RECONHECEU a especificidade e os limites de *Orientalismo*, tratando da maior complexidade da criação da identidade no posterior *Cultura e imperialismo*. Nessa obra, ele concluiu que a própria prática de criar identidades envolvia o traçado artificial de fronteiras e a criação de categorias exclusivas onde a exclusividade não existia de forma necessária ou natural. Ao escrever sobre o imperialismo, ele afirmou que

> seu pior e mais paradoxal legado foi permitir que as pessoas acreditassem que eram apenas, sobretudo, exclusivamente brancas, pretas, ocidentais ou orientais. No entanto, assim como fazem sua própria história, os seres humanos também fazem suas próprias culturas e identidades étnicas. Não se pode negar a continuidade duradoura de longas tradições, de moradias constantes, idiomas nacionais e geografias culturais, mas parece não haver nenhuma razão, afora o medo e o preconceito, para continuar insistindo na separação e distinção entre elas, como se toda a existência humana se reduzisse a isso.[43]

Ainda assim, em sua própria existência, Said teve dificuldade para avançar além das categorias com as quais fora criado e que se entranharam nele. Perto do final da vida, suas reflexões autobiográficas voltaram uma vez mais à ideia de uma divisão implacável e intransponível entre o Ocidente e o Resto, entre "nós" e "eles". Como estudioso, ele havia criticado essa oposição, revelando algumas formas com que, em primeiro lugar, ela fora traçada. Apesar disso, num nível mais humano, para ele era difícil imaginar seu lugar no mundo para além dela. Há um conceito que se repete várias vezes nesses escritos posteriores — a sensação de estar sempre e inevitavelmente deslocado, "fora do lugar", como dizia ele. Said se sentia um eterno exilado, fadado a ser Oriental no Ocidente e Ocidental no Oriente, sem pertencer a nenhuma das sociedades em que vivia. Num ensaio, ele descreve essa condição de exilado da seguinte maneira:

> É estranhamente atraente pensar sobre o exílio, mas é terrível vivenciá-lo. É a insanável fenda forçada entre um ser humano e um local nativo, entre

o eu e seu verdadeiro lar: a tristeza essencial do exílio nunca pode ser superada. E, embora seja verdade que a literatura e a história contêm episódios heroicos, românticos, gloriosos, até mesmo triunfais da vida de um exilado, eles não passam de tentativas de superar a profunda dor do estranhamento. As realizações do exílio são permanentemente corroídas pela perda de algo que ficou para trás para sempre.[44]

Essas palavras hoje talvez toquem muitas pessoas. Num mundo em que proliferam os exemplos de deslocamento forçado e são inúmeros os refugiados da guerra e da tirania, elas ressoam com uma triste verdade. No entanto, baseiam-se num postulado que nem sempre é verdadeiro — o de que todos pertencem, em primeiro lugar, a um único "lugar nativo". Ser *daqui* é não ser *de lá*, e pertencer a uma categoria de humanos é, necessariamente, *não* pertencer a outra. Mas é precisamente contra essa ideia de fronteiras absolutas traçadas entre as identidades que Said argumenta, afirmando em seu livro que os humanos "fazem suas próprias culturas e identidades étnicas". É agudo o contraste entre os sentimentos pessoais e os argumentos acadêmicos de Said. Uma coisa, por ser um construto social, nem por isso é menos real. Se algo foi inventado, isso não impede que se torne uma verdade dotada de sentido que molda nossas vidas. Tal como era o caso das identidades desconstruídas por Said, da mesma forma é o caso do Ocidente.

No século XXI, ficou mais fácil convivermos com a ideia de que nossas identidades são construídas e múltiplas. Com o aumento da mobilidade global, do birracialismo e das famílias interculturais, é mais comum do que nunca pertencer a mais de um grupo ao mesmo tempo, estar em casa *tanto* aqui *quanto* lá. Para alguns, essa pluralidade de identidades é problemática, algo que é preciso enfrentar, escolher e deslindar. Sem dúvida tive esse sentimento algumas vezes em minha própria vida. Mas, para uma nova geração, essa pluralidade também pode ser fonte de poder e orgulho. Pode ser, nas palavras da poeta e artista iraquiana-galesa Hanan Issa, "uma força que ninguém pode tirar".

MEU CORPO PODE ABRIGAR DOIS CORAÇÕES

Dizemos ʿqalbain para dois corações
Partes pulsantes pelo mar carmesim
Presa à história cindida da terra
Tento me encaixar
Inquieta.
Um arroubo de sangue combinado
Me obceca,
Revira,
Frustra.
Caio como que entre dois assentos,
As muralhas de fronteiras antes erguidas.
Mas meu corpo é bastante
Suavemente forte
Agonia expandida, cultivando um amor
Acolhendo
Rejeitando o patriarcado
Não é preciso
Envergonhar meus pares
Ou deixar meus medos
Vencerem a competição
Meu corpo pode conter dois corações
Então eu moldo
Meu legado
Para abrir espaço a todos
Confiante
Ergo-me,
Respiro livre.
Dois corações —
Uma força que ninguém pode tirar.
O amor é um lago
E o mundo tem sede.[45]

14. O Ocidente e seus rivais: Carrie Lam

Convido sinceramente visitantes de todo o mundo a virem a Hong Kong [...] para mergulhar na extraordinária experiência cultural que abarca o melhor do Oriente e do Ocidente.

CARRIE LAM, 2021[1]

UMA TURBA DE MANIFESTANTES violentos invadira a sede do governo. Deparando-se com uma resistência mínima dos nervosos policiais, hesitantes sobre que lado tomar, a turba ocupou a câmara legislativa, quebrando janelas, derrubando portas e pichando as paredes com slogans políticos. Era a culminação de meses de protestos populares por uma parcela do povo que sentia seu modo de vida e sua visão política sob ameaça. O país estava dividido entre os que se solidarizavam com suas ações, considerando-os manifestantes legítimos, e os que, indignados com a ilegalidade e a violência da ocupação, os consideravam vândalos desordeiros. Em todo o mundo, as pessoas assistiam chocadas aos vídeos e à transmissão em tempo real dos acontecimentos, tanto nos noticiários tradicionais quanto nas redes.

Foi o que aconteceu no dia 6 de janeiro de 2021, uma quarta-feira, no edifício do Capitólio, sede do governo americano em Washington, quando manifestantes tentaram subverter os resultados da então recente eleição presidencial e devolver ao poder o candidato da preferência deles, Donald Trump, apesar da derrota nas urnas. Foi também o que acontecera em 1º de julho de 2019, uma segunda-feira, no Complexo do Conselho Legislativo em Hong Kong, quando manifestantes tentaram impedir a promulgação de um novo e controvertido projeto de lei destinado a facilitar as extradições políticas para a China continental. Havia diferenças significativas entre os dois acontecimentos. Uma diferença importante era o grau de violência envolvida — a invasão do Capitólio resultou em cinco mortes, inclusive a de um policial dominado e espancado pelos insurgentes,[2] ao passo que não houve registro de nenhuma morte resultante da invasão do legislativo de Hong Kong. Havia diferenças também nos objetivos políticos dos manifestantes — os de Hong Kong queriam mais democracia, e os dos Estados Unidos, menos. Tomados em conjunto, os dois acontecimentos ilustram as mudanças em curso nas ideias sobre a política, a identidade civilizacional e o Ocidente.

Carrie Lam, a chefe executiva de Hong Kong, deve ter assistido atentamente aos eventos no Capitólio em 6 de janeiro de 2021. Na época, Lam ocupava uma posição única e pouco invejável, estando encarregada de administrar um território que tradicionalmente se posicionara como "o melhor do Oriente e do Ocidente" (conforme vemos em seu discurso citado como epígrafe a este capítulo). Hong Kong fizera parte do Império Britânico por mais de 150 anos, experiência que deixou profundas marcas na cultura da cidade e na mentalidade do povo. A Grã-Bretanha renunciou a seu domínio colonial no território apenas em data relativamente recente, 1997, quando Hong Kong se tornou uma região administrativa especial da República Popular da China, com significativo grau de autonomia e sistemas próprios de governança política e econômica. Como a própria Lam com frequência reconhece, trata-se de um lugar onde as tradições culturais, políticas, sociais e econômicas do Ocidente se sobrepõem e interagem com as da China. No início de seu mandato, em julho de 2017, ela enalteceu a ideia de que Hong Kong podia conter o melhor da China e do Ocidente.

O final do mandato, em junho de 2022, esse biculturalismo deliberado já não parecia mais possível. O mundo mudou, e com ele também o modo de imaginar historicamente a China e o Ocidente.

À medida que avançamos para a metade do século XXI, a China é o mais óbvio rival entre os vários rivais do Ocidente. Já se gastou muita tinta discutindo os aspectos econômicos, políticos e militares dessa rivalidade, em particular as tensões entre a China e os Estados Unidos (e a anglosfera).[3] Mas há nessa relação um outro aspecto que tem sido menos abordado: a divergência entre os dois blocos geopolíticos quanto às narrativas históricas grandiosas que esposam e promovem. Cada qual tem sua visão própria da história global, e cada qual tem seu modelo próprio para descrever as relações entre culturas e civilizações.

Guerras entre (visões de) mundos

O Ocidente não tem mais uma hegemonia global inconteste sobre o mundo, como ocorria no século XIX e no começo do século XX (capítulo 12). O Ocidente agora tem concorrentes.

Por "rival" do Ocidente não entendo simplesmente um indivíduo, uma organização ou um Estado que se posiciona como anti-Ocidental. O Ocidente no século XXI é um bloco de poder supranacional de grande escala, contendo muitos Estados que nem sempre se dão bem e por vezes podem também ser concorrentes, mas que, ainda assim, têm a mesma perspectiva global geral e o mesmo senso consciente de identidade. Assim, um rival do Ocidente deve ser comparável a ele — um agrupamento geopolítico de tamanho suficiente para permanecer fora do sistema internacional dominado pelo Ocidente, com um sistema internacional alternativo próprio. Por isso, Estados individuais como a Coreia do Norte, fora da comunidade internacional dominada pelo Ocidente, não podem ser considerados rivais dele. É uma questão de escala — a Coreia do Norte é simplesmente pequena demais para ser um contestador global viável, apesar de suas capacidades nucleares.

Nas duas primeiras décadas do século XXI, uma ameaça externa discutida com frequência na mídia Ocidental era o islamismo militante, em particular duas organizações que se apresentavam como rivais do Ocidente: a Al-Qaeda e o chamado Estado Islâmico. A ideia do islamismo militante como possível rival do Ocidente irrompeu de forma violenta na consciência pública global em 11 de setembro de 2001. Nesse dia, agentes da Al-Qaeda lançaram ataques terroristas coordenados contra os Estados Unidos, sequestrando aviões comerciais e explodindo-os deliberadamente contra edifícios públicos movimentados e complexos governamentais de primeira importância. Esses ataques mataram milhares de pessoas e marcaram indelevelmente a vida de muitas mais. No entanto, em vez de espalhar o medo e a desunião dentro do país e enfraquecer sua posição na comunidade mundial, eles geraram o resultado oposto.

O presidente americano na época, George W. Bush, declarou "guerra contra o terror"[4] e, um mês depois, à frente de uma ampla aliança internacional, contra o regime que abrigava a Al-Qaeda, o Talibã. Essa aliança incluiu não só muitos países Ocidentais mas também vários países nem sempre considerados integrantes do Ocidente, como a Rússia, o Egito, a Jordânia, o Bahrain, os Emirados Árabes Unidos, o Uzbequistão, o Japão e a República da Coreia. Embora alguns deles tivessem originalmente ajudado a instalar o Talibã no Afeganistão como um baluarte contra o comunismo, a aliança liderada pelo Ocidente derrubou o regime, instalando um novo governo, pró-Ocidental. Todavia, essa vitória rápida não se consolidou numa paz duradoura: a aliança iria passar os vinte anos seguintes numa sangrenta guerra de guerrilha e, quando as forças americanas finalmente se retiraram do Afeganistão, no verão de 2021, deixaram o país no caos e na pobreza, e novamente sob o controle do Talibã.

Apesar da posição interna em seus próprios países, os líderes Ocidentais abriram uma segunda frente na "guerra contra o terror" com a invasão do Iraque, em março de 2003, com base em alegações (depois desmentidas) de que o país abrigava armas de destruição em massa capazes de atingir rapidamente alvos no Ocidente. O transcurso da Guerra do Iraque teve alguns paralelos com o da Guerra do Afeganistão, com uma vitória rápida e

O Ocidente e seus rivais: Carrie Lam   297

a instalação de um governo pró-Ocidental, seguindo-se um longo período de insurgência e guerra civil. Em maio de 2011, porém, a Al-Qaeda fora em grande medida neutralizada.

Da guerra civil no Iraque, no entanto, surgiu um novo candidato a desafiar o Ocidente — o Estado Islâmico do Iraque e da Síria, às vezes conhecido por seu acrônimo em inglês, Isis, ou pelo termo "Daesh", derivado de seu acrônimo arábico e usado pejorativamente por seus críticos dentro do mundo árabe.[5] Em 2014, a organização começou a se moldar como um califado, dizendo constituir um sistema internacional alternativo que era independente e ideologicamente oposto ao Ocidente. Esse sistema não era nem global (o alcance do Daesh sempre foi geograficamente limitado), nem estável (foi derrotado militarmente e caiu em cinco anos), nem inteiramente independente do Ocidente (as atividades do Daesh eram financiadas pela exportação de gás, petróleo, fosfato e cimento).[6] Apesar disso, por breve tempo dizia ser rival do Ocidente. Em seu auge, o Daesh controlava a maior parte do Iraque ao norte de Bagdá e toda a Síria, exceto as áreas costeiras, e ameaçava as fronteiras da Turquia. Além disso, reivindicava uma série de "províncias" em regiões da Península do Sinai, Líbia, Iêmen, Afeganistão e Nigéria. Acorriam apoiadores de todo o mundo, ansiosos por lutar ao lado do chamado califado e iniciar vida nova no que imaginavam que seria uma sociedade totalmente religiosa. O sucesso do Daesh foi efêmero. Ele foi acuado por uma aliança internacional de Estados da Europa, da Ásia ocidental e central e da África, além de combatentes curdos que forneceram a maior parte dos "soldados em ação". Como a Al-Qaeda, o Daesh podia querer confrontar o Ocidente, mas só o que conseguiu foi unir países Ocidentais e não Ocidentais contra ele. Nos primeiros meses de 2019, os últimos remanescentes de seu exército foram sitiados e derrotados em Baghuz, cidade na fronteira entre o Iraque e a Síria.

O islamismo militante pode jamais ter sido um rival a sério do Ocidente em escala global ou no longo prazo, mas sem dúvida desenvolveu suas narrativas civilizacionais próprias, adotando a ideia da Civilização Ocidental como uma continuidade, recuando às Cruzadas medievais e remontando à Antiguidade grega e romana. Num famoso discurso transmitido pela agência de notícias Al-Jazeera em 6 de janeiro de 2004, o líder da Al-Qaeda, Osama bin Laden, conclamou os muçulmanos do mundo inteiro a se unirem à causa islamista militante e "resistirem à nova Roma" e ao "massacre cruzado-sionista". Exortou-os a não agirem como a antiga dinastia árabe dos gassânidas, que foram "nomeados reis e ocupantes de altos cargos pelos romanos, a fim de salvaguardar os interesses dos romanos, para isso matando seus irmãos, os árabes da península". Pelo contrário, declarou Bin Laden, "as pessoas honestas preocupadas com essa situação devem se unir, sair da sombra desses regimes opressores e declarar uma mobilização geral a fim de repelir os ataques dos romanos".

O Daesh também decidiu rotular seus inimigos Ocidentais como romanos ou *"rum"*, seguindo o uso árabe medieval do termo para abarcar também os cristãos bizantinos, além dos seguidores da igreja latina. Um dos fatores por trás do crescimento e do sucesso inicial da organização foi uma forte presença on-line, permitindo que os líderes alcançassem um público muito além de seus limites territoriais.[7] O Daesh publicava várias revistas on-line em diversas línguas, incentivando muçulmanos do mundo todo a se engajarem no terrorismo. Os artigos traziam instruções, ensinando como fazer bombas caseiras, como criptografar mensagens e que tipo de veículo escolher para um ataque motorizado. A principal revista do grupo voltada para o público anglófono entre 2014 e 2016 se chamava *Dabiq*, nome extraído de uma profecia do profeta Maomé e registrada num dos *hadiths*, que prenuncia uma batalha apocalíptica entre os muçulmanos e os *"rum"*.[8] Em 2016, porém, foi lançada uma nova revista anglófona, chamada *Rumiyah* (Roma), em referência a uma profecia segundo a qual os muçulmanos um dia derrotariam e conquistariam o Império Romano. Todos os números traziam a seguinte epígrafe: "Ó, *muwahhidin* [crentes], rejubilem-se, pois, por Alá, não descansaremos de nossa jihad a não ser sob as oliveiras de Rumiyah".[9] Essas revistas também ecoam a narrativa da Civilização Ocidental, ainda que adotando um tom de hostilidade e não de celebração: "O Império Romano nunca caiu totalmente, apenas adotou novos nomes".[10]

O Ocidente e seus rivais: Carrie Lam 299

Essa narrativa de "choque de civilizações" era uma das razões para a política de destruição e vandalismo do Daesh em relação a sítios, monumentos e artefatos antigos.[11] Embora ele atacasse artefatos e remanescentes arqueológicos de todos os períodos do passado pré-islâmico "idólatra",[12] havia especial interesse em destruir Antiguidades greco-romanas devido à sua associação com o nascimento da Civilização Ocidental (isso, claro, não impedia que o grupo por vezes procurasse ganhos financeiros com a venda ilícita de Antiguidades).[13] O tema atraiu muita atenção na imprensa Ocidental, sobretudo as ações do Daesh em maio de 2015, ao saquear a cidade antiga de Palmira, sítio do patrimônio mundial da Unesco e uma das ruínas mais famosas da Antiguidade mediterrânea. A indignação internacional se concentrou na destruição, com dinamite, do Templo de Bel, do teatro romano e de outros edifícios, além do assassinato de Khaled al-Assad, o chefe da equipe arqueológica do sítio.[14]

Depois que o Daesh foi expulso de Palmira, suas ruínas mais uma vez se revelaram possuidoras de valioso capital político. Em Londres, na Trafalgar Square, foi erguida uma réplica idêntica de seu arco triunfal, "em desafio contra os bárbaros".[15] Foi então lançada uma campanha internacional para reconstruir o Templo de Bel em Palmira, encabeçada especialmente pelo Instituto Arqueológico Alemão, num ato que vem sendo descrito como "desafio cultural" e "reprodução combativa". Embora isso possa ser atraente sob alguns aspectos, nesse ponto estou de acordo com meu colega em Viena, o professor Andreas Schmidt-Colinet, que trabalhou durante décadas nas escavações de Palmira e era amigo pessoal de Khaled al-Assad: quaisquer auxílios e verbas internacionais destinadas a Palmira deveriam atender antes às necessidades da comunidade, que também deveria ser consultada sobre os projetos de reconstrução do sítio.[16]

Mas não foram apenas políticos e comentaristas Ocidentais que viram as ruínas de Palmira antiga como um símbolo político. Em maio de 2016, poucos meses depois da expulsão do Daesh do local, a Orquestra Sinfônica Nacional da Rússia apresentou um concerto que incluía a transmissão de um vídeo no qual o presidente russo Vladimir Putin agradecia os soldados russos pelo "resgate da cultura antiga" (referindo-se às partes da cidade antiga ainda de pé), proeza que, segundo ele, "o Ocidente não foi capaz de realizar".[17] Essa retórica faz parte de um discurso mais abrangente, familiar devido à Guerra Fria no século xx, da Rússia como rival do Ocidente. Mas, no século xxi, esse discurso ganhou novo prazo de vida.[18]

Ele se iniciou já em abril de 2005, quando Putin incentivou os russos a olharem nostalgicamente para a União Soviética, dizendo que sua queda fora "o principal desastre geopolítico do século".[19] Desde então, Putin tem evocado com frequência a era soviética como uma época de grandeza durante a qual a Rússia estava em posição de força diante do Ocidente, e afirmado explicitamente seu objetivo de um retorno a essa situação. Nos últimos quinze anos, ele procurou intensificar a retórica antiocidental, reacender o orgulho nacional pelo passado soviético e reafirmar a influência russa sobre países que integraram a União Soviética — o que ficou evidente com a invasão da Ucrânia em 2022. Já desde 2008 alguns comentaristas Ocidentais sugeriam que a era Putin marcava o início de uma nova Guerra Fria.[20]

Além da rivalidade política, militar e econômica entre a Rússia e o Ocidente, há também uma oposição em termos das narrativas grandiosas históricas. Em julho de 2021, alguns meses antes de se lançar à invasão da Ucrânia, Putin publicou um longo ensaio histórico no website do Kremlin, em russo, inglês e ucraniano, chamado "Sobre a unidade histórica de russos e ucranianos".[21] Ele sustenta no texto que russos e ucranianos são essencialmente "um povo só — um único todo",[22] e afirma que a base dessa unidade consiste numa mesma língua, na mesma religião da ortodoxia russa e na cultura conjunta — todas derivadas de uma longa e gloriosa história em comum. Essa história em comum, segundo Putin, nega a ideia de uma identidade e nação ucranianas separadas. A crença numa nação ucraniana, diz ele, foi gerada a partir de uma reescrita politizada da história "real". Devido a essa manipulação ideológica operada pelos "autores Ocidentais do projeto anti-Rússia", as pessoas estão sendo obrigadas não só a negar suas raízes e as gerações de seus ancestrais, mas também a acreditar que a Rússia é inimiga delas. No entanto, conclui Putin, a Rússia jamais permitirá que um de seus "territórios históricos" seja manipulado pelo Ocidente e levado a se tornar "anti-russo".

O Ocidente e seus rivais: Carrie Lam

Em seu ensaio, Putin oferece um esboço do que considera ser uma visão mais precisa da história, alegando, entre outras coisas, que "russos, ucranianos e bielorrussos são descendentes da Antiga Rus, que foi o maior Estado da Europa". A nação da Antiga Rus, afirma, incluía todos os povos eslavos e é anterior ao surgimento do cristianismo. Putin apresenta o antigo Estado da Rus quase como comparável aos impérios romano e bizantino, sugerindo que, "como outros Estados europeus na época, a Antiga Rus enfrentou um declínio do governo central e a fragmentação" durante o período medieval, embora "a nobreza e o povo vissem a Rus como um território comum, como sua terra natal".

Isso é significativo, em vista do reavivamento da ideia da Rússia como "Terceira Roma", sucessora dos impérios Romano e Bizantino. Nessa narrativa grandiosa da história, as linhagens da herança civilizacional e imperial seguiam de Roma não para o oeste, para a Europa central e ocidental (e de lá para o mundo atlântico ao norte e a anglosfera em termos mais amplos), mas para o leste — da primeira velha Roma para a segunda Roma de Constantinopla, e de lá para a gloriosa terceira Roma de Moscou. A ideia de Moscou como "Terceira Roma" surgiu inicialmente no século XVI e foi claramente sintetizada por Filoteu de Pskov, diretor de um mosteiro no noroeste da Rússia, numa carta escrita em 1523 ou 1524: "Este é o Império Russo: porque duas Romas caíram, mas uma terceira se mantém e não haverá uma quarta".[23] Desde o princípio, a noção estava vinculada tanto ao imperialismo (foi um período de aceleramento na expansão territorial russa) quanto à Igreja ortodoxa. Em 1589, quando se estabeleceu um Patriarcado ortodoxo em Moscou, o decreto de sua implantação fez explícita referência à "Terceira Roma": "Pois a velha Roma caiu pela heresia apolinária", isto é, o paganismo. "A segunda Roma, que é Constantinopla, é mantida pelos netos de Hagar — os turcos ímpios. Piedoso czar! Seu grande reino de Rus, a Terceira Roma, supera todas elas em piedade".[24]

A noção de uma "Terceira Roma" russa voltou a ganhar impulso no final do século XIX, quando pensadores russos procuravam se colocar de maneira claramente distinta em relação, de um lado, ao Oriente islâmico e asiático e, de outro, ao Ocidente católico e protestante.[25] (Com efeito, como vimos no capítulo 12, foi por volta dessa época que os autores russos começaram a empregar "o Ocidente" para se referir à Europa central e ocidental.) Essa ideia se manteve como uma constante literária ao longo de todo o período modernista, de 1890 a 1940, apesar das drásticas mudanças políticas que varreram a Rússia durante essa época.[26] Agora, na era Putin, ela está reaflorando, ainda que de modo mais sutil. Foi Putin quem, em 2001, assinou uma lei federal criando um novo brasão de armas para a Rússia. Esse brasão traz a águia de duas cabeças de Bizâncio, adotada pelos czares no primeiro período da "Terceira Roma", e começou a aparecer nas moedas de rublos em 2016. E foi a declaração de Putin, em vídeo apresentada durante o concerto russo no teatro romano em Palmira, que implicitamente posicionou a Rússia, e não o Ocidente, como a legítima herdeira da Antiguidade clássica.

O primeiro rival do Ocidente analisado neste capítulo, o islamismo militante, aceitava em larga medida a narrativa histórica da Civilização Ocidental, invertendo-a como forma de atacar o Ocidente. O segundo rival do Ocidente tratado até agora, a Rússia, adota uma abordagem um tanto diversa. Ela revisa a genealogia cultural reivindicada pela narrativa da Civilização Ocidental para oferecer outra visão do formato da história, em que a cultura e a civilização se movem para leste e não para oeste. No entanto, é o crescimento do terceiro rival do Ocidente visto neste livro, a China, que está causando especial consternação entre alguns analistas políticos Ocidentais.[27] E, no que diz respeito às grandiosas narrativas históricas, a China adota uma abordagem totalmente diversa.

Civilizações paralelas

Em meados do século XX, houve entre os historiadores na China muitos debates acalorados sobre o formato geral da história mundial. Ao escrever sobre o "modo de produção asiático" nos anos 1850, será que Marx pretendia dizer que a Ásia estava destinada a se manter para sempre num estágio estático de desenvolvimento, evoluindo em separado do Ocidente e se-

O Ocidente e seus rivais: Carrie Lam

guindo sua própria trajetória civilizacional paralela? Ou, como sustentava Lin Zhichun, historiador patriótico conhecido como "o Professor Vermelho", a expressão "modo de produção asiático" se referia a um estágio de desenvolvimento econômico pelo qual todas as sociedades deveriam passar em algum momento? Segundo Lin, a China e o Ocidente tinham uma mesma trajetória histórica, e toda a história mundial, inclusive a que o Ocidente reivindicava para si sob a narrativa da Civilização Ocidental, tinha lugar dentro de um mesmo e único modelo marxista universalizante.[28]

Com esse modelo de uma história mundial em comum, Lin promoveu pesquisas acadêmicas sobre "História Mundial Antiga", incluindo em seu escopo não só a história chinesa e asiática antiga, mas também o estudo da Grécia e Roma da Antiguidade. No início dos anos 1950, foi criado um centro nacional para essas pesquisas na Universidade Normal do Nordeste, em Changchun, e nas décadas seguintes a narrativa grandiosa de Lin ganhou cada vez mais influência na China, sobretudo após a publicação de seu importante livro escolar de 1979, *Um esboço da história mundial antiga*.[29]

Mas, poucas décadas depois, o governo chinês começou a promover uma outra narrativa grandiosa da história.[30] Assim, desapareceu o modelo marxista universal de Lin, em que os diferentes povos e países seguem a mesma trajetória global, ainda que a ritmos diferentes. Essa nova narrativa grandiosa concebe a humanidade dividida numa série de civilizações distintas, cada qual correndo em paralelo e caminhando sem mudanças desde o passado antigo até o presente. Na retórica governamental oficial corrente, a China moderna é a continuação imutável da China antiga, e não sua herdeira. É, em essência, um modelo histórico a-histórico, que rejeita as ideias de transferência e transformação civilizacional e postula as de pureza e essencialismo civilizacional.

Sob essa visão da história, a China não é o único Estado-nação moderno a encarnar uma civilização antiga. Em abril de 2017, os ministros das Relações Exteriores de dez países diferentes se reuniram em Atenas a fim de assinar um acordo para criar uma nova organização internacional. Seu objetivo explícito é utilizar a diplomacia cultural como uma forma de *"soft power* e *smart power"* para fortalecer os laços entre seus países e empregar a cultura "como um agente de crescimento econômico".[31] A organização era o Fórum das Civilizações Antigas, lançado em conjunto pela China e pela Grécia, e para o qual foram convidados representantes de outros oito Estados com histórico de "grandes civilizações antigas" — Bolívia, Egito, Índia, Irã, Iraque, Itália, México e Peru. Desde a primeira reunião em Atenas, o Fórum das Civilizações Antigas tem realizado reuniões semestrais regulares com a presença dos ministros da Cultura de cada país, sendo que uma delas costuma ser feita em Nova York, ao lado de uma sessão da Assembleia Geral da ONU, e a outra na capital de um dos Estados-membros — La Paz em 2018;[32] Beijing em 2019, altura em que a Armênia se somou ao grupo;[33] remotamente, devido à pandemia de covid-19, tanto em 2020 quanto em 2021, mas sob a presidência do Peru;[34] e Bagdá em 2022.[35]

Na declaração assinada no primeiro encontro do fórum, a civilização antiga de cada Estado-membro era considerada "onipresente" e "transcendendo o tempo", com uma importância que "permanece atual". Essas civilizações, portanto, podem ser antigas, mas, segundo os membros do fórum, não pertencem apenas ao passado, continuando a existir ininterruptamente da Antiguidade à modernidade. Em seu discurso no encontro de 2021, o vice-ministro das Relações Exteriores da Armênia, Vahe Gevorgyan, declarou: "O que hoje aqui nos congregou e nos une são a vasta história, a cultura, as tradições e os valores de nossas civilizações antigas, que reunimos e acumulamos ao longo dos séculos".[36] Nesse modelo, as civilizações são atemporais em vez de dinâmicas, a cultura é cumulativa em vez de mutável.

Além disso, é um modelo no qual também há pouco espaço para que a cultura seja transferida. A ideia de *translatio*, a transmissão da cultura entre povos no tempo e no espaço, ocupa um lugar central na narrativa da Civilização Ocidental, mas aqui não há lugar para ela. Na visão apresentada por esse fórum, a relação entre civilizações não pode ser de linhagem ou ancestralidade, em que um povo ou grupo adota influências culturais de outro. Pelo contrário, "cada cultura individual"[37] se mantém como entidade distinta e separada. No modelo chinês, países modernos como a Alemanha, a Grã-Bretanha e os Estados Unidos não podem alegar uma herança cultural da Grécia e Roma antigas — pelo contrário, considera-se que essas civilizações antigas pertencem exclusivamente aos Estados modernos da Grécia e da Itália.

Em lugar de transferência, adoção ou herança cultural, dá-se preferência pelo "diálogo entre civilizações", como destaca a declaração original assinada naquele primeiro encontro em Atenas. A palavra "diálogo", aqui, supõe um certo distanciamento, evitando uma contaminação cruzada entre civilizações. Esse princípio foi sintetizado pelo ministro das Relações Exteriores chinês, Wang Yi, num comentário aos jornalistas no primeiro encontro do fórum: "Devemos abraçar nossas culturas tradicionais, manter-nos confiantes, e respeitar e honrar mutuamente o sistema social e a via de desenvolvimento de cada um".[38] Em outras palavras, cada civilização deve ficar no seu quadrado. Para a ideologia do Fórum das Civilizações Antigas, portanto, as diversas culturas são paralelas e distintas, em vez de inter-relacionadas. Em vez da genealogia cultural, o pressuposto do grupo é a analogia cultural — cada "grande civilização antiga" é análoga às outras: paralela e internamente imaculada.

Assim como a influência, a herança e a transferência entre civilizações estão ausentes desse modelo, da mesma forma estão ausentes os conflitos e os choques civilizacionais. Com efeito, o ministro das Relações Exteriores iraquiano Ibrahim al-Jaafari, falando à imprensa internacional após o primeiro encontro do fórum, disse que o grupo rejeitava fundamentalmente a ideia "apresentada por vários intelectuais de um choque de civilizações".[39] Ele chegou a se referir nominalmente ao autor do famoso livro *O choque das civilizações*, dizendo em tom de franca exasperação: "Samuel Huntington nos veio com o choque de civilizações [...]. O que significa isso?". O respeito à diversidade das civilizações foi um princípio que também se fez presente nos discursos do presidente chinês Xi Jinping, que afirmou que "a diversidade entre as civilizações humanas é a característica que define o mundo", e que "diferentes nações e civilizações são ricas em diversidade e têm seus próprios traços característicos. Nenhuma é superior ou inferior às demais".[40] Os choques entre civilizações podem ser evitados, segundo Xi e a política chinesa oficial, com a promoção de "diálogos" culturais e "aprendizado mútuo" por canais como o Fórum das Civilizações Antigas.

Entre todos os membros do fórum, a China parece ter um especial interesse em desenvolver uma diplomacia cultural com a Grécia — os dois países foram descritos por Nikos Kotzias, ministro das Relações Exteriores grego da época, como o "duplo motor" que impulsionou a instauração do fórum.[41] O nível de envolvimento oficial e patrocinado pelo Estado com a Antiguidade nos dois países se intensificou de forma expressiva em anos recentes, sendo que 2017 foi designado por mútuo acordo como o ano do intercâmbio cultural sino-grego. Museus dos dois países emprestaram-se vários objetos e organizaram exposições itinerantes, como *Ciência e tecnologia da China antiga*, no Museu Herakleidon, em Atenas (setembro de 2017 a abril de 2018); *EUREKA! Ciência, arte e tecnologia da Grécia antiga*, no Museu de Ciência e Tecnologia da China, em Beijing (novembro de 2017 a maio de 2018); *O naufrágio de Anticítera*, no Museu do Palácio, na Cidade Proibida, em Beijing (setembro a dezembro de 2018); e *Cidade Proibida: Apartamentos imperiais em Qianlong*, no Museu da Acrópole, em Atenas (setembro de 2018 a fevereiro de 2019). Houve também uma colaboração entre companhias teatrais para a encenação bilíngue de peças tradicionais, entre as quais uma produção de *O órfão da família Zhao* em Atenas (novembro de 2018) e de *Agamêmnon* em Beijing (fevereiro-março de 2019).

Houve ainda um aumento nas pesquisas acadêmicas traçando paralelos entre a Grécia e a China antigas. O estudo da Grécia antiga, muitas vezes tido no Ocidente como área reservada a acadêmicos ocidentais, está em ascensão em universidades chinesas.[42] Realizam-se conferências incentivando o estudo de "diálogos" entre a Grécia antiga e a China antiga, como "Diálogo espiritual entre a civilização chinesa e a civilização grega antiga", realizada em Beijing em janeiro de 2022, com grandes fanfarras, antes dos Jogos Olímpicos de Inverno.[43] As interações acadêmicas agora também são fomentadas por um acordo formal de cooperação, assinado em outubro de 2021, com vistas a facilitar os intercâmbios entre universidades chinesas e gregas, com foco específico nos estudos comparados das duas civilizações antigas.[44]

O interesse específico na China e na Grécia como civilizações antigas paralelas e em "diálogo" não é fortuito. Ao anunciar o acordo formal de cooperação de 2021 entre as universidades gregas e chinesas, o ministro da Educação da Grécia frisou a compatibilidade dessa conexão, visto que a Grécia antiga e a China antiga foram "berço da civilização Ocidental e da civilização Oriental, respectivamente".[45] Na conferência "Diálogo espiritual", de 2022, comemoraram-se as novas traduções de textos gregos antigos para o chinês, permitindo que um maior número de estudiosos chineses aprofundasse o "entendimento da civilização ocidental e sua origem histórica", e assim oferecendo "uma perspectiva comparada de civilização para redescobrir a cultura clássica chinesa".[46] O paralelo é tido de especial importância por se considerar que a China antiga e a Grécia antiga representam as "culturas espirituais Oriental e Ocidental".[47]

Ainda que esse interesse por paralelos e "diálogos" entre a Grécia antiga e a China antiga possa parecer muito acadêmico, restrito a uns poucos entusiastas da história, ele tem algumas implicações concretas e referentes à vida real. A diplomacia cultural tem sido acompanhada por um fortalecimento dos vínculos políticos e econômicos entre os dois países. Em 2019, o primeiro-ministro grego Kyriákos Mitsotákis visitou uma feira empresarial em Shanghai acompanhado por mais de sessenta empresários gregos em busca de oportunidades econômicas. Poucos dias depois, o presidente chinês Xi Jinping retribuiu com uma visita a Atenas, que incluiu o porto ateniense de Pireu e o sítio arqueológico da Acrópole. E, em maio de 2022, realizaram-se várias comemorações grandiosas na embaixada chinesa em Atenas, culminando numa conferência intitulada "China e Grécia: De civilizações antigas à parceria moderna".[48] Essa parceria moderna data de 2016, quando uma estatal chinesa comprou ações e adquiriu o controle majoritário do porto de Pireu. Sendo o primeiro porto em águas profundas da União Europeia a que chegam os navios asiáticos ao entrar no Mediterrâneo, o Pireu se tornou imediatamente um eixo na Iniciativa Cinturão e Rota da China, e desde então o Estado chinês tem cultivado um íntimo interesse na economia grega, envolvendo ainda mais de perto a Grécia nessa aproximação não só econômica, mas também cultural.[49]

A Iniciativa Cinturão e Rota foi lançada em 2013 como uma política de grande alcance para desenvolver ligações infraestruturais na Eurásia, revivendo o "Espírito da Rota da Seda" e atraindo os países participantes para relações econômicas e culturais mais próximas com a China. No momento em que escrevo, seus custos são estimados na faixa de 50 milhões a 100 milhões de dólares por ano, e seus membros somam mais de oitenta países, com uma população de mais de 4,4 bilhões de pessoas, ou 63% da população mundial.[50] É uma manifestação do desafio da China à dominância global do Ocidente — uma rede internacional independente que já começa a rivalizar com a ordem mundial estabelecida e respaldada pelo Ocidente.

Ainda que o êxito da Iniciativa Cinturão e Rota possa depender em última instância de incentivos econômicos e imperativos políticos, a diplomacia cultural — e, em particular, a retórica das civilizações antigas paralelas — tem se demonstrado um instrumento ideológico vital, oferecendo no passado uma justificativa imaginada para as ações do presente.[51] Na Declaração de Atenas, os membros do Fórum das Civilizações Antigas (às vezes abreviado nos documentos oficiais como FCA) se comprometeram a "promover a Iniciativa Cinturão e Rota", com o objetivo de "fortalecer o crescimento social e econômico sustentável de cada membro do FCA". O elo entre o fórum e a extensão do poder chinês sempre foi muito explícito, sendo que o ministro das Relações Exteriores chinês, Wang Yi, emitiu uma declaração afirmando que "o Fórum das Civilizações Antigas está alinhado com a construção da Iniciativa Cinturão e Rota e pode oferecer apoio e assistência intelectual e cultural para sua construção conjunta".[52]

Nenhuma narrativa grandiosa da história é inocente, nunca. Cada qual está situada em seu próprio contexto histórico e social, e cada qual traz em si (de forma explícita ou implícita) uma visão política do mundo. A narrativa grandiosa da Civilização Ocidental, como vimos ao longo deste livro, emergiu de um contexto histórico e social específico nos séculos XVII e XVIII, e traz em si uma visão política que se alinha com esse contexto. A narrativa grandiosa de civilizações paralelas, atualmente promovida pela política oficial chinesa, não é diferente. Ela surgiu no contexto social e histórico específico do começo do século XXI e traz em si uma visão política — que sustenta uma alternativa patrocinada pela China a um sistema internacional liderado pelo Ocidente.

O modelo civilizacional estabelecido nessa narrativa grandiosa postula que as diferentes civilizações devem ser entendidas em termos de comparações, analogias e paralelos culturais, e não por mudanças, empréstimos e transferências culturais. Embora de fato incentive o "diálogo" entre as civilizações, a retórica oficial ainda as considera imaculadas e eternas, com um núcleo essencial imutável. Em essência, cada civilização é imaginada como reserva exclusiva de um grupo populacional específico e imutável, radicado num local específico e imutável. Trata-se de um modelo que não combina com a ideia de mesclar culturas ou de fundir Oriente e Ocidente — um modelo, portanto, que oferecia pouquíssimo espaço de manobra para Carrie Lam, a chefe executiva de Hong Kong de 2017 a 2022, cuja visão pessoal, como vimos, era a de uma Hong Kong que oferece uma "extraordinária experiência cultural que abarca o melhor do Oriente e do Ocidente".[53]

777, número de azar

Carrie Lam (nome chinês: Lam Cheng Yuet-ngor) viveu grande parte da vida entre dois mundos, adotando tradições chinesas e Ocidentais. O mesmo se aplica a muitos de sua geração que cresceram em Hong Kong como súditos do Império Britânico, tomando como natural a mescla única entre as culturas chinesa e Ocidental. Essa mescla persistiu após a devolução de Hong Kong à China em 1997, mas tem estado sob grande tensão na última década.

Lam nasceu em Hong Kong em 1957, numa família pobre, e seu pai trabalhava em navios para sustentar a esposa e os cinco filhos.[54] Ela lembra que moravam num apartamento tão pequeno que o único lugar onde ela podia fazer os deveres de casa era a cama. Ainda assim, ela teve bom desempenho acadêmico, frequentando uma escola católica feminina, onde recebeu um ensino de tipo Ocidental que lhe incutiu uma vigorosa ética do trabalho e um profundo sentimento religioso. Ao que parece, desde o início ela também era extremamente competitiva; lembra-se de ter chorado apenas uma vez quando criança — ao descobrir que não alcançara a nota máxima num exame. Anos depois, quando lhe perguntaram numa entrevista na rádio como reagira a esse revés, ela respondeu com sua típica segurança positiva: "Recuperei o primeiro lugar".[55]

Lam descobriu seus interesses políticos na universidade, onde transferiu seu foco da assistência social para a sociologia porque isso lhe dava mais chances de se envolver na política estudantil. Nessa fase da vida, Lam diz que era "antigoverno", participando de uma ocupação de protesto na sede do governo e ajudando a organizar um intercâmbio estudantil com a Universidade Tsinghua em Beijing.[56] Essa rebeldia foi visivelmente apenas uma fase passageira, visto que, ao se formar em 1980, Lam foi trabalhar no funcionalismo público de Hong Kong, afirmando mais tarde que esperava trazer a mudança social operando dentro do sistema.

Lam tinha admirável competência e, depois de dois anos, foi enviada à Universidade de Cambridge para um curso de qualificação de estudos sobre o desenvolvimento, voltado para administradores de alto escalão do governo. Lá, conheceu o futuro marido, Lam Siu-por, que estava fazendo o doutorado em matemática. Poucos anos depois, voltaram para Hong Kong e se casaram; Lam Siu-por dava aulas na Universidade Chinesa de Hong Kong e Carrie Lam voltou ao funcionalismo público, onde ocupou diversas posições, inclusive no Departamento de Finanças. As duas décadas seguintes foram muito movimentadas para os Lam, que estavam construindo suas carreiras e cuidando de dois filhos. Ao mesmo tempo, o ambiente ao redor deles era tenso e incerto, levando à transição política de 1997, quando Hong Kong deixou de ser uma possessão britânica e foi devolvida à China. Muitos em Hong Kong desconfiavam da política de "um país, dois sistemas" que fora prometida pela China, e houve uma onda de emigração, especialmente para a Grã-Bretanha e os Estados Unidos. Embora tenham ficado na cidade, os Lam tomaram a precaução de obter a cidadania britânica, num sistema destinado especificamente a permitir que aqueles nascidos na colônia como britânicos recebessem plena cidadania, inclusive direitos de residência na Grã-Bretanha.

Apesar dos receios, tudo pareceu caminhar bem nos anos imediatamente subsequentes à devolução, e a carreira de Carrie Lam teve grande florescimento no novo milênio.[57] Ela ocupou uma série de posições de destaque, inclusive como diretora do Departamento de Bem-Estar Social (2000-3), subsecretária de Habitação, Planejamento e Terras (2003-4) e subsecretária de Assuntos Internos (2006-7). Além disso, retornou ao Reino Unido entre 2004 e 2006, para atuar como diretora-geral da Agência Econômica e Comercial de Hong Kong em Londres. Devido a esse retorno, ao fato de os dois filhos estudarem em Cambridge e todos os membros de sua família terem cidadania britânica, podemos concluir que, até esse momento, Lam ainda se via como parte dos dois mundos — como a própria Hong Kong, beneficiária de duas tradições culturais. Na verdade, os laços de sua família com a Grã-Bretanha eram tão estreitos nessa época que Lam Siu-por, ao se afastar da universidade, decidiu passar parte da aposentadoria em Oxford.

Carrie Lam, por sua vez, voltou para Hong Kong, dando um drástico salto na carreira e deixando o serviço público para assumir um papel na política. Não mais atuando como consultora e administradora, a partir daí passou a integrar o núcleo do governo, tomando decisões sobre políticas públicas. Mas o novo emprego teve um custo pessoal. Ela teve de renunciar à cidadania britânica, assim declarando seu compromisso exclusivo com Hong Kong.

A primeira nomeação política de Carrie Lam foi como diretora da Agência de Desenvolvimento. Ali, ela granjeou fama de "combatente durona", que não fazia concessões, dando andamento a controvertidos projetos de desenvolvimento.[58] Embora sugerisse que, terminado seu primeiro mandato político, iria se aposentar e se juntar à família na Grã-Bretanha, continuou em Hong Kong e foi nomeada secretária-chefe da Administração — o segundo cargo mais poderoso no governo, depois do cargo de chefe executivo. Ideologicamente, ela foi se alinhando cada vez mais com Beijing, introduzindo uma série de políticas controversas que levariam Hong Kong a um alinhamento mais próximo com a China continental e enfraquecendo a promessa de "um país, dois sistemas". De início, Carrie Lam tentou introduzir uma nova cartilha escolar de Educação Moral e Nacional em 2012, encontrando considerável oposição de professores, estudantes e grupos pró-democracia, preocupados com os elementos ideológicos da nova cartilha. A oposição foi tão grande que ela teve de deixar em suspenso a implantação da cartilha, passando a se concentrar em outra questão controversa: a reforma constitucional.

No complexo sistema eleitoral de Hong Kong, somente alguns legisladores são eleitos diretamente pelo povo; os demais são escolhidos pelos votos institucionais de representantes de diversos setores da economia e pelo Comitê Eleitoral, composto por indivíduos não eleitos vindos do setor empresarial, da sociedade civil e de organizações religiosas, além de nomeados políticos. Os grupos pró-democracia exigindo a mudança vinham se tornando cada vez mais vociferantes, e entre 2013 e 2015 Lam encabeçou uma força-tarefa para lidar com a questão. Os ativistas pró-democracia ficaram especialmente indignados em agosto de 2014, quando ela anunciou um novo sistema para a nomeação do chefe executivo, em que todos os candidatos precisariam ser aprovados por um comitê de indicações não eleito.

Os protestos que depois encheram as ruas culminaram numa ocupação de locais no centro da cidade que se estendeu por 77 dias. Esses protestos, conhecidos como Movimento Guarda-Chuva, pois os manifestantes usavam guarda-chuvas para se proteger do gás lacrimogêneo e do spray de pimenta usados pela polícia, cativaram a imaginação popular não só em Hong Kong, mas também no Ocidente, onde houve um significativo apoio à causa. Lam, porém, manteve-se resoluta, e ordenou que a polícia acabasse com a ocupação. Por fim, apesar de sua tática de "combatente durona", não conseguiu implementar a reforma, pois, atento aos protestos populares e à condenação internacional, o Conselho Legislativo votou contra a proposta.

Na esteira dessa derrota, a administração foi implacável ao processar aqueles identificados como os principais agitadores, e os líderes dos protestos foram condenados a cumprir breve tempo na prisão. Esses manifestantes faziam parte de uma nova geração idealista, nascida nos anos de explosão econômica após a devolução de Hong Kong à China, mas que se via perante um futuro com poucas perspectivas de emprego e falta de acesso a moradias. Trata-se de uma geração que se debate para encontrar

O Ocidente e seus rivais: Carrie Lam

uma identidade específica de Hong Kong, com sentimentos ambivalentes sobre os velhos laços coloniais da cidade com a Grã-Bretanha e seus atuais laços nacionais com a China continental.[59] Muitos integrantes desses novos movimentos eram extremamente jovens. Joshua Wong e Agnes Chow, ambos figuras de ponta de sua geração, tinham quinze anos de idade quando criaram o grupo ativista Escolarismo e começaram a protestar contra o projeto da Lei de Educação Moral e Nacional, e não haviam ainda completado dezoito anos quando se somaram aos protestos do Movimento Guarda-Chuva. Wong cumpriu sua primeira sentença de prisão em 2017, aos 21 anos, em decorrência desses protestos.[60]

Nesse mesmo ano, quando se realizou a eleição para a chefia executiva, Carrie Lam já era uma figura odiada por muitos ativistas pró-democracia. Mas ainda tinha o respeito e o apoio de muitos em Hong Kong, sobretudo empresários e figuras do sistema que a consideravam confiável e competente. Apesar de não ter conseguido implementar nem a reforma constitucional nem a nova cartilha escolar, ela era também a candidata preferida de Beijing, e isso pode ter lhe dado a vantagem extra de que precisava para chegar ao cargo mais alto. Ela venceu com boa margem nas eleições de 2017 para a chefia do executivo, com 777 votos entre os 1194 votos do Comitê Eleitoral. O número de votos foi motivo imediato de escárnio entre seus detratores, pois em cantonês o número "sete" se diz *chāt* — palavra muito parecida com *chat*, gíria em inglês para um pênis impotente.[61] Ela deve ter gostado de alcançar finalmente o cargo mais alto, mas decerto não ficou muito contente com seu novo apelido: 777.

De fato, sua incapacidade de dar andamento à Lei de Educação Moral e Nacional e à reforma constitucional planejada devia se afigurar, nos dois casos, como exemplo de impotência política, e Lam estava decidida a não corroborar o apelido pouco lisonjeiro. Em março de 2019, irrompeu uma nova onda de protestos populares em reação a uma lei que facilitaria imensamente a extradição de dissidentes políticos de Hong Kong para a China continental. A escala desses protestos era maior do que qualquer coisa que Lam já havia enfrentado. Mas, apesar das centenas de milhares de manifestantes que saíam regularmente às ruas (as estimativas variam, mas chegou-se a sugerir que uma das passeatas em junho de 2019 tenha contado com mais de 1 milhão de pessoas), Lam não cedeu nem voltou atrás. Apenas em outubro a lei acabou sendo revogada, depois de ocupações em universidades e no aeroporto, além da invasão da Câmara do Conselho Legislativo em 1º de julho, que citamos no início deste capítulo. Lam foi obrigada pela terceira vez a recuar.

No começo de 2020, a pandemia de covid-19 trouxe uma pausa às disputas políticas de Hong Kong, como ocorreu com muitas outras coisas em todo o mundo. Em junho, durante a relativa calma do confinamento, foi aprovada uma nova Lei de Segurança Nacional, concedendo ao governo amplos poderes para aplicar a pena de prisão perpétua aos condenados por fomentar "secessão, subversão, terrorismo e colusão com forças estrangeiras", além dos julgados culpados de "incitar ódio ao governo central e ao governo regional de Hong Kong". A aplicação dessa lei deve ser supervisionada por servidores nomeados pela China continental, num processo que será independente do sistema judicial normal de Hong Kong. Com a cidade sob regulações estritas motivadas pela covid e a revelação dos detalhes da nova lei feita apenas depois de sua aprovação, Lam conseguiu enfim marcar uma vitória. E, como coroamento, não se tratou apenas de uma simples vitória, mas de uma vitória que acabou com seus opositores. O partido de oposição Demosistö, pró-democracia, foi dissolvido em 30 de junho, mesmo dia em que entrou em vigor a Lei de Segurança Nacional, a fim de salvar seus integrantes de processos judiciais e do risco de prisão perpétua. As detenções dispararam, e muitos críticos importantes do governo foram processados. Joshua Wong e Agnes Chow, ambos com apenas vinte e poucos anos, foram condenados a respectivamente treze e a dez meses de prisão.

Um projeto de lei de reforma constitucional também foi discretamente aprovado em maio de 2021, reduzindo drasticamente o número de assentos no Conselho Legislativo ocupados por voto popular, com metade dos legisladores a serem agora escolhidos pelo Comitê Eleitoral não eleito. Ao mesmo tempo, aumentou a proporção de assentos no Comitê Eleitoral preenchidos por nomeações políticas de Beijing, e a lei estipula que apenas "patriotas"

O Ocidente e seus rivais: Carrie Lam 315

tenham permissão para participar do governo.[62] Em vista do turbilhão político que caracterizou o mandato de Lam e da insatisfação generalizada com as medidas de sua administração para lidar com a pandemia de covid-19, poucos se surpreenderam quando, em maio de 2022, Lam anunciou que não concorreria a um segundo mandato. Seu sucessor no cargo a partir de 1º de julho de 2022 foi o ex-policial John Lee, candidato único na eleição para a chefia do executivo e que contava com o endosso oficial de Beijing.

Lam continua a ser uma figura esquiva. Concedeu um número relativamente pequeno de entrevistas à mídia, e seus discursos raramente mostram qualquer traço de emoção pessoal. Uma exceção notável ocorreu no verão de 2019, quando enfrentou os maiores protestos de sua carreira. Num discurso televisionado em meados de agosto, ela irrompeu em lágrimas enquanto pedia aos manifestantes que renunciassem à sua causa.[63] Embora os colegas dissessem que ela estava genuinamente "muito abalada" com a natureza pessoal das críticas que lhe faziam, os adversários a acusaram de derramar lágrimas de crocodilo, numa estratégia para ganhar simpatia. Fosse qual fosse a verdade por trás das lágrimas, a partir daí o estilo de Lam ficou mais contido. Jornalistas e diplomatas em Hong Kong notaram que ela se tornou cada vez mais formal em seus contatos, e suas conversas e pronunciamentos passaram a espelhar cuidadosamente a linguagem preferida por Beijing.[64] Poucos dias depois de seu descontrole na televisão em agosto de 2019, Lam cometeu um deslize revelador num raro momento em que baixou a guarda, enquanto conversava com líderes empresariais. Ela comentou que "o espaço, o espaço político para o chefe executivo que, pela constituição, infelizmente tem de servir a dois senhores, que são o governo central do povo e o povo de Hong Kong, esse espaço político de manobra é muito, muito, muito limitado".[65]

Essa breve declaração vai ao cerne do problema. Por muitos anos, Lam, no plano pessoal, pertencera ao mesmo tempo a dois mundos — o do Oriente e o do Ocidente. Na verdade, ela iniciou sua carreira num ambiente em que esse pluralismo era não só possível, como também encorajado. Quando mais jovem, ela e sua família se moviam entre a Grã-Bretanha e Hong Kong, operando de um modo bicultural claramente tido como desejável pelos chefes de Lam na administração de Hong Kong. Esse biculturalismo também parece ter ocupado um papel central na visão de Lam para Hong Kong.

Durante todo o seu mandato como chefe executiva, Lam se empenhou ao máximo para posicionar Hong Kong como um ponto de encontro entre as culturas Oriental e Ocidental. A epígrafe deste capítulo vem de um discurso que ela proferiu em novembro de 2021 durante a inauguração do M+, um novo museu de cultura visual contemporânea que, esperava ela, ofereceria aos visitantes uma "extraordinária experiência cultural que abarca o melhor do Oriente e do Ocidente".[66] O M+ está situado no Distrito Cultural de West Kowloon — que constara de seu manifesto durante a campanha para a chefia do executivo em 2017, no qual ela prometia que "o desenvolvimento urbano do Distrito Cultural de West Kowloon será acelerado para ressaltar a posição de Hong Kong como um eixo cultural" (§5,44). Ao discursar para a comunidade empresarial, em junho de 2021, sobre o papel de Hong Kong dentro do mais recente plano econômico quinquenal da China, Lam disse com satisfação que Hong Kong estava preparada para ser "um eixo para as artes e intercâmbios culturais entre a China e o resto do mundo".[67] Essa ideia de Hong Kong como foro para o intercâmbio cultural era recorrente nos discursos e documentos políticos de Lam, e era sobretudo por meio da cultura e das artes que ela procurava fazer de Hong Kong "um eixo cultural de encontro entre Oriente e Ocidente".[68]

As esperanças de Lam de fazer de Hong Kong o melhor dos dois mundos, um híbrido harmonioso de Oriente e Ocidente, estavam condenadas. Quando ela assumiu o cargo, em abril de 2017, a política chinesa e o modelo de civilizações paralelas que lhe servia de base já tinham sido implantados. Na verdade, o primeiro encontro do Fórum das Civilizações Antigas se dera, por coincidência, poucos dias antes da eleição de Lam para a chefia do executivo. No verão de 2019, ficou evidente para ela que já não era mais possível cobrir os dois mundos, atendendo simultaneamente às demandas de Beijing e às dos manifestantes pró-Ocidente e pró-democracia. Assim como Lam, no plano pessoal, fora obrigada a escolher entre a cidadania britânica e a chinesa ao começar a ocupar cargos públicos, da mesma forma a cidade de Hong Kong como um todo não podia mais pertencer ao mesmo tempo ao Oriente e ao Ocidente. Sob o novo modelo civilizacional chinês, ela tinha de pertencer a uma ou à outra civilização. A transmissão, a mudança e a fusão culturais simplesmente deixaram de ser opções possíveis.

A China como um todo, Hong Kong em particular e Carrie Lam em termos pessoais agora operam sob uma narrativa grandiosa que se diferencia daquela da Civilização Ocidental não só no conteúdo, mas também em sua estrutura fundamental. Enquanto o Daesh adotou uma imagem especular da narrativa grandiosa da Civilização Ocidental e a Rússia procura reescrevê-la, a China optou por ignorá-la por completo, criando um modelo totalmente independente e qualitativamente diferente de história civilizacional. Em vez de um mundo no qual a civilização é transferida, herdada ou transmitida por uma linhagem cultural, a China vê um mundo onde as civilizações são paralelas, imaculadas e imutáveis. Trata-se não só de uma concepção global do presente muito diferente da imaginada no Ocidente, mas também de um modelo muito diferente para o formato da história.

Isso é importante por duas razões. A primeira é que demonstra a possibilidade de existirem maneiras radicalmente diversas de imaginar o formato da história. Vimos várias narrativas grandiosas neste livro, com diferentes pessoas traçando as linhas de herança civilizacional de modos diferentes em diferentes épocas: da Grécia a Bagdá por Al-Kindi no século ix (capítulo 3); de Troia a Roma e à Europa central por Godofredo de Viterbo no século xii (capítulo 4); da Grécia à Europa ocidental e então à América do Norte por Joseph Warren no século xviii (capítulo 10); de Roma a Bizâncio e a Moscou por Filoteu de Pskov no século xvi, como observamos algumas páginas antes. No entanto, a narrativa grandiosa de civilizações paralelas atualmente promovida pela retórica oficial chinesa postula algo completa e qualitativamente outro. Ela oferece uma visão a-histórica da história, postulando a permanência em vez da transformação; a acumulação em vez da transmissão; e uma relação essencial e imutável entre um povo, um local e uma civilização distintos. Embora a ideia de tal essencialismo civilizacional se oponha por completo às evidências históricas (como observamos desde a introdução deste livro, estão amplamente documentadas as incontestáveis evidências factuais das interações culturais), a própria possibilidade de tais modelos radicalmente divergentes tem algo a nos dizer. Deveria nos levar, todos nós, tanto dentro quanto fora do Ocidente, a questionar as narrativas que costumamos tomar como naturais, e a pensar com espírito mais aberto sobre os tipos de narrativas que poderíamos construir para o futuro.

O modelo de civilizações paralelas da China também nos diz algo importante sobre o formato da história especificamente Ocidental. A narrativa grandiosa canônica da Civilização Ocidental, como vimos neste livro, está errada. Mas ela realmente tem algo em comum com as outras genealogias civilizacionais igualmente erradas que aqui examinamos. Todas elas se fundam na transmissibilidade e na mobilidade, baseando-se no movimento de elementos culturais entre povos diferentes e diferentes lugares. Comparadas à narrativa grandiosa de civilizações estáveis e paralelas promovida pela China, a ênfase comum de todas elas sobre a transferência civilizacional se destaca com maior clareza. Em vez de estabilidade, mudança. Em vez de acumulação, transferência. Em vez de continuidade de povos e lugares, variação e mobilidade.

A transmissibilidade e a mobilidade, portanto, estão no centro de todas as narrativas grandiosas de herança civilizacional que se entrelaçam, de uma forma ou de outra, com a ideia do Ocidente. Em todas essas narrativas grandiosas, a civilização se move: entre povos, de modo que nenhuma população específica pode reivindicar seu monopólio, e entre lugares, de modo que não pertence exclusivamente a nenhuma localização específica. Na verdade, se fôssemos pensar a Civilização Ocidental como uma "pepita de ouro", conforme a ideia que vimos na introdução, a pepita seriam os princípios da transmissibilidade e da mobilidade culturais. É em torno desses princípios centrais que se deveria conjurar uma nova visão da identidade Ocidental e se escrever uma nova narrativa grandiosa da história Ocidental.

Conclusão:
O formato da história

A HISTÓRIA NÃO É APENAS "uma coisa depois da outra", conforme as palavras atribuídas ao historiador britânico Arnold Toynbee. Sem dúvida há um monte de "coisas" na história, claro — fatos individuais que são objetiva e demonstravelmente verdadeiros sobre o passado.[1] Porém há mais do que isso. Embora sempre deva haver fatos individuais em sua base, o modo como os selecionamos — quais consideramos de importância suficiente para serem incluídos e quais descartamos como menos importantes — é subjetivo, e o modo como os ordenamos em cadeias causais é ainda mais subjetivo. O formato da história difere a depender do ponto de vista.

A escolha de *quem* representa a história do Ocidente é sem dúvida subjetiva. Os ancestrais selecionados por Ainsworth Rand Spofford ainda ornamentam a Biblioteca do Congresso em Washington, D.C., e Francis Bacon escolheu os antepassados que estariam em sua galeria imaginária em Bensalem. Eu escolhi os perfis que apresentei aqui, baseada em minhas experiências e interesses pessoais. Imagino que vocês, se fossem fazer um exercício semelhante, poderiam ter outras escolhas. Este livro, portanto, é necessariamente minha interpretação subjetiva da história Ocidental, focada não em "grandes homens", como os de Spofford e Bacon, mas em indivíduos cuja existência me parece conter algo do *Zeitgeist* de suas respectivas épocas. Ao mesmo tempo, porém, por subjetivo que seja, este livro se baseia em fatos. Esforcei-me ao máximo para compilar, a partir das evidências disponíveis, fatos sobre essas catorze vidas, e os apresentei de uma maneira que evita ao máximo possível as distorções dos juízos de valor. Utilizei esse conjunto de perfis avulsos para esboçar a base para uma narrativa mais rica e mais diversificada da história Ocidental que, até onde sei, é coerente com os fatos de que dispomos sobre o passado. Ela está em agudo contraste com a tradicional narrativa grandiosa da Civilização Ocidental, há tanto tempo já infirmada factualmente e que, ainda assim, continua a ser reproduzida na cultura popular e na retórica política.

Como observamos na introdução, as origens importam. A narrativa grandiosa da Civilização Ocidental postula que as origens do Ocidente residem no mundo greco-romano, e a retórica política contemporânea tem feito grande uso dessas origens imaginadas. Todavia, ao examinarmos a vida e a obra de Heródoto, descobrimos que os gregos antigos construíram identidades civilizacionais de maneiras complexas e amiúde contrastantes. Eles não se viam como predominantemente Brancos ou europeus, e não se consideravam fundamentalmente distintos dos povos da Ásia e da África — os gregos asiáticos e os gregos africanos eram tão helênicos quanto os que calhavam morar no que hoje chamamos de Europa. A ideia de um golfo civilizacional intransponível também era estranha à época de Lívila e do Império Romano em seus primórdios. Ao se dizerem descendentes da Troia asiática e governarem um império que se estendia por três continentes, os romanos objetariam a ser classificados exclusivamente como Ocidentais. Todavia, persiste a miragem do mundo greco-romano como entidade única e coesa, geograficamente europeia e racialmente Branca, apesar de todas as demonstrações em contrário. Mesmo aqueles entre nós que admitem a falácia dessa noção quase caricata, reconhecendo em lugar dela uma Antiguidade mais diversificada, são condicionados a pensar o mundo grego e o mundo romano como mundos à parte, "clássicos", alinhando-os com uma identidade especificamente Ocidental.

É a narrativa grandiosa da Civilização Ocidental que postula que as origens do Ocidente se encontram num mundo greco-romano culturalmente puro e internamente coeso, afirmando também que esse mundo foi herança exclusiva do Ocidente. Uma vez mais, isso é demonstravelmente falso. Na época de Al-Kindi, podiam-se encontrar legados da Antiguidade grega e romana desde a Grã-Bretanha, no noroeste, ao Afeganistão, no leste, e ao Sudão, no sul. No centro do mundo islâmico, a Grécia antiga

Conclusão 321

era vista como importante ancestral cultural, ao passo que, na Europa ocidental e central, reivindicava-se uma Antiguidade romana separada. Os escritos de Godofredo de Viterbo e de Teodoro Láscaris ilustram como a Antiguidade romana era entendida como algo separado e fundamentalmente oposto à Antiguidade grega. Para eles, a noção de uma cristandade unida soava vazia diante das longas e sangrentas disputas confessionais, e o conceito da Europa como uma única zona cultural pareceria ridículo. A crença de que a tradição latina era totalmente diferente e contrária à grega fazia parte de uma perspectiva civilizacional muito distinta da que vemos no Ocidente moderno.

Assim, a história convencional da Civilização Ocidental conta como a Europa redescobriu suas raízes clássicas durante a Renascimento, revivendo tradições adormecidas. Um exame mais detido, porém, prova outra coisa. Pensadores e escritores renascentistas como Tullia d'Aragona não tanto reviveram velhas tradições e sim criaram novas, e foram menos passivamente influenciados pela Antiguidade do que ativamente envolvidos em sua apropriação. Embora possam ter fundido o mundo grego e o mundo romano numa única entidade conceitual, eles não imaginavam essa entidade como algo solidamente unido, intocado por influências de outras culturas antigas. Ainda que as fundações da identidade cultural Ocidental, portanto, tivessem sido de fato lançadas durante o Renascimento, a narrativa grandiosa da Civilização Ocidental ainda não se firmara. Mesmo no começo do período moderno, ainda era possível pensar configurações da geopolítica global que alinhavam o protestantismo e o islamismo contra a Europa central cristã, recorrendo a uma imaginária herança troiana em comum, que rejeitava a noção de uma Antiguidade greco-romana conjunta. Mas a época da sultana Safiye foi talvez o último momento em que imaginar tais coisas ainda era possível. Iniciando-se o século XVII, inaugurou-se uma nova ordem mundial (e, com ela, uma nova concepção da história mundial).

Associamos Francis Bacon ao aforismo "Saber é poder", e a partir daí o Ocidente começou a tomar forma como entidade coesa, unida não só pelos novos modos iluministas de pensar, mas também por um conjunto de relações de poder cada vez mais assimétricas com o restante do mundo. A noção de uma identidade Ocidental em comum radicada numa Antiguidade greco-romana conjunta já estava entranhada, porém ganhou foco mais intenso com a expansão e o imperialismo europeus. Todavia, as fronteiras dessa identidade Ocidental continuavam permeáveis. Para indivíduos como Njinga de Angola, na segunda metade do século XVII, ainda era possível assumir alguns elementos da identidade Ocidental com a conversão ao cristianismo e, em decorrência disso, ser visto por comentaristas Ocidentais pelas lentes da Antiguidade greco-romana.

Embora a narrativa grandiosa da Civilização Ocidental tenha, portanto, começado a se consolidar no século XVII, foi apenas em meados do século XVIII que ela se cristalizou de maneira mais firme, cultivada a fim de atender às necessidades ideológicas urgentes da Revolução Americana e popularizada de modo a se tornar parte da consciência pública mais ampla. Nos discursos de homens como Joseph Warren, a noção de Ocidente se tornou intimamente ligada aos novos Estados Unidos da América, cuja independência poderia ser em parte justificada pela noção de que ela era o ponto culminante da Civilização Ocidental. Ao mesmo tempo, a racialização da Civilização Ocidental servia para manter as desigualdades do velho sistema colonial, em particular as hierarquias raciais que operavam em favor das elites Brancas, barrando do acesso ao poder tanto os americanos nativos quanto os africanos escravizados e seus descendentes. Assim, embora indivíduos como Phillis Wheatley possam ter se envolvido com a alta cultura "clássica", a narrativa grandiosa racializada da Civilização Ocidental garantia que eles não fossem vistos como herdeiros legítimos da herança greco-romana.

Os escritos de William Gladstone exemplificam como a ideia da Civilização Ocidental operava em seu apogeu. É nesse ponto, no século XIX, que vemos a narrativa expressa com a máxima clareza e vigor, e de fato foi nessa época que ela recebeu explicitamente o rótulo de "Civilização Ocidental". Era imaginada como uma linhagem cultural puramente europeia e racialmente Branca, derivada em última instância da Grécia e Roma antigas, sem contaminações ou máculas de culturas "interiores",

Conclusão 323

mas posteriormente moldada pelo cristianismo. Na época, em vista do predomínio global do Ocidente, ela servia de mito fundador e de alvará para o império.

Só mais tarde, na segunda metade do século xx, o questionamento dessa narrativa se tornou mais comum. Edward Said foi uma figura central para lançar esse desafio, colocando perguntas difíceis sobre o Ocidente e revelando que sua história é um construto. Esse processo ainda está em andamento, e este livro faz parte dele. A importância política das narrativas grandiosas da história e de seu caráter de construto é atualmente demonstrada pelos desenvolvimentos na China, onde o governo vem cultivando seu próprio sistema de geopolítica global, seu próprio modelo de relações civilizacionais e, o que não é de admirar, sua própria narrativa grandiosa da história mundial. Uma nova narrativa grandiosa está sendo promovida pela China e por seus parceiros no Fórum das Civilizações Antigas. Sob essa narrativa grandiosa de civilizações paralelas, as culturas não se mesclam nem se fundem, não herdam nem transferem elementos. Pelo contrário, elas perduram, sólidas e estáveis, ao longo da história. Trata-se de um modelo estático e a-histórico, postulando que se concebam tanto os povos quanto as culturas como pertencentes a um local fixo e, na verdade, até a uma estrutura política fixa — o Estado-nação moderno. Esse modelo é fundamentalmente diferente das várias genealogias imaginadas nas diferentes visões históricas do Ocidente. Nas narrativas grandiosas relativas ao Ocidente, a cultura é transmissível, movendo-se entre povos e lugares (embora, claro, as especificidades desses povos e lugares variem nas diferentes versões). Em seu núcleo, tais narrativas consideram a civilização transferível e móvel. Diante dessa incompatibilidade fundamental entre modelos civilizacionais, a visão de Carrie Lam de uma Hong Kong que abrangesse o Oriente e o Ocidente sempre seria problemática.

A partir daqui, para onde vai o Ocidente? Alguns no Ocidente gostariam que retrocedêssemos, propalando nostalgia por uma época há muito finada.[2] Essa nostalgia pode ser perigosa. A narrativa grandiosa da Civilização Ocidental foi construída e popularizada ao longo dos séculos xvii a xix porque servia a uma função ideológica específica: oferecia um mito de origem para o Ocidente — um instrumento ideológico que justificava a dominação e racionalizava a subjugação com base num passado excelso e glorioso. Mas essa função ideológica agora se foi. A maioria das pessoas no Ocidente moderno não quer mais um mito de origem que sirva para sustentar a opressão racial ou a hegemonia imperial.

Em decorrência disso, têm-se feito tentativas de adequar melhor a narrativa da Civilização Ocidental aos princípios Ocidentais modernos da democracia liberal, enfatizando, por exemplo, a democracia da Atenas clássica, o desenvolvimento da tolerância religiosa no início da modernidade, o enaltecimento iluminista das liberdades individuais como esteio dos ideais contemporâneos do liberalismo social. A Atenas clássica pode ter sido parcialmente democrática, mas também era racista, imperialista e sexista, e baseada na escravização. A tolerância religiosa do início da era moderna surgiu com o Tratado da Westfália somente depois de guerras, derramamentos de sangue e crueldades horrendas, e mesmo então não conseguiu acabar com o conflito religioso na Europa. E as liberdades pessoais do Iluminismo nem sempre eram igualmente aplicadas a todos os seres humanos, apresentando importantes exclusões com base na raça e no sexo. Ainda que alguns elementos e correntes individuais dentro dela tenham sido repensados com sucesso, a narrativa grandiosa da Civilização Ocidental como um todo não tem como se ajustar às sensibilidades do século XXI. Trata-se de um mito de origem que foi fundamental para o Ocidente no passado, mas não serve mais ao Ocidente no presente.

Há aqueles que sustentam o contrário, e alguns lideram as guerras culturais mencionadas na introdução deste livro. Essas pessoas, antes tidas como da extrema direita, agora ingressaram no mainstream político, e entre elas incluem-se importantes comentaristas, ativistas, políticos e mesmo chefes e ex-chefes de Estado. Elas prefeririam reverter os ponteiros do relógio no Ocidente, desfazer grande parte das mudanças sociais do último século e devolver o Ocidente a seus supostos dias de glória e dominação mundial. Esses autoproclamados defensores do Ocidente deveriam, a rigor, ser incluídos entre seus atacantes. Como foi assinalado em estudos recentes sobre o crescimento do iliberalismo no Ocidente,[3] tais pessoas na

Conclusão 325

verdade se colocam *contra* os princípios que estão no cerne do Ocidente contemporâneo, promovendo em lugar deles os princípios ultrapassados de um Ocidente que pertence solidamente ao passado. E quando elas nos conclamam com gritos estridentes a erguer uma defesa da Civilização Ocidental, na realidade nos conclamam a nos unirmos na defesa de uma ficção moralmente falida.

Algumas dessas vozes se fazem ouvir nos debates atuais sobre minha própria área acadêmica, onde vivemos nossa versão em miniatura dessas guerras culturais mais amplas. Se as origens importam, então nossa maneira de estudar a Antiguidade greco-romana como as origens imaginadas do Ocidente é muito importante para entender a maneira como o Ocidente pensa sobre si mesmo. Há aqueles que procuram defender uma noção tradicional dos "Clássicos" enquanto limitados exclusivamente ao estudo de uma Antiguidade grega e romana imaculada, baseada na noção de que nela se encontram as origens da Civilização Ocidental, e de que sua literatura e cultura são herança do Ocidente moderno.[4] Há aqueles que procuram erradicar totalmente a disciplina, objetando à sua cumplicidade histórica com sistemas de opressão, exploração e supremacia Branca.

Há também aqueles (entre os quais me incluo) que defendem uma reimaginação da área.[5] Reconhecemos a história e a posição problemáticas dos "Clássicos" como campo de estudos, e aceitamos que nós, que trabalhamos nele, temos a responsabilidade de desmontar os vários sistemas de discriminação baseados na raça, no gênero e na classe (além de outras formas de discriminação) que ainda existem dentro dele. Mas, acima de tudo, nosso compromisso é descobrir e comunicar como a Antiguidade era de fato diversificada, dinâmica e empolgante — muito mais do que a narrativa grandiosa da Civilização Ocidental reconhece. Nossa apreciação da épica homérica se enriquece quando percebemos que ela reimaginou temas e motivos da poesia mesopotâmia e hitita. Nosso conhecimento da religião romana se aprofunda quando examinamos os sincretismos complexos surgidos entre os cultos romanos e os cultos da Europa da Idade do Ferro. E ganhamos uma compreensão muito mais refinada da Atenas do século v a.C. quando consideramos como a retórica antipersa seguia lado a lado com a adoção da cultura material e dos estilos artísticos persas. Tal qual Heródoto, sustentamos que a maneira historicamente mais acurada (e também a mais interessante) de estudar o mundo antigo é abarcá-lo em toda a sua vertiginosa diversidade.

Os debates sobre os "Clássicos" como área acadêmica trazem uma significação maior devido à posição especial que a Antiguidade greco-romana ocupa na narrativa grandiosa da Civilização Ocidental, como suposto local de nascimento e imaginado ponto de origem do Ocidente. Ao avançar, o Ocidente precisa descartar a velha narrativa grandiosa da Civilização Ocidental e parar de pensar a Antiguidade greco-romana como sua origem única e imaculada. Ele precisa montar uma nova narrativa grandiosa da Civilização Ocidental — uma que fique, espero eu, um pouco mais próxima dos fatos históricos tal como os conhecemos. Esses fatos apontam para uma narrativa grandiosa da Civilização Ocidental que é mais complexa, e tanto mais rica por causa dessa complexidade; mais diversificada, assim convidando à inclusividade; e crucialmente caracterizada pelo dinamismo, e assim capaz de abraçar a mudança. Essa narrativa, penso eu, tem maior facilidade do que a narrativa grandiosa da Civilização Ocidental para se alinhar com os valores liberais, pluralistas e democráticos adotados por muitos no Ocidente.

Este livro não é um ataque ao Ocidente. Pelo contrário, eu diria que é uma celebração do Ocidente e de seus princípios fundadores. Esses princípios ficam mais claros quando comparamos as várias genealogias do Ocidente abordadas aqui com o modelo de civilizações paralelas a-históricas atualmente promovido pelo Fórum das Civilizações Antigas. Dinamismo, inovação, reimaginação criativa do passado — são esses elementos que caracterizam as *Histórias* de Heródoto e a filosofia de Al-Kindi, a poesia de Tullia d'Aragona e os discursos de Joseph Warren. O que poderia ser mais Ocidental do que questionar, criticar e contestar o saber convencional? O que poderia ser mais Ocidental do que travar um diálogo? E o que poderia ser mais Ocidental do que reimaginar o formato da história?

Agradecimentos

Este livro existe graças ao empenho de várias pessoas às quais quero aqui agradecer. Primeiramente agradeço à minha agente, Charlotte Merritt, pela paciência sobre-humana e pelo incentivo constante, e a meus editores, Jamie Joseph e Cassidy Sachs, que ajudaram a transformar minhas divagações em argumentos coerentes e lidaram com muita calma com meu nervosismo nos momentos finais. Agradeço também às equipes mais numerosas na Andrew Nurnberg Associates, Ebury and Dutton, em particular a Amanda Waters. Hanan Issa gentilmente autorizou a reprodução de seu poema "My Body Can House Two Hearts" no capítulo 13.

Meus agradecimentos (em ordem alfabética) a Rosa Andujar, Saiqa Chaudhry, Peter Frankopan, Lawrence Freedman, Rebecca Futo-Kennedy, Julia L. Hairston, Jan Heywood, John McLucas, Andrew Merrills, Jana Mokrišova, Cosimo Paravano, Josephine Crawley Quinn, Mira Seo, George Southcombe e Yana Xue. Todas essas pessoas maravilhosas contribuíram para o livro lendo o rascunho de capítulos ou seções, partilhando generosamente seus conhecimentos da área, fazendo comentários proveitosos sobre o texto, conferindo ou fazendo traduções, sugerindo bibliografia, oferecendo bons e sólidos conselhos e/ou partilhando suas pesquisas inéditas e obras em andamento. Esse livro seria mais fraco sem vocês. Também agradeço a Sharon Gauci Mestre, Mary Harlow, Matthias Hoernes e Yasmin Yasseri pelo apoio e incentivo. Este livro talvez nem existisse sem suas intervenções úteis e, muitas vezes, involuntárias.

Este livro nasceu originalmente de minhas pesquisas acadêmicas sobre as genealogias míticas de Troia, que iniciei em 2017 como bolsista pesquisadora no Centro de Estudos Helênicos de Harvard em Washington, D.C. Agradeço a toda a equipe do centro, em especial ao diretor Gregory Nagy, por criar um ambiente intelectual muito estimulante. Desde então, tive a feliz oportunidade de apresentar minhas ideias numa série de eventos, nos quais recebi valiosos feedbacks. Assim, agradeço a Michae Okyere Asante e aos organizadores da conferência inaugural de 2018 da Associação Clássica de Gana; a Rebecca Rideal e à equipe por trás do HistFest 2018; a Simon Soon e aos organizadores do seminário de pesquisa do Departmento de História da Universidade Malaia em outubro de 2019; a Daniel Jew e aos organizadores do seminário de pesquisa no Departamento de História da Universidade de Singapura em 2019; a meus brilhantes ex-colegas e alunos na Universidade de Leicester, que ouviram e comentaram vários trechos do argumento central do livro em diferentes ocasiões; e a meus fantásticos colegas e alunos atuais na Universidade de Viena, que mais recentemente fizeram o mesmo.

A meu tio, John Nielsen: obrigada por apoiar este projeto desde o começo, por ler cada palavra (e frequentemente mais de uma vez!), por checar incansavelmente os fatos e procurar referências, por me incentivar a tomar direções novas e inesperadas, e por estar sempre presente. A meu marido, John Vella: obrigada por me dar força quando eu me sentia insegura, por dar força à nossa família quando eu estava fora trabalhando, pelas longas conversas nas longas caminhadas, nas quais se formaram (e ainda se formam) todas as minhas melhores ideias, por seu rigor intelectual na versão final do texto, por questionar meus pressupostos e me dizer o que eu precisava (mas nem sempre queria) ouvir. Acima de tudo, obrigada pelas matas e pelas dunas de terra.

Notas

Introdução: A importância das origens [pp. 11-21]

1. Sobre o argumento de que os Ocidentais são psicologicamente condicionados a pensar de determinadas maneiras, ver Henrich, 2020.
2. "De Platão à Otan" ["From Plato to NATO"] é uma expressão amplamente usada para descrever vários cursos de cultura geral ministrados nos Estados Unidos com vistas a oferecer um panorama da Civilização Ocidental. É também o título de um livro bastante conhecido sobre a história do Ocidente, escrito por David Gress em 1998.
3. Se você procura um livro que trate de maneira inteligente o surgimento do Ocidente como um processo multifacetado, recomendo Morris, 2011. Uma lista de outros livros que tratam desse tema, sobretudo de uma perspectiva triunfalista, pode ser encontrada em Trautsch, 2013, p. 89, n. 1-2.
4. Ver Somma, 2010, pp. 321-3, para uma análise do programa escultural da Biblioteca do Congresso. Segundo Somma, a sala de leitura é "o local primário para a transferência de conhecimento, o ponto de interseção ativa entre passado, presente e futuro histórico do tempo. É aqui que o visitante moderno tem acesso direto ao registro impresso da civilização humana, à matéria-prima intelectual necessária para alimentar o progresso contínuo da cultura Ocidental", pp. 321-2.
5. Noble et al., 2013, p. xxiii. Poderíamos incluir numa lista de livros didáticos e de divulgação com essa mesma estrutura básica: Cole e Symes, 2020; Waibel, 2020; Perry et al., 2015; Spielvogel, 2005; Drogin, 2008; Roger Osborne, 2008; Kishlansky, Geary e O'Brien, 2006; Gress, 1998.
6. Sobre "legado", ver Roger Osborne, 2008; "evolução", Gress, 1998; "ancestralidade", Perry et al., 2015, p. 9 (para hebreus e gregos como ancestrais espirituais do Ocidente) e p. 32 (para o Egito e a Mesopotâmia como *não* ancestrais espirituais do Ocidente).
7. Roger Osborne, 2008.
8. Refiro-me, evidentemente, às histórias do vivaz Percy Jackson de Rick Riordan. Essa passagem sobre a Civilização Ocidental aparece no primeiro livro da série, *Percy Jackson e os olimpianos: O ladrão de raios*, publicado em 2005 e lançado em filme como *Percy Jackson e o ladrão de raios* em 2010.
9. Conforme documentado em McDaniel, 2021. Os arruaceiros também portavam bandeiras dos Confederados e flâmulas com as cruzes dos Cruzados, e vestiam roupas que pretendiam evocar a representação de antigos guerreiros germânicos.

Sua frase grega antiga preferida era *"molon labe"*, que significa "venham tomá-las". Trata-se de uma frase atribuída ao rei espartano Leônidas, em resposta às exigências persas de que os espartanos depusessem as armas na Batalha das Termópilas, em 480 a.C. Embora seja improvável que Leônidas realmente a tenha proferido, ela foi adotada recentemente pelo lobby armamentista nos Estados Unidos.

10. A decisão foi considerada controversa na época; ver Agbamu, 2019.

11. Excerto de uma gravação feita por Osama bin Laden e divulgada pela Al Jazeera pela primeira vez em 6 jan. 2004.

12. Sobre a arquitetura colonial, ver Vasunia, 2013, pp. 157-92.

13. Essa questão é tratada na filosofia e nos estudos pós-coloniais: p. ex., Appiah, 2016; Appiah, 2018, cap. 6, para a ideia da "pepita de ouro"; Ahmad, 1992, p. 166; mas também na disciplina dos Clássicos, que está muito envolvida nesse discurso: p. ex., Futo Kennedy, 2019, 2022; Greenwood, 2010, introdução.

14. Para uma nova perspectiva geral a esse respeito, recomendo Quinn, 2023. A questão também foi explicitamente reconhecida na edição de 1991 do clássico de 1963 de McNeill, *The Rise of the West*. Ver também Hobson, 2004, 2020.

15. A Atenas clássica, como veremos no cap. 1, não era uma verdadeira democracia, pois excluía da participação política as mulheres, os escravizados e todos aqueles que não pudessem comprovar a pureza de sua linhagem ateniense.

16. O Império Romano cobria extensas áreas não só da Europa, mas também do norte da África e da Ásia ocidental, e as pessoas de todas as partes desse império gozavam do mesmo estatuto jurídico dos romanos, como veremos no cap. 2.

17. Muitas das Cruzadas foram empreendidas contra pagãos europeus e cristãos considerados degenerados, como veremos no cap. 5.

18. Bonnett, 2004, sustenta que o conceito de "Ocidente" foi inventado e perpetuado por causa de sua utilidade ideológica.

19. Pelo menos é essa a história que nos é contada em Estrabão 9:1:10, quando ele escreve sobre o catálogo das naus gregas (*Ilíada*, canto II, verso 558s).

20. Atakuman, 2008.

21. Mitter, 2020. Stallard, 2022, vê como causa de preocupação, e Chang, 2022, como motivo para congratulações. Ver Fan, 2021, para uma perspectiva mais ampla sobre a história politizada na China moderna.

22. Huxtable et al., 2020. Esse informe se baseou de maneira significativa nas pesquisas de Corinne Fowler (ver Fowler, 2021). Para uma excelente e vívida apresentação dos debates sobre a história britânica e sua autopercepção histórica, ver Woods, 2022.

1. A rejeição da pureza: Heródoto [pp. 23-44]

1. Heródoto, *Histórias* 4,45.

2. Nos últimos 25 anos, por exemplo, foram publicadas pelo menos sete novas edições de Heródoto em inglês, ou seja, uma nova edição a cada três ou quatro anos. São

Notas

elas as edições de Peter Frankopan, trad. Robin Waterfield (2020); de James Romm, trad. Pamela Mensch (2014); de Paul Cartledge, trad. Tom Holland (2014); de Robert Strassler, trad. Andrea Purvis (2009); de Carolyn Dewald, trad. Robin Waterfield (2008); de John Marincola, trad. Aubrey de Selincourt (2003), e de Rosalind Thomas, trad. George Rawlinson (1997).

3. Huntington, 1996, p. 42.

4. Pagden, 2011.

5. Cícero, *De Legibus* 1,5.

6. Sobre as crônicas mesopotâmicas, ver Glassner, 2004; sobre a historiografia mesopotâmica em termos mais gerais, ver Finkelstein, 1963. Sobre a historiografia grega inicial em versos, ver, por exemplo, *Esmirna*, de Mimnermo (Allen, 1993; West, 2008).

7. Pelling, 2019.

8. *Histórias* 4,71.

9. *Histórias* 3,80-83.

10. *Histórias* 2,25-7.

11. *Histórias* 5,35.

12. Esse apelido deriva em última instância de Plutarco, *Da malícia de Heródoto* (*Moralia* 854); ver Momigliano, 1958.

13. Formigas cavadoras de ouro (*Histórias* 3,102); pessoas com cabeça de cachorro (*Histórias* 4,191).

14. Flautas de osso na vagina das éguas (*Histórias* 4,2); prostitutas dos templos (*Histórias* 1,199).

15. Cambises, em sua loucura, esfaqueou o touro sagrado de Ápis no Egito, fazendo-o sangrar até a morte (*Histórias* 3,29). Xerxes, furioso que uma tempestade no Helesponto tivesse quebrado as pontes, ordenou que as águas, como castigo, fossem açoitadas e marcadas a fogo (*Histórias* 7,35).

16. Aristágoras iniciou a Revolta Jônica porque queria dar o calote numa dívida, mas não queria perder seu prestígio em Mileto (*Histórias* 5,35). Temístocles usou sua posição para extorquir dinheiro dos gregos que moravam na ilha (*Histórias* 8,112).

17. Sobre o hibridismo cultural nessa região, ver Mac Sweeney, 2013. Sobre Halicarnasso em particular, ver Gagne, 2006, e Carless Unwin, 2017.

18. *Suda*, s. v. "Heródoto" e "Paníassis". Essa mescla de nomes gregos e cários dentro da mesma família era, ao que parece, muito frequente, e está registrada em inscrições da época; ver Meiggs e Lewis, 1969, p. 32; Aubriet, 2013. Paníassis é às vezes apresentado como tio de Heródoto.

19. As fontes gregas chamam esse tipo de governante de *tyrannos*, embora a tradução moderna, "tirano", tenha associações mais negativas.

20. Sobre a questão das viagens de Heródoto, ver Asheri et al., 2007, pp. 6-7.

21. Sobre Atenas no século v a.C., ver Robin Osborne, 2008.

22. Há várias semelhanças flagrantes entre as *Histórias* de Heródoto e peças como *Antígona*, de Sófocles, sugerindo que os dois discutiam suas obras, talvez até par-

tilhando fontes e inspirações. Sófocles viria a escrever um canto em homenagem ao amigo historiador, sugerindo que a relação entre os dois era não só profissional, mas também pessoal. Compare-se, por exemplo, *Antígona*, pp. 903 ss, e *Histórias* 3,119. Há referências antigas à amizade de ambos em *Anthologia Lyrica Graeca* I³ 79 Diehl, e Plutarco (*Moralia* 785b). Ver também Chiasson, 2003.

23. Leituras públicas do trabalho de Heródoto: Eusébio, *Chronica Arm* 83; Diilo, *Fragmente der griechischen Historiker* 73 F3. Sobre o valor de um talento em Atenas no século v a.C., ver Tucídides 6,8.

24. Sobre essa história, ver Beaton, 2019.

25. Sobre a tensa relação ideológica entre ambas, ver Hanink, 2017.

26. Para uma relação deles, ver Hansen e Nielsen, 2004.

27. Beck e Funke, 2015; Mac Sweeney, 2021a.

28. Engels, 2010.

29. Sobre esse mundo grego mais abrangente, ver De Angelis, 2020. Para uma história das noções variáveis de grecidade da Antiguidade até o presente, ver Beaton, 2021.

30. Sobre as concepções antigas da etnicidade macedônia, ver Engels, 2010. Sobre as concepções de Heródoto sobre a etnicidade e a grecidade, ver Munson, 2014.

31. Sobre as genealogias no mundo grego antigo, ver Fowler, 1999, e Varto, 2015.

32. Hall, 1997, 2002; Malkin, 2001; Vlassopoulos, 2013; Mac Sweeney, 2013.

33. Essa definição de grecidade é problemática, visto que Heródoto não a apresenta em sua voz autoral própria. Em vez disso, ele põe essas palavras na voz de políticos atenienses tentando convencer os espartanos a não se bandearem na guerra para o lado persa. Assim, não podemos ter certeza se Heródoto definia pessoalmente a grecidade nesses termos, ou se isso faz parte de sua caracterização dos atenienses.

34. Sobre a variação no dialeto e na escrita, ver Colvin, 2010. Sobre a variação no culto, ver Osborne, 2015.

35. Sobre os sarcófagos de Clazômenas, ver Cook, 1981; sobre as tumbas na necrópole coríntia setentrional, ver Slane, 2017.

36. A identificação dos testículos de touro é tema de discussão. Alguns estudiosos julgam que Ártemis está sendo representada com múltiplos seios.

37. Donnellan, 2016.

38. Villing et al., 2006.

39. Aristóteles, *Política* 1327b.

40. Sobre as estimativas demográficas de Atenas e da Ática na época, ver Akrigg, 2019.

41. Sobre a Liga de Delos e o Império Ateniense, ver Ma et al., 2009, e Low, 2008.

42. Tucídides 5,84-116. O relato de Tucídides sobre o debate que levou a esse acontecimento é notoriamente conhecido como o "Diálogo de Melos" e considerado uma obra fundadora da teoria política.

43. Aristóteles, *Athēnaion politeia* 26,4; Plutarco, *Péricles* 37,3. Sobre as implicações mais amplas da nova lei de cidadania de Péricles e um novo modo racializado de tratar a identidade ateniense, ver Lape, 2010. Sobre as leis de cidadania ateniense em geral, ver Patterson, 2005.

Notas

44. Sobre os papéis desempenhados pelos metecos na religião cívica ateniense, ver Wijma, 2014.

45. Esse processo no século v a.C. está bem documentado e é famosamente descrito como a "invenção do bárbaro"; ver Hall, 2002; Hall, 1989.

46. Sobre os estereótipos dos persas no século v a.C., ver Castriota, 2005.

47. Hanink, 2017, descreve esse processo como Atenas "construindo marca própria".

48. Sobre Heródoto e sua relação com o Império Ateniense, ver Moles, 2002.

49. *Histórias*, prólogo.

50. Heródoto passa então para um episódio etnográfico, detalhando a história e a cultura dos lídios (*Histórias* 1,6-94).

51. Ver Tucídides 1:96:2 sobre a invenção ateniense do termo. Sobre a ressonância da palavra *phoros* em Heródoto, ver Irwin, 2013, pp. 275-6, e Ruffing, 2018.

52. Sobre o generoso faraó Amásis: *Histórias* 5,172-9; sobre a heroica rainha cita Tômiris: *Histórias* 1,205-14; sobre os engenheiros babilônios: *Histórias* 1,192-3; sobre os etíopes como o povo mais bonito do mundo: *Histórias* 3,144.

53. A cor da pele, porém, tem desempenhado um papel nos discursos modernos sobre a grecidade, com muitos estudos modernos supondo que os gregos antigos devem ser racializados como Brancos. Para uma excelente discussão desse fenômeno, bem como das atitudes mais fluidas em relação à cor da pele que se encontravam na Antiguidade grega, ver Derbew, 2022. Sobre a raça na Antiguidade em geral, ver McCoskey, 2021. Sobre distinções entre raça e etnicidade na Antiguidade mediterrânea, ver Mac Sweeney, 2021b.

54. Mas não eram apenas os atenienses que procuravam usar essa ideologia para obter vantagens políticas. Entre as *poleis* gregas da Sicília, os tiranos deinomênidas de Siracusa empregavam a retórica da unidade helênica perante a barbárie fenícia e cartaginesa a fim de justificar a dominação de Siracusa sobre outras cidades gregas vizinhas. Ver Prag, 2010.

55. Mac Sweeney, 2018; Vlassopoulos, 2013, p. 172; Ross, 2005.

56. Said, 2001.

57. Tucídides 1,2-3.

2. Os eurasianos: Lívila [pp. 45-60]

1. Frisch, 1975, n. 88 = *IGRR* iv.20.

2. Para breves biografias de Lívila, ver Wood, 2001, pp. 180-4, e Sinclair, 1990.

3. Sobre a arqueologia de Troia, ver Rose, 2013, e Mac Sweeney, 2018.

4. Erskine, 2001; Wiseman, 1995, 2004.

5. Erskine, 2001, pp. 6-10, examina a história desse equívoco corrente.

6. Flavio Bartolucci, escrevendo em *Il Primato Nazionale*, 29 jan. 2019.

7. Wiseman, 2004.

8. Sobre o imperador Adriano, ver Birley, 1997. Sobre a educação grega em Roma, ver Bonner, 1977.

9. Sobre a cultura híbrida da Roma imperial em seus primórdios, ver Wallace-Hadrill, 2008.

10. Sobre a seda importada da China para o Império Romano, ver Hildebrandt, 2017; sobre o tingimento dos cabelos no mundo romano, ver Olson, 2012.

11. Da Ibéria: Trajano, Adriano; da Líbia: Sétimo Severo, Caracalla; da Arábia: Filipe; da Síria: Heliogábalo; da Trácia (Bulgária): Maximino Trácio, Galério; de Ilírico (Croácia e Albânia): Diocleciano, Aureliano, Constantino.

12. Sobre abordagens de baixo para cima do Império Romano a partir das perspectivas das províncias e povos conquistados, ver Woolf, 1998, Hingley, 2005, e Mattingly, 2011.

13. Johnson, 2012.

14. Berlin e Overman, 2003.

15. Essa brutalidade tem sido ressaltada por algumas das pesquisas mais recentes sobre o Império Romano, como as de Fernandez-Gotz et al., 2020.

16. Sobre os usos do mito a serviço da expansão imperial, ver Horsfall, 1986. Sobre a *Eneida* em seu contexto político romano, ver Stahl, 1998.

17. Schneider, 2012.

18. Erskine, 2001, pp. 19-20. A estratégia de César foi comentada já na época (Suetônio, *Júlio César* 6,1).

19. Toohey, 1984.

20. Erskine, 2001, p. 19. Augusto promoveu amplamente a ideia de sua própria ancestralidade troiana pessoal, e isso foi notado na época: Horácio, *Sátiras* 2:5:63; *Odes* 4,15-21-32; e *Cântico secular* 50.

21. Sobre a reprodução dessa imagem padrão, ver Fuchs, 1975, Dardenay, 2010, pp. 43-51, e Zanker, 1997. Sobre a ubiquidade da história de Enéas, ver Erskine, 2001, pp. 15-23, e Squire, 2011.

22. Casali, 2010; Horsfall, 2000.

23. Gladhill, 2009. Parte dessa ambiguidade criativa é posta na voz de personagens dentro da estória, que se entregam ao "oportunismo genealógico" para reescrever suas genealogias; ver Nakata, 2012.

24. Rose, 2013, pp. 223-7.

25. Tácito, *Anais* 4,3.

26. Um decreto posterior do Senado louva Lívila e menciona explicitamente o alto apreço em que era tida por Lívia e Tibério (*Senatus Consultum de Cn. Pisone Patre*, pp. 142-5).

27. Zonaras 10,36.

28. Dião Cássio 55:10:18.

29. Sobre a Arábia, ver Plínio, *História natural* 6,32; Bowersock, 1994, p. 56. Sobre a Mesopotâmia, ver Veleio Patérculo 2,101. Sobre o ferimento e a morte de Gaio, ver Dião Cássio 55:10a.8; Veleio Patérculo 2,102.

30. Dião Cássio 57:13:1 e 57:14:7.

31. Júlia, a filha de Lívila, era doente na infância. Consta que o imperador Augusto, em seu leito de morte, perguntou sobre a saúde dela e fez votos de que se recuperasse (Suetônio, *Augusto* 99).

Notas

32. O historiador Tácito registra o grande apoio popular a Germânico e Agripina nessa época, e comenta que era realmente "assombroso" (*mirus*; Tácito, *Anais* 1,7).

33. Sobre a espetacular marcha triunfal de Germânico, encenada em Roma em comemoração a suas vitórias no norte, ver Beard, 2009, pp. 107-9, e Estrabão 7:1:4. Sobre seus sucessos limitados, ver Tácito, *Anais* 1,55. Sobre a figura de Germânico nos escritos de Tácito, ver Pelling, 2012.

34. Tácito, *Anais* 2,43.

35. Ibid., 2,62-3.

36. Tácito sugere que foi Sejano quem seduziu Lívila, com vistas à sua promoção pessoal e política e por despeito do marido dela (Tácito, *Anais* 4,3). No entanto, Tácito atribui pouquíssima capacidade de ação a muitas mulheres imperiais que comenta, e a severidade com que trata Lívila posteriormente sugere que ela assumiu um papel mais ativo no romance e na política do que se supunha antes.

37. Tibério chegou ao ponto de se referir afetuosamente a Sejano como seu "parceiro de trabalho" (*socium laborum*; Tácito, *Anais* 4,2).

38. Suetônio, *Tibério* 62,3.

39. Tácito, *Anais* 2,84.

40. Roma: BMC 95 (Tibério), Cohen 1 (Druso), RIC 42 (Tibério). Corinto: RPC 1171. Cirenaica: RPC 946.

41. Salamina: IGRR 3,997. Éfeso: *Forsch.Eph.* 7:2:4773 = *IvEph* 4337.

42. Tácito, *Anais* 2,71-3.

43. Dião Cássio 57:22:1-2; Tácito, *Anais* 4,8 e 4,10-11.

44. Tácito, *Anais* 4,39; Sinclair, 1990, pp. 250-3.

45. As fontes não são claras sobre a identidade da noiva de Sejano, mas o provável é que fosse Lívila. Ver Bellemore, 1995, pp. 259-60, para uma discussão.

46. Entre os exemplos estão British Museum R.4456 e Berlin Munzkabinett 18237641.

47. Ver Wood, 2001, p. 220, para uma discussão dos tipos de estátuas de Agripina. O tipo padrão, produzido durante sua vida, a mostrava com cabelos elaboradamente cacheados e penteados. Os tipos posteriores traziam um estilo mais simples.

48. Wood, 2001, pp. 190-200; Varner, 2004, pp. 94-5.

49. Sobre a guerra fria entre as duas, ver Tácito, *Anais* 4,12.

50. Tácito, *Anais* 2,43; Suetônio, *Calígula* 1.

51. Rose, 1997, p. 29, nota essa ausência.

52. Dião Cássio 58:11:7.

53. Suetônio, *Tibério* 53.

54. Hingley, 2019; Moyer et al., 2020, p. 24.

55. Sobre a mobilidade entre a África e a Britânia durante o período romano, documentada pela análise isotópica de materiais de esqueletos, ver Chenery et al., 2011, Eckhardt et al., 2016, e Leach, 2009.

56. Agbamu, 2019.

57. Por exemplo, um tuíte postado por Kelli Ward, na época presidente do Partido Republicano no Arizona, compartilhado pelo general aposentado Michael Flynn em 20 dez. 2020.

3. Os herdeiros globais da Antiguidade: Al-Kindi [pp. 61-81]

1. Al-Kindi, *On First Philosophy* II.4, trad. Adamson, 2007, p. 23. [Ed. bras.: *A filosofia primeira*. São Paulo: Attie, 2014.]
2. Para uma introdução acessível a Bizâncio em inglês, ver Herrin, 2007, ou Stathakopoulos, 2014.
3. Essa expressão foi usada como título do primeiro episódio da conhecida e influente série de televisão *Civilisation: A Personal View* (1969), de Kenneth Clark, e continua sendo muito repetida e parafraseada.
4. Falk, 2020.
5. Para uma discussão desse problema, ver ibid., pp. 2-5.
6. Huntington, 1996, p. 70.
7. Sobre o direito romano nos códigos jurídicos atuais, ver Zimmerman, 2001.
8. Sobre o uso (e manutenção limitada) das estradas romanas no período alto-medieval, ver Fafinski, 2021.
9. Sulpício Severo, *Vita Martini*, pp. 12-5.
10. Esse foi o argumento de Edward Gibbon no final do século XVIII, e, embora hoje em dia esteja totalmente infirmado, ainda é repetido com frequência.
11. Sobre os vários reinos sucessores do Império Romano do Ocidente, ver Heather, 2009. Sobre o Reino da Itália estabelecido em Ravenna, ver Herrin, 2020; sobre os godos, ver Heather, 1998; sobre os vândalos, ver Merrills e Miles, 2010.
12. Sobre a glosa de Aldred nos evangelhos de Lindisfarne, ver Brown, 2003, pp. 90-204.
13. Sobre a transformação e reutilização de edifícios públicos romanos no período alto-medieval na Europa ocidental, ver Ng e Swetnam-Burland, 2018.
14. Heather, 2017, cap. 7.
15. Kaldellis, 2019b.
16. Sobre Ana Comnena, ver Neville, 2016.
17. Nemeth, 2018.
18. Como diz Kaldellis (2019a, pp. 57-8), "uma obra não precisava ser tida como perigosa ou subversiva para que lhe fosse negada a sobrevivência. Bastava ser desinteressante ou considerada sem utilidade".
19. Sobre os reinos indo-gregos em geral, ver Mairs, 2016, e Mairs, 2020. Sobre o trânsito intelectual, e especialmente filosófico, entre a Báctria e o Mediterrâneo, ver Stoneman, 2019.
20. Parker, 2002.
21. Sobre Barigaza em *O périplo do mar da Eritreia*, ver seção 49; para Muziris, ver seção 56.
22. Sobre a arte de Gandara, ver Rienjang e Stewart, 2020.
23. Sinisi, 2017.
24. Sims-Williams, 2022.
25. Galinksy, 2009.

Notas

26. Hsing, 2005.
27. McKenzie e Watson, 2016. Agradeço à dra. Mai Musie por trazê-los à minha atenção.
28. Łajtar e Ochała, 2021.
29. Para uma descrição de Bagdá nessa época, bem como de sua fundação, ver Bennison, 2009, pp. 69-71. Quanto à estimativa da população, ver Al-Khalili, 2011, p. 7.
30. Sobre Espanha e Portugal muçulmanos, ver Kennedy, 1996, Catlos, 2018, e Fierro, 2020. Sobre o envolvimento da Ásia Central na idade de ouro islâmica, ver Starr, 2015. Para uma nova e empolgante abordagem dos impérios da África ocidental, ver Gomez, 2019.
31. Para uma introdução geral ao Califado Abássida, ver Bennison, 2009. Para uma visão mais ampla da história mundial por uma perspectiva islâmica, ver Ansary, 2010.
32. Sobre o comércio no Califado Abássida, ver Bennison, 2009, cap. 4.
33. Para os detalhes da vida e da obra de Al-Kindi, recorri bastante a Adamson, 2007.
34. Ibn Abi Usaybi'ah, *The Best Accounts of the Classes of Physicians* 10:1:1-4. Ver também Adamson, 2007, p. 4.
35. Sobre a criação e as prováveis atividades da Casa da Sabedoria, ver Al-Khalili, 2011, cap. 5; e Ansary, 2010, cap. 7.
36. Para uma visão geral dos desenvolvimentos e descobertas intelectuais da época, ver Al-Khalili, 2011.
37. Sobre o movimento abássida de tradução, ver Bennison, 2009, cap. 5; Gutas, 1998; Al- Khalili, 2011.
38. Adamson, 2007, pp. 6-12.
39. *On First Philosophy*, 11.5.
40. Adamson, 2007, p. 18.
41. Ibn al-Qifti, *History of Learned Men*, pp. 1-6.
42. Ibn Abi Usaybi'ah, *Best Accounts* 16:10.1.12, trad. Adamson e Pormann, 2012, pp. lxix-lxx.
43. Adamson, 2007, pp. 4-5.
44. Ibn Abi Usaybi'ah, *Best Accounts* 15:40:3.
45. Al-Jahiz, *The Book of Misers*, pp. 71-8.
46. Há um certo debate quanto a esse episódio se referir ao filósofo Al-Kindi ou a um homônimo, embora Al-Jahiz escreva claramente sobre o filósofo em outra parte do *Livro dos avarentos* (Adamson, 2007, pp. 17-8). Considera-se de maneira geral que essa carta não é autêntica, e sim uma criação literária de Al-Jahiz para efeitos cômicos. Mas, para que fosse engraçada, Al-Jahiz deveria estar satirizando facetas bem conhecidas da personalidade de Al-Kindi, e a história deveria ter elementos que soassem verídicos (Adamson e Pormann, 2012, p. xxi).
47. Sobre a cultura competitiva da intelectualidade abássida, ver Bennison, 2009, p. 178.
48. Ibn Abi Usaybi'ah, *Best Accounts* 10:1:7.

49. Al-Jahiz, *The Book of Animals*, trad. de Al-Khalili, 2011.

50. Al-Khalili, 2011.

51. Al-Kindi, *On First Philosophy* 11.4, trad. de Adamson e Pormann, 2012.

52. Ibid. 11.3, trad. de Adamson e Pormann, 2012.

53. Adamson, 2004.

54. Gutas, 1998, p. 88. *Al-Masdi, Murjad-Dahab wa-Ma'din al-Jawhar*, edição de Barbier de Meynard e Pavet de Courteill, 1861-1917, v. 2, seção 25, p. 243.

55. Gutas, 1998, p. 87.

56. Ibid., pp. 90-3.

57. Ibid., pp. 83-95.

58. Stock, 2016; Doufikar-Aerts, 2016.

59. Al-Kindi, *On First Philosophy*, III.1-2, trad. de Adamson e Porman, 2012.

60. Ibn Abi Usaybi'ah, *Best Accounts* 10:1:6.

61. Adamson, 2007, p. 5.

4. Os eurasianos outra vez: Godofredo de Viterbo [pp. 82-101]

1. Godofredo de Viterbo, *Speculum regum*, prólogo, pp. 22-3.

2. Esse apelido não era usado pelos contemporâneos; foi inventado no século XIII para diferenciá-lo de seu neto, Frederico II (Freed, 2016, p. xviii).

3. Godofredo de Viterbo, *Memoria saeculorum* 22:105:24-36. Tradução citada a partir de Weber, 1994, p. 175.

4. Sobre a história do Sacro Império Romano, ver Wilson, 2016.

5. Sobre a vida de Barba Ruiva, ver Freed, 2016.

6. Sobre as relações tensas entre os Staufer e o papado, ver Wilson, 2016, pp. 62-7.

7. MacCulloch, 2009, p. 350. Para discussões sobre a (re)imaginação da ideia de romanidade no período medieval, ver Pohl et al., 2018.

8. Carlos Magno deixou discretamente de usar o título para evitar conflitos com o Império Bizantino. Sobre Carlos Magno como sucessor do velho Império Romano, ver Heather, 2017.

9. Petersohn, 1992, 2001.

10. Era também uma ideia que estava ganhando força especial no século XII; ver Reuter, 1992.

11. Wilson, 2016, p. 37.

12. Kaldellis, 2019b.

13. MacCulloch, 2010, p. 374. Sobre o desenvolvimento da igrejas latina e bizantina, ver MacCulloch, 2010, partes IV (igreja latina) e V (igreja bizantina).

14. Wilson, 2016, p. 143; Burke, 1980, nota que o termo "Europa" a essa altura era usado para ressaltar a diferença entre o Ocidente latino e o Oriente ortodoxo.

15. Delanty, 1995, p. 28; Jordan, 2002; Ailes, 2012.

16. *Karolus magnus et Leo papa* 11.529.

Notas

17. Sedúlio: *Seduli Scotti carmina* 11.14:8. Notker: *Notkeri Balbuli Gesta Karoli Magni imperatis*, em MGH, *Scriptores rerum Germanicum*, v. 12, livro 1, p. 40.
18. Angelov e Herrin, 2012.
19. Sobre a rivalidade entre os dois impérios, ver Wilson, 2016, pp. 138-43.
20. Ver Dorninger, 2015, pp. 16-7; e Dorninger, 1997, pp. 33-6, sobre os antecedentes familiares e a fase inicial da vida de Godofredo.
21. Weber, 1994.
22. Sobre a chancelaria imperial, ver Freed, 2016, pp. 107-10.
23. Ibid., pp. 109-10. A identificação de Godofredo com a caligrafia conhecida como Arnold 11.C tem sido contestada (ver Weber, 1994), mas ainda é amplamente aceita (Dorninger, 2015, p. 19; Hering, 2015, pp. 55-6).
24. Godofredo de Viterbo, *The Deeds of Frederick*, MGH SS 22:321:37-323:27.
25. Ibid., MGH SS 22:326, pp. 33-5.
26. Ibid., *Memoria saeculorum*, MGH SS 22:105, pp. 24-36. Trad. extraída de Bumke, 1991, pp. 460-1.
27. Esse é um argumento central de Weber, 1994.
28. Godofredo de Viterbo, *Pantheon*, MGH SS 22:271, pp. 43-5.
29. Weber, 1994, p. 165, n. 71.
30. Ibid., p. 164.
31. Godofredo, *Speculum regum*, MGH SS 22:21, pp. 3-7.
32. Ibid., MGH SS 22:31, p. 26.
33. Waswo, 1995; Innes, 2000; Shepard e Powell, 2004; Desmond, 2016; Mac Sweeney, 2018. Para um estudo detalhado das primeiras etnogenealogias medievais, situando as genealogias troianas no contexto mais amplo, ver Plassmann, 2006.
34. Snorri Sturluson, *Edda em prosa*, prólogo, p. 3.
35. Henrique de Huntingdon, *History of the English* 7,38.
36. Boeck, 2015, p. 264. Sobre esse fenômeno em termos mais gerais, ver Aerts, 2012, e Desmond, 2016.
37. Godofredo, *Speculum regum*, MGH SS 22:45, p. 47 ss.
38. Ibid., MGH SS 22:62, p. 40 ss.
39. Ibid., MGH SS 22:62, pp. 4-6. Para dar alguma ideia do original latino, com seus versos curtos e rimados, traduzi essas linhas de maneira um tanto livre para o inglês [*"The progeny of Priam then split in twain;/ One in Italy chose to remain,/ The other founded the German domain"*].
40. Ibid., MGH SS 22:66, pp. 5-10.
41. Ibid., MGH SS 22:93, pp. 4-9. A tradução para o inglês [*"The Trojan family (in two divided)/ Fused when Pepin and Bertha collided —/ Troy reunited within their son./ If for the line of Troy you care/ In Charles you'll find its ultimate heir;/ With his Teutonic dad and Roman mum"*] é um pouco livre, mas conserva o núcleo de sentido e transmite uma ideia do ritmo e das rimas do original em latim.
42. Wood, 2013, identifica entre os estudiosos do período uma tendência posterior a enfatizar os mitos de origem ou germânicos ou romanos. Agradeço a Andy Merrills por essa observação.

340   *O Ocidente*

43. Como sugere Weber, 1994.
44. Godofredo, *Pantheon*, MGH SS 22:203:7-9. [Trad. livre de: *"The kings of the Greeks we should mention again,/ As over Italy they once thought they'd reign,/ But what was once Greek is now Italy's domain".*]

5. A ilusão da cristandade: Teodoro Láscaris [pp. 102-19]

1. Teodoro Láscaris, Epístola 125,25.
2. Para uma boa introdução às Cruzadas, ver Throop, 2018. Para uma apresentação das Cruzadas pela perspectiva das fontes muçulmanas, ver Cobb, 2016.
3. Thomas Jefferson a George Wythe, 13 ago. 1786, Founders Online, National Archives. Acessado em: <founders.archives.gov/documents/Jefferson/01-10-02-0162#:~:text=Your%20wishes%2C%20which%20are%20laws,proposed%20to%20 treat%20you%20with>.
4. Ames, 2015, explora a ideia de heresia no período medieval em termos mais abrangentes, indo além do cristianismo para incluir também heresias no judaísmo e no islamismo.
5. Pegg, 2008.
6. Mackenzie e Watson, 2016; Rukuni, 2021.
7. Sobre a igreja copta, ver Kamil, 2013; sobre os cristãos da Síria, Mesopotâmia e Irã medievais, ver Hunt, 2011.
8. Keevak, 2008.
9. *Itinerarium fratris Willielmi de Rubruquis de ordine fratrum Minorum, Galli, Anno gratiae 1253 ad partes Orientales*, p. 14.
10. Por exemplo, MacCulloch, 2010, em geral excelente, dedica meras cinco páginas à Igreja etíope e nove às várias igrejas orientais entre o total de 1016 páginas. De fato, esse livro é tão condicionado pela narrativa da Civilização Ocidental que inicia sua história do cristianismo no mundo grego antigo, alegando que o pensamento grego forneceu grande parte da base intelectual sobre a qual depois se ergueu o pensamento cristão.
11. Para uma visão geral da mudança nas relações entre o Império Bizantino e Veneza, ver Nicol, 1989.
12. Sobre a Quarta Cruzada, ver Throop, 2018, cap. 4; Nicol, 1989, cap. 8; e Harris, 2003, caps. 10 e 11. A Quarta Cruzada tem gerado controvérsias entre os estudiosos; para uma discussão, ver Harris, 2005.
13. Nicol, 1989, cap. 9.
14. Sobre a francocracia, ver Chrissis, Carr e Maier, 2014.
15. Angold, 2009.
16. Ibid., p. 731.
17. Hipoteticamente, é possível que Láscaris tenha entrado na cidade para encetar negociações para um tratado de paz em 1241, depois de sitiá-la por vários meses, mas não

Notas

existe nenhuma indicação de que tenha sido este o caso. As negociações poderiam muito bem ter sido feitas fora dos muros da cidade. Ver Angelov, 2019, p. 92.

18. Sobre a história da Grécia moderna e das ideias modernas de helenismo, ver Beaton, 2019.

19. Ver Angelov, 2019, excelente e altamente recomendado, para os detalhes da vida e época de Láscaris.

20. Sobre o "amado solo", ver Epístola 111,16-7. Sobre a "mãe Anatólia", ver o apêndice à Epístola 281,84. Mais de duzentas cartas de Láscaris sobreviveram. É de se supor que ele tenha escrito muitas mais. As obras de Láscaris estão compiladas e sumariadas em Angelov, 2019, apêndice 1.

21. Angelov, 2019, p. 33. João Vatatzes também era tio de sangue de Irene Lascarina.

22. Angold, 2009.

23. Angelov, 2019, p. 109, escreve sobre a "cultura de juventude" da corte e contrapõe a geração de Láscaris à "perspectiva traumatizada" da "geração humilhada".

24. Ibid., p. 69.

25. Sobre Láscaris como filósofo, ver ibid., pp. 181-201.

26. Ibid., p. 76.

27. Ibid., pp. 72-4.

28. Sobre o relacionamento entre Láscaris e Elena, ver ibid., pp. 129-32.

29. Ibid., p. 61.

30. Ibid., pp. 105-8.

31. Angelov, 2011; Angelov, 2019, p. 149. Mais tarde Izz al-Din foi reconduzido como sultão, voltando a ser deposto. Ele viveu seus anos finais na corte mongol.

32. Angelov, 2019, pp. 169-71.

33. Ibid., pp. 152-65.

34. Heather, 2017, examina essa "queda do império ocidental" e as sucessivas tentativas de restaurá-lo. Ver Kaldellis, 2019a, 2019b, sobre a tendência dos comentaristas Ocidentais a ignorar a identidade romana dos bizantinos.

35. Kaldellis, 2019a, p. 35.

36. Sobre Láscaris como propositor do helenismo como identidade política, ver Kaldellis, 2007, pp. 327-9, e Angelov, 2019, cap. 10.

37. P. ex., Epístolas 30,13; 52,40; 89,10; 217,61.

38. Epístola 51.

39. Epístola 59.

40. Epístola 204,59-60, 129.

41. Epístola 214,34-5.

42. Láscaris continuou a se referir a seu reino e a seu povo como romanos; ver Epístolas 27,39; 214,30.

43. Láscaris também se refere a seu reino e a seu povo como gregos ou helênicos; ver Epístolas 5,14; 40,19; 40,28; 51,30; 109,48; 125,24.

44. Epístola 77,40.

45. Epístola 125,52; trad. de Angelov, 2019, p. 213.

46. Epístola 118,24.

47. Para uma discussão, ver Angelov, 2019, pp. 213-5.

48. *Segunda oração contra os latinos*, p. 4.

49. Angelov, 2019, pp. 206-7.

50. *Segunda oração contra os latinos*, p. 10.

51. Epístola 125,24.

52. Sobre a complexa retórica da alteridade durante a Primeira Cruzada, ver Morton, 2016.

53. Angelov, 2019, apêndice 3.

54. Prosperi, 2019.

6. A reimaginação da Antiguidade: Tullia d'Aragona [pp. 120-42]

1. Tullia d'Aragona, *Il Meschino* 12,69. Essa tradução é citada a partir de D'Aragona, McLucas e Hairston, 2024.

2. Há inúmeras histórias do Renascimento. Considero Brotton, 2006, e Greenblatt, 2012, bons pontos de partida.

3. Agradeço a Julia Hairston por essa observação.

4. Burckhardt, 1860 (ed. ingl. 1945), p. 292.

5. Ibid., p. 89.

6. Ibid., pp. 91-2.

7. Burioni, 2010; McLaughlin, 1988.

8. Heather, 2017.

9. Brownlee, 2007.

10. Signorini, 2019; Graziosi, 2015.

11. Field, 1988.

12. MacCulloch, 2010, pp. 492-3.

13. Sobre a conquista otomana de Constantinopla, ver Goodwin, 1999, cap. 4, e Baer, 2021, cap. 4.

14. Sobre a Andaluzia, ver Kennedy, 1996; Catlos, 2018; e Fierro, 2020 (em especial o excelente capítulo de Carvajal Lopez sobre a cultura material).

15. Sobre Argirópolo e a melancia, ver Harris, 2010. Sobre os estudiosos bizantinos na Itália, ver Wilson, 2016.

16. Ženka, 2018.

17. "Uma alma sábia e casta" foi como Alessandro Arrighi descreveu D'Aragona, conforme *Rime* 53.

18. Devo os dados sobre a vida de D'Aragona ao trabalho de Julia Hairston, publicado em sua introdução a uma edição de *Rime* (2014), e que logo sairá também num livro com John McLucas, apresentando a primeira tradução em inglês para *Il Meschino*. Agradeço à professora Hairston e ao professor McLucas por me concederem acesso ao manuscrito ainda inédito, pelo generoso apoio e incentivo e também pela leitura do rascunho deste capítulo.

Notas

19. Hairston, 2014, p. 10.
20. Ibid., pp. 11-4.
21. Ibid., pp. 14-5.
22. Battista Stambellino, informe a Isabella d'Este, citado em Hairston, 2012, p. 18.
23. Russell, 1997, p. 22.
24. Hairston, 2012, p. 37.
25. Ibid., p. 17.
26. Ibid., p. 25-6.
27. Ibid., p. 24.
28. Ibid., pp. 27-9.
29. Giovannozzi, 2019. Agradeço a Julia Hairston e a John McLucas por me incentivarem a examinar de modo mais amplo os contemporâneos e as influências literárias de D'Aragona.
30. O jogo intertextual entre esses dois diálogos é examinado em Smarr, 1998. D'Aragona, em seu diálogo, aparece como um personagem mais bem-acabado e mais motivado intelectualmente, ao passo que Speroni a reduz a uma caricatura de cortesã e mulher dominada pelas emoções. D'Aragona pode ter sido motivada a escrever seu diálogo em parte para refutar Speroni, com sua representação das mulheres e dela própria em particular.
31. Russell, 1997, p. 37.
32. Ibid., p. 39.
33. Allaire, 1995; D'Aragona, McLucas e Hairston, 2024.
34. Sobre a relação entre a versão de *Il Meschino* de D'Aragona e seus vários textos-fonte, ver D'Aragona, McLucas e Hairston, 2024. Sobre as várias versões do conto por diferentes autores, ver Allaire, 1999.
35. Ver McLucas, 2006, para um resumo do poema.
36. A mitologia sobre o Preste João é variada. Às vezes situado na África, às vezes na Índia, ele consta em diversos textos medievais e renascentistas como o monarca cristão ideal.
37. Mazzotta, 2010.
38. Allaire, 1998.
39. D'Aragona, McLucas e Hairston, 2024.
40. Todas as traduções [para o inglês] do texto de *Il Meschino* são citadas a partir de D'Aragona, McLucas e Hairston, 2024.
41. Um episódio que me agrada em especial é a descrição das pessoas que têm apenas um olho no peito (*Meschino* 11,49), o que me faz lembrar uma das lorotas que Heródoto conta sobre os blêmios (*Histórias* 4,191).
42. Sobre os sentimentos anti-islâmicos expressos em *Il Meschino*, ver D'Aragona, McLucas e Hairston, 2024.
43. Ver a esse respeito o excelente Meserve, 2008, e também Frassetto e Blanks, 1999.
44. Sobre a vida e obra de Lucrezia Marinella, ver a introdução em Marinella e Stampino, 2009.
45. Vasari, *Vidas dos artistas*, prólogo.

7. O caminho não trilhado: A sultana Safiye [pp. 143-65]

1. Sultana Safiye, *Letter to Elizabeth I of England*. Skilliter, 1965, documento 1, p. 131.
2. Para mais detalhes sobre essa embaixada enviada por Elizabeth I a Mehmed III e à sultana Safiye, ver Jardine, 2004, e Brotton, 2016, pp. 226-32.
3. Ver Wood, 2015, e Trudell, 2020, sobre o extraordinário carrilhão enviado por Elizabeth I a Mehmed III e também sobre Thomas Dallam.
4. Sobre a Reforma, ver MacCulloch, 2010, cap. 17.
5. Sobre a Contrarreforma, ver MacCulloch, 2010, cap. 18.
6. Wolfe, 1993.
7. Bulut, 2001, pp. 111-2.
8. Embora os textos otomanos clássicos usassem o termo "Osmanli" para a classe dirigente otomana e empregassem o termo "turco" apenas pejorativamente, os escritores cristãos europeus da época usavam "otomano" e "turco" de forma indiferenciada. Ver Meserve, 2008, "Note on Nomenclature".
9. Brotton, 2016, p. 157.
10. Ibid., pp. 10, 23; Malcolm, 2019, p. 96.
11. Brotton, 2016, p. 75.
12. Malcolm, 2019, p. 83.
13. Brotton, 2016, p. 14.
14. Marshall, 2012, reúne exemplos do sentimento antiotomano na Inglaterra protestante.
15. Sobre esse argumento, ver Meserve, 2008, Brotton, 2016, e Malcolm, 2019.
16. Sobre histórias dos otomanos, ver Baer, 2021, Goodwin, 2011, e Inalcik, 2001.
17. Lewis e Braude, 1982.
18. Malcolm, 2019, pp. 105-6.
19. Sobre a aliança franco-otomana, ver Malcolm, 2019, pp. 110-8.
20. Sobre os Habsburgo, ver Rady, 2020.
21. Ver também Wilson, 2016, para a história do Sacro Império Romano.
22. Sobre a rivalidade entre os otomanos e os Habsburgo austríacos, ver Malcolm, 2019, p. 57 ss.
23. Sobre a relação entre os Habsburgo e os Cavaleiros Hospitalários de Malta, ver Buttigieg, 2021.
24. Inalcik, 2001, cap. 7.
25. Para um excerto mais extenso dessa carta, ver Brotton, 2016, p. 78.
26. Sobre as origens e os tempos iniciais de vida da sultana Safiye, ver Skilliter, 1965, p. 145, e Peirce, 1993, p. 308, n. 2. Sobre os relatórios dos embaixadores venezianos, ver Pedani, 2000.
27. Como relatado pelo cortesão otomano Solomon Usque, originalmente um judeu português cuja família fugira de Portugal e depois da Itália antes de chegar a Istambul (citado em Skilliter, 1965, p. 145).
28. Consta que Nurbanu manteve a morte do pai de Murad em segredo até que este chegasse pessoalmente a Istambul, assim impedindo que algum de seus irmãos

Notas 345

mais novos reivindicasse o trono em sua ausência (Kayaalp, 2018, p. 26; Peirce, 1993, p. 261).

29. Sobre as atividades políticas de Nurbanu como *valide sultan*, ver Kayaalp, 2018, e Peirce, 1993.

30. Sobre os detalhes da rivalidade entre Safiye e Nurbanu, ver Kayaalp, 2018, pp. 31 ss.

31. Sobre esse episódio, ver Kayaalp, 2018, pp. 34-6; Peirce, 1993, p. 94.

32. Sobre a morte de Nurbanu e seu impacto sobre Murad, ver Peirce, 1993, p. 238.

33. Sobre as origens de Nurbanu, ver Kayaalp, 2018.

34. Sobre as reclamações do enviado francês, Jacques de Germigny, ver Kayaalp, 2018, p. 30. Sobre as frustrações do enviado inglês, William Harborne, ver Brotton, 2016, p. 99.

35. Sobre o apoio de Safiye aos ingleses, ver Peirce, 1993, p. 224. Sobre a nomeação de um embaixador oficial inglês depois de alguns anos de tensão nas relações diplomáticas, ver Brotton, 2016, p. 121.

36. Brotton, 2016, p. 145.

37. Peirce, 1993, p. 97.

38. Brotton, 2016, p. 186.

39. Para uma descrição, tradução e comentário, ver Skilliter, 1965.

40. Skilliter, 1965, documento 1.

41. Ibid., documento 2.

42. Baer, 2021, pp. 220-3.

43. Skilliter, 1965, p. 143.

44. Malcolm, 2019, pp. 67-8.

45. Kołodziejczk, 2012.

46. Inalcik, 2001, cap. 6.

47. Fredregar, *Chronicle* 4,45-6. Sobre as genealogias troianas atribuídas em textos latinos medievais aos povos turcos, ver Malcolm, 2019, pp. 25-9, Mac Sweeney, 2018, pp. 122-5, e Meserve, 2008, pp. 22-64.

48. Florentius Liquenaius de Tours; trad. extraída de Meserve, 2008, p. 40.

49. Giovanni Mario Fileflo; trad. extraída de Meserve, 2008, p. 42.

50. Critoboulos; trad. extraída de Meserve, 2008, p. 43.

51. Sobre o início da Renascença, ver Greenblatt, 2012.

52. Adolph, 2015; Shepard e Powell, 2004. Como disse um estudioso moderno, "na era elisabetana não existia estória mais popular do que a do cerco de Troia" (Tatlock, 1915, p. 673).

53. Hackett, 2014. Ver *Elizabeth I and the Three Goddesses*, 1569 (Londres, Royal Collection, RCIN 403446); *Elizabeth I and the Three Goddesses, c.* 1590 (Londres, National Portrait Gallery, NPG 6947). Ver também a peça de George Peele, *The Araygement of Paris*, de 1589.

54. Sobre as ramificações políticas dessa tradução, ver Briggs, 1981; Sowerby, 1992.

55. Coke, 3 *Reports* 4 (1602), prefácio viii a.

56. Skilliter, 1965, p. 131: Documento 1.

57. Ibid., p. 132: Documento 1.

58. Ibid., p. 133: Documento 1.

59. Malcolm, 2019, pp. 59-63.

60. Stagno e Franco Llopis, 2021, apresentam um levantamento da abundante bibliografia sobre as várias representações de Lepanto, que rapidamente adquiriu status de mito.

61. Sobre Juan Latino, sua epopeia e a dinâmica da raça e da literatura na Espanha no início da modernidade, ver o excelente Seo, 2011, e Wright, 2016.

62. Baer, 2021, p. 177.

8. O Ocidente e o conhecimento: Francis Bacon [pp. 166-86]

1. Francis Bacon, *Novum organum*, p. 78. Agradeço a John Nielsen por me incentivar a examinar Bacon como figura histórica e me levar a conhecer melhor o Iluminismo.

2. Jacobs, 2019.

3. Há muitos livros sobre o Iluminismo, mas considerei Jacobs, 2001, um bom ponto de partida.

4. Sobre Hobbes e Tucídides, ver Evrigenis, 2006; Campbell, 2022. Sobre Locke e os estoicos, ver Hill e Nidumolu, 2021.

5. Lifschitz, 2016, p. 1.

6. Skinner, 2008.

7. Hobbes, "Da liberdade dos súditos", em *Leviatã, ou Matéria, forma e poder de um Estado eclesiástico e civil*, 1651. Agradeço a George Southcombe por chamar minha atenção para esse ponto e essa citação.

8. McNeill, 1963, p. 599.

9. Essa é uma paráfrase um tanto livre da famosa afirmação de Kant, *"Aufklärung ist der Ausgang des Menschen aus seiner selbst verschuldeten Unmundigkeit"* [O esclarecimento é a saída do homem de sua menoridade, da qual ele próprio é culpado], em seu ensaio de 1784, "Beantwortung der Frage: Was ist Aufklärung?" [Resposta à pergunta: O que é o Esclarecimento?] (publicado no *Berlinischer Monats-schrift*). Entre as críticas a essa visão está o famoso argumento dos importantes teóricos sociais Theodor Adorno e Max Horkheimer de que as ideias iluministas também contribuíram para os horrores do regime nazista e do stalinismo (Adorno e Horkheimer, 1997 [1972]).

10. Outram, 2013.

11. Ver o debate acadêmico que se criou em torno da concepção de Jonathan Israel sobre o Iluminismo (Israel, 2001, 2006, 2009 e 2011); para uma entrevista com Israel sobre o tema, ver Malik, 2013.

12. Ver Porter e Teich, 1981, para os contornos nacionais específicos do Iluminismo.

13. Conrad, 2012. O historiador da filosofia Justin Smith faz uma descrição bastante clara: "É simplesmente impossível entender a filosofia natural e a história natural como se desenvolveram na Europa se não as virmos como uma inflexão regional de desenvolvimentos globais" (Smith, 2015).

Notas

14. Trad. extraída de Harvey, 2012, p. 42. Sobre o impacto da ciência e tecnologia chinesas sobre a Revolução Industrial britânica, ver Hobson, 2004, pp. 190-218.

15. Ching e Oxtoby, 1992.

16. É o que se sugere em Graeber e Wengrow, 2021, embora essa questão seja vigorosamente contestada, uma vez que se baseia numa leitura positivista do texto, que não admite qualquer invenção literária.

17. Por exemplo, Francis Bacon, o personagem deste capítulo, não reconhecia as realizações de eruditos islâmicos como Al-Kindi.

18. Como afirmei na introdução, sobre esse tema recomendo Morris, 2011.

19. Sobre Bacon como cientista, ver os capítulos de Rossi, Kusukawa e Malherbe em Peltonen, 1996. Para uma perspectiva mais abrangente do pensamento de Bacon e sua influência posterior, ver Zagorin, 2020.

20. Abraham Cowley, conforme citado em Jardine e Stewart, 1998.

21. Sobre os detalhes biográficos de Bacon, ver ibid.

22. Sobre Bacon em Cambridge, ver ibid., pp. 34-7.

23. Sobre essas viagens de juventude, ver ibid., pp. 39-66.

24. Nicholas Hilliard, *Francis Bacon, First Viscount St Alban*, 1578, National Portrait Gallery, NPG 6761.

25. Jardine e Stewart, 1998, p. 95.

26. Sobre a relação entre os Bacon e Essex, ver Jardine e Stewart, 1998, p. 121; Gordon, 2007; Gajda, 2012.

27. Para uma discussão detalhada da rebelião de Essex e os argumentos ideológicos tanto para defendê-lo quanto para acusá-lo, ver Gajda, 2012, pp. 27-66. Sobre o papel de Bacon no julgamento, ver Jardine e Stewart, 1998, pp. 240-7.

28. Jardine e Stewart, 1998, pp. 245-7.

29. Sobre Bacon Coke, ver ibid., pp. 151, 253, 340; Zagorin, 2020, pp. 163-4, 196.

30. Butler, 2015.

31. Jardine e Stewart, 1998, p. 190.

32. Ibid., p. 290.

33. Ibid., pp. 450-62.

34. Ibid., pp. 464-6.

35. Sobre esses anos finais de vida, ver ibid., pp. 473-8.

36. Sobre as análises e estudos da *Nova Atlântida*, ver Price, 2018.

37. Aughterson, 2013.

38. Nas *Meditationes sacrae*, 1597.

39. Bacon, *Nova Atlântida*.

40. O nome dessa obra, *Novum organum*, ou "Novo instrumento", faz referência a uma obra de Aristóteles sobre a lógica chamada *Organon*. É interessante notar que Bacon procede a uma avaliação da dívida intelectual que teria com a Antiguidade numa obra que nomeou explicitamente a partir de uma obra antiga.

41. Bacon, *Novum organum*, p. 79.

42. Ibid., p. 71.

348   *O Ocidente*

43. Ver Hartmann, 2015, quanto ao sofisticado uso que Bacon faz de Platão para estruturar o conhecimento histórico em *Nova Atlântida*.

44. Bacon, *Novum organum*, p. 72.

45. Hepple, 2001, p. 109. Sobre a coleção Arundel, ver Angelicoussis, 2004. A coleção Arundel forneceu a base para a coleção de esculturas greco-romanas do Ashmolean Museum em Oxford.

46. Para perspectivas iluministas sobre os gregos antigos, ver Cartledge, 2009.

9. O Ocidente e o império: Njinga de Angola [pp. 187-208]

1. Citação registrada por Giovanni Antonio Cavazzi em *Missione evangelica*, livro 2, 24, trad. [para o inglês] extraída de Heywood, 2017, p. 51.

2. A formulação clássica dessa teoria antropológica é Barth, 1969. Para uma formulação moderna acessível, com uma discussão mais ampla, ver Appiah, 2018.

3. Sobre o imperialismo inglês no período Tudor, ver Hower, 2020.

4. Há inúmeros livros sobre o Império Britânico, mas eu recomendaria começar por Levine, 2020, para uma introdução geral, e Satia, 2020, para uma análise mostrando como o Império Britânico moldou nosso entendimento da história (e vice-versa).

5. Há uma quantidade enorme de livros sobre o imperialismo europeu moderno, mas eu recomendaria começar por Abernethy, 2000, para uma introdução básica geral.

6. Para essa definição de construção da raça e o conceito de raça, recorri a Ndiaye, 2022, e Heng, 2018. Agradeço também aos colaboradores de *The Cambridge Companion to Classics and Race* (Andujar et al., no prelo), com quem li e debati um amplo leque de obras sobre o tema, como parte de um grupo de leitura on-line.

7. Estão identificadas ao longo da história diversas abordagens da raça e da racialização (Isaac et al., 2009), inclusive na Europa medieval (Heng, 2018), no período moderno inicial (Ndiaye, 2022) e na Antiguidade clássica (McCoskey, 2021; Andujar et al., no prelo). Para uma discussão das diferentes formas de racialização e racismo em diferentes partes do mundo atual, ver o excelente Bonnett, 2021.

8. Keevak, 2011, p. 29.

9. Ndiaye, 2022, p. 6. Nesse livro, Ndiaye desenvolve a proveitosa ideia da raça como uma matriz, em que diversos fatores estão implicados de diversas formas em diversas épocas.

10. Sheth, 2009, p. 22. Nesse livro, Sheth sustenta que deveríamos talvez nos preocupar menos com o que *é* a raça e mais com o que ela *faz*, recorrendo a ideias heideggerianas e foucaultianas para definir a raça como uma tecnologia social.

11. Entre os livros recentes que apresentam a riqueza e a complexidade da história africana para um público Ocidental moderno estão French, 2021; Green, 2019; Gomez, 2019; Fauvelle, 2018. Para a arqueologia africana, ver Mitchell e Lane, 2013.

12. Green, 2019, p. 39; sobre o Mali de modo mais geral, ver pp. 45-67.

13. Sobre essa fase da expansão portuguesa, ver Disney, 2009, cap. 16.

Notas

14. Sobre as viagens do almirante chinês Zheng He, ver o divertido Menzies, 2003, e o mais acurado Dreyer, 2006.
15. Sobre o reino do Congo e suas relações com os portugueses, ver Heywood, 2017, pp. 3-8, e Green, 2019, cap. 5.
16. Green, 2019, apresenta vários aspectos das economias complexas na África Ocidental.
17. Heywood, 2017, p. 19.
18. Ibid., p. 24.
19. Ibid., p. 27.
20. Ibid., p. 31.
21. Ibid., p. 29.
22. Para os detalhes da vida de Njinga, baseio-me no excelente Heywood, 2017, que recomendo vivamente a quem se interessar em saber mais sobre a rainha.
23. Ibid., pp. 15, 45.
24. Ibid., p. 59.
25. Ibid., p. 44.
26. Ibid., p. 50.
27. Ibid., pp. 63-4.
28. Conforme citado pelo padre Cavazzi; para a tradução, ver Heywood, 2017, p. 51.
29. Heywood, 2017, p. 75.
30. Ibid., p. 64.
31. Ibid., p. 65.
32. Ibid., cap. 4.
33. Ibid., p. 117.
34. Ibid., p. 121.
35. Ibid., p. 130.
36. Ibid., pp. 143-4.
37. Ibid., p. 210.
38. Conforme relatado pelo padre Gaeta; para a tradução, ver ibid., pp. 188-9.
39. Ibid., p. 236.
40. Sobre as vidas de Njinga no além, ver ibid., epílogo.
41. Cavazzi, livro 1, cap. 1, p. 5. Sobre o texto de Cavazzi e notas sobre o manuscrito, ver a obra de John Thornton em "John Thornton's African Texts", Estudos Afro--Americanos, Universidade de Boston. Acessado em: <www.bu.edu/afam/people/faculty/john-thornton/john-thorntons-african-texts>.
42. Cavazzi, livro 1, cap. 1, p. 3.
43. Ibid., livro 2, cap. 8, p. 91.
44. Heródoto em narrativas de viagem no início da modernidade: Boulegue, 2012, e Varotti, 2012.
45. Lupher, 2003.
46. Cavazzi, livro 2, cap. 1, p. 1.
47. Smith, 2015, cap. 6.
48. Keevak, 2011.

10. O Ocidente e a política: Joseph Warren [pp. 209-30]

1. Joseph Warren, *Boston Massacre Oration*.
2. Com poucas e notáveis exceções, os estudos sobre Warren não são tão comuns ou extensos como os referentes a outras figuras do movimento revolucionário americano. As obras principais são Frothingham, 1865, Forman, 2011, e Di Spigna, 2018. Neste capítulo, baseei-me principalmente em Di Spigna, 2018, para os detalhes biográficos de Warren.
3. Essa frase aparece numa carta de 20 de junho de 1776, de Francis Rawdon-Hastings, então tenente no Quinto Regimento dos Granadeiros, para seu tio, o conde de Huntingdon (Commager e Morris, 1968, pp. 130-1).
4. Allen, 1993, v. 1.
5. George Washington ao tenente-coronel Joseph Reed, 10 fev. 1776.
6. As Resoluções de Fairfax, art. 5, concordaram que "é a opinião deste comitê que, durante nossas atuais dificuldades e sofrimentos, não deve ser importado nenhum escravo em qualquer das colônias britânicas neste continente; e aproveitamos esta oportunidade para declarar nossos mais sinceros desejos de ver uma completa cessação definitiva de tal comércio perverso, cruel e inatural".
7. Thomas Nelson a Thomas Jefferson, 2 jan. 1777.
8. George Washington a John Hancock, 18 mar. 1777.
9. Resoluções de Fairfax, art. 17. Sobre George Washington e a escravização, ver Furstenberg, 2007, e Wieneck, 2003.
10. Kammen, 1970.
11. O Discurso de Newburgh, proferido a oficiais do Exército em 15 de março de 1783. Acessado em: <www.mountvernon.org/education/primary-sources-2/article/newburgh-address-george-washington-to-officers-of-the-army-march-15-1783>.
12. Ordens Gerais, 18 abr. 1783.
13. Young e Nobles, 2011, pp. 144-72; Parkinson, 2016.
14. Young e Nobles, 2011, pp. 172-92.
15. Ver o opúsculo de Johnson de 1775, *Taxation No Tyranny*.
16. *African Slavery in America* (1775). Paine publicaria outro ensaio no ano seguinte, apoiando a Revolução Americana (*Common Sense*, 1776).
17. Essa descrição vem das memórias de Peter Oliver, um legalista britânico (Oliver, 1967 [1781], p. 128).
18. Mas, ao que parece, durante seus anos na universidade Warren procurou ganhar a amizade daqueles tidos como seus superiores na escala social — os colegas de quarto em seus dois últimos anos de curso estavam em sexto e em oitavo lugares no sistema oficial de classes. Sobre o período de Warren em Harvard, ver Di Spigna, 2018, pp. 31-50.
19. William Gordon, um pastor religioso em Jamaica Plain (agora um distrito de Boston, mas na época uma área agrícola nos arredores da cidade), fez esse comentário em seu grande elogio fúnebre a Warren, publicado em sua narrativa da Guerra de Independência americana (Gordon, 1788, v. 2, p. 50).

Notas

20. John Adams a Abigail Smith, 13 abr. 1764. Sobre o período de Warren como médico, ver Di Spigna, 2018, pp. 51-66.

21. Boston Town Records, 1764.

22. Sobre o casamento de Warren com Elizabeth Hooton, ver Di Spigna, 2018, pp. 67-71.

23. Sobre as atividades revolucionárias de Warren por volta dessa época, ver ibid., pp. 74-89.

24. *Boston Gazette*, 7 out. 1765.

25. Sabemos que Warren teve durante a vida pelo menos uma pessoa escravizada. Uma nota de venda de 28 de junho de 1770 registra a compra de um "menino negro" de um certo Joshua Green, com pagamento misto em dinheiro e "peças de cerâmica".

26. Por exemplo, "Sua tolice ficará tão evidente quanto sua maldade", escreveu Warren, "o senhor (escrevo com pesar) tem [...] sacrificado desenfreadamente a felicidade desta província a suas paixões tolas". *Boston Gazette*, 6 jun. 1766.

27. Em 13 de fevereiro de 1770, "The New Massachusetts Liberty Song" estreou na Sala de Concertos de Boston. Usava a melodia de "The British Grenadiers" (uma marcha militar apreciada pelas tropas imperiais), mas tinha uma letra nova — ao que tudo indica, da lavra de Joseph Warren — que a transformava num hino político radical.

28. John Adams, *Diary and Autobiography*, 6 set. 1769.

29. Apesar de se dizer breve, o opúsculo tinha cerca de 81 páginas numeradas.

30. Di Spigna, 2018, pp. 110-3.

31. É um tanto irônico que a Festa do Chá de Boston fosse uma reação a um corte e não a um aumento de impostos, como muitas vezes ela é equivocadamente lembrada. Sobre a estória real da Festa do Chá de Boston, além de outras estórias fascinantes sobre impostos, ver Keen e Slemrod, 2021.

32. Di Spigna, 2018, pp. 130-9.

33. Ibid., pp. 151-3.

34. Com efeito, Warren ficou em Boston para supervisionar o avanço do movimento em outubro, quando John e Samuel Adams foram à Filadélfia para o 1 Congresso Continental. Ibid., pp. 163-7.

35. Ibid., pp. 167-71.

36. *Boston Gazette*, 17 maio 1777, p. 290. Os três asteriscos no nome do poema representam as três letras faltantes no sobrenome de Elizabeth Warren (i.e., "WAR***" representa "WARREN"). Presumivelmente, a razão disso era dar um véu de anonimato para a família Warren, embora, para quem a conhecia fosse muito fácil perceber.

37. Sobre Warren e o uso de pseudônimos, ver Forman, 2011, p. 454.

38. Di Spigna, 2018, p. 47.

39. Esse fenômeno é tratado detalhadamente em Richard, 1995, Shalev, 2009, e Ricks, 2020. Sobre Roma no discurso político americano moderno, ver Malamud, 2009.

40. Por exemplo, a famosa utilização do pseudônimo Publius por Alexander Hamilton (Winterer, 2004).

41. Jefferson era uma exceção, tendendo mais para modelos gregos do que para modelos romanos; ver Ricks, 2020.

42. Rhodes, 2004.

43. O recurso retórico à Grécia antiga e sobretudo aos escritos de Aristóteles se tornou frequente um pouco mais tarde entre os que defendiam manter a escravidão como instituição. A teoria aristotélica da escravidão natural se prestava especialmente bem a justificar a continuidade da escravização de africanos e descendentes de africanos; ver Monoson, 2011.

44. Shalev, 2009, p. 230.

45. Sobre o lugar específico de Cícero no discurso revolucionário americano, ver Richard, 2015.

46. American Antiquarian Society, *Commonplace Book of Benjamin Franklin the Elder*.

47. Ames, *Almanack*, 1758.

48. A data exata é incerta, mas parece ter sido antes de 17 de janeiro de 1769. O cirurgião escocês Alexander Small, amigo de Franklin, usou termos semelhantes ao escrever numa carta a Franklin que "deixamos seu mundo ocidental quase independente, e agora tememos mais do que qualquer outra coisa que vocês se livrem de nós". Small a Franklin, 1º dez. 1764. Ver também Baritz, 1961, para esses primeiros usos dos termos "Ocidente" e "Ocidental" para se referir à América do Norte.

49. Benjamin Franklin a Thomas Cushing, 5 jan. 1773.

50. George Washington a Peter Hogg, 21 mar. 1774.

51. John Hancock, discurso, Filadélfia, 28 jul. 1775.

52. Mercy Otis Warren a John Adams, out. 1775, Founders Online, National Archives. Acessado em: <founders.archives.gov/documents/Adams/06-03-02-0142>.

53. Philip Schuyler a George Washington, 17 jul. 1776.

54. Malamud, 2010.

55. P. ex., Malamud, 2009; Smil, 2010.

56. Sobre esse momento e o uso da toga por revolucionários americanos, ver Shalev, 2009, pp. 114 ss.

57. Sobre a toga no mundo romano, ver Rothe, 2019.

58. Como vimos nos caps. 4 e 7, uma característica da retórica imperial habsbúrgica era afirmar sua legitimidade com base no legado de Roma, embora na época dos revolucionários norte-americanos em meados do século XVIII os Habsburgo já tivessem sido substituídos no trono espanhol por membros da Casa de Bourbon (o primeiro rei bourbônico da Espanha, Filipe V, ascendeu ao trono em 1700).

59. Andujar e Nikoloutos, 2020, p. 4; Lupher, 2002.

60. Berruecos Frank, 2022.

61. Laird, 2006.

62. Feile Tomes, 2015; Arbo, 2018.

63. Laird, 2007, pp. 222-3.

64. Sobre o complexo envolvimento com o passado greco-romano nos contextos colonial e pós-colonial do Caribe, particularmente no século XX, ver Greenwood,

Notas 353

2007 e 2010 para o Caribe anglófono, e McConnell, 2013, para incluir a discussão sobre o Caribe francófono.

65. Sobre a estória trágica porém inspiradora de Louverture, ver James, 1989, e Hazareesingh, 2020.

66. Andujar, 2018, pp. 176-7.

11. O Ocidente e a raça: Phillis Wheatley [pp. 231-49]

1. *Niobe*, de Wheatley, 1773.
2. Ibid., p. vii.
3. Ver Gates, 2003, para uma discussão completa.
4. Wheatley, 1773, p. 124.
5. Ibid., p. vii.
6. Ver Smith, 2015, para uma discussão mais ampla desse processo; Eigen e Larrimore, 2008, sobre o desenvolvimento do racismo científico entre pensadores iluministas alemães, e Bindman, 2002, sobre seu desenvolvimento entre escritores e pensadores anglófonos.
7. Hume, 1748, *On National Characters*, reed. em Hume, 1994; e Kant, 1764, *Observations on the Feeling of the Beautiful and the Sublime*, reed. em Kant, 2011, trad. [para o inglês] de Frierson e Guyer. Kant, porém, realmente veio a repensar suas ideias sobre a raça; ver Kleingeld, 2007.
8. Allen desenvolveu seu argumento em Allen, 1994, 1997.
9. Allen, 1997, v. 2, pp. 239-53.
10. Ibid., p. 242.
11. Jefferson, *Notes on the State of Virginia, Philadelphia: H. C. Carey and I. Lea*, 1825 [Ed. bras.: "Notas sobre o estado da Virgínia". In: *Escritos políticos*. São Paulo: Ibrasa, 1964]. O tratado foi originalmente publicado como edição privada em 1784.
12. Malamud, 2016, p. 10.
13. Era a época do Segundo Grande Despertar, com congregações evangélicas surgindo e crescendo rapidamente por toda a América do Norte.
14. Como John e Sarah Woolman; ver Jackson e Kozel, 2015.
15. Sobre a vida de Paul Cuffe, ver Thomas, 1986.
16. Sobre a história de Amo, ver Appiah, 2018, e, com mais detalhes, Smith, 2015.
17. Ver Carretta, 2003, para a vida de Francis Williams. Apesar das realizações de Williams, menos de vinte anos depois um novo governador da Jamaica, Edward Long, iria argumentar em sua *History of Jamaica* (1774) que os Negros pertenciam a uma espécie fundamentalmente diferente da dos Brancos.
18. Nas décadas seguintes, outros escritores e ativistas Negros publicaram obras notáveis. Ver, por exemplo, Olaudah Equiano e Ottobah Cugoano. *Thoughts and Sentiments on the Evil and Wicked Traffic of the Slavery and Commerce of the Human Species*, de Cugoano, foi publicado em 1787, e *The Interesting Narrative of the Life of*

Olaudah Equiano; or, Gustavus Vassa, the African, de Equiano, foi publicado em 1789. Um fato talvez interessante é que Equiano e Cugoano moravam na Grã-Bretanha na época em que escreveram obras mais explicitamente políticas. Em contraste, a poesia classicizante de Wheatley e Williams foi escrita nas Américas.

19. Sobre a vida e obra de Phillis Wheatley, ver Gates, 2003, ensaios em Shields et al., 2011, a introdução de Wheatley e Carretta, 2019, e Jeffers, 2020.

20. Contra todas as expectativas, esses afro-americanos iniciais criaram uma cultura própria na Nova Inglaterra; ver Piersen, 1988.

21. Wheatley, 1773, p. 68. O poema segue até a página 71. [Trad. livre de: *"Through airy roads he wings his infant flight/ To purer regions of celestial light"*.]

22. Sobre o Grande Despertar, ver Kidd, 2009.

23. Kidd, 2014, p. 123.

24. Os funerais dos homens assassinados atraíram milhares de bostonianos descontentes, e provavelmente Wheatley e seus senhores estavam entre eles; ver Willis, 2006, p. 165.

25. Kidd, 2014, p. 250.

26. Sobre a história complicada da publicação da elegia de Wheatley para Whitefield, ver Willis, 2006.

27. Ver Greenwood, 2011; Cook e Tatum, 2010, pp. 7-48.

28. Wheatley, 1773, p. 46.

29. Ibid., p. 51.

30. Ibid., p. 65.

31. Ver Greenwood, 2011, para uma refutação dos comentaristas que questionaram sua autoria.

32. Sobre a visita de Wheatley a Londres, ver Robinson, 1977.

33. Sobre a importância de Boston dentro do movimento revolucionário, ver Barbier e Taylor, 2017.

34. Excerto de "To the King's Most Excellent Majesty", 1768, também publicado em Wheatley, 1773, p. 17. [Trad. livre de: *"And may each clime with equal gladness see/ A Monarch's smile can set his subjects free!"*.]

35. Excerto de "To the Right Honourable William, Earl of Dartmouth", 1772, também publicado em ibid., pp. 73-5. [Trad. livre de: *No longer shall thou dread the iron chain,/ Which wanton Tyranny with lawless hand/ Hath made, and with it meant t'enslave the land"*.]

36. Excerto de "To the Right Honourable". [Trad. livre de: *"I, young in life, by seeming cruel fate/ Was snatch'd from Afric's fancy'd happy seat:/ What pangs excruciating must molest,/ What sorrows labour in my parent's breast?/ Steel'd was that soul and by no misery mov'd/ That from a father seiz'd his babe beloved:/ Such, such my case. And can I then but pray/ Others may never feel tyrannic sway?"*.]

37. *The Connecticut Gazette*, 11 mar. 1774.

38. "Sua Excelência general Washington", 1775.

39. Ricks, 2020.

Notas

40. Excerto de "On the Death of General Wooster", 1778. [Trad. livre de: *"But how, presumptuous shall we hope to find/ Divine acceptance with th' Almighty mind –/ While yet (O deed Ungenerous!) they disgrace/ And hold in bondage Afric's blameless race?".*]
41. Sobre Samuel Cooper e seu papel no movimento revolucionário, ver Akers, 1978.
42. Excerto de "To Maecenas", em Wheatley, 1773, pp. 9-12. [Trad. livre de: *"But say, ye Muses, why this partial grace,/ To one alone of Afric's sable race;/ From age to age transmitting thus his name/ With the first glory in the rolls of fame?".*]
43. Wheatley, 1773, pp. 15-6.
44. Sobre a história do conceito de classicismo, ver Schein, 2007.
45. Sobre a vida e a influência de Winckelmann, ver Harloe, 2013, parte 1. Winckelmann é também o ponto de partida para Marchand, 1996, que examina o surgimento de tradições germânicas de estudos clássicos. Interessante notar que as noções de Winckelmann sobre os corpos ideais e a arte clássica também moldaram teorias raciais do século XIX; ver Challis, 2010.
46. Como sustenta Harloe, 2013, pp. 107-15.
47. Winckelmann, 2006 [1764], parte 2, II.a, trad. [para o inglês] de Potts.
48. Ibid., III.c, trad. [para o inglês] de Potts.

12. O Ocidente e a modernidade: William Ewart Gladstone [pp. 250-72]

1. William Gladstone, *Bulgarian Horrors and the Question of the East*. Londres: J. Murray, 1876.
2. Existem literalmente centenas de histórias do Império Britânico disponíveis, mas comecei com Levine, 2020, para uma introdução básica. Para uma reflexão sobre o papel da historiografia no império, ver Satia, 2020.
3. Sobre a Revolução Industrial na Grã-Bretanha, ver Allen, 2009, para uma discussão econômica, e Mokyr, 2009, para uma discussão cultural. Um clássico sobre a Grã--Bretanha nesse período é Hobsbawm, 1968.
4. Trautsch, 2013, pp. 90-3.
5. Ver, por exemplo, o livro do viajante escocês Hugh Forbes publicado em 1863, *Poland and the Interests and Duties of Western Civilization*, que alertava contra a ameaça russa e eslava.
6. Trautsch, 2013, pp. 94-5.
7. Thomas Babington Macaulay, *Minute on Indian Education* (1835). Ver Gogwilt, 1995, pp. 221-2.
8. Citado em Bonnett, 2004, pp. 24-5.
9. Senior, Nassau William, *A Journal Kept in Turkey and Greece in the Autumn of 1857 and the Beginning of 1858*. Londres: Longman Brown, Green, Longmans, and Roberts, 1859, pp. 226-7.
10. Senior, *A Journal Kept in Turkey and Greece*, p. 227.
11. Rudyard Kipling, primeira estrofe de "O fardo do homem branco", 1899.

12. Isso é tratado com sensibilidade em Bonnett, 2004, cap. 1.

13. Johann Gaspar Spurzheim, *Outlines of the Physiognomical System*. Londres: Baldwin, Craddock and Joy, 1815, p. 58, citado também em Malik, 1996, p. 88.

14. Sobre Knox, ver Bates, 2010.

15. Robert Knox, *The Races of Men*. Filadélfia: Lea and Blanchard, 1850, p. 8.

16. Josiah Clark Nott e George R. Giddon, *Types of Mankind*. Filadélfia: J. B. Lippincott, 1854, p. 79.

17. Hawkins, 1997, pp. 61-81.

18. *Saturday Review*, 16 jan. 1864.

19. Sperber, 2005.

20. Sobre Marx, ver Stedman Jones, 2016.

21. Hobsbawm e Ranger, 2012.

22. Cohn, 2012.

23. Sobre o desenvolvimento da arqueologia como disciplina, ver Trigger, 1989.

24. Para muitos dos detalhes biográficos de Gladstone, baseei-me em Jenkins, 2012, embora essa biografia se concentre basicamente nos aspectos pessoais e religiosos de sua vida. Sobre os primeiros tempos de vida e a família de Gladstone, ver Jenkins, 2012, cap. 1. Sobre o histórico escravista de seu pai, ver Quinault, 2009.

25. Gladstone, *Diaries*, v. 1, p. 290.

26. Quinault, 2009, p. 366.

27. *Thoughts and Sentiments on the Evil and Wicked Traffic of the Slavery and Commerce of the Human Species*, de Cugoano, foi publicado em Londres em 1787, e *The Interesting Narrative of the Life of Olaudah Equiano; or, Gustavus Vassa, the African*, de Equiano, foi publicado em 1789.

28. Quinault, 2009, p. 367.

29. Ibid., p. 369.

30. Ibid., p. 386.

31. Sobre os malfadados romances iniciais de Gladstone, ver Jenkins, 2012, cap. 3; sobre seu casamento com Catherine, ver cap. 4.

32. Sobre os impulsos sexuais de Gladstone, ver Aldous, 2007, pp. 52-6; Jenkins, 2012, cap. 7.

33. Isba, 2003.

34. Ward Fay, 2000, pp. 203-6.

35. Kanter, 2013-4.

36. Aldous, 2007, p. 157.

37. Wrigley, 2012, p. 68.

38. Aldous, 2007, pp. 142-51; Jenkins, 2012, cap. 15.

39. Disraeli, discurso no Palácio de Cristal, 24 jun. 1872. Sobre a rivalidade entre Gladstone e Disraeli, ver Aldous, 2007.

40. Borgstede, 2011.

41. Benjamin Disraeli, *Tancred; or, The New Crusade*. Londres: Henry Colburn, 1847.

42. Gladstone, *Studies on Homer and the Homeric Age*. Cambridge: Cambridge University Press, 2010 [1858], v. 2, p. 523.

Notas 357

43. Gladstone, *Address on the Place of Ancient Greece in the Providential Order of the World.* Londres: Gilbert Murray, 1865, p. 10.

44. Gladstone, *Address on the Place of Ancient Greece*, p. 64.

45. Gladstone, *Studies on Homer*, v. 1, p. 5.

46. Mac Sweeney, 2018; Vlassopoulos, 2013, p. 172; Ross, 2005.

47. Gladstone, *Studies on Homer*, v. 1, p. 548.

48. Ibid., v. 2, p. 537.

49. Gladstone, *Address on the Place of Ancient Greece*, p. 4.

50. Gladstone, *Studies on Homer*, v. 2, p. 532.

51. Marchand, 2009, pp. 293-300.

52. Gladstone, *Studies on Homer*, v. 2, p. 530.

53. Ibid., p. 525.

54. Gladstone, *Address on the Place of Ancient Greece*, p. 57.

55. Gladstone, *Studies on Homer*, v. 3, p. 2.

56. Ibid., v. 1, p. 67.

57. Ibid., v. 1, p. 499.

58. Ibid., v. 3, p. 207.

59. Ibid., v. 2, p. 483.

60. Ibid., v. 3, p. 217.

61. Ibid., v. 3, p. 244.

62. Gladstone, *Bulgarian Horrors*, pp. 11-2.

63. Ibid., p. 10.

64. Edward Augustus Freeman, *Ottoman Power in Europe: Its Nature, its Growth, and its Decline.* Londres: MacMillan and Co., 1877.

65. Ver artigos em Bradley, 2010, e Hingley, 2001.

66. "Our Feudatories", *Friend of India*, 1861. Citado em Vasunia, 2013, p. 121.

67. Hegel, *On Classical Studies*, preleção apresentada em 1809, publicada numa edição recente em Hegel e Knox, 1975.

68. Rebecca Futo Kennedy rastreou os usos iniciais da expressão "Civilização Ocidental", inclusive um relatório para a Society for the Promotion of Collegiate and Theological Education in the United States, de 1844, e uma resenha literária sobre um livro de viagem de 1846. Agradeço sua orientação nesse ponto. Ver Futo Kennedy, 2019.

69. Gladstone, *Studies on Homer*, v. 1, p. 513.

70. Bhaskar Pandurang Tarkhadkar, carta publicada na *Bombay Gazette*, 28 jul. 1841. Citado em Vasunia, 2013, p. 122.

71. Vasunia, 2013, pp. 124-5.

72. Citado em Goff, 2013, p. 71.

73. John Collingwood Bruce, *The Roman Wall: A Description of the Mural Barrier of the North of England.* Londres: Longmans, Green, Reader and Dyer, 1851.

74. Malamud, 2016.

75. Prins, 2017.

76. Hall e Stead, 2020.

13. O Ocidente e seus críticos: Edward Said [pp. 273-92]

1. Said, 1993, p. 1.
2. P. ex., *The Suicide of the West* é adotado como título tanto por Goldberg, 2018, quanto por Koch e Smith, 2006, ecoando Burnham, 1964. Murray, 2022, acusa "estudiosos desonestos" de cometerem "fraude intelectual" ao desencaminharem tanta gente bem-intencionada, mas tola, incentivando-as a criticarem o Ocidente. Murray, 2017, adota uma visão de enfoque europeu.
3. Mason, 2022, comentando um discurso de Oliver Dowden, presidente do Partido Conservador.
4. *The War on the West* é o título de um livro recente (2022) do analista político britânico Douglas Murray. A citação está à p. 13.
5. Para uma discussão das posições de Ruskin, ver Said, 1993.
6. Borgstede, 2011, pp. 10-7.
7. Sobre o fim do Império Britânico especificamente, ver Brendon, 2007.
8. Na Argélia, a Guerra de Independência (1956-62) foi um conflito brutal e sangrento, de memória tão vergonhosa e traumática que durante décadas o governo francês vetou o acesso a todos os documentos referentes a ela; ver Fanon, 1963, "Sobre a violência". No outro extremo do espectro, quando Malta conseguiu sua independência da Grã-Bretanha em 1964, o processo foi inteiramente pacífico e por mútuo acordo; ver Smith, 2007.
9. Sobre a Guerra Fria, ver Westad, 2017.
10. Sobre os alinhamentos globais mais amplos durante a Guerra Fria, para além da oposição entre os Estados Unidos e a Rússia, ver Westad, 2017.
11. Essa expressão é extraída do best-seller de 1992 de Fukuyama, *O fim da história e o último homem*, que, ao contrário do que sugere o título, não sustentava que não haveria mais nenhum grande evento na história mundial.
12. *Fora do lugar* é o título da autobiografia de Said, que ele escreveu após receber um diagnóstico de leucemia, publicada em 1999.
13. Retirei os detalhes biográficos de Said em parte de seus próprios escritos, em especial Said, 1999, mas também do excelente Brennan, 2021, meticulosamente pesquisado.
14. Sobre os primeiros tempos de Said, ver Brennan, 2021, cap. 1.
15. Said, 1999, p. 44.
16. Ibid., p. 183.
17. Ibid., pp. 118-21.
18. Ibid., p. 190.
19. Said, 2000, p. 558.
20. Ibid., p. 559. Sobre essa parte de sua vida, ver Brennan, 2021, cap. 2.
21. Said, 1999, p. 278. Sobre os anos de Said como estudante, ver Brennan, 2021, cap. 3.
22. Said, 1999, p. 279.
23. Ibid., p. 290.

Notas

24. Sobre o casamento de Said com Jaanus, ver Brennan, 2021, cap. 4.
25. Brennan, 2021, assinala que Said em seus anos de estudante não era tão apolítico quanto sua autobiografia nos faria crer, mantendo contato com a política do Oriente Médio.
26. Said, 1970.
27. Said, 2009; Brennan, 2021, cap. 6.
28. Brennan, 2021.
29. Said, 1993, p. 380.
30. Said, 1995 [1978], p. 26.
31. Ibid., p. 1.
32. Ibid., p. 3.
33. Said, 2003 [1978], prefácio à edição comemorativa de 25 anos da publicação.
34. Said, 1995 [1978], p. 2.
35. Warraq, 2007.
36. Lewis, 1990. Lewis também recebe os créditos pela cunhagem da expressão "choque de civilizações", mais tarde tomada de empréstimo por Samuel Huntington como título de seu controvertido livro.
37. Sobre esse tema importante, ver Marchand, 2009.
38. Nishihara, 2005.
39. Sobre a Ásia, ver Chen, 1995; sobre a África, ver Smail Salhi, 2019.
40. Said, 1995 [1978], p. xix.
41. Ibid., p. 55.
42. Mac Sweeney, 2018; Vlassopoulos, 2013, p. 172; Ross, 2005.
43. Said, 1993, pp. 407-8.
44. Said, 2000, p. 173.
45. Issa, 2018. Poema reproduzido com a gentil autorização da autora. [Trad. livre de: *"We say 'qalbain for two hearts/ Pumping parts through crimson sea/ Tied to land's history split/ I've tried to fit/ Uneasily./ A blazing of blood combined,/ Obsess/ Rewind/ Frustrate me./ Say between two stools I fall/ Those boundary walls formed early./ But my body is enough/ Gently tough/ Stretched agony, growing a love/ Embracing/ Rejecting patriarchy/ No need to/ Shame my peers/ Or let my fears/ Rat-race me/ Two hearts my body can hold/ So I mould/ My legacy/ To make space enough for all./ Standing tall/ I rise,/ Breathe free./ Two hearts —/ A strength none can take./ Love's a lake/ and the world is thirsty."*]

14. O Ocidente e seus rivais: Carrie Lam [pp. 293-318]

1. Discurso na inauguração do centro M+ no Distrito Cultural de West Kowloon, 11 nov. 2021.
2. Healy, 2021.
3. Mahbubani, 2020; Strangio, 2020; Frankopan, 2018.

4. Discurso em sessão conjunta do Congresso e do povo americano, 20 set. 2001. Acessado em: <georgewbush-whitehouse.archives.gov/news/releases/2001/09/20010920-8.html>.

5. Sobre o EI, ver Filipec, 2020.

6. Sobre a economia do Daesh, ver Filipec, 2020, pp. 165-83.

7. Análises dessas técnicas em Goertz, 2021, pp. 123-68; Lakomy, 2021.

8. Sahih Muslim, livro 41, *hadith* 6294.

9. Para a análise de *Dabiq* e *Rumiyah*, ver Wignell et al., 2017; Lakomy, 2021, pp. 125-206.

10. "Know Your Enemy: Who Were the Safawiyyah?", *Dabiq*, v. 13, p. 12, 2016.

11. Flood e Elsner, 2016, exploram mais essa questão.

12. Em fevereiro de 2015 foi divulgado um vídeo terrível, mostrando a destruição de estátuas e artefatos no Museu de Mossul, a maioria dos danos se concentrando nas galerias assíria e hatrena. Brusaco, 2016, apresenta uma avaliação inicial dos estragos, e Isakhan e Meskell, 2019, discutem o projeto da Unesco para a reconstrução e regeneração após a queda do Daesh.

13. Campell, 2013.

14. Cunliff e Curini, 2018, realizaram análises de sentimentos sobre os padrões de uso das redes sociais para avaliar a reação internacional a esses acontecimentos.

15. Citação do discurso de Boris Johnson, BBC, 19 abr. 2016. Acessado em: <www.bbc.com/news/uk-36070721>.

16. Schmidt-Colinet, 2019.

17. Ibid., p. 42.

18. Plokhy, 2017, cap. 19.

19. Sobre o uso dessa expressão, ver Toal, 2017, cap. 2.

20. Lucas, 2008.

21. O texto desse ensaio está disponível no website do Kremlin: Vladimir Putin, "On the Historical Unity of Russians and Ukrainians", Kremlin, 12 jul. 2021. Acessado em: <en.kremlin.ru/events/president/news/66181>.

22. Para uma discussão do desenvolvimento histórico da identidade russa e da importância da Ucrânia dentro dela, ver Plokhy, 2017, cap. 7; também Toal, 2017.

23. Trad. [para o inglês] extraída de Poe, 2001.

24. Trad. [para o inglês] extraída de Plokhy, 2017, cap. 2.

25. Poe, 2001; Kolb, 2008, pp. 17-8; Trautsch, 2013.

26. Kolb, 2008, p. 195.

27. P. ex., Allison, 2018.

28. Sobre esse debate nos estudos chineses de meados do século XX, ver Fan, 2021.

29. Sobre as atividades mais amplas de Lin Zhichun, ver Fan, 2021, p. 87; para o livro escolar em específico, ver Fan, 2021, p. 159. Sobre a disciplina dos "Clássicos" (i.e., o estudo do mundo greco-romano) na China, ver Brashear, 1990.

30. Para uma perspectiva Ocidental sobre o pensamento histórico da China, ver Stallard, 2022.

31. "Athens Declaration on the Establishment of the Ancient Civilizations Forum", Ministério das Relações Exteriores da República Popular da China, 24 abr. 2017.

Notas   361

Acessado em: <www.fmprc.gov.cn/mfa_eng/wjdt_665385/2649_665393/201704/t20170428_679494.html>.

32. "Kotzias in Bolivia for Ancient Civilizations Forum", *Kathimerini*, 14 jul. 2018. Acessado em: <www.ekathimerini.com/news/230701/kotzias-inbolivia-for-an-cient-civilizations-forum>.

33. Wang Kaihao, "Ancient Civilizations Forum Meets in Beijing", 3 dez. 2019. Acessado em: <www.chinadaily.com.cn/a/201912/03/WS5de5aed1a310cf3e3557b79c.html>.

34. "Lima Declaration, Ancient Civilizations Forum, Fourth Ministerial Meeting, 15th of December of 2020, Lima, Republic of Peru". Acessado em: <www.peruthai.or.th/news.php>.

35. Media3, "Acting Head of Department of International Organizations and Conferences Participates in the Fourth Ministerial Meeting of Forum of Ancient Civilizations", Ministério das Relações Exteriores da República do Iraque, 20 dez. 2020. Acessado em: <www.mofa.gov.iq/2020/12/?p=19956>.

36. "Statement by Vahe Gevorgyan, Deputy-Minister of Foreign Affairs of Armenia, at the 5th Ministerial Meeting of the Ancient Civilizations Forum", Ministério das Relações Exteriores da República da Armênia, 17 dez. 2021. Acessado em: <www.mfa.am/en/speeches/2021/12/17/dfm-ancient_civilization_speech/11245>.

37. "Athens Declaration on the Establishment of the Ancient Civilizations Forum", Ministério das Relações Exteriores da República Popular da China, 14 abr. 2017. Acessado em: <www.fmprc.gov.cn/mfa_eng/wjdt_665385/2649_665393/201704/t20170428_679494.html>.

38. "Spotlight: Countries Turn to Cement Cultural, Economic Ties as Ancient Civilization Forum Opens", Xinhua, 25 abr. 2017. Acessado em: <www.xinhuanet.com//english/2017-04/25/c_136232938.htm>.

39. AFP, "'Ancient Civilizations' Team Up to Protect Heritage from Terrorism", *Times of Israel*, 24 abr. 2017. Acessado em: <www.timesofisrael.com/ancient-civilizations-team-up-to-protect-heritage-from-terrorism>.

40. Li, 2019.

41. He, 2019.

42. As universidades chinesas têm uma tradição de excelência acadêmica no estudo da Antiguidade greco-romana, entre elas as de Renmin, Fudan, Nanjing, Beijing, a Universidade Normal de Shanghai, a Universidade Normal do Nordeste e a Universidade Normal de Beijing. Ver Brashear, 1990.

43. Como informa o website da Universidade de Renmin: "The Conference on Spiritual Dialogue between China and Greece Was Held in Beijing", Universidade Renmin da China, 27 jan. 2022. Acessado em: <www.ruc.edu.cn/archives/34651>.

44. "New Academic Era with the Establishment of Sino-Greek Cooperation Programme", *Study in Greece*, 22 out. 2021. Acessado em: <www.studyingreece.edu.gr/new-academic-era-with-the-establishment-of-sino-greek-cooperation-pro-gramme>.

45. "New Academic Era".

46. "The Conference on Spiritual Dialogue between China and Greece Was Held in Beijing".

47. He, 2019, p. 432.

48. Acessado em <https://www.laskaridisfoundation.org/en/china-and-greece-from-ancient-civilizations-to-modern-partnerships/#:~:text=The%20Symposium%20%E2%80%9CChina%20and%20Greece,diplomatic%20relations%20between%20China%20and>.

49. Majende et al., 2018. O papel da diplomacia cultural, baseada na ideia das analogias entre a China e a Grécia antigas e no fortalecimento da Iniciativa Cinturão e Rota, é ressaltado em He, 2019.

50. Como exposto com excelência em Frankopan, 2018.

51. He, 2019; Laihui, 2019; Li, 2019.

52. Wang Yi, "Revitalizing the Ancient Civilization and Jointly Constructing a Community of Shared Future for Mankind", discurso no I Fórum das Civilizações Antigas, Ministério das Relações Exteriores da República Popular da China. Acessado em: <www.mfa.gov.cn/web/system/index_17321.shtml>. Acesso em: 29 jan. 2024. Esse reconhecimento explícito da história com inflexão política não é um fenômeno recente na China, nem está ligado exclusivamente à Iniciativa Cinturão e Rota. Afinal, o próprio Mao Tsé-Tung clamava por projetos que viessem a "fazer o passado servir ao presente" (ver Fan, 2021, p. 161).

53. Discurso na inauguração do centro M+ no Distrito Cultural de West Kowloon, 11 nov. 2021.

54. Os detalhes subsequentes sobre a vida inicial de Lam foram repetidos numa série de entrevistas e artigos chamativos, o mais acessível deles sendo "Hong Kong Protests: 8 Things You Might Not Know about Carrie Lam, Hong Kong's Chief Secretary", *Straits Times*, 3 out. 2014. Acessado em: <www.straitstimes.com/asia/eastasia/hong-kong-protests-8-things-you-might-not-know-about-carrie-lam-hong-kongs-chief>.

55. Lau, 2016.

56. Ibid.

57. "Hong Kong Protests: 8 Things You Might Not Know".

58. Tong, 2017.

59. Bland, 2017.

60. Seu desenvolvimento político é apresentado em linhas gerais em Wong, 2020.

61. "New Hong Kong Leader's Rude Nickname Portends Challenges Ahead", *Business Times*, 27 mar. 2017. Acessado em: <www.businesstimes.com.sg/government-economy/new-hong-kong-leaders-rude-nickname-portends-challenges-ahead>. Acesso em: 26 fev. 2022.

62. Sobre essa ênfase nos patriotas, ver "Xi Focus: Xi Stresses 'Patriots Governing Hong Kong' When Hearing Carrie Lam's Work Report", Xinhua, 27 jan. 2021. Acessado em: <www.xinhuanet.com/english/2021-01/27/c_139702049.htm>.

63. Creery, 2019.

Notas 363

64. Anne Marie Roantree e James Pomfret, "Beholden to Beijing", Reuters, 28 dez. 2020. Acessado em: <www.reuters.com/investigates/special-report/hongkong-security-lam>.

65. Palestra proferida por Carrie Lam em agosto de 2019 para líderes empresariais. Reuters Staff, "Exclusive: The Chief Executive 'Has to Serve Two Masters' — HK Leader Carrie Lam — Full Transcript", Reuters, 12 set. 2019. Acessado em: <www.reuters.com/article/us-hongkong-protests-lam-transcript-excl-idUSKCN1VX0P7>.

66. Discurso na inauguração do centro M+ no Distrito Cultural de West Kowloon, 11 nov. 2021.

67. "CE Addresses Business Sector on Opportunities Brought About by 14th Five-Year Plan", press release, 3 jun. 2021. Acessado em: <www.info.gov.hk/gia/general/202106/03/P2021060300736.htm>.

68. "Speech by CE at Bauhinia Culture International Forum", press release, 16 jun. 2022. Acessado em: <www.info.gov.hk/gia/general/202206/16/P2022061600318.htm>.

Conclusão: O formato da história [pp. 319-26]

1. Agradeço a meu colega dr. Matthias Hoernes em Viena por suas sugestões e discussões sobre a questão da historicidade e da natureza dos fatos.

2. Ver o excelente Woods, 2022, sobre a nostalgia de inflexão política na Grã-Bretanha ao longo dos séculos.

3. Ver Applebaum, 2020, e Fukuyama, 2022.

4. Entre eles há vários classicistas anglófonos importantes da geração anterior. Para um exemplo, ver o livro de Victor Davis Hanson, *Why the West Has Won* (Londres: Faber & Faber, 2001).

5. Talvez o mais (mal-)afamado classicista a adotar esse argumento perante os olhos do público seja Dan-el Padilla Peralta; ver Poser, 2021. Para se ter uma ideia dos debates entre classicistas e seu desenvolvimento, recomendo a leitura do trabalho de Rebecca Futo Kennedy, disponível em seu blog *Classics at the Intersections*, em <rfkclassics.blogspot.com>. Para um interessante debate sobre a disciplina acadêmica dos clássicos e sua cumplicidade com o imperialismo e o colonialismo Ocidentais, ver as várias discussões ao longo deste livro, mas também, em especial, Goff, 2013; Bradley, 2010; Goff, 2005.

Referências bibliográficas

ABERNETHY, David. *The Dynamics of Global Dominance: European Overseas Empires, 1415-1980*. Ed. ilustrada. New Haven, CT: Yale University Press, 2002.

ADAMSON, Peter. "Al-Kindi and the Reception of Greek Philosophy". In: TAYLOR, Richard C. (Org.). *The Cambridge Companion to Arabic Philosophy*. Cambridge Companions to Philosophy. Cambridge: Cambridge University Press, 2004, pp. 32-51.

_____. *Al-Kindi*. Great Medieval Thinkers. Oxford: Oxford University Press, 2007.

ADOLPH, Anthony. *Brutus of Troy: And the Quest for the Ancestry of the British*. Barnsley, Reino Unido: Pen & Sword Books, 2015.

ADORNO, Theodor W.; HORKHEIMER, Max. *Dialectic of Enlightenment*. Londres: Verso Books, 1997 [1972]. [Ed. bras.: *Dialética do esclarecimento*. Trad. de Guido Antônio de Almeida. Rio de Janeiro: Jorge Zahar, 1985; Zahar, 2006.]

AERTS, Willem J. "Troy in Byzantium". In: KELDER, Jorrit M.; USLU, Gunay; ŞERIFOĞLU, Omer F. (Orgs.). *Troy: City, Homer, Turkey*. Zwolle: WBOOKS, 2012, pp. 98-104.

AGBAMU, Sam. "Mare Nostrum: Italy and the Mediterranean of Ancient Rome in the Twentieth and Twenty-First Centuries". *Fascism*, v. 8, pp. 250-74, 2019.

AHMAD, Aijaz. *In Theory: Classes, Nations, Literatures*. Londres: Verso Books, 1992.

AILES, Marianne. "Charlemagne 'Father of Europe': A European Icon in the Making". *Reading Medieval Studies*, v. 38, pp. 59-76, 2012.

AKERS, Charles W. "Religion and the American Revolution: Samuel Cooper and the Brattle Street Church". *William and Mary Quarterly*, v. 35, n. 3, pp. 477-98, 1978.

AKRIGG, Ben. *Population and Economy in Classical Athens*. Cambridge Classical Studies. Cambridge: Cambridge University Press, 2019.

ALDOUS, Richard. *The Lion and the Unicorn: Gladstone vs Disraeli*. Nova York: W.W. Norton, 2007.

AL-KINDI, Ya'qub Ibn-Ishaq al-Sabah. *The Philosophical Works of Al-Kindi*. Org. de Peter Adamson e Peter E. Pormann. Oxford: Oxford University Press, 2012.

AL-KHALILI, Jim. *The House of Wisdom: How Arabic Science Saved Ancient Knowledge and Gave Us the Renaissance*. Nova York: Penguin Books, 2011.

ALLAIRE, Gloria. "Tullia d'Aragona's *Il Meschino Altramente Detto Il Guerrino* as Key to a Reappraisal of Her Work". *Quaderni d'italianistica*, v. 16, n. 1, pp. 33-50, 1995.

_____. "From Medieval Realism to Modern Fantasy: Guerrino Meschino through the Centuries". In: ALLAIRE, Gloria (Org.). *Modern Retellings of Chivalric Texts*. Londres: Routledge, 1999, pp. 133-46.

ALLEN, Archibald. *The Fragments of Mimnermus: Text and Commentary*. Stuttgart: Steiner, 1993.

ALLEN, Robert C. *The British Industrial Revolution in Global Perspective*. Cambridge: Cambridge University Press, 2009.

ALLEN, Theodore W. *The Invention of the White Race*, v. 1: *Racial Oppression and Social Control*. Londres: Verso Books, 1994.

_____. *The Invention of the White Race*, v. 2: *The Origin of Racial Oppression in Anglo--America*. Londres: Verso Books, 1997.

ALLISON, Graham. *Destined for War: Can America and China Escape Thucydides' Trap?* Londres: Scribe UK, 2018.

AL-MASUDI, Ali Ibn-al-Husain; MEYNARD, C. Barbier de; COURTEILLE, Abel Pavet de. *Maçoudi. Les prairies d'or. Texte et Traduction*. Paris: Imprimerie impériale, 1861-1917.

AMES, Christine Caldwell. *Medieval Heresies: Christianity, Judaism, and Islam*. Cambridge: Cambridge University Press, 2015.

ANDUJAR, Rosa; GIUSTI, Elena; MURRAY, Jackie (Orgs.). *The Cambridge Companion to Classics and Race*. Cambridge: Cambridge University Press, no prelo.

ANDUJAR, Rosa; NIKOLOUTSOS, Konstantinos P. "Staging the European Classical in 'Latin' America: An Introduction". In: ANDUJAR, Rosa; NIKOLOUTSOS, Konstantinos P. (Orgs.). *Greeks and Romans on the Latin American Stage*. Londres: Bloomsbury, 2020, pp. 1-15.

ANGELICOUSSIS, Elizabeth. "The Collection of Classical Sculptures of the Earl of Arundel, 'Father of Vertu in England'". *Journal of the History of Collections*, v. 16, n. 2, pp. 143-59, 2004.

ANGELOV, Dimiter G. "The 'Moral Pieces' by Theodore II Laskaris". *Dumbarton Oaks Papers*, v. 65-6, pp. 237-69, 2011.

_____. *The Byzantine Hellene: The Life of Emperor Theodore Laskaris and Byzantium in the Thirteenth Century*. Cambridge: Cambridge University Press, 2019.

ANGELOV, Dimiter; HERRIN, Judith. "The Christian Imperial Tradition — Greek and Latin". In: BANG, Peter Fibiger; KOŁODZIEJCZYK, Dariusz (Orgs.). *Universal Empire: A Comparative Approach to Imperial Culture and Representation in Eurasian History*. Cambridge: Cambridge University Press, 2012, pp. 149-74.

ANGOLD, Michael. "The Greek Rump States and the Recovery of Byzantium". In: SHEPARD, Jonathan (Org.). *The Cambridge History of the Byzantine Empire c. 500-1492*. Cambridge: Cambridge University Press, 2009, pp. 729-58.

ANSARY, Tamim. *Destiny Disrupted: A History of the World through Islamic Eyes*. Nova York: Public Affairs, 2010.

APPIAH, Kwame Anthony. "There Is No Such Thing as Western Civilisation". *Guardian*, 9 nov. 2016, seção World News.

_____. *The Lies That Bind: Rethinking Identity*. Nova York: Liveright, 2018.

APPLEBAUM, Anne. *Twilight of Democracy: The Seductive Lure of Authoritarianism*. Nova York: Anchor, 2020.

ARBO, Desirée. "Plato and the Guarani Indians". *Bulletin of Latin American Research*, v. 37, n. S1, pp. 119-31, 2018.

ASHERI, David; LLOYD, Alan B.; CORCELLA, Aldo; MURRAY, Oswyn; MORENO, Alfonso. "General Introduction". In: *A Commentary on Herodotus Books I-IV*. Oxford: Oxford University Press, 2007, pp. 1-57.

ATAKUMAN, Ciğdem. "Cradle or Crucible: Anatolia and Archaeology in the Early Years of the Turkish Republic (1923-1938)". *Journal of Social Archaeology*, v. 8, n. 2, pp. 214-35, 2008.

AUBRIET, Damien. "Mylasa et l'identité carienne". *Publications de l'Institut Français d'Études Anatoliennes*, v. 28, n. 1, pp. 189-208, 2013.

AUGHTERSON, Kate. "Strange Things so Probably Told: Gender, Sexual Difference and Knowledge in Bacon's New Atlantis". In: PRICE, Bronwen (Org.). *Francis Bacon's New Atlantis*. Manchester: Manchester University Press, 2002, pp. 156-78.

BAER, Marc. *The Ottomans: Khans, Caesars and Caliphs*. Nova York: Basic Books, 2021.

BARBIER, Brooke; TAYLOR, Alan. *Boston in the American Revolution: A Town versus an Empire*. Cheltenham: History Press, 2017.

BARITZ, Loren. "The Idea of the West". *American Historical Review*, v. 66, n. 3, pp. 618-40, 1961.

BARTH, Fredrik. *Ethnic Groups and Boundaries: The Social Organization of Culture Difference*. Bergen, Noruega: Universitetet i Bergen, 1969.

BATES, Alan. *The Anatomy of Robert Knox: Murder, Mad Science and Medical Regulation in Nineteenth-Century Edinburgh*. Sussex, UK: Sussex Academic Press, 2010.

BEARD, Mary. *The Roman Triumph*. Cambridge, MA: Harvard University Press, 2009.

BEASLEY, Edward. *The Victorian Reinvention of Race: New Racisms and the Problem of Grouping in the Human Sciences*. Nova York: Routledge, 2010.

BEATON, Roderick. *Greece: Biography of a Modern Nation*. Londres: Penguin, 2019.

_____. *The Greeks: A Global History*. Londres: Faber & Faber, 2021.

BECK, Hans; FUNKE, Peter. *Federalism in Greek Antiquity*. Cambridge: Cambridge University Press, 2015.

BELLEMORE, Jane. "The Wife of Sejanus". *Zeitschrift fur Papyrologie und Epigraphik*, v. 109, pp. 255-66, 1995.

BENNISON, Amira K. *The Great Caliphs: The Golden Age of the 'Abbasid Empire*. New Haven, CT: Yale University Press, 2009.

BERLIN, Andrea M.; OVERMAN, J. Andrew (Orgs.). *The First Jewish Revolt: Archaeology, History and Ideology*. Londres: Routledge, 2003.

BERRUECOS FRANK, Bernardo. "Classical Traditions and Internal Colonialism in Early Eighteenth-Century Mexico: Text, Translation, and Notes on Three of Villerias' Greek Epigrams". *International Journal of the Classical Tradition*, v. 29, n. 3, pp. 281--306, 2022.

BINDMAN, David. *Ape to Apollo: Aesthetics and the Idea of Race in the 18th Century*. Londres: Reaktion Books, 2002.

BIRLEY, Anthony R. *Hadrian: The Restless Emperor*. Londres: Routledge, 1997.

BLAND, Ben. *Generation HK: Seeking Identity in China's Shadow*. Melbourne, Austrália: Penguin, 2017.

BOECK, Elena N. *Imagining the Byzantine Past: The Perception of History in the Illustrated Manuscripts of Skylitzes and Manasses*. Cambridge: Cambridge University Press, 2015.

BONNER, Stanley. *Education in Ancient Rome: From the Elder Cato to the Younger Pliny*. Londres: Routledge, 2012.

BONNETT, Alastair. *The Idea of the West: Culture, Politics and History*. Basingstoke, Reino Unido: Palgrave Macmillan, 2004.

_____. *Multiracism: Rethinking Racism in Global Context*. 1. ed. Cambridge, Reino Unido: Polity Books, 2021.

BORGSTEDE, Simone Beate. *"All Is Race": Benjamin Disraeli on Race, Nation and Empire*. Munster: LIT Verlag, 2011.

BOULEGUE, Jean. "Un Echo d'Hérodote dans les représentations cartographiques africaines". In: LONGO, Susanna Gambino (Org.). *Hérodote à la Renaissance*. Turnhout: Brepols, 2012, pp. 167-74.

BOWERSOCK, Glen Warren. *Roman Arabia*. Cambridge, MA: Harvard University Press, 1994.

BRADLEY, Mark (Org.). *Classics and Imperialism in the British Empire*. Oxford: Oxford University Press, 2010.

BRASHEAR, William. "Classics in China". *The Classical Journal*, v. 86, pp. 73-8, 1990.

BRENDON, Piers. *The Decline and Fall of the British Empire*. Londres: Johnathan Cape. 2007.

BRENNAN, Timothy. *Places of Mind: A Life of Edward Said*. Londres: Bloomsbury, 2021.

BRIGGS, John Channing. "Chapman's Seaven Bookes of the Iliades: Mirror for Essex". *Studies in English Literature, 1500-1900*, v. 21, n. 1, pp. 59-73, 1981.

BROTTON, Jerry. *The Renaissance: A Very Short Introduction*. Oxford: Oxford University Press, 2006.

_____. *This Orient Isle: Elizabethan England and the Islamic World*. Londres: Allen Lane, 2016.

BROWN, Michelle P. *The Lindisfarne Gospels: Society, Spirituality and the Scribe*. Toronto: University of Toronto Press, 2003.

BROWNLEE, Kevin. "Dante and the Classical Poets". In: JACOFF, Rachel (Org.). *The Cambridge Companion to Dante*, 2. ed. Cambridge Companions to Literature. Cambridge: Cambridge University Press, 2007, pp. 141-60.

BRUCIA, Margaret A. "The African-American Poet, Jupiter Hammon: A Home-Born Slave and His Classical Name". *International Journal of the Classical Tradition*, v. 7, n. 4, p. 515, 2001.

BRUSASCO, Paolo. "The Assyrian Sculptures in the Mosul Cultural Museum: A Preliminary Assessment of What Was on Display Before Islamic State's Attack". *Journal of Near Eastern Studies*, v. 75, n. 2, pp. 205-48, 2016.

BULUT, Mehmet. *Ottoman-Dutch Economic Relations in the Early Modern Period 1571-1699*. Hilversum, Holanda: Uitgeverij Verloren, 2001.

BUMKE, Joachim. *Courtly Culture: Literature and Society in the High Middle Ages*. Berkeley: University of California Press, 1991.

BURCKHARDT, Jacob. *The Civilisation of the Renaissance in Italy*. Londres: Spottiswoode and Co., 1945. [Ed. bras.: *A cultura do Renascimento na Itália*. Trad. de Sérgio Tellaroli. São Paulo: Companhia das Letras, 2009.]

BURIONI, Matteo. "Vasari's Rinascita: History, Anthropology or Art Criticism?". In: PEPORTE, P.; LEE, A.; SCHNITKER, H. (Orgs.). *Renaissance? Perceptions of Continuity and Discontinuity in Europe, c. 1300-c. 1550*. Leiden: Brill, 2010, pp. 115-27.

BURKE, Peter. "Did Europe Exist before 1700?". *History of European Ideas*, v. 1, n. 1, pp. 21-9, 1980.

BURNHAM, James. *Suicide of the West: An Essay on the Meaning and Destiny of Liberalism*. Nova York: Encounter Books, 1964.

BUTLER, Todd. "The Cognitive Politics of Writing in Jacobean England: Bacon, Coke, and the Case of Edmund Peacham". *Huntington Library Quarterly*, v. 78, n. 1, pp. 21-39, 2015.

BUTTIGIEG, E. "A Habsburg Thalassocracy: Habsburgs and Hospitallers in the Early Modern Mediterranean, c. 1690-1750". In: HANS, Stefan; MCEWAN, Dorothea (Orgs.). *The Habsburg Mediterranean c. 1690-1750*. Viena: Austrian Academy of Sciences, 2021, pp. 99-118.

CAMPBELL, Chris. "The Rhetoric of Hobbes's Translation of Thucydides". *Review of Politics*, v. 84, n. 1, pp. 1-24, 2022.

CAMPBELL, Peter B. "The Illicit Antiquities Trade as a Transnational Criminal Network: Characterizing and Anticipating Trafficking of Cultural Heritage". *International Journal of Cultural Property*, v. 20, pp. 113-53, 2013.

CARLESS UNWIN, Naomi. *Caria and Crete in Antiquity: Cultural Interaction between Anatolia and the Aegean*. Cambridge: Cambridge University Press, 2017.

CARRETTA, Vincent. "Who Was Francis Williams?". *Early American Literature*, v. 38, n. 2, pp. 213-37, 2003.

CARTLEDGE, Paul. "Hellenism in the Enlightenment". In: VASUNIA, Phiroze; STONES, George Boys; GRAZIOSI, Barbara (Orgs.). *The Oxford Handbook of Hellenic Studies*. Oxford: Oxford University Press, 2009, pp. 166-72.

CASALI, Sergio. "The Development of the Aeneas Legend". In: FARRELL, Joseph; PUTNAM, Michael C. J. (Orgs.). *A Companion to Vergil's Aeneid and Its Tradition*. Hoboken, NJ: Wiley, 2010, pp. 37-51.

CASTRIOTA, D. "Feminizing the Barbarian and Barbarizing the Feminine: Amazons, Trojans, and Persians in the Stoa Poikile". In: BARRINGER, J. M.; HURWITT, J. M. (Orgs.). *Periclean Athens and Its Legacy: Problems and Perspectives*. Austin: University of Texas Press, 2005, pp. 89-102.

CATLOS, Brian A. *Kingdoms of Faith: A New History of Islamic Spain*. Oxford: Oxford University Press, 2018.

CHALLIS, Debbie. "'The Ablest Race': The Ancient Greeks in Victorian Racial Theory". In: BRADLEY, Mark (Org.). *Classics and Imperialism in the British Empire*. Oxford: Oxford University Press, 2010, pp. 94-120.

CHANG, Vincent K. L. "China's New Historical Statecraft: Reviving the Second World War for National Rejuvenation". *International Affairs*, v. 98, n. 3, pp. 1053-69, 2022.

CHEN, Xiaomei. *Occidentalism: A Theory of Counter-Discourse in Post-Mao China*. Nova York; Oxford: Oxford University Press, 1995.

CHIASSON, Charles C. "Herodotus' Use of Attic Tragedy in the Lydian Logos". *Classical Antiquity*, v. 22, n. 1, pp. 5-35, 2003.

CHING, Julia; OXTOBY, Willard G. (Orgs.). *Discovering China: European Interpretations in the Enlightenment*. Rochester, NY: University of Rochester Press, 1992.

CHRISSIS, Nikolaos G.; CARR, Mike; MAIER, Christoph (Orgs.). *Contact and Conflict in Frankish Greece and the Aegean, 1204-1453: Crusade, Religion and Trade between Latins, Greeks and Turks*. Farnham, Reino Unido: Routledge, 2014.

COBB, Paul. *The Race for Paradise: An Islamic History of the Crusades*. Oxford: Oxford University Press, 2016.

COHN, Bernand S. "Representing Authority in Victorian India". In: HOBSBAWM, Eric; RANGER, Terence (Orgs.). *The Invention of Tradition*. Cambridge: Cambridge University Press, 2012, pp. 165-210. [Ed. bras.: *A invenção das tradições*. Trad. de Celina Cavalcante. Rio de Janeiro: Paz & Terra, 1997.]

COLE, Joshua; SYMES, Carol. *Western Civilizations*. 5. ed. resumida. Nova York: W. W. Norton & Company, 2020.

COLVIN, Steven. "Greek Dialects in the Archaic and Classical Ages". In: BAKKER, Egbert J. (Org.). *A Companion to the Ancient Greek Language*. Blackwell Companions to the Ancient World. Chichester: Wiley-Blackwell, 2010, pp. 200-12.

COMMAGER, Henry Steele; MORRIS, Richard B. *The Spirit of Seventy-Six: The Story of the American Revolution As Told by Participants*. Nova York: Da Capo Press, 1968.

CONRAD, Sebastian. "Enlightenment in Global History: A Historiographical Critique". *American Historical Review*, v. 117, n. 4, pp. 999-1027, 2012.

COOK, Robert Manuel. *Clazomenian sarcophagi*. Mainz am Rhein: Von Zabern, 1981.

COOK, William W.; TATUM, James. *African American Writers and Classical Tradition*. Chicago: University of Chicago Press, 2010.

CREERY, Jennifer. "Emotional Leader Carrie Lam Says She 'Sacrificed' for Hong Kong, as Police Use Tear Gas, Rubber Bullets to Clear Protests". *Hong Kong Free Press*, 12 jun. 2019.

CUNLIFFE, Emma; CURINI, Luigi. "ISIS and Heritage Destruction: A Sentiment Analysis". *Antiquity*, v. 92, n. 364, pp. 1094-111, 2018.

D'ARAGONA, Tullia; MCLUCAS, John C.; HAIRSTON, Julia. *The Wretch, Otherwise Known as Guerrino, by Tullia D'Aragona*. Toronto: University of Toronto Press, 2024.

DARDENAY, Alexandra. *Les Mythes fondateurs de Rome: Images et politique dans l'Occident romain*. Paris: Picard, 2010.

DE ANGELIS, Franco (Org.). *A Companion to Greeks Across the Ancient World*. Newark, NJ: John Wiley & Sons, 2020.

DELANTY, Gerard. *Inventing Europe: Idea, Identity, Reality*. Nova York: St. Martin's Press, 1995.

DESMOND, Marilynn. "Trojan Itineraries and the Matter of Troy". In: COPELAND, Rita (Org.). *The Oxford History of Classical Reception in English Literature*. Oxford: Oxford University Press, 2016, pp. 251-68.

Referências bibliográficas 371

DISNEY, A. R. *A History of Portugal and the Portuguese Empire: From Beginnings to 1807*, v. 2: *The Portuguese Empire*. Cambridge: Cambridge University Press, 2009.

DI SPIGNA, Christian. *Founding Martyr: The Life and Death of Dr. Joseph Warren, the American Revolution's Lost Hero*. Nova York: Crown, 2018.

DONNELLAN, Lieve. "'Greek Colonization' and Mediterranean Networks: Patterns of Mobility and Interaction at Pithekoussai". *Journal of Greek Archaeology*, v. 1, pp. 109-48, 2016.

DORNINGER, Maria E. *Gottfried von Viterbo: Ein Autor in der Umgebung der Fruhen Staufer*. Stuttgart: Heinz, 1997.

_____. "Modern Readers of Godfrey". In: FOERSTER, Thomas (Org.). *Godfrey of Viterbo and His Readers: Imperial Tradition and Universal History in Late Medieval Europe*. Farnham, Reino Unido: Ashgate Publishing, 2015, pp. 13-36.

DOUFI KAR-AERTS, Faustina C. W. "A Hero without Borders: 2 Alexander the Great in the Syriac and Arabic Tradition." In: KRONUNG, Bettina; CUPANE, Carolina (Orgs.). *Fictional Storytelling in the Medieval Eastern Mediterranean and Beyond*, v. 1. Leiden: Brill, 2016, pp. 190-209.

DREYER, Edward L. *Zheng He: China and the Oceans in the Early Ming Dynasty, 1405-1433*. Nova York: Pearson, 2006.

DROGIN, Sara S. *Spare Me the Details!: A Short History of Western Civilization*. Bloomington, IN: iUniverse, 2008.

EIGEN, Sara; LARRIMORE, Mark (Orgs.). *The German Invention of Race*. Ithaca, Nova York: State University of New York Press, 2006.

ENGELS, Johannes. "Macedonians and Greeks". In: ROISMAN, J.; WORTHINGTON, Ian (Orgs.). *A Companion to Ancient Macedonia*. Oxford: Wiley Blackwell, 2010, pp. 81-98.

ERSKINE, Andrew. *Troy Between Greece and Rome: Local Tradition and Imperial Power*. Reed. Oxford: Oxford University Press, 2001.

EVRIGENIS, Ioannis D. "Hobbes's Thucydides". *Journal of Military Ethics*, v. 5, n. 4, pp. 303-16, 2006.

FAFINSKI, Mateusz. *Roman Infrastructure in Early Medieval Britain*. Amsterdam: Amsterdam University Press, 2021.

FALK, Seb. *The Light Ages: The Surprising Story of Medieval Science*. Nova York: W.W. Norton, 2020.

FAN, Xin. *World History and National Identity in China: The Twentieth Century*. Cambridge, Reino Unido: Cambridge University Press, 2021.

FANON, Frantz. *The Wretched of the Earth*. Nova York: Grove Press, 1963. [Ed. bras.: *Os condenados da terra*. Trad. de Ligia Fonseca Ferreira e Regina Salgado Campos. Rio de Janeiro: Zahar, 2022.]

FAUVELLE, François-Xavier. *The Golden Rhinoceros: Histories of the African Middle Ages*. Princeton, NJ: Princeton University Press, 2018.

FEILE TOMES, Maya. "News of a Hitherto Unknown Neo-Latin Columbus Epic, Part II: Jose Manuel Peramas's 'De Invento Novo Orbe Inductoque Illuc Christi Sacrificio' (1777)". *International Journal of the Classical Tradition*, v. 22, n. 2, pp. 223-57, 2015.

FERNANDEZ-GOTZ, Manuel; MASCHEK, Dominik; ROYMANS, Nico. "The Dark Side of the Empire: Roman Expansionism between Object Agency and Predatory Regime". *Antiquity*, v. 94, n. 378, pp. 1630-39, 2020.

FIELD, Arthur. *The Origins of the Platonic Academy of Florence*. Princeton, NJ: Princeton University Press, 1988.

FIERRO, Maribel (Org.). *The Routledge Handbook of Muslim Iberia*. Milton Park, Reino Unido: Taylor and Francis, 2020.

FILIPEC, Ondřej. *The Islamic State: From Terrorism to Totalitarian Insurgency*. Londres: Routledge, 2020.

FINKELSTEIN, J. J. "Mesopotamian Historiography". *Proceedings of the American Philosophical Society*, v. 107, n. 6, pp. 461-72, 1963.

FLOOD, Finbarr Barry; ELSNER, Jaś. "Idol-Breaking as Image-Making in the 'Islamic State'". *Religion and Society*, v. 7, pp. 116-27, 2016.

FORMAN, Samuel A. *Dr. Joseph Warren: The Boston Tea Party, Bunker Hill, and the Birth of American Liberty*. Gretna, LA: Pelican Publishing, 2011.

FOWLER, Corinne. *Green Unpleasant Land: Creative Responses to Rural England's Colonial Connections*. Leeds, Reino Unido: Peepal Tree, 2021.

FOWLER, Robert L. "Genealogical Thinking, Hesiod's Catalogue, and the Creation of the Hellenes". *Cambridge Classical Journal*, v. 44, pp. 1-19, 1999.

FRANKOPAN, Peter. *The New Silk Roads: The Present and Future of the World*. Londres: Bloomsbury Publishing, 2019.

FRASSETTO, M.; BLANKS, D. (Orgs.). *Western Views of Islam in Medieval and Early Modern Europe: Perception of Other*. Nova York: Palgrave Macmillan US, 1999.

FREED, John B. *Frederick Barbarossa: The Prince and the Myth*. New Haven, CT: Yale University Press, 2016.

FRENCH, Howard W. *Born in Blackness: Africa, Africans, and the Making of the Modern World, 1471 to the Second World War*. Nova York: Liveright Publishing, 2021.

FRISCH, Peter. *Die Inschriften von Ilion*, v. 3: *Inschriften griechischer Stadte aus Kleinasien*. Bonn: Habelt, 1975.

FROTHINGHAM, Richard. *Life and Times of Joseph Warren*. Boston, MA: Little, Brown, 1865.

FUCHS, Werner. "Die Bildeschichte der Flucht des Aeneas". *Aufstieg und Niedergang der römischen Welt*, v. 1, n. 4, pp. 615-32, 1975.

FUKUYAMA, Francis. *Liberalism and Its Discontents*. Nova York: Farrar, Straus and Giroux, 2022. [Ed. port.: *Liberalismo e seus descontentes*. Trad. de Miguel Diogo. Lisboa: Dom Quixote, 2022.]

FURSTENBERG, François. *In the Name of the Father: Washington's Legacy, Slavery, and the Making of a Nation*. Londres: Penguin Books, 2007.

FUTO KENNEDY, Rebecca. "On the History of 'Western Civilization', Part 1". *Classics at the Intersections* (blog), abr. 2019. Disponível em: <rfkclassics.blogspot.com/2019/04/on-history-of-western-civilization-part.html>. Acesso em: 21 jan. 2024.

Referências bibliográficas 373

FUTO KENNEDY, Rebecca. "Classics and 'Western Civilization': The Troubling History of an Authoritative Narrative". In: SANTANGELO, Federico; MARQUES, Juliana Bastos (Orgs.). *Authority: Ancient Models, Modern Questions*. Londres: Bloomsbury Academic, 2022, pp. 87-108.

GAGNE, Renaud. "What Is the Pride of Halicarnassus?". *Classical Antiquity*, v. 25, n. 1, pp. 1-33, 2006.

GAJDA, Alexandra. *The Earl of Essex and Late Elizabethan Political Culture*. Oxford: Oxford University Press, 2012.

GALINSKY, Karl. "Herakles Vajrapani, the Companion of Buddha". In: ALLAN, Arlene L.; ANAGNOSTOU-LAOUTIDES, Eva; STAFFORD, Emma (Orgs.). *Herakles Inside and Outside the Church*. Leiden: Brill, 2020, pp. 315-32.

GATES, Henry Louis Jr. "Phillis Wheatley on Trial". *New Yorker*, pp. 82-7, 20 jan. 2003.

GIOVANNOZZI, Delfina. "Leone Ebreo in Tullia d'Aragona's Dialogo: Between Varchi's Legacy and Philosophical Autonomy". *British Journal for the History of Philosophy*, v. 27, n.4, pp. 702-17, 2019.

GLADHILL, Bill. "The Poetics of Alliance in Vergil's Aeneid". *Dictynna. Revue de Poétique Latine*, n. 6, jun. 2009.

GLASSNER, Jean-Jacques. *Mesopotamian Chronicles*. Org. de Benjamin R. Foster. Atlanta, GA: Society of Biblical Literature, 2004.

GOERTZ, Stefan. *Der neue Terrorismus: Neue Akteure, Strategien, Taktiken und Mittel*. 2. ed. Wiesbaden, Alemanha: Springer Fachmedien, 2021.

GOFF, Barbara (Org.). *Classics and Colonialism*. Londres: Duckworth, 2005.

GOFF, Barbara E. *"Your Secret Language": Classics in the British Colonies of West Africa*. Nova York: Bloomsbury Academic, 2013.

GOGWILT, Christopher. *The Invention of the West. Joseph Conrad and the Double-Mapping of Europe and Empire*. Stanford, CA: Stanford University Press, 1995.

GOLDBERG, Jonah. *Suicide of the West: How the Rebirth of Tribalism, Nationalism, and Socialism Is Destroying American Democracy*. Nova York: Crown Forum, 2018.

GOMEZ, Michael. *African Dominion: A New History of Empire in Early and Medieval West Africa*. Princeton, NJ: Princeton University Press, 2019.

GOODWIN, Jason. *Lords of the Horizons: A History of the Ottoman Empire*. Londres: Chatto and Windus, 1999.

GORDON, Andrew. "'A Fortune of Paper Walls': The Letters of Francis Bacon and the Earl of Essex". *English Literary Renaissance*, v. 37, n. 3, pp. 319-36, 2007.

GORDON, William. *The History of the Rise, Progress, and Establishment, of the Independence of the United States of America: Including an Account of the Late War; and of the Thirteen Colonies, from their Origins to that Period, by William Gordon, D.D.* Nova York: Hodge, Allen, and Campbell, 1788.

GRAEBER, David; WENGROW, David. *The Dawn of Everything: A New History of Humanity*. Londres: Penguin, 2021. [Ed. bras.: *O despertar de tudo: Uma nova história da humanidade*. Trad. de Cláudio Marcondes e Denise Bottmann. São Paulo: Companhia das Letras, 2022.]

GRAZIOSI, Barbara. "On Seeing the Poet: Arabic, Italian and Byzantine Portraits of Homer". *Scandinavian Journal of Byzantine and Modern Greek Studies*, n. 1, pp. 25-47, jun. 2015.

GREEN, Toby. *A Fistful of Shells: West Africa from the Rise of the Slave Trade to the Age of Revolution*. Londres: Allen Lane, 2019.

GREENBLATT, Stephen. *The Swerve: How the World Became Modern*. Nova York; Londres: W.W. Norton, 2012.

GREENWOOD, Emily. "Black Odysseys: The Homeric Odyssey in the African Diaspora since 1939". In: HARDWICK, Lorna; GILLESPIE, Carol (Orgs.). *Classics in Post-Colonial Worlds*, pp. 192-210. Oxford: Oxford University Press, 2007.

_____. *Afro-Greeks: Dialogues between Anglophone Caribbean Literature and Classics in the Twentieth Century*. Oxford: Oxford University Press, 2010.

_____. "The Politics of Classicism in the Poetry of Phillis Wheatley". In: ALSTON, Richard; HALL, Edith; MCCONNELL, Justine (Orgs.). *Ancient Slavery and Abolition: From Hobbes to Hollywood*. Oxford: Oxford University Press, 2011, pp. 153-80.

GRESS, David. *From Plato to NATO: The Idea of the West and Its Opponents*. Nova York: Free Press, 1998.

GUTAS, Dimitri. *Greek Thought, Arabic Culture: The Graeco-Arabic Translation Movement in Baghdad and Early 'Abbasid Society (2nd-4th / 8th-10th Centuries)*. Londres: Routledge, 1998.

HACKETT, Helen. "A New Image of Elizabeth I: The Three Goddesses Theme in Art and Literature". *Huntington Library Quarterly*, v. 77, n. 3, pp. 225-56, 2014.

HAIRSTON, Julia L. "Introduction". In: HAIRSTON, Julia (Org.). *The Poems and Letters of Tullia d'Aragona and Others*. Toronto: Iter, 2014.

HALL, Edith. *Inventing the Barbarian: Greek Self-Definition through Tragedy*. Oxford: Clarendon Press, 1989.

HALL, Edith; STEAD, Henry. *A People's History of Classics: Class and Greco-Roman Antiquity in Britain and Ireland 1689 to 1939*. Londres: Routledge, 2020.

HALL, Jonathan M. *Ethnic Identity in Greek Antiquity*. Cambridge: Cambridge University Press, 1997.

_____. *Hellenicity: Between Ethnicity and Culture*. Chicago: University of Chicago Press, 2002.

HANINK, Johanna. *The Classical Debt: Greek Antiquity in an Era of Austerity*. Ed. ilustrada. Cambridge, MA: Harvard University Press, 2017.

HANSEN, Mogens Herman; NIELSEN, Thomas Heine (Orgs.). *An Inventory of Archaic and Classical "Poleis": An Investigation Conducted by the Copenhagen Polis Centre for the Danish National Research Foundation*. Oxford: Oxford University Press, 2004.

HARLOE, Katherine. *Winckelmann and the Invention of Antiquity: History and Aesthetics in the Age of Altertumswissenschaft*. Oxford: Oxford University Press, 2013.

HARRIS, Jonathan. *Byzantium and the Crusades*. Londres: Bloomsbury, 2003.

_____. "The Debate on the Fourth Crusade". *History Compass*, v. 2, n. 1, 2005.

_____. *The End of Byzantium*. New Haven, CT: Yale University Press, 2010.

Referências bibliográficas

HARTMANN, Anna-Maria. "The Strange Antiquity of Francis Bacon's New Atlantis". *Renaissance Studies*, v. 29, n. 3, pp. 375-93, 2015.

HARVEY, D. *The French Enlightenment and Its Others: The Mandarin, the Savage, and the Invention of the Human Sciences*. Londres: Springer, 2012.

HAWKINS, Mike. *Social Darwinism in European and American Thought, 1860-1945: Nature as Model and Nature as Threat*. Cambridge: Cambridge University Press, 1997.

HAZAREESINGH, Sudhir. *Black Spartacus: The Epic Life of Toussaint Louverture*. Londres: Allen Lane, 2020. [Ed. bras.: *O maior revolucionário das Américas: A vida épica de Toussaint Louverture*. Rio de Janeiro: Zahar, 2021.]

HE, Xiao. "Ancient Civilisations Forum with the Belt and Road Initiative". In: FANG, Cai; NOLAN, Peter; LINGGUI, Wang (Orgs.). *The Routledge Handbook of the Belt and Road*. Londres: Routledge, 2019, pp. 430-3.

HEALY, Jack. "These Are the 5 People Who Died in the Capitol Riot". *New York Times*, 11 jan. 2021.

HEATHER, Peter J. *The Goths*. Oxford: Blackwell, 1996.

_____. *Empires and Barbarians: The Fall of Rome and the Birth of Europe*. Oxford: Oxford University Press, 2009.

_____. *The Restoration of Rome: Barbarian Popes and Imperial Pretenders*. Oxford: Oxford University Press, 2017.

HEGEL, Georg Wilhelm Friedrich; KNOW, T. M.; KRONER, Richard. *Early Theological Writings, G.W.F. Hegel*. Filadélfia: University of Pennsylvania Press, 1975.

HENG, Geraldine. *The Invention of Race in the European Middle Ages*. Cambridge: Cambridge University Press, 2018.

HENRICH, Joseph. *The Weirdest People in the World: How the West Became Psychologically Peculiar and Particularly Prosperous*. Londres: Allen Lane, 2020.

HEPPLE, Leslie W. "'The Museum in the Garden': Displaying Classical Antiquities in Elizabethan and Jacobean England". *Garden History*, v. 29, n. 2, pp. 109-20, 2001.

HERING, K. "Godfrey of Viterbo: Historical Writing and Imperial Legitimacy at the Early Hohenstaufen Court". In: FOERSTER, Thomas (Org.). *Godfrey of Viterbo and His Readers: Imperial Tradition and Universal History in Late Medieval Europe*. Farnham, Reino Unido: Ashgate Publishing, 2015, pp. 47-66.

HERRIN, Judith. *Byzantium: The Surprising Life of a Medieval Empire*. Princeton, NJ: Princeton University Press, 2007.

_____. *Ravenna: Capital of Empire, Crucible of Europe*. Princeton, NJ: Princeton University Press, 2020.

HEYWOOD, Linda M. *Njinga of Angola: Africa's Warrior Queen*. Cambridge, MA: Harvard University Press, 2017.

HILDEBRANDT, Berit. *Silk: Trade and Exchange along the Silk Roads between Rome and China in Antiquity*. Oxford: Oxbow Books, 2017.

HILL, Lisa; NIDUMOLU, Prasanna. "The Influence of Classical Stoicism on John Locke's Theory of Self-Ownership". *History of the Human Sciences*, v. 34, n. 3-4, pp. 3-24, 2021.

HINGLEY, Richard. *Roman Officers and English Gentlemen: The Imperial Origins of Roman Archaeology*. Londres: Routledge, 2001.

HINGLEY, Richard. *Globalizing Roman Culture: Unity, Diversity and Empire*. Londres: Routledge, 2005.

_____. "Assessing How Representation of the Roman Past Impacts Public Perceptions of the Province of Britain". *Public Archaeology*, v. 18, n. 4, pp. 241-60, 2019.

HOBSON, John M. *The Eastern Origins of Western Civilisation*. Cambridge, Reino Unido: Cambridge University Press, 2004.

_____. *Multicultural Origins of the Global Economy: Beyond the Western-Centric Frontier*. Cambridge, Reino Unido: Cambridge University Press, 2020.

HOBSBAWM, Eric. *Industry and Empire*. Londres: Penguin Books, 1968. [Ed. bras.: *Da Revolução Industrial inglesa ao imperialismo*. Trad. de Donald Garschagen. São Paulo: Forense Universitária, 1979.]

HOBSBAWM, Eric; RANGER, Terence (Orgs.). *The Invention of Tradition*. Cambridge: Cambridge University Press, 2012. [Ed. bras.: *A invenção das tradições*. Trad. de Celina Cavalcante. Rio de Janeiro: Paz & Terra, 1997.]

HORSFALL, Nicholas. "The Aeneas Legend and the 'Aeneid'". *Vergilius*, v. 32, pp. 8-17, 1986.

HORSFALL, Nicholas (Org.). *A Companion to the Study of Virgil*. Leiden, Holanda: Brill, 2000.

HOWER, Jessica S. *Tudor Empire: The Making of Early Modern Britain and the British Atlantic World, 1485-1603*. Cham, Suíça: Palgrave Macmillan, 2020.

HSING, I-Tien. "Heracles in the East: The Diffusion and Transformation of His Image in the Arts of Central Asia, India, and Medieval China". *Asia Major*, v. 18, n. 2, pp. 103-54, 2005.

HUME, David. *Political Essays*. Cambridge, Reino Unido: Cambridge University Press, 1994. [Ed. bras.: *Ensaios políticos*. Trad. de E. Jacy Monteiro. São Paulo: Ibrasa, 1963.]

HUNT, Lucy-Anne. "A Deesis Mould in Berlin: Christian-Muslim Cultural Interchange between Iran, Syria and Mesopotamia in the Early Thirteenth Century". *Islam and Christian-Muslim Relations*, v. 22, n. 2, pp. 127-45, 2011.

HUNTINGTON, Samuel P. *The Clash of Civilizations and the Remaking of the World Order*. Londres: Free Press, 1996. [Ed. bras.: *O choque de civilizações e a recomposição da ordem mundial*. Trad. de M. H. C. Côrtes. Rio de Janeiro: Objetiva, 1997.]

HUXTABLE, Sally-Anne; FOWLER, Corinne; KEFALAS, Christo; SLOCOMBE, Emma. "Interim Report on the Connections between Colonialism and Properties Now in the Care of the National Trust Including Links with Historic Slavery". Swindon, Reino Unido: National Trust, 2020.

INALCIK, Halil. *The Ottoman Empire: The Classical Age 1300-1600*. Londres: Phoenix, 2001.

INNES, Matthew. "Teutons or Trojans? The Carolingians and the Germanic Past". In: HEN, Yitzhak; INNES, Matthew (Orgs.). *The Uses of the Past in the Early Middle Ages*. Cambridge: Cambridge University Press, 2000, pp. 227-49.

IRWIN, Elizabeth. "To Whom Does Solon Speak? Conceptions of Happiness and Ending Life Well in the Later Fifth Century (Her. 1:29-33)". In: GEUS, K.; IRWIN,

Referências bibliográficas 377

Elizabeth; POISS, Thomas (Orgs.). *Herodots Wege Des Erzahlens: Logos Und Topos in Den Historien*. Berna, Suíça: Peter Lang Edition, 2013, pp. 261-321.

ISAAC, Benjamin; ELIAV-FELDON, Miriam; ZIEGLER, Joseph (Orgs.). *The Origins of Racism in the West*. Cambridge: Cambridge University Press, 2009.

ISAKHAN, Benjamin; MESKELL, Lynn. "Unesco's Project to 'Revive the Spirit of Mosul': Iraqi and Syrian Opinion on Heritage Reconstruction after the Islamic State". *International Journal of Heritage Studies*, v. 25, n. 11, pp. 1189-204, 2019.

ISBA, Anne. "Trouble with Helen: The Gladstone Family Crisis, 1846-1848". *History*, v. 88, n. 2, pp. 249-61, 2003.

ISRAEL, Jonathan I. *Radical Enlightenment: Philosophy and the Making of Modernity, 1650--1750*. Oxford: Oxford University Press, 2001. [Ed. bras.: *Iluminismo radical: A filosofia e a construção da modernidade*. Trad. de Cláudio Blanc. São Paulo: Madras, 2009.]

_____. *Enlightenment Contested: Philosophy, Modernity, and the Emancipation of Man, 1670-1752*. Oxford: Oxford University Press, 2006.

_____. *A Revolution of the Mind: Radical Enlightenment and the Intellectual Origins of Modern Democracy*. Princeton, NJ: University Press, 2009. [Ed. bras.: *A Revolução das Luzes: O Iluminismo radical e as origens intelectuais da democracia moderna*. Trad. de Daniel Moreira Miranda. São Paulo: Edipro, 2013.]

_____. *Democratic Enlightenment: Philosophy, Revolution, and Human Rights, 1750-1790*. Oxford: Oxford University Press, 2011.

ISSA, Hanan. *My Body Can House Two Hearts*. Bristol, Reino Unido: Burning Eye Books, 2018.

JACKSON, Maurice; KOZEL, Susan (Orgs.). *Quakers and Their Allies in the Abolitionist Cause, 1754-1808*. Nova York: Routledge, 2015.

JACOB, Margaret C. *The Enlightenment: A Brief History with Documents*. Boston, MA: Bedford/St. Martin's, 2001.

_____. *The Secular Enlightenment*. Princeton, NJ: Princeton University Press, 2019.

JAMES, C. L. R. *The Black Jacobins: Toussaint L'Ouverture and the San Domingo Revolution*. Nova York: Vintage Books, 1989. [Ed. bras.: *Os jacobinos negros: Toussaint L'Ouverture e a Revolução de São Domingos*. Trad. de Afonso Teixeira Filho. São Paulo: Boitempo, 2010.]

JARDINE, Lisa. "Gloriana Rules the Waves: Or, the Advantage of Being Excommunicated (and a Woman)". *Transactions of the Royal Historical Society*, v. 14, n. 14, pp. 209-22, 2004.

JARDINE, Lisa; STEWART, Alan. *Hostage to Fortune: The Troubled Life of Francis Bacon (1561-1626)*. Londres: Gollancz, 1998.

JEFFERS, Honoree Fanonne. *The Age of Phillis*. Middletown, CT: Wesleyan University Press, 2020.

JENKINS, Roy. *Gladstone*. Londres: Pan Macmillan, 2012.

JOHNSON, Marguerite. *Boudicca*. Londres: A& C Black, 2012.

JORDAN, William Chester. "'Europe' in the Middle Ages". In: PAGDEN, Anthony (Org.). *The Idea of Europe: From Antiquity to the European Union*. Cambridge: Cambridge University Press, 2002, pp. 72-90.

KALB, Judith E. *Russia's Rome: Imperial Visions, Messianic Dreams, 1890-1940*. Madison, WI: University of Wisconsin Press, 2008.

KALDELLIS, Anthony. *Hellenism in Byzantium: The Transformations of Greek Identity and the Reception of the Classical Tradition*. Cambridge: Cambridge University Press, 2007.

_____. *Byzantium Unbound*. Leeds: Arc Humanities Press, 2019a.

_____. *Romanland: Ethnicity and Empire in Byzantium*. Cambridge, MA: Belknap Press, 2019b.

KAMIL, Jill. *Christianity in the Land of the Pharaohs: The Coptic Orthodox Church*. Milton Park, Reino Unido: Taylor and Francis, 2013.

KAMMEN, Michael. "The Meaning of Colonization in American Revolutionary Thought". *Journal of the History of Ideas*, v. 31, n. 3, pp. 337-58, 1970.

KANT, Immanuel. *Observations on the Feeling of the Beautiful and Sublime and Other Writings*. Cambridge; Nova York: Cambridge University Press, 2011 [1764]. [Ed. bras.: *Observações sobre o sentimento do belo e do sublime; ensaio sobre as doenças mentais*. Trad. de Vinicius de Figueiredo, Campinas: Papirus, 2000.]

KANTER, Douglas. "Gladstone and the Great Irish Famine". *Journal of Liberal History*, v. 81, pp. 8-14, 2013.

KAYAALP, Pinar. *The Empress Nurbanu and Ottoman Politics in the Fifth Century: Building the Atik Valide*. Milton Park, Reino Unido: Routledge, 2018.

KEEN, Michael; SLEMROD, Joel. *Rebellion, Rascals, and Revenue: Tax Follies and Wisdom Through the Ages*. Princeton, NJ: Princeton University Press, 2021.

KEEVAK, Michael. *The Story of a Stele: China's Nestorian Monument and Its Reception in the West, 1625-1916*. Hong Kong: Hong Kong University Press, 2008.

_____. *Becoming Yellow: A Short History of Racial Thinking*. Princeton, NJ: Princeton University Press, 2011.

KENNEDY, Hugh. *Muslim Spain and Portugal: A Political History of Al-Andalus*. Londres: Routledge, 1996. [Ed. bras.: *Os muçulmanos na Península Ibérica: História política do Al-Andalus*. Trad. de Maria Georgina Segurado. Lisboa: Publ. Europa-América, 1999.]

KIDD, Thomas S. *The Great Awakening: The Roots of Evangelical Christianity in Colonial America*. New Haven, CT: Yale University Press, 2009.

_____. *George Whitefield: America's Spiritual Founding Father*. New Haven, CT: Yale University Press, 2014.

KISHLANSKY, Mark; GEARY, Patrick; O'BRIEN, Patricia. *A Brief History of Western Civilization: The Unfinished Legacy*, v. 1. 5. ed. Nova York: Longman Publishing, 2006.

KLEINGELD, Pauline. "Kant's Second Thoughts on Race". *Philosophical Quarterly*, v. 57, n. 229, pp. 573-92, 2007.

KOCH, Richard; SMITH, Chris. *Suicide of the West*. Londres; Nova York: Continuum, 2006.

KOŁODZIEJCZYK, Dariusz. "Khan, Caliph, Tsar and Imperator: The Multiple Identities of the Ottoman Sultan". In: KOŁODZIEJCZYK, Dariusz; BANG, Peter Fibiger (Orgs.).

Referências bibliográficas

Universal Empire: A Comparative Approach to Imperial Culture and Representation in Eurasian History. Cambridge: Cambridge University Press, 2012, pp. 175-93.

LAIHUI, Xie. "The Belt and Road Initiative and the Road Connecting Different Civilisations". In: FANG, Cai; NOLAN, Peter (Orgs.). *The Routledge Handbook of the Belt and Road*. Londres: Routledge, 2019, pp. 165-9.

LAIRD, Andrew. *The Epic of America: An Introduction to Rafael Landívar and the "Rusticatio Mexicana"*. Londres: Duckworth, 2006.

_____. "Latin America". In: KALLENDORF, Craig W. (Org.). *A Companion to the Classical Tradition*. Chichester, Reino Unido: John Wiley & Sons, 2007, pp. 222-36.

ŁAJTAR, Adam; OCHAŁA, Grzegorz. "Language Use and Literacy in Late Antique and Medieval Nubia". In: EMBERLING, Geoff; WILLIAMS, Bruce Beyer (Orgs.). *The Oxford Handbook of Ancient Nubia*, pp. 786-805. Oxford: Oxford University Press, 2021.

LAKOMY, Miron. *Islamic State's Online Propaganda: A Comparative Analysis*. Nova York: Routledge, 2021.

LAPE, Susan. *Race and Citizen Identity in the Classical Athenian Democracy*. Cambridge: Cambridge University Press, 2010.

LAU, Kenneth. "Lam Bares the 'Bad Records' in Her Life". *The Standard*, 3 maio 2016.

LEVINE, Philippa. *The British Empire: Sunrise to Sunset*. 3. ed. Londres: Routledge, 2020.

LEWIS, Bernard. "The Roots of Muslim Rage". *The Atlantic*, pp. 47-60, set. 1990.

LEWIS, Bernard; BRAUDE, Benjamin (Orgs.). *Christians & Jews in the Ottoman Empire: The Functioning of a Plural Society*, v. 2. Nova York: Holmes & Meier, 1982.

LI, Xue. "Exchanges and Mutual Learning among Civilisations". In: FANG, Cai; NOLAN, Peter (Orgs.). *The Routledge Handbook of the Belt and Road*. Londres: Routledge, 2019, pp. 272-7.

LIFSCHITZ, Avi. "Rousseu's Imagined Antiquity: An Introduction". *History of Political Thought*, v. 37, pp. 1-7, 2016.

LOW, Polly. *The Athenian Empire*. Edimburgo: Edinburgh University Press, 2008.

LUCAS, Edward. *New Cold War: Putin's Russia and the Threat to the West*. Nova York: St. Martin's Press, 2008.

LUPHER, David A. *Romans in a New World: Classical Models in Sixteenth-Century Spanish America*. Ann Arbor, MI: University of Michigan Press, 2002.

MA, John; PAPAZARKADAS, Nikolaos; PARKER, Robert (Orgs.). *Interpreting the Athenian Empire*. Londres: Duckworth, 2009.

MCCONNELL, Justine. *Black Odysseys: The Homeric Odyssey in the African Diaspora Since 1939*. Oxford: Oxford University Press, 2013.

MCCOSKEY, Denise (Org.). *A Cultural History of Race*, v. 1: *In Antiquity*. Londres: Bloomsbury Academic, 2021.

MACCULLOCH, Diarmaid. *A History of Christianity*. Londres: Penguin, 2010.

MCDANIEL, Spencer. "Here's What the Costumes and Flags on Display at the Pro--Trump Insurrection Mean". *Tales of Times Forgotten* (blog), 8 jan. 2021. Disponível em: <talesoftimesforgotten.com/2021/01/08/heres-what-the-costumes-and-flags-on-display-at-the-pro-trump-insurrection-mean>. Acesso em: 21 jan. 2024.

MCKENZIE, Judith S.; WATSON, Francis. *The Garima Gospels: Early Illuminated Gospel Books from Ethiopia*. Oxford: University of Oxford, 2016.

MCLAUGHLIN, M. L. "Humanist Concepts of Renaissance and Middle Ages in the Tre- and Quattrocento". *Renaissance Studies*, v. 2, n. 2, pp. 131-42, 1988.

MCLUCAS, John C. "Renaissance Carolingian: Tullia d'Aragona's Il Meschino, Altramente Detto Il Guerrino". *Olifant*, v. 25, n. 1/2, pp. 313-20, 2006.

MCNEILL, William. *The Rise of the West*. Chicago: University of Chicago Press, 1963.

MAC SWEENEY, Naoise. "Race and Ethnicity". In: MCCOSKEY, Denise (Org.). *A Cultural History of Race*, v. 1: *Antiquity*. Londres: Bloomsbury, 2021b, pp. 103-18.

_____. *Troy: Myth, City, Icon*. Londres: Bloomsbury Academic, 2018.

_____. "Regional Identities in the Greek World: Myth and Koinon in Ionia". *Historia. Zeitschrift Fur Alte Geschichte*, v. 70, n. 2, pp. 268-314, 2021a.

MAC SWEENEY, Naoise (Org.). *Foundation Myths in Ancient Societies: Dialogues and Discourses*. Filadélfia: University of Pennsylvania Press, 2013.

MAHBUBANI, Kishore. *Has China Won?: The Chinese Challenge to American Primacy*. Nova York: PublicAffairs, 2020.

MAIRS, Rachel. *The Hellenistic Far East: Archaeology, Language, and Identity in Greek Central Asia*. Berkeley: University of California Press, 2016.

MAIRS, Rachel (Org.). *The Graeco-Bactrian and Indo-Greek World*. Londres: Routledge, 2020.

MAJENDIE, Adam; PRASSO, Sheridan; HAMLIN, Kevin; HAN, Miao; MANGI, Faseeh; KAY, Chris; GEBRE, Samuel; BENSASSON, Marcus. "China's Empire of Money Is Reshaping Global Trade". Bloomberg.com, 1º ago. 2018. Disponível em: <www.bloomberg. com/news/features/2018-08-01/china-s-empire-of-money-is-reshaping-lives-across-new-silk-road>. Acesso em: 21 jan. 2024.

MALAMUD, Margaret. *Ancient Rome and Modern America*. Hoboken, NJ: Wiley, 2009.

_____. "'Translatio Imperii: America as the New Rome *c.* 1900". In: BRADLEY, Mark (Org.). *Classics and Imperialism in the British Empire*. Oxford: Oxford University Press, 2010, pp. 249-83.

_____. *African Americans and the Classics: Antiquity, Abolition and Activism*. Londres: I. B. Tauris, 2016.

MALCOLM, Noel. *Useful Enemies: Islam and the Ottoman Empire in Western Political Thought, 1450-1750*. Oxford: Oxford University Press, 2019.

MALIK, Kenan. *The Meaning of Race: Race, History and Culture in Western Society*. Nova York: New York University Press, 1996.

_____. "Seeing Reason: Jonathan Israel's Radical Vision". *New Humanist*, 21 jun. 2013.

MALKIN, Irad (Org.). *Ancient Perceptions of Greek Ethnicity*. Cambridge, MA: Harvard University Press, 2001.

MARCHAND, Suzanne L. *Down from Olympus. Archaeology and Philhellenism in Germany, 1750-1970*. Princeton NJ: Princeton University Press, 1996.

_____. *German Orientalism in the Age of Empire: Religion, Race, and Scholarship*. Cambridge: Cambridge University Press, 2009.

MARINELLA, Lucrezia; STAMPINO, Maria Gill. *Enrico; or, Byzantium Conquered: A Heroic Poem*. Chicago: University of Chicago Press, 2009.

MARSHALL, Peter. "'Rather with Papists than with Turks': The Battle of Lepanto and the Contours of Elizabethan Christendom". *Reformation*, v. 17, n. 1, pp. 135-59, 2012.

MASON, Rowena. "Tory Party Chairman Says 'Painful Woke Psychodrama' Weakening the West". *Guardian*, 14 fev. 2022.

MATTINGLY, D. J. *Imperialism, Power, and Identity: Experiencing the Roman Empire*. Princeton, NJ: Princeton University Press, 2011.

MAZZOTTA, Giuseppe. "Italian Renaissance Epic". In: BATES, Catherine (Org.). *The Cambridge Companion to the Epic*. Cambridge: Cambridge University Press, 2010, pp. 93-118.

MEIGGS, Russell; LEWIS, David. *A Selection of Greek Historical Inscriptions: To the End of the Fifth Century B.C.* Oxford: Clarendon Press, 1969.

MENZIES, Gavin. *1421: The Year China Discovered the World*. Londres: William Morrow & Co, 2003.

MERRILLS, Andrew; MILES, Richard. *The Vandals*. Hoboken, NJ: Wiley, 2010.

MESERVE, Margaret. *Empires of Islam in Renaissance Historical Thought*. Cambridge, MA: Harvard University Press, 2008.

MITCHELL, Peter; LANE, Paul J. (Orgs.). *The Oxford Handbook of African Archaeology*. Oxford: Oxford University Press, 2013.

MITTER, Rana. *China's Good War: How World War II Is Shaping a New Nationalism*. Cambridge, MA: Belknap Press, 2020.

MOKYR, Joel. *The Enlightened Economy: An Economic History of Britain, 1700-1850*. New Haven, CT: Yale University Press, 2009.

MOLES, John P. "Herodotus and Athens". In: BAKKER, Egbert J.; JONG, Irene J. F.; WEES, Hans (Orgs.). *Brill's Companion to Herodotus*. Leiden: Brill, 2002, pp. 33-52.

MOMIGLIANO, Arnaldo. "The Place of Herodotus in the History of Historiography". *History*, v. 43, n. 147, pp. 1-13, 1958.

MONOSON, S. Sara. "Recollecting Aristotle: Pro-Slavery Thought in Antebellum America and the Argument of *Politics* Book I". In: ALSTON, Richard; HALL, Edith; MCCONNELL, Justine (Orgs.). *Ancient Slavery and Abolition: From Hobbes to Hollywood*. Oxford: Oxford University Press, 2011, pp. 247-78.

MORRIS, Ian. *Why the West Rules — for Now: The Patterns of History and What They Reveal about the Future*. Londres: Profile Books, 2011.

MORTON, Nicholas. *Encountering Islam on the First Crusade*. Cambridge: Cambridge University Press, 2016.

MOYER, Ian; LECZNAR, Adam; MORSE, Heidi (Orgs.). *Classicisms in the Black Atlantic*. Oxford: Oxford University Press, 2020.

MUNSON, Rosaria Vignolo. "Herodotus and Ethnicity". In: MCINERNEY, Jeremy (Org.). *A Companion to Ethnicity in the Ancient Mediterranean*. Hoboken, NJ: Wiley, 2014, pp. 341-55.

MURRAY, Douglas. *The Strange Death of Europe: Immigration, Identity, Islam*. Londres: Bloomsbury Continuum, 2017.

MURRAY, Douglas. *The War on the West: How to Prevail in the Age of Unreason*. Londres: HarperCollins, 2022.

NAKATA, Sharilyn. "Egredere O Quicumque Es: Genealogical Opportunism and Trojan Identity in the Aeneid". *Phoenix*, v. 66, n. 3-4, pp. 335-63, 467, 2012.

NDIAYE, Noemie. *Scripts of Blackness: Early Modern Performance Culture and the Making of Race*. Filadélfia: University of Pennsylvania Press, 2022.

NEMETH, Andras. *The Excerpta Constantiniana and the Byzantine Appropriation of the Past*. Cambridge: Cambridge University Press, 2018.

NEVILLE, Leonora. *Anna Komnene: The Life and Work of a Medieval Historian*. Oxford: Oxford University Press, 2016.

NG, Diana Y.; SWETNAM-BURLAND, Molly. *Reuse and Renovation in Roman Material Culture: Functions, Aesthetics, Interpretations*. Cambridge: Cambridge University Press, 2018.

NICOL, Donald M. *Byzantium and Venice: A Study in Diplomatic and Cultural Relations*. Cambridge: Cambridge University Press, 1989.

NISHIHARA, Daisuke. "Said, Orientalism, and Japan". *Alif: Journal of Comparative Poetics*, v. 25, pp. 241-53, 2005.

NOBLE, Thomas F. X.; STRAUSS, Barry; OSHEIM, Duane; NEUSCHEL, Kristen; ACCAMPO, Elinor. *Western Civilization: Beyond Boundaries*. 7. ed. Boston, MA: Cengage Learning, 2013.

OLIVER, Peter. *Peter Oliver's Origin & Progress of the American Rebellion: A Tory View*. Stanford: Stanford University Press, 1967 [1781].

OLSON, Kelly. *Dress and the Roman Woman: Self-Presentation and Society*. Londres: Routledge, 2012.

OSBORNE, Robin. "Unity vs. Diversity". In: EIDINOW, Esther; KINDT, Julia (Orgs.). *The Oxford Handbook of Ancient Greek Religion*. Oxford: Oxford University Press, 2015, pp. 11-20.

OSBORNE, Robin (Org.). *The World of Athens: An Introduction to Classical Athenian Culture*. 2. ed. Cambridge: Cambridge University Press, 2008.

OSBORNE, Roger. *Civilization: A New History of the Western World*. Nova York: Pegasus Books, 2008.

OUTRAM, Dorinda. *The Enlightenment*. 3. ed. Cambridge: Cambridge University Press, 2013.

PAGDEN, Anthony. *Worlds at War: The 2500-Year Struggle between East and West*. Oxford: Oxford University Press, 2011.

PARKER, Grant. "Ex Oriente Luxuria: Indian Commodities and Roman Experience". *Journal of the Economic and Social History of the Orient*, v. 45, n. 1, pp. 40-95, 2002.

PARKINSON, Robert G. *The Common Cause: Creating Race and Nation in the American Revolution*. Chapel Hill: University of North Carolina Press, 2016.

PATTERSON, Cynthia. "Athenian Citizenship Law". In: GAGARIN, Michael (Org.). *The Cambridge Companion to Ancient Greek Law*. Cambridge: Cambridge University Press, 2005, pp. 267-89.

Referências bibliográficas

PEDANI, Maria Pia. "Safi ye's Household and Venetian Diplomacy". *Turcica*, v. 32, pp. 9-32, 2000.

PEGG, Mark Gregory. *A Most Holy War: The Albigensian Crusade and the Battle for Christendom*. Oxford: Oxford University Press, 2008.

PEIRCE, Leslie P. *The Imperial Harem: Women and Sovereignty in the Ottoman Empire*. Nova York: Oxford University Press, 1993.

PELLING, Christopher. "Tacitus and Germanicus". In: ASH, Rhiannon (Org.). *Oxford Readings in Tacitus*. Oxford: Oxford University Press, 2012, pp. 81-313.

_____. *Herodotus and the Question Why*. Austin: University of Texas Press, 2019.

PELTONEN, Markku (Org.). *The Cambridge Companion to Bacon*. Cambridge: Cambridge University Press, 1996.

PERRY, Marvin; CHASE, Myrna; JACOB, James; JACOB, Margaret; DALY, Jonathan W. *Western Civilization: Ideas, Politics, and Society*. 11. ed. Nova York: Cengage Learning, 2015.

PETERSOHN, Jurgen. "Friedrich Barbarossa und Rom". In: HAVERKAMP, Alfred (Org.). *Friedrich Barbarossa. Handlungsspielraume und Wirkungsweisen*. Stuttgart, Alemanha: Jan Thorbecke Verlag, 1992, pp. 129-46.

_____. "Kaiser, Papst und romisches Recht im Hochmittelalter. Friedrich Barbarossa und Innocenz III beim Umgang mit dem Rechtsinstitut der langfristigen Verjahrung". In: PETERSOHN, Jurgen (Org.). *Mediaevalia Augiensia: Forschung zue Geschichte des Mittelalters*. Stuttgart, Alemanha: Jan Thorbecke Verlag, 2001, pp. 307-48.

PIERSEN, William D. *Black Yankees: The Development of an Afro-American Subculture in Eighteenth-Century New England*. Amherst: University of Massachusetts Press, 1998.

PLASSMANN, Alheydis. *Origo gentis: Identitats-und Legitimitatsstifung in fruh- und hoch-mittelalterlichen Herkunftserzahlungen*. Berlim: De Gruyter, 2006.

POHL, Walter; GANTNER, Clemens; GRIFONI, Cinzia; POLLHEIMER-MOHAUPT, Marianne (Orgs.). *Transformations of Romanness: Early Medieval Regions and Identities*. Berlim: De Gruyter, 2018.

PORTER, Roy S.; TEICH, Mikuláš (Orgs.). *The Enlightenment in National Context*. Cambridge: Cambridge University Press, 1981.

POSER, Rachel. "He Wants to Save Classics from Whiteness: Can the Field Survive?" *New York Times*, 2 fev. 2021.

PRAG, Jonathan. "Tyrannizing Sicily: The Despots Who Cried 'Carthage!'". In: TURNER, A.; VERVAET, F.; CHONG-GOSSARD, J. K. On (Orgs.). *Private and Public Lies*. Leiden: Brill, 2010, pp. 51-71.

PRICE, Bronwen (Org.). *Francis Bacon's New Atlantis: New Interdisciplinary Essays*. Manchester: Manchester University Press, 2018.

PRINS, Yopie. *Ladies' Greek: Victorian Translations of Tragedy*. Princeton, NJ: Princeton University Press, 2017.

PROSPERI, Valentina. *The Place of the Father: The Reception of Homer in the Renaissance Canon*. Leiden, Holanda: Brill, 2019.

QUINAULT, Roland. "Gladstone and Slavery". *Historical Journal*, v. 52, n. 2, pp. 363-83, 2009.

QUINN, Josephine Crawley. *How the World Made the West*. Londres: Bloomsbury, 2024.

RADY, Martyn. *The Habsburgs*. Londres: Penguin, 2020.

REUTER, Timothy. *Germany in the Early Middle Ages, c. 800-1056*. Londres: Longman Publishing, 1992.

RHODES, Peter John. *Athenian Democracy*. Oxford: Oxford University Press, 2004.

RICHARD, Carl J. *The Founders and the Classics: Greece, Rome, and the American Enlightenment*. Cambridge, MA: Harvard University Press, 1995.

_____. "Cicero and the American Founders". In: ALTMAN, William H. F. (Org.). *Brill's Companion to the Reception of Cicero*. Leiden: Brill, 2015, pp. 124-43.

RICKS, Thomas E. *First Principles: What America's Founders Learned from the Greeks and Romans and How That Shaped Our Country*. Nova York: Harper, 2020.

RIENJANG, Wannaporn; STEWART, Peter (Orgs.). *The Global Connections of Gandharan Art: Proceedings of the Third International Workshop of the Gandhara Connections Project, University of Oxford, 18th-19th March, 2019*. Oxford: Archaeopress, 2020.

ROBINSON, William H. "Phillis Wheatley in London". *CLA Journal*, v. 21, n. 2, pp. 187-201, 1977.

ROSE, Charles Brian. *Dynastic Commemoration and Imperial Portraiture in the Julio-Claudian Period*. Cambridge: Cambridge University Press, 1997.

_____. *The Archaeology of Greek and Roman Troy*. Cambridge: Cambridge University Press, 2013.

ROSS, Shawn A. "*Barbarophonos*: Language and Panhellenism in the *Iliad*". *Classical Philology*, v. 100, n. 4, pp. 299-316, 2005.

ROTHE, Ursula. *The Toga and Roman Identity*. Londres: Bloomsbury Academic, 2019.

RUFFING, Kai. "Gifts for Cyrus, Tribute for Darius". In: HARRISON, Thomas; IRWIN, Elizabeth (Orgs.). *Interpreting Herodotus I*. Oxford: Oxford University Press, 2018, pp. 149-6.

RUKUNI, Rugare. "Negus Ezana: Revisiting the Christianisation of Aksum". *Verbum et Ecclesia*, v. 42, n. 1, pp. 1-11, 2021.

RUSSELL, Rinaldina. "Introduction". In: MERRY, Bruce; RUSSELL, Rinaldina (Orgs.). *Dialogue on the Infinity of Love, by Tullia D'Aragona*. Chicago: University of Chicago Press, 1997, pp. 21-42.

SAID, Edward W. "The Arab Portrayed". In: ABU-LUGHOD, Ibrahim (Org.). *The Arab-Israeli Confrontation of June 1967: An Arab Perspective*. Evanston: Northwestern University Press, 1970, pp. 1-9.

_____. *Orientalism*. Londres: Penguin, 1995 [1978]. [Ed. bras.: *Orientalismo: O Oriente como invenção do Ocidente*. Trad. de Rosaura Eichenberg. São Paulo: Companhia das Letras, 2007.]

_____. *Orientalism*. Londres: Penguin, 2003 [1978].

_____. *Culture and Imperialism*. Londres: Vintage, 1993. [Ed. bras.: *Cultura e imperialismo*. Trad. de Denise Bottmann. São Paulo: Companhia das Letras, 1995.]

Referências bibliográficas

SAID, Edward W. *Out of Place: A Memoir*. Londres: Granta Books, 1999. [Ed. bras.: *Fora do lugar: Memórias*. Trad. de José Geraldo Couto. São Paulo: Companhia das Letras, 2004.]

_____. *Reflections on Exile: And Other Essays*. Convergences. Cambridge, MA: Harvard University Press, 2000. [Ed. bras.: *Reflexões sobre o exílio e outros ensaios*. Trad. de Pedro Maia Soares. São Paulo: Companhia das Letras, 2003.]

SAID, Suzanne. "Greeks and Barbarians in Euripides' Tragedies: The End of Differences?". In: HARRISON, Thomas (Org.). *Greeks and Barbarians*. Edimburgo: Edinburgh University Press, 2001, pp. 62-100.

SATIA, Priya. *Time's Monster: History, Conscience and Britain's Empire*. Londres: Allen Lane, 2020.

SCHEIN, Seth L. "'Our Debt to Greece and Rome': Canon, Class and Ideology". In: HARDWICK, Lorna; STRAY, Christopher (Orgs.). *A Companion to Classical Receptions*. Hoboken, NJ: Wiley, 2007, pp. 75-85.

SCHMIDT-COLINET, Andreas. *Kein Tempel in Palmyra! Pladoyer Gegen Einen Wiederaufbau Des Beltempels*. Frankfurt am Mainz: Edition Fichter, 2019.

SCHNEIDER, Rolf Michael. "The Making of Oriental Rome: Shaping the Trojan Legend". In: BANG, Peter Fibiger; KOŁODZIEJCZYK, Dariusz (Orgs.). *Universal Empire*. Cambridge: Cambridge University Press, 2012, pp. 76-129.

SEO, J. Mira. "Identifying Authority: Juan Latino, an African Ex-Slave, Professor, and Poet in Sixteenth-Century Granada". In: ORRELLS, Daniel; BHAMBRA, Gurminder K.; ROYNON, Tessa (Orgs.). *African Athena: New Agendas*. Oxford: Oxford University Press, 2011, pp. 258-76.

SHALEV, Eran. *Rome Reborn on Western Shores: Historical Imagination and the Creation of the American Republic*. Charlottesville: University of Virginia Press, 2009.

SHEPARD, Alan; POWELL, Stephen D. (Orgs.). *Fantasies of Troy: Classical Tales and the Social Imaginary in Medieval and Early Modern Europe*. Toronto: Centre for Reformation and Renaissance Studies, 2004.

SHETH, Falguni A. *Toward a Political Philosophy of Race*. Albany, NY: State University of New York Press, 2009.

SHIELDS, John C.; LAMORE, Eric D. (Orgs.). *New Essays on Phillis Wheatley*. Knoxville: The University of Tennessee Press, 2011.

SIGNORINI, Maddalena. "Boccaccio as Homer: A Recently Discovered Self-Portrait and the 'Modern' Canon". In: MORRA, Eloisa (Org.). *Building the Canon through the Classics: Imitation and Variation in Renaissance Italy (1350-1580)*. Leiden, Holanda: Brill, 2019, pp. 13-26.

SIMS-WILLIAMS, Nicholas. "The Bactrian Inscription of Jaghori: A Preliminary Reading". *Bulletin of the Asia Institute*, v. 30, pp. 67-74, 2022.

SINCLAIR, Patrick. "Tacitus' Presentation of Livia Julia, Wife of Tiberius' Son Drusus". *American Journal of Philology*, v. 111, n. 2, pp. 238-56, 1990.

SINISI, Fabrizio. "Royal Imagery on Kushan Coins: Local Tradition and Arsacid Influences". *Journal of the Economic and Social History of the Orient*, v. 60, pp. 818-927, 2017.

SKILLITER, S. A. "Three Letters from the Ottoman 'Sultana' Safiya to Queen Elizabeth I". In: STERN, Samuel M. (Org.). *Documents from Islamic Chanceries*. Colúmbia: University of South Carolina Press, 1965, pp. 119-57.

SKINNER, Quentin. *Hobbes and Republican Liberty*. Cambridge: Cambridge University Press, 2008. [Ed. bras.: *Hobbes e a liberdade republicana*. Trad. de Modesto Florenzano. São Paulo: Unesp, 2010.]

SLANE, Kathleen W. *Tombs, Burials, and Commemoration in Corinth's Northern Cemetery*. Princeton, NJ: American School of Classical Studies at Athens, 2017.

SMAIL SALHI, Zahia. *Occidentalism*. Edimburgo, Reino Unido: Edinburgh University Press, 2019.

SMARR, Janet L. "A Dialogue of Dialogues: Tullia d'Aragona and Sperone Speroni". *Modern Language Notes*, v. 113, n. 1, pp. 204-12, 1998.

SMIL, Vaclav. *Why America Is Not a New Rome*. Cambridge, MA: MIT Press, 2010.

SMITH, Justin E. H. *Nature, Human Nature, and Human Difference: Race in Early Modern Philosophy*. Princeton, NJ: Princeton University Press, 2015.

SMITH, Simon C. "Integration and Disintegration: The Attempted Incorporation of Malta into the United Kingdom in the 1950s". *Journal of Imperial and Commonwealth History*, v. 35, n. 1, pp. 49-71, 2007.

SOMMA, Thomas P. "American Sculpture and the Library of Congress". *Library Quarterly*, v. 80, n. 4, pp. 311-35, 2010.

SOWERBY, Robin. "Chapman's Discovery of Homer". *Translation and Literature*, v. 1, pp. 26-51, 1992.

SPERBER, Jonathan. *The European Revolutions, 1848-1851*. 2. ed. Cambridge: Cambridge University Press, 2005.

SPIELVOGEL, Jackson J. *Western Civilization: Combined Volume*. 6. ed. Belmont, CA: Cengage Learning, 2005.

SQUIRE, Michael. *The Iliad in a Nutshell: Visualizing Epic on the Tabulae Iliacae*. Oxford: Oxford University Press, 2011.

STAGNO, Laura; LLOPIS, Borja Franco (Orgs.). *Lepanto and Beyond: Images of Religious Alterity from Genoa and the Christian Mediterranean*. Leuven, Bélgica: Leuven University Press, 2021.

STAHL, A. M. *Vergil's Aeneid: Augustan Epic and Political Context*. Londres: Duckworth/ Classical Press of Wales, 1998.

STALLARD, Katie. *Dancing on Bones: History and Power in China, Russia and North Korea*. Oxford: Oxford University Press, 2022.

STARR, S. Frederick. *Lost Enlightenment: Central Asia's Golden Age from the Arab Conquest to Tamerlane*. Princeton, NJ: Princeton University Press, 2015.

STATHAKOPOULOS, Dionysios. *A Short History of the Byzantine Empire*. Londres: Bloomsbury, 2014.

STEDMAN JONES, Gareth. *Karl Marx: Greatness and Illusion*. Cambridge, MA: Harvard University Press, 2016. [Ed. bras.: *Karl Marx: Grandeza e ilusão*. Trad. de Berilo Vargas. São Paulo: Companhia das Letras, 2017.]

Referências bibliográficas 387

STOCK, Markus (Org.). *Alexander the Great in the Middle Ages: Transcultural Perspectives.* Toronto: University of Toronto Press, 2016.

STONEMAN, Richard. *The Greek Experience of India: From Alexander to the Indo-Greeks.* Princeton, NJ: Princeton University Press, 2019.

STRANGIO, Sebastian. *In the Dragon's Shadow: Southeast Asia in the Chinese Century.* New Haven, CT: Yale University Press, 2020.

TATLOCK, John S. P. "The Siege of Troy in Elizabethan Literature, especially in Shakespeare and Heywood". *Proceedings of the Modern Language Association*, v. 30, n. 4, pp. 673-770, 1915.

THOMAS, Lamont Dominick. *Rise to Be a People: A Biography of Paul Cuffe.* Champaign: University of Illinois Press, 1986.

THROOP, Susanna A. *The Crusades.* Leeds, Reino Unido: Kismet Press, 2018.

TOAL, Gerard. *Near Abroad: Putin, the West and the Contest over Ukraine and the Caucasus.* Oxford: Oxford University Press, 2017.

TONG, Elson. "Carrie Lam and the Civil Service Part 1: Not a Typical Official". *Hong Kong Free Press*, 2 abr. 2017.

TOOHEY, Peter. "Politics, Prejudice, and Trojan Genealogies: Varro, Hyginus, and Horace: *Stemmata Quid Faciunt?* Juvenal, *Sat.* 8:1". *Arethusa*, v. 17, n. 1, pp. 5-28, 1984.

TRAUTSCH, Jasper. "The Invention of the 'West'". *Bulletin of the German Historical Institute Washington*, n. 53, pp. 89-104, outono 2013.

TRIGGER, Bruce G. *A History of Archaeological Thought.* Cambridge: Cambridge University Press, 1989.

TRUDELL, Scott A. "An Organ for the Seraglio: Thomas Dallam's Artificial Life". *Renaissance Studies*, v. 34, n. 5, pp. 766-83, 2020.

VARNER, Eric R. *Mutilation and Transformation: Damnatio Memoriae and Roman Imperial Portraiture.* Leiden, Holanda: Brill, 2004.

VAROTTI, Carlo. "La Leggenda e La Storia: Erodoto Nella Storiografia Tra Quattrocento e Primo Cinquecento". In: LONGO, Susanna Gambino (Org.). *Hérodote à la Renaissance.* Turnhout: Brepols, 2012, pp. 99-125.

VARTO, Emily. "Stories Told in Lists: Formulaic Genealogies as Intentional Histories". *Journal of Ancient History*, v. 3, n. 2, pp. 118-49, 2015.

VASUNIA, Phiroze. *The Classics and Colonial India.* Oxford: Oxford University Press, 2013.

VILLING, Alexandra; SCHLOTZHAUER, Udo; BRITISH MUSEUM (Orgs.). *Naukratis: Greek Diversity in Egypt: Studies on East Greek Pottery and Exchange in the Eastern Mediterranean.* Londres: British Museum Press, 2006.

VLASSOPOULOS, Kostas. *Greeks and Barbarians.* Cambridge: Cambridge University Press, 2013.

WAIBEL, Paul R. *Western Civilization: A Brief History.* Hoboken, NJ: Wiley-Blackwell, 2020.

WALLACE-HADRILL, Andrew. *Rome's Cultural Revolution.* Cambridge: Cambridge University Press, 2008.

WARD FAY, Peter. *The Opium War, 1840-1842: Barbarians in the Celestial Empire in the Early Part of the Nineteenth Century and the War by Which They Forced Her Gates Ajar*. Chapel Hill: University of North Carolina Press, 2000.

WARRAQ, Ibn. *Defending the West: A Critique of Edward Said's Orientalism*. Amherst, NY: Prometheus Books, 2007.

WASWO, Richard. "Our Ancestors, the Trojans: Inventing Cultural Identity in the Middle Ages". *Exemplaria*, v. 7, n. 2, pp. 269-90, 1995.

WEBER, Loren J. "The Historical Importance of Godfrey of Viterbo". *Viator*, v. 25, pp. 153-96, 1994.

WEST, Martin L. (Org.). *Greek Lyric Poetry: The Poems and Fragments of the Greek Iambic, Elegiac, and Melic Poets (Excluding Pindar and Bacchylides) down to 450 B.C*. Oxford: Oxford University Press, 2008.

WESTAD, Odd Arne. *The Cold War: A World History*. Londres: Allen Lane, 2017.

WHEATLEY, Phillis. *Poems on Various Subjects Religious and Moral*. Londres: A. Bell, 1773.

WHEATLEY, Phillis; CARRETTA, Vincent. *The Writings of Phillis Wheatley*. Oxford: Oxford University Press, 2019.

WIENCEK, Henry. *An Imperfect God: George Washington, His Slaves, and the Creation of America*. Nova York: Farrar, Straus and Giroux, 2003.

WIGNELL, Peter; TAN, Sabine; O'HALLORAN, Kay L.; LANGE, Rebecca. "A Mixed Methods Empirical Examination of Changes in Emphasis and Style in the Extremist Magazines *Dabiq* and *Rumiyah*". *Perspectives on Terrorism*, v. 11, n. 2, pp. 2-20, 2017.

WIJMA, Sara M. *Embracing the Immigrant: The Participation of Metics in Athenian Polis Religion (5th-4th Century BC)*. Stuttgart: Franz Steiner Verlag, 2014.

WILLIS, Patricia. "Phillis Wheatley, George Whitefield, and the Countess of Huntingdon in the Beinecke Library". *Yale University Library Gazette*, v. 80, n. 3-4, pp. 161-76, 2006.

WILSON, Peter H. *The Holy Roman Empire: A Thousand Years of Europe's History*. Londres: Penguin, 2016.

WINCKELMANN, Johann Joachim. *History of the Art of Antiquity*. Los Angeles: Getty Publications, 2006 [1764].

WINTERER, Caroline. *The Culture of Classicism: Ancient Greece and Rome in American Intellectual Life, 1780-1910*. Baltimore: Johns Hopkins University Press, 2004.

WISEMAN, T. P. *Remus: A Roman Myth*. Cambridge: Cambridge University Press, 1995.

_____. *The Myths of Rome*. Exeter: University of Exeter Press, 2004.

WOLFE, Michael. *The Conversion of Henri IV: Politics, Power, and Religious Belief in Early Modern France*. Cambridge, MA: Harvard University Press, 1993.

WONG, Joshua; NG, Jason Y.; WEIWEI, Ai. *Unfree Speech: The Threat to Global Democracy and Why We Must Act, Now*. Londres: Penguin Books, 2020.

WOOD, Ian N. *The Modern Origins of the Early Middle Ages*. Oxford: Oxford University Press, 2013.

Referências bibliográficas

WOOD, Jennifer Linhart. "An Organ's Metamorphosis: Thomas Dallam's Sonic Transformations in the Ottoman Empire". *Journal for Early Modern Cultural Studies*, v. 15, n. 4, pp. 81-105, 2015.

WOOD, Susan. *Imperial Women: A Study in Public Images, 40 B.C.-A.D. 68*. Leiden, Holanda: Brill, 2001.

WOODS, Hannah Rose. *Rule, Nostalgia*. Londres: Penguin, 2022.

WOOLF, Greg. *Becoming Roman: The Origins of Provincial Civilization in Gaul*. Cambridge: Cambridge University Press, 1998.

WRIGHT, Elizabeth R. *The Epic of Juan Latino: Dilemmas of Race and Religion in Renaissance Spain*. Toronto: University of Toronto Press, 2016.

WRIGLEY, Chris. "Gladstone and Labour". In: QUINAULT, Roland; SWIFT, Roger; WINDSCHEFFEL, Ruth Clayton (Orgs.). *William Gladstone. New Studies and Perspectives*. Londres: Routledge, 2012, pp. 51-71.

YOUNG, Alfred F.; NOBLES, Gregory. *Whose American Revolution Was It? Historians Interpret the Founding*. Nova York: New York University Press, 2011.

ZAGORIN, Perez. *Francis Bacon*. Princeton, NJ: Princeton University Press, 2020.

ZANKER, Paul. *Augustus und die Macht der Bilder*. 3. ed. Munique: Beck, 1997.

ŽENKA, Josef. "A Manuscript of the Last Sultan of Al-Andalus and the Fate of the Royal Library of the Nasrid Sultans at the Alhambra". *Journal of Islamic Manuscripts*, v. 9, n. 2-3, pp. 341-76, 2018.

ZIMMERMANN, Reinhard. *Roman Law, Contemporary Law, European Law: The Civilian Tradition Today*. Oxford: Oxford University Press, 2001.

Recomendações de leitura

Nesta seção, recomendo apenas obras originalmente escritas em inglês, pois afinal esse livro foi escrito em inglês. Para o desenvolvimento histórico do Ocidente e sua relação com outras regiões, recomendo *How the World Made the West* (2024), de Josephine Crawley Quinn. Outros exames argutos da história mundial que nos ajudam a superar o conceito binário de Oriente-Ocidente são *The Silk Roads: A New History of the World* (2015), de Peter Frankopan, e *Why the West Rules — For Now* (2011), de Ian Morris.

Sobre Heródoto, dê uma olhada em *Herodotus and the Question Why* (2019), de Christopher Pelling; e, para uma boa introdução ao mundo grego antigo, veja *Greek History: The Basics* (2014), de Robin Osborne. Também é uma delícia mergulhar nas próprias *Histórias* de Heródoto. Minha edição preferida em inglês é a da Penguin de 2003, com tradução de Aubrey de Selincourt e introdução de John Marincola. Há poucas coisas escritas especificamente sobre Lívila, mas *The First Ladies of Rome: The Women Behind the Caesars* (2010), de Anneliese Freisenbruch, apresenta um bom exame da vida das mulheres imperiais romanas. Para uma história geral do Império Romano, recomendo *Rome: An Empire's Story* (2012), de Greg Woolf.

Al-Kindi (2007), volume pequeno, mas abrangente, de Peter Adamson, oferece uma excelente visão geral do indivíduo em si, e quem quiser saber mais sobre a idade dourada do islamismo medieval em termos mais amplos vai apreciar *The Great Caliphs: The Golden Age of the Abbasid Empire* (2009), de Amira Bennison. Encontra-se uma seleção de ensaios sobre vários aspectos da vida de Godofredo de Viterbo no volume organizado por Thomas Foerster, *Godfrey of Viterbo and his Readers: Imperial Tradition and Universal History in Late Medieval Europe* (2015), mas, para uma história do Sacro Império Romano em termos mais gerais, considerei *The Holy Roman Empire: A Thousand Years of Europe's History* (2016), de Peter H. Wilson, muito proveitoso. Inteirei-me sobre Teodoro II Láscaris com o estudo brilhante de Dimiter Angelov, *The Byzantine Hellene: The Life of Emperor Theodore Laskaris and Byzantium in the Thirteenth Century* (2019); porém, para uma abordagem provocativa e reveladora sobre Bizâncio como um todo, recomendo *Byzantium Unbound* (2019), de Anthony Kaldellis.

A melhor maneira de saber mais sobre Tullia d'Aragona e sua poesia é por meio de *The Poems and Letters of Tullia d'Aragona and Others* (2014), de Julia L. Hairston, e, com sorte, logo estará disponível a nova tradução de *Il Meschino*, feita por Hairston e McLucas. Para o Renascimento em termos mais amplos, considerei muito proveitoso o volume *The Renaissance: A Very Short Introduction*, de Jerry Brotton. É difícil reunir os estudos sobre a sultana Safiye, mas *Empires of Islam in Renaissance Historical Thought* (2008), de Margaret Meserve, foi excelente para me fazer repensar as relações entre o Império Otomano e os Estados cristãos europeus. Entre os vários livros de história otomana disponíveis, recomendo *The Ottoman Empire: The Classical Age 1300-1600* (2001), de Halil Inalcik.

Escreve-se muito sobre Francis Bacon, e considerei *Hostage to Fortune: The Troubled Life of Francis Bacon* (1998), de Lisa Jardine e Alan Stewart, especialmente proveitoso. É ainda maior a quantidade de livros disponíveis sobre o Iluminismo, e recorri em especial a *The Enlightenment: A Brief History with Documents* (2001), de Margaret C. Jacob. O excelente *Njinga de Angola: Africa's Warrior Queen* (2017), de Linda Heywood, me serviu de guia para a vida de Njinga de Angola, e, para o contexto histórico mais amplo, considerei *A Fistful of Shells: West Africa from the Rise of the Slave Trade to the Age of Revolution* (2019), de Toby Green, ao mesmo tempo chocante e esclarecedor.

Sobre a vida de Joseph Warren, recomendo *Founding Martyr: The Life and Death of Dr. Joseph Warren, the American Revolution's Lost Hero* (2018), de Christian Di Spigna, mas, para o classicismo politizado dos Pais Fundadores, recorri a *First Principles: What America's Founders Learned from the Greeks and Romans and How that Shaped Our Country* (2020), de Thomas E. Ricks. Existe agora um excelente corpo de obras sobre a vida de Phillis Wheatley, mas talvez o primeiro livro a que eu recorreria seria a nova edição crítica de sua poesia, aos cuidados de Vincent Carett, publicada em 2019 com o título *The Writings of Phillis Wheatley*. Quanto à política problemática da Revolução Americana, *Whose American Revolution was It? Historians Interpret the Founding* (2011), de Alfred F. Young e Gregory Nobles, abriu meus olhos. Entre as várias biografias de William Gladstone disponíveis, a que mais apreciei foi *The Lion and the Unicorn: Gladstone vs Disraeli* (2009), de Richard Aldous; e, entre os numerosos livros disponíveis sobre o Império Britânico, recomendo *Time's Monster: History, Conscience and Britain's Empire* (2020), de Priya Satia.

Uma nova e excelente biografia de Edward Said, *Places of Mind: A Life of Edward Said* (2021), de Timothy Brennan, é uma leitura maravilhosa, e *The Lies that Bind: Rethinking Identity* (2018), de Kwame Anthony Appiah, repensa a cultura e a identidade no mundo moderno de maneira brilhante e ao mesmo tempo acessível com base no pensamento pós-colonial como o de Said. Ainda é muito cedo para saber se algum dia surgirão biografias de Carrie Lam, mas, entre os livros que me fizeram repensar a China e o equilíbrio global do poder estão *The New Silk Roads* (2019), de Peter Frankopan, e *Has China Won? The Chinese Challenge to American Primacy* (2020), de Kishore Mahbubani.

Créditos das imagens

p. 23: Busto de mármore de Heródoto, século II
METROPOLITAN MUSEUM OF ART 91.8

p. 45: Camafeu de Lívila, século I
CE BERLIN ANTIKENSAMMLUNG FG 11096. BPK/ ANTIKENSAMMLUNG, SMB/ JOHANNES LAURENTIUS

p. 61: Ilustração do *Kitab na't al-hayawan*, manuscrito duocentista de um bestiário baseado nos textos de Aristóteles
BRITISH LIBRARY OR 2784, 96V

p. 82: Retrato de Godofredo de Viterbo, de um manuscrito trecentista do *Panteão*
BNF, LATIN 4805A. BIBLIOTHÈQUE NATIONALE DE FRANCE

p. 102: Retrato de Teodoro II Láscaris, de um manuscrito trecentista das *Histórias* de Jorge Paquímero
BAYERISCHE STAATSBIBLIOTHEK MUNCHEN, COD.GRAEC. 442, FOL. 7V

p. 120: Pintura de Tullia d'Aragona como Salomé, por Moretto de Brescia, *c.* 1537
PINACOTECA TOSIO MARTINENGO, BRESCIA

p. 143: Miniatura otomana de uma *valide sultan* oferecendo um banquete, anos 1680
BRIDGEMAN IMAGES

p. 166: Retrato de Francis Bacon, atribuído ao círculo de Paulus van Somer I, *c.* 1620
ROYAL ŁAZIENSKI MUSEUM ŁKR 896

p. 187: Retrato de Njinga de Angola, de um manuscrito seiscentista da *Descrição histórica dos três reinos do Congo, Matamba e Angola*, de Giovanni Antonio Cavazzi da Montecuccolo
FINE ART IMAGES/ ALAMY

p. 209: Retrato de Joseph Warren, por John Singleton Copley, *c.* 1765
BOSTON MUSEUM OF FINE ARTS 95.1366

p. 231: Retrato de Phillis Wheatley, gravura no frontispício de *Poems on Various Subjects, Religious and Moral*, 1773
NATIONAL PORTRAIT GALLERY, SMITHSONIAN INSTITUTION NPG 77.2

p. 250: Retrato de William Ewart Gladstone, fotografia publicada no *Imperial Dictionary of Universal Biography*, c. 1870
LOOK AND LEARN/ BRIDGEMAN IMAGES

p. 273: Retrato de Edward Wadie Said
HANNAH ASSOULINE/ OPALE/ BRIDGEMAN IMAGES

p. 293: Carrie Lam na Conferência RISE de 2018
SEB DALY/ RISE VIA SPORTFILE

Índice remissivo

300 (filme), 25

Abu Mashar, 70, 73, 80
Academia de Florença, 133
Academia Platônica, 125-7
Acordo de Paz de Oslo, 282
Acropólito, Jorge, 115
Adams, John, 210, 215, 217, 224, 226, 244
Adams, Samuel, 210, 217, 223, 244
Adriano, imperador, 48, 59, 247, 271-2
Adriano IV, papa, 86, 92
Afeganistão, 24, 66, 296-7, 320
Afonso, rei, 193
África, 191-2; hierarquia racial e, 233-7; representação negativa, 203-7
África subsaariana, 67-8
Africanus niger (africano negro), 208
afro-americanos, 213, 235-7
Agamêmnon, 115
Agripina, 52-8
Alarico, rei, 63
Alemanha, 14, 85-6, 88, 92-3, 98, 251, 270, 304
Alexandre, o Grande, 32, 46, 66, 77, 79, 161, 226, 248
Alexandre III, papa, 86
Alexandre VII, papa, 202
alexíada, A (Comnena), 65
Allen, Theodore W., 234
Almanack (Ames), 224
Al-Qaeda, 296-8
América do Norte, 210-1, 224-8, 234, 288
América Latina, 222, 228
Americanus rubescens (americano ruivo), 208
Ames, Nathaniel, 224
Amo, Anton Wilhelm, 236
anabatistas, 146
André da Hungria, 104
anglosfera, 43, 269, 277, 295, 301
Angola, representações negativas, 203-7
anthropoi, 40
Antiga Rus, 301

Antiguidade, 61-3; Antiguidade "clássica", 247-9; Casa da Sabedoria, 68-75; desbancando o período medieval como idade das trevas, 79-81; herdeiros, 63-8; ilustrando a visão do Renascimento, 132-40; reimaginada, 120-42
Antiguidade greco-romana, 14, 101, 121, 140, 206-7, 210, 321-2, 325-6; como parteira da modernidade, 123; envolvimento com, 132-4; falsa narrativa grandiosa e, 81; ideia de renascimento e, 122-3; Iluminismo e, 168-70, 184-5; modernidade e, 220, 222-3, 225-6, 228; raça e, 246, 248-9
Apolo, 137
Appiah, Kwame Anthony, 15
aprendizes, 260
"Arab Portrayed, The", 281
Archibald Bell, 240
Argirópolo, João, 126-7
Ariosto, Ludovico, 137
Aristágoras, 29
Aristóteles, 34-5, 43, 71, 114, 116; discussão de Tullia d'Aragona, 132-40; em sonho de Al-Kindi, 75-9
Armênia, 304
"artigos para damas", 156-7
Asiaticus fuscus (asiático pardo), 208
Assad, Khaled al-, 299
Assembleia Geral da ONU, 304
Atenas, Grécia, 24, 27, 30-1, 34-5; Angola via, 203-7; encontro, 303-8; fosso Atenas-Grécia, 35-8; xenofobia, 41-3
Augusto, 50-1
Austríada (Latino), 163
Authentica habita, 92
avanço do conhecimento, O (Bacon), 177

bacantes, As (Eurípides), 289
Bacon, Francis, 166-7, 183-5, 319, 321; como astro intelectual, 173-7; composições, 177; exploração, 168-73; formação de sua visão de mundo, 182-4; Iluminismo, 168-73;

396   O Ocidente

princípio de "saber é poder", 178-84; visão da alteridade cultural, 181-2

Bacon, Roger, 62, 181

Bagdá, Iraque, 68-76, 78, 80, 85, 90, 158, 297, 304, 317

Bagehot, Walter, 255

Bahrain, 296

Balkhi, Abu Zayd al-, 70, 73, 80

Barba Ruiva, 83-7, 89, 91-100

Barberino, Andrea da, 134-5

Barenboim, Daniel, 283

Barnham, Alice, 176

Barreira, Baltasar, 195

Barton, Edward, 155

Batalha de Bunker Hill, 209, 230

Batalha de Concord, 210, 219, 243

Batalha de Lepanto, 148-9, 163-4

Batalha de Lexington, 210, 219, 243

Batalha de Maratona, 26, 36

Batalha de Salamina, 27, 36

Bayt al-Hikma ver Casa da Sabedoria

Bélgica, 85, 149, 251

Bembo, Pietro, 131

Bentivoglio, Ercole, 131

Beowulf, 65

Bernier, François, 208

Biblioteca do Congresso, 20, 319, 329n4

Black Lives Matter, 276

Boccaccio, Giovanni, 125-6, 129, 137

Boiardo, Matteo Maria, 139-40

Bolívia, 304

Boston Gazette, 217, 220, 223

Brace, Charles Loring, 255

Branco, rótulo, 212

Branquitude, categoria, 234, 252, 256

Bruce, John Collingwood, 271-2

Bruce, Thomas, 258

Burckhardt, Jacob, 122-4

Bush, George W., 296

Calhoun, John C., 236

calvinistas, 146

Capitólio, invasão do, 14, 59, 293-4

Carlos I, rei, 185

Carlos Magno, 64, 85-8, 95, 98-100, 135

Casa da Sabedoria (Grande Biblioteca de Bagdá), 68-70; ambiente, 70-1; associação com o "movimento de tradução", 71; erudição competitiva, 74-5; escritos de Al-Kindi, 72-4; fundação, 70; visitantes, 70

Casa de Salomão, 179-82

Castle William, 216

Catão, 137

Cato (Warren), 221

catolicismo, 118, 146-50, 157, 185, 193, 195, 206

Cavazzi, Giovanni Antonio, 195, 202-8

Cerco de Malta, 149

César, Júlio, 46, 49-51, 60

Chapman, George, 160

China, 17, 48, 62, 67, 69-70, 190; capitalismo, 277; como rival do Ocidente, 293-5; como rival para o Ocidente, 302-9; conexões sino-africanas, 192; conferência "China e Grécia: de civilizações antigas à parceria moderna", 307; cristianismo, 105; encarnando a civilização antiga, 302-5; Guerras do Ópio, 261; Iniciativa Cinturão e Rota, 307-8; modo de produção asiático, 302-3; narrativa grandiosa alternativa, 317-8; promovendo o diálogo entre civilizações, 305; relações com a Grécia, 304-7; relações com Hong Kong, 309-17; "um país, dois sistemas", 310-2

choque de civilizações, 16, 24-6, 39, 148, 269, 287, 299, 302-9; em Atenas, 37; Batalha de Lepanto e, 163-4; civilizações paralelas, 302-9; Cruzadas e, 118, 140; Daesh e, 295-300; geografia continental, 42; Guerra de Troia e, 44; objeções, 42; século XVII, 162

choque de civilizações e a recomposição da ordem mundial, O (Huntington), 25, 63, 305

Chow, Agnes, 313-4

Cidade Proibida: Apartamentos imperiais em Qianlong, 306

Ciência e tecnologia da China antiga, 306

Circe, 137

Cisjordânia, 279

Cisneros, cardeal, 127

civilização antiga, encarnando, 303-5

Civilização Ocidental: celebrando sua narrativa, 319-26; como baluarte contra o Oriente, 264-9; como instrumento ideológico, 20-1; condizente com a democracia liberal, 324-6; conhecimento, 166-86; cristalização, 184-6; críticos, 273-92; debate sobre a reescrita da história, 17-9; eurasianos e, 45-60, 82-101; genealogia cultural imaginada, 14; herdeiros da Antiguidade, 61-81; história convencional, 320-2; ilusão de cristandade, 102-19;

Índice remissivo

imperialismo e, 187-208; Inglaterra como herdeira da Antiguidade clássica, 269-72; mito de origem, 11-21; modernidade e, 250-72; narrativa factualmente errada, 15-6; narrativa padrão, 13-4; narrativas grandiosas alternativas, 143-65; popularização, 209-30; racialização, 231-49; reimaginação politizada da história como prática padrão, 11-8; Renascimento, 120-42; reparando incorreções históricas, 19; rivais, 293-318; suposições errôneas sobre a Grécia, 23-44; utilidade ideológica, 16; visão de Roma, 45-60
"clássico", termo, 247
"Clássicos", conceito, 325-6
classicus, 48
Code Noir, 201, 234
Códigos Escravos da Virgínia (1705), 234
Coke, Edward, 160, 176
Colombo, Cristóvão, 181
"comércio à frente da bandeira, o", lema *ver* Njinga de Angola
Comnena, Ana, 65, 115
Companhia das Índias Orientais, 189, 218
Concílio de Ferrara-Florença, 126, 146
Confederação Germânica, 256
Congo, reino, 193-4
Congresso Continental, 214, 218
Congresso da Província de Massachusetts, 218
conhecimento, 166-7, 184-6; Francis Bacon como astro intelectual, 173-7; Iluminismo e, 168-73; princípio do "saber é poder", 178-84
Conrad, Joseph, 281
Conrado III, 91
Conrado de Monferrato, 93
Conselho Nacional da Palestina (CNP), 282
Constantinopla, 65, 87-8, 95, 106-14, 117, 119, 126, 135-6, 158, 301
conto de Troia, O (Peele), 160
"contrato social", 168
Cooper, Samuel, 244
cor da pele, 333n53
Córdoba, don Gonzalo Fernández de, 163
Coreia do Norte, 295
Correia de Souza, João, 187-8, 194, 199, 202-3
covid-19, 304, 314-5
Creso, 39-40

Crise de Suez, 280
Criseida, 115
cristandade, 102-4, 118-9, 259; ascensão de Safiye ao poder, 151-5; contestação, 143-65; cristãos como *dhimmi*, 148; fim da unidade, 104-9; herdeira do Império Bizantino, 109-13; relações entre protestantes e católicos, 146-50; relações entre protestantes e muçulmanos, 155-8; transformando romanos em gregos, 113-8
cristianização, 202
críticos, Civilização Ocidental, 273-5; despensando o Ocidente, 275-8; envolvimento na Palestina, 278-83; indo além de categorias, 289-92; lançando bases para reavaliação, 278-83; pretensos guardiães, 274-5; repensando o legado, 283-9
"Cruzada", termo, 102-4
Cruzada na Europa (Eisenhower), 103
Cruzadas, 16, 102-4, 106, 109, 118, 139-40, 289, 297
cultura do Renascimento na Itália, A (Burckhardt), 122-3
Cultura e imperialismo (Said), 287, 290
"cursiva papal", 91

D'Aragona, Costanzo Palmieri, 129
D'Aragona, Luigi, 129
D'Aragona, Tullia, 140-2, 321; casamento, 130-2; como "homem do Renascimento", 120; como cortesã, 128-31; distinções entre continentes/povos, 138-40; ilustrando a visão da antiguidade, 132-40; morte, 132; obra em circulação, 130-1; Renascimento, 121-8; vida, 128-32
Dabiq, 298
Daesh, 295-300
Dallam, Thomas, 145
Dario, rei, 26-7
Dartmouth, conde de, 242-3
darwinismo social, 254-5
Dawes, William, 219
"De Platão à Otan", clichê enganoso, 12, 329n12
Declaração de Atenas, 306-8
Declaração de Independência, 214, 235
Descartes, René, 168-9
descolonização, 275-6

Descrição histórica dos três reinos do Congo, Matamba e Angola (Cavazzi), 204
"destino manifesto", 225
dhimmi, 148
Dia do Trabalho, 262
diálogo, relações China-Grécia, 304-8
Dialogo d'amore (Speroni), 131
Diálogo de Melos, 332n42
"Diálogo espiritual entre a civilização chinesa e a civilização grega antiga", conferência, 306-7
Diálogo sobre a infinidade do amor (Tullia d'Aragona), 131
Dido, rainha de Cartago (Marlowe), 160
Din Kaykawus, Izz al-, 112, 115
Dinamarca, 85, 146
Discurso sobre as origens da desigualdade social (Rousseau), 172
Disraeli, Benjamin, 263-6, 268, 274
Distrito Cultural de West Kowloon, 316
divina comédia, A (Dante), 125
divisão "nós" e "eles", 43-4
Druso, 53-4, 56

Ebreo, Leone, 133
Edda em prosa (Sturluson), 96
Egito, 24, 30, 32, 41, 104-5, 107, 116, 136, 140, 158, 243, 257-8, 282, 296, 304
Eisenhower, Dwight D., 103
Elefantina, 30
Elizabeth I, rainha, 155-64
Emirados Árabes Unidos, 296
Endymion (Disraeli), 264
Enéas, o Tático, 66
Eneida (Virgílio), 51, 137
Engels, Friedrich, 256
épico de Paderborn, O, 88-9
esboço da história mundial antiga, Um (Lin), 303
Escola de Latim de Roxbury, 215, 219
escravização física, 151, 154, 190, 192-5, 213-5, 217, 234-5, 237, 241, 260, 324
"Escritor Hindu", 271
eslavófilos, 253
Espanha, 14, 32, 69, 93, 116, 126-7, 136, 146, 149, 162-4, 174, 191, 193, 205, 228-9
"Espártaco Negro", 228-9
"Espírito da Rota da Seda", 308
Essex, conde de, 174-6
Estado Islâmico (ISIS), 297; *ver também* Daesh

Estados Unidos, 322; adotando o conceito de, 224-5; como império em ascensão, 211-5; hierarquia racial, 233-7; intelectualidade escrava, 237-41; interesses políticos, 241-6; invocando a Antiguidade greco--romana, 220-7; *ver também* popularização, Civilização Ocidental; Guerra de Independência; Warren, Joseph
Eton, 258
Eugênio III, papa, 92
eurasianos: capítulo 4, 82-101; visão de Roma, 45-60
EUREKA! Ciência, arte e tecnologia da Grécia Antiga, 306
"Europa", 88-90, 101
Europa: Europa moderna, 170, 190, 264-5; Europa oriental, 89, 102, 109, 253; europeus ocidentais, 108, 126, 141, 159, 183; Grécia, 23-44; Roma, 45-60; sudeste da Europa, 90, 106, 125, 139; *ver* Grécia; Roma; Rússia
Europa central, 9, 63, 81, 83, 89, 95, 101-2, 106, 114, 118-9, 145, 149, 157, 159, 183, 253
Europaeus albus (europeu branco), 208
Excertos de Constantino, 65
exploração, pano de fundo, 168-73

Farabi, Al-, 81
"fardo do homem branco, o", 254
Festa do Chá de Boston, 218, 240
Ficino, Marsílio, 133
Filipe II, rei, 150, 163-4
filo-helenismo, Renascimento, 125-8
filosofia primeira, A (Al-Kindi), 75-6, 79
"fim da história", expressão, 277
Focas, bispo, 116
Força Expedicionária Americana, 278
formação de identidade, complexidade da, 289-92
Fórum das Civilizações Antigas, 304-6
"francígenos", 98
Francisco II, 85
"francocracia", 108
Franklin, Benjamin, 223-4, 240
Fredegário, 158
Frederico I, imperador, 83
Frutolf de Michelsberg, 87
Fukuyama, Francis, 277

Índice remissivo

Gaeta, Antonio da, 195, 202, 204

Gaio, 51-3

Gall, Franz Joseph, 254

Germânico, 53-5, 57

Geschichte der Kunst des Alterthums (Winckelmann), 247

Gevorgyan, Vahe, 304

Gibbon, Edward, 13, 271

Gladstone, William Ewart, 250-2; características troianas, 264-9; concepções da história, 264-9; fortuna pessoal/política, 258-64; Inglaterra como herdeira da antiguidade clássica, 269-72

Glynne, Catherine, 261-3

Godofredo de Viterbo, 101, 321; como sacerdote diplomático, 90-4; Europa e, 88-90; foco sobre a genealogia troiana, 95-100; *Gotifredi capellini nostri* (Godofredo nosso capelão), 92; sobre as origens da realeza, 95-6; sobre o Sacro Império Romano, 85-90; *Speculum regum*, 94-100; visão do formato da história, 82-5

governo do povo (*demokratia*), 35

Grã-Bretanha, 184, 224, 248, 250; Antiguidade greco-romana e, 184-5; aprovação da Lei do Chá, 218; como "oficina do mundo", 251-2; como herdeira da antiguidade clássica, 269-72; competição, 250-2; construções históricas do colonialismo e da escravidão, relatório, 17-8; controvérsia sobre um cartum da BBC, 59; críticos do Ocidente e, 273-4, 276, 284; definição de liberalismo, 262; lealdades culturais, 284; meados do século XVIII, 211-7; modernidade e, 250-72; *oikoumene* e, 116; propriedade de seres humanos, 260-1; reinos anglo-saxões, 64; relações entre protestantes e católicos e, 146-7; rivais do Ocidente e, 295, 304-5, 310-3, 315-6, 320-1; saída da União Europeia, 59; subordinação a Roma, 49; "The New Massachusetts Liberty Song", em, 225

Grand Tour, 259

Grande Cisma, 88, 126

"Grande Despertar", 238

Grande Fome, 261, 263

Grande instauração (Bacon), 183

Gray's Inn Chambers, 174

Grécia: árabes como herdeiros *ver* Kindi, Al-; cultura comum, 33; cultura islâmica e, 75-9; Declaração de Atenas, 306-8; definição de "gregos", 32; dispersão geográfica, 32; distinções entre grupos gregos, 34-5; enredo para obras de Tullia d'Aragona, 132-5; envolvimento bizantino, 65-8; filo-helenismo renascentista e, 125-8; fosso Atenas-Grécia, 35-8; grecidade, 33-4, 38, 43, 114, 116, 332n33; gregos africanos, 320; gregos asiáticos, 320; herança grega, 67, 78, 118-9; inimizade greco-asiática, 38-43; na época de Heródoto, 31-8; *poleis* (cidades-Estado), 32-3; relações com a China, 304-7; temas tóxicos, 38; tradições locais, 33-4

Greenwich, horário do meridiano de, 250-1

Guerra Árabe-Israelense, 281

Guerra de Independência, 210, 213, 240; começo, 215-9; invocando a antiguidade greco-romana, 220-27; pano de fundo, 211-5

Guerra dos Trinta Anos, 168

Guerra Fria, 277, 300

Guerras do Ópio, 261

Guerras Greco-Persas, 26-8, 36

Guerras Religiosas, 146

Guerrino, 135-6; *ver também* Carlos Magno

Guicciardi, Silvestro, 131

Guilherme de Orange, 146-7, 150

Habsburgo, dinastia, 85, 146, 149-50, 154-5, 162-5, 185, 251, 256

Haldane, George, 236

Halicarnasso (Bodrum), 24, 30, 34, 42

Hancock, John, 210, 213, 217-8, 224, 231, 239, 244

Hari, *ngola*, 200-1

haseki sultan (sultana consorte), título, 144, 152; *ver* Safiye, sultana

Hatton, Elizabeth, 176

Hector, navio, 175

Hegel, Georg Wilhelm Friedrich, 203-4, 234, 269

Hélade, herança, 113-8

helenos, Império Bizantino, 113-8; *ver também* Grécia: definição de "gregos"

Helicão, 130, 239

Henrique IV, rei, 147, 150

Henrique VIII, rei, 189

Henrique de Huntingdon, 96

Heródoto, 23-4, 43-4, 65, 223; choque de civilizações e, 24-6, 37, 39, 42, 44; começo de vida, 29-31; como Pai da História, 24, 26-9; como Pai das Mentiras, 26-9; como *philobarbaros* (amante de bárbaros), 29; concentrado no "porquê", 26-8; formato do mundo em sua época, 31-8; "investigações", 38-43; legado das *Histórias*, 24-5; sobre a inimizade greco-asiática, 38-43

hierarquia racial, 233-7

Higino, 50

história: debate sobre a reescrita, 17-8; reimaginação politizada, 17-8

Histórias (Heródoto): críticas, 29-31; detalhando as Guerras Greco-Persas, 26-8; ideias sobre a história persa, 27-9; "investigações", 38-43; legado, 24-6

Hobbes, Thomas, 168-9, 221

Hohenstaufen, dinastia, 83-5

Holanda, 85, 149, 251

Homero, 44, 115-9, 245-6, 288

Hong Kong, China: Carrie Lam e, 309-17; operando sob outra narrativa grandiosa, 317-8; protestos, 293-5

Hooton, Elizabeth, 216

Horton, James Africanus Beale, 271

Howard, Thomas, 184

Hume, David, 233-4, 236

Huntingdon, condessa de, 239-40, 245

Huntington, Samuel, 25, 63, 305

Hutchinson, Thomas, 231

identidade civilizacional, formação, 283-9

identidade coletiva, 188

Igreja católica, 88, 106, 147, 164, 228, 259

Igreja etíope, 105, 126, 340n10

Igreja ortodoxa, 88, 106, 114, 279, 301

igualdade perante a lei (*isonomia*), 35

Il Meschino (D'Aragona), 134-40

Ilíada (Homero), 17, 46, 115, 134, 160-1, 266, 289

Ílio *ver* troianos; Roma

Iluminismo, 184-6, 214; astro intelectual, 173-7; contracorrentes, 171-2; ênfase sobre a ciência, 168-9; filosofia política, 168-9; hierarquia racial e, 233-7; inspiração na Antiguidade greco-romana, 169-70; pano de fundo, 172-3; termo, 170

imbangalas, 197, 200-2, 204

Imperator Romanorum (imperador dos romanos), 85-9

imperialismo, 187-9, 207-8; África pré-colonial, 192; colônias, 189; criação da raça, 190-1; escravização, 192-5; governo de Njinga de Angola, 195-203; instrumentos, 189-95; redes mercantis, 192

império, expansão, 189-95

Império Bizantino, 61-2, 78, 81, 89, 101, 125; como herdeiro da antiguidade, 65-8; cristandade, 104-9; herdeiros, 109-13; transformando romanos em gregos, 113-8

Império Britânico, 211-2, 226; e Palestina, 278-83

Império Cuchano, 67

Império Otomano, 253; ancestralidade troiana, 158-61; ascensão de Safiye ao poder, 151-5; declínio da relação anglo-otomana, 162-5; divisão entre protestantes e católicos, 146-50; relações entre protestantes e muçulmanos, 155-8; tentativa de aproximação, 143-5

Império Persa, 26-7

Império Persa Aquemênida, 24

Império Romano, 29, 45-6, 51, 58-9, 61, 63-5, 86-7, 113, 149, 271, 298, 320

Imposto do Açúcar, 216

Índia, 66-7, 116, 135, 137-9, 158, 191, 253, 257, 260, 270-1, 304

indivíduos, Civilização Ocidental: Al-Kindi, 61-81; Carrie Lam, 293-18; Edward Said, 273-92; Francis Bacon, 166-86; Godofredo de Viterbo, 82-101; Heródoto, 23-44; Joseph Warren, 209-30; Lívila, 45-60; Njinga de Angola, 187-208; Phillis Wheatley, 231-49; sultana Safiye, 143-65; Teodoro Láscaris, 102-19; Tullia d'Aragona, 120-42; William Ewart Gladstone, 250-72

Inglaterra, cortejando otomanos, 143-5; *ver também* Império Britânico; Grã-Bretanha

Iniciativa Cinturão e Rota, 307-8

insatisfação social, 255-7

Instituto Arqueológico Alemão, 299

invenção da tradição, caracterização, 257-8

investigação histórica, 257

"investigações" (Heródoto), 38-43

Íon (Eurípides), 37

Irã, 105, 304

Iraque, 196-7, 304

Índice remissivo

Irlanda, 211, 261-3
islamismo militante, rival, 296-9
islamofobia, 138-40
Israel, 278-83
Issa, Hanan, 291-2
Itália, 64, 88, 90-4, 146, 149, 174, 184, 229,
   251, 259, 265, 304-5; cristandade e, 113-4;
   eurasianos e, 46-9, 51, 85-94, 97-8, 101; herdando a Antiguidade, 64-5; reimaginando
   a Antiguidade, 121-9, 137-8; Renascença
   e, 121-8
italioi, 117

Jaafari, Ibrahim al-, 305
Jaanus, Marie, 281-2
Jahiz, Al-, 70, 73, 75, 78
Jaime I, 162, 166-7, 175, 184-5, 189
Japão, 190, 251, 287, 296
Jefferson, Thomas, 103, 213-4, 228, 235-6
Jerusalém, 278-9
Jerusalém libertada (Tasso), 140
João, Preste, 136-9
Johnson, Samuel, 215
Jordânia, 296
Jorge III, rei, 241
Júlia, Cláudia Lívia *ver* Lívila
Juvenal, 47, 50

Kabasa, 196-7
Kandiaronk, 172
Kant, Immanuel, 168, 170, 234
Kindi, Al-, 320; Casa da Sabedoria e, 68-75;
   colegas, 72-3; erudição competitiva e, 74-
   5; escritos, 72-4; legado, 79-81; sonhando
   com Aristóteles, 75-9
"Kindiyyah", 74
Kipling, Rudyard, 254
Knox, Robert, 254
Koca Sinan, paxá, 152
Königswahl (eleição do rei), 85
Kotzias, Nikos, 306

L'Enrico, overo Bisanzio acquistato (Marinella),
   140
Lam, Carrie: apelido, 313; carreira política,
   309-17; civilizações paralelas e, 302-9;
   como figura odiada, 313; como pessoa
   de dois mundos, 315-7; definindo rivais
   do Ocidente, 295-302; educação, 310;

figura esquiva, 315; narrativa grandiosa
   alternativa, 317-8; nascimento, 309-10;
   observando os protestos, 293-5; olhando
   Hong Kong, 309-17; posições de destaque,
   311; trabalhando em Hong Kong, 311-2
Lam Siu-por, 310-1
Láscaris, Teodoro, 101-4, 321; como herdeiro
   do Império Bizantino, 109-13; morte, 118-
   9; mundo duocentista, 104-9; transfor-
   mando romanos em gregos, 113-8
Latif, Al-, 73
Latino, Juan, 163-4, 236
latinoi, 117
Lee, John, 315
Lei de Educação Moral e Nacional, 313
Lei do Açúcar (1764), 212
Lei do Chá (1773), 212, 218
Lei do Selo (1765), 212, 216-7, 241
Leibniz, Gottfried, 166, 169, 171
Leis de Townshend (1767), 212
Leis dos Cereais, 262
Leopoldo da Áustria, 104
Leutze, Emanuel, 224
Liber universalis ver *Speculum regum*
liberais, 163
liberdade (*eleutheria*), 41-2
liberdade, império e, 211-5
Liga Santa, 148, 163-4
Lindisfarne, Nortúmbria, 64
Lineu, Carlos, 208
Lívila, 45-7; disputa com Agripina, 55-8; final
   da história, 58-60; pano de fundo, 52-5
Lívio, 47
Livro dos avarentos, 73
Longfellow, Wadsworth, 219
Lotário III, imperador, 90
Louverture, Toussaint, 228
Lúcio III, papa, 86
Luigi de Toledo, don, 131
luteranos, 146, 150, 222
Lutero, Martinho, 146, 148
Lyttelton, George, 240

M+, 316
maji a samba (óleo sagrado), 200-1
Malchi, Esperanza, 156
Malik, Abd al-, 148
Mandato Britânico da Palestina, 278
Manifest der kommunistischen Partei, 256

manifesto comunista, O (Marx e Engels), 256

Mansa Musa, 69

Maomé, profeta, 137, 139

maravilhosa conversão da rainha Njinga e de seu Reino de Matamba, na África Meridional, à santa fé de Cristo, A, 204

Maria, rainha dos escoceses, 146-7

Marinella, Lucrezia, 140

Marx, Karl, 253, 256, 302

Massacre de Boston, 210, 217-9, 225, 238, 242

Masudi, Al-, 77-8

Matamba, reino, 201-4

Mbanza Kongo, 193

McNeill, William, 170

"Mecenas, A" (Wheatley), 245

Médici, Catarina de, 154

Médici, Cosimo de, 126

Médici, família, 131-2

Mehmed, sultão, 143-4, 153, 155-7, 162

Mehmed II, sultão, 158-9

Mehmed III, 151

"melhor turcos do que papistas", lema *ver* cristandade: relações entre protestantes e católicos

método baconiano, 173, 177

método científico, 168

"Meu corpo pode abrigar dois corações", 292

México, 304

Michelangelo, 124

Michelet, Jules, 124

mistura de linhagens (*commixtus sanguine*), 51

Mitsotákis, Kyriákos, 307

"Mitteleuropa", 88, 253

modernidade, Civilização Ocidental, 250-2; competição imperial, 250-1; concepção clássica da história, 264-9; Inglaterra como herdeira da Antiguidade clássica, 269-72; insatisfação social, 255-6; invenção da tradição, 257; parlamentaristas, 258-64; terminologia, 253-8

modernidade, moldagem, 220-7

"modo de produção asiático", 302-3

monogênese, 254-5

morte do general Warren na Batalha de Bunker Hill, A (pintura), 230

"movimento de tradução", 71

Movimento Guarda-Chuva, 312-3

mundo islâmico, herdeiro da Antiguidade, 320-1

Murad III, sultão, 143-4, 150-5

Murad IV, sultão, 162

Mutawakkil, Al-, 74

Muzalon, Jorge, 115

Muzio, Girolamo, 128-9, 131, 133

Nakhba, 279

Nari, Tibério, 131

National Trust (Grã-Bretanha), 17

naufrágio de Anticítera, O, 306

Ndongo, reino, 194-202

Ndumbo, Tembo a, 200, 205

"New Massachusetts Liberty Song, The", 225

ngola, palavra, 194

Ngola, Mbande a, 195-9

Njinga de Angola, 187-9, 207-8; diplomacia internacional e, 201-3; eliminando rivais, 199-200; governo, 195-203; interações com os portugueses, 195-200; morte, 203; mundo seiscentista, 189-95; retratos, 203-7; transformação do governo, 200-1

Nott, Josiah, 255

"Nouvelle Division de la Terre" (Bernier), 208

Nova Atlântida (Bacon), 177-84

Nova Atlântida (Bensalem), 177

nova Roma, 14, 114, 149, 225, 229, 271, 298

Novais, Paulo Dias de, 194-5

Novum organum (Bacon), 173, 183

Occom, Samson, 243

Ochino, Bernardino, 131

"Ocidentalizante", 253

Ocidente: críticos, 273-92; importância das origens, 11-21; popularização, 209-30; racialização, 231-49; rivais, 293-318; termo, 11-2; *ver também* Civilização Ocidental

Odisseia (Homero), 137

Odoacro, 113

oikoumene, 116

Old South Meeting House, 210, 218

Oliver, Andrew, 231

"Operação Mos Maiorum", 14, 59

órfão da família Zhao, O, 306

Orientalismo, 285-90

Orientalismo (Said), 285-9

origem das espécies, A (Darwin), 255

origens, importância, 11-21

Índice remissivo

Orlandini, Africano, 128
Orlando furioso (Ariosto), 137
Orlando innamorato (Boiardo), 139
Orquestra Sinfônica Nacional da Rússia, 299
ottava rima, 137
Ovídio, 137

Pagden, Anthony, 25
Pai da História, 24, 26-9; *ver também* Heródoto
Pai das Mentiras, 26-9; *ver também* Heródoto
paiderastos, 176
Paine, Thomas, 169, 215
pais fundadores, classicismo, 221-3
Paleólogo, Miguel, 113
Palestina, 278-83
Palladio, Andrea, 124, 184
Palmira, saque, 299
Panateneias, 36
Pantheon ver *Speculum regum*
Partido Conservador, 259, 261-3
Paskalos *ver* Warren, Joseph
"Paul Revere's Ride" (Longfellow), 219
Paz de Constança, 97
Pedro de Toledo, don, 131
Peel, Robert, 261
Pendaglia, Giulia, 128
Pennsylvania Chronicle, 224
Percy Jackson e os olimpianos: O ladrão de raios (Riordan), 329n8
período medieval, 118, 122-4, 158-9, 162, 183, 301; cristandade e, 104-9; deixando de ser idade das trevas, 61-81
périplo do mar da Eritreia, O, 66-7
persas, Os (Ésquilo), 37, 289
Peru, 304
Peters, John, 246
Petrarca, 119, 125-6
Petrie, Flinders, 257
philobarbaros (amante de bárbaros), 29
phoros, 40
piratas de Penzance, Os, 272
Pitágoras, 114, 117, 169
Pitt-Rivers, Augustus, 257
Platão, 65; Tullia d'Aragona e, 132-40
Plotino, 77
Plutarco, 28-9, 42, 206
poder imperial, transmissão do (*translatio imperii*), 84, 86, 95, 235; abarcando a América do Norte, 223-5
"Poema fúnebre sobre a morte de C. E., um infante de doze meses", 238
Poems on Various Subjects Religious and Moral (Wheatley), 232
poligênese, 254-5
polis (cidade-Estado), 30, 34
política de harém, 152-3
popularização, Civilização Ocidental, 209-11; adoção desigual, 227-30; adotando a ideia da América do Norte, 220-7; começo da Guerra de Independência, 215-9; meados do século XVIII, visão geral, 211-5
Porfírio, 77
porquê, foco no, 26-8
Portugal, 251
portugueses: capital da colônia, 195, 198-9; exigências, 197-9; instrumentos do império, 189-95; negociações com Njinga, 200-3; Njinga de Angola e, 195-203
prados de ouro, Os (Al-Masudi), 77
pretensos guardiões, 273-4
Príamo, progênie de, 94-100
protestantismo, 146-50
Prússia, 146
pseudônimo, 223
Putin, Vladimir, 17, 299-302

quacres, 222, 236
Quarta Cruzada, 107-8, 158
Quinta Cruzada, 104
quixillas, 204

raça, criação, 190-1; *ver também* racialização, Civilização Ocidental
racialização, Civilização Ocidental: antiguidade "clássica", 246-9; hierarquia racial, 233-7; interesses políticos, 241-6; Phillis Wheatley em julgamento, 231-3; status de celebridade, 237-41
racismo científico, 204, 236, 254-5, 353n6
Ramsey, Frank, 166
Ranke, Leopold von, 257
redes mercantis, 192
Reino Ostrogodo, 64
Reino Vândalo, 64
Reino Visigodo, 64
Renan, Ernest, 267

Renascimento, 120-1, 140-2, 321; filo-helenismo, 125-8; *Il Meschino* como épico italiano, 134-7; inspiração na Antiguidade, 124-30; natureza do islamismo e, 137-40; obras ilustrando concepção da Antiguidade, 132-40; periodização, 121-8; popularização do termo, 123-4; princípios, 121; surgimento da modernidade, 123; vida de Tullia d'Aragona, 128-32
República da Coreia, 296
República Democrática do Congo, 193
Resoluções de Fairfax, 213-4
"Resposta a alguns amigos que o pressionam a encontrar uma noiva" (Láscaris), 111
"Resto", conceito, 253-8
Revere, Paul, 210, 217-9
Revolta Holandesa, 146-7, 150
Revolta Jônica, 26, 40, 331n16
Revolução Americana, 214, 217, 230, 240, 288, 322
Revolução de Março, 256
Rex Graecorum (rei dos gregos), 89
Rex Romanorum (rei dos romanos), 86
Rhodes Must Fall, 276
Rime della signora Tullia d'Aragona (Tullia d'Aragona), 131
Rise of the West, The (McNeill), 170
rivais, Civilização Ocidental: civilizações paralelas, 302-9; definindo rivais, 295-302; insurreição de janeiro, 293-4; narrativa grandiosa alternativa, 317-8; olhando Hong Kong, 309-17
Roma, Itália: adotando identidade refugiada asiática, 49-51; como conquistadores dos gregos, 45-7; como herdeira da antiguidade, 61-81; como nação mestiça, 47-52; comparação com a África, 203-7; culto aos deuses, 48; disputa entre Agripina e Lívila, 55-8; entendimento derivado de Lívila, 58-60; envolvimento bizantino, 65-8; eurasiáticos e, 45-60, 82-101; fundação de, 45-7, 49-50; ilusão de cristandade e, 102-19; "Jogos de Troia", 50; judeus, 49; legado, 63-8; mudança por influências culturais, 47-52; origens de Lívila, 52-5; Pax Romana, 48; reimaginando a antiguidade, 120-42; reivindicando legado, 158; republicana, 169, 222-3; Roma antiga, 14, 58, 60, 62, 66, 81, 86-7, 95, 127, 132, 141, 205,

228; segunda Roma, 301; Terceira Roma, 301-2; *ver também* Rússia
romaioi, 65, 87, 113-4, 117
Roman Father, The [O pai romano] (Warren), 221
Rousseau, 168-9, 172
Royal Society de Londres, 173
Rumiyah, 298
Ruskin, John, 274
Rússia, 17, 296; como rival, 299-302

sabedoria dos antigos, A (Bacon), 183
"saber é poder", princípio, 178-84
Sacro Império Romano, 85-90, 95, 98-100, 106, 124-6, 149-50
Sade, marquês de, 204, 234
Safiye, sultana, 143-5; ascensão ao poder, 151-5; cartas trocadas com Elizabeth, 155-61; declínio da relação anglo-otomana, 162-5; relações entre protestantes e católicos, 146-50
Said, Edward, 37, 273-5; anos iniciais, 278-81; críticos do Ocidente e, 273-5; despensando o Ocidente em sua época, 275-8; despertar político, 281-2; envolvimento político direto, 282-3; Orientalismo e, 285-90; repensando a Civilização Ocidental, 283-9; ultrapassando categorias, 289-92
Sainte-Maure, Benoît de, 96
Salviati, Maria, 131
Samba, Kiluanje kia, 194
Sarrochi, Margherita, 140
Saturday Review, 255
Saxônia, 85-6, 146
Scaevola, Mucius, 221
Scanderbeide (Sarrochi), 140
Schmidt-Colinet, Andreas, 299
Schuyler, Philip, 224
Scott, Walter, 257
Sedúlio, 88-9
Segunda Guerra Mundial, 17
Segunda oração contra os latinos (Láscaris), 116-9
Segunda República, 256
seljúcidas, 89, 108, 112, 117, 145
Senior, Nassau William, 253
Serra Leoa, 271
servos, 234
Shelley, Percy Bysshe, 271

Índice remissivo

Sind ibn Ali, 70, 73-5
Sivanandan, Ambalavaner, 276
Smith, Horace, 271
Snyder, Zack, 25
"Sobre a unidade histórica de russos e ucranianos" (Putin), 300-1
"Sobre famílias troianas" (*De familiis Troianis*), 50
Sófocles, 31, 65
soft power e *smart power*, 303
Speculum regum (Godofredo de Viterbo), 83, 94-100
Spenser, Edmund, 160
Speroni, Sperone, 131, 133
Spofford, Ainsworth Rand, 319
Spurzheim, Johann Gaspar, 254
Strozzi, Filippo, 129
Studies on Homer and the Homeric Age (Gladstone), 265-6
Sublime Porta, 144, 149, 154-5; *ver também* Império Otomano
Suécia, 126, 146
"suicídio do Ocidente", expressão, 273-5
Suleiman, o Magnífico, 157-8
Systema naturae, 208

Tácito, 52, 335n36
Talibã, 296
Tancred (Disraeli), 264-5
Tarifa das putas de Veneza, 130
Tarkhadkar, Bhaskar Pandurang, 270
Tasso, Torquato, 140
"taxação sem representação", 235
Teacham, Edmund, 176
Temístocles, 29
Templo de Bel, 299
Terceira Roma *ver* Rússia
"Tese da História Turca", 17
Thomsen, Christian Jurgensen, 257
tinta cor-de-rosa, uso, 250
Tirrênia (Muzio), 128-9, 133
Toynbee, Arnold, 319
translatio imperii ver poder imperial, transmissão do
Tratado da Westfália, 168, 324
Tratado de Constança, 92
Tratado de Paris, 228
Tratado de Roma, 59
Troia Britannica (Haywood), 160

troianos, 25, 37, 46, 51; modernidade e, 266-8; narrativa grandiosa alternativa e, 158-60; *Speculum regum* e, 94-100
Troilo e Créssida (Shakespeare), 160
Trumbull, John, 230
Trump, Donald, 14, 59-60, 294
Tucídides, 44, 66, 169
turcos, 135-6, 139, 147, 150-1, 157-8, 280, 301
Turquia, 17, 23-4, 30, 32, 45, 95, 104, 297

Ucrânia, invasão, 300
Ulster, colonização de, 189
"Universidade de Cambridge na Nova Inglaterra, À" (Wheatley), 246
Urbano III, papa, 86, 99
Uzbequistão, 296

valide sultan (sultana-mãe), título, 144, 152; *ver também* Safiye, sultana
Varchi, Benedetto, 133-4
Varrão, 50
Vasari, Giorgio, 124, 140-1, 163
Velasco, Tomás de Torrejón y, 228
Velho Mundo, 12, 210, 227
Veneza, mercadores, 106-7
Verdelot, Philippe, 129
vida de são Martinho, A, 64
Vidas dos artistas (Vasari), 124
Vinci, Leonardo da, 127, 166
Virgílio, 51, 125, 137, 239, 245
visões de mundo, guerras entre, 295-6; China, 302-9; islamismo militante, 296-9; Rússia, 299-302
Voltaire, 85, 168, 171

Warren, Joseph, 209-11, 244-5, 276, 322; atividades políticas, 215-9; invocando a Antiguidade greco-romana, 220-7; legado, 227-30; moldando a modernidade, 220-7
Warren, Mercy Otis, 224
Washington, George, 213-4, 224, 228, 244
West-Eastern Divan Orchestra, 283
Wheatley, John, 232
Wheatley, Phillis, 276; Antiguidade "clássica", 246-9; capacidade intelectual, 237-41; hierarquia racial e, 233-7; interesses políticos, 241-6; livro de poemas, 231-3; solidão, 246; status de celebridade, 237-41

Wheatley, Susanna, 237-41
Whitefield, George, 238-41
Wilberforce, William, 260
Williams, Francis, 236
Winckelmann, Johann Joachim, 247-8
"wogs" [escuros], 279
Wollstonecraft, Mary, 169
Wong, Joshua, 313-4
Wooster, David, 244

Xerxes, 27, 29, 46
Xi Jinping, 17, 305, 307

Yeats, W. B., 257
Yi, Wang, 305, 308
Yunan, 77

Zhichun, Lin, 303
zwinglianos, 146

ESTA OBRA FOI COMPOSTA POR MARI TABOADA EM DANTE PRO E
IMPRESSA EM OFSETE PELA GRÁFICA BARTIRA SOBRE PAPEL PÓLEN NATURAL
DA SUZANO S.A. PARA A EDITORA SCHWARCZ EM JUNHO DE 2024

A marca FSC® é a garantia de que a madeira utilizada na fabricação do papel deste livro provém de florestas que foram gerenciadas de maneira ambientalmente correta, socialmente justa e economicamente viável, além de outras fontes de origem controlada.